全國高等院校古籍整理研究工作委員會規劃重點項目
二〇一一——二〇二〇年國家古籍整理出版規劃項目
國家古籍整理出版專項經費資助項目

俞樾全集

汪少華 王華寶 — 主編

曲園雜纂

壹

（清）俞樾 — 著

顧莉丹 — 整理

鳳凰出版社

圖書在版編目（CIP）數據

曲園雜纂 / (清) 俞樾著 ; 顧莉丹整理. -- 南京 : 鳳凰出版社, 2021.12
(俞樾全集 / 汪少華, 王華寶主編)
ISBN 978-7-5506-3392-6

Ⅰ. ①曲… Ⅱ. ①俞… ②顧… Ⅲ. ①俞樾（1821-1907）—文集 Ⅳ. ①Z425.2

中國版本圖書館CIP數據核字(2021)第238858號

書　　名　曲園雜纂
著　　者　(清)俞　樾 著　顧莉丹 整理
責任編輯　王淳航
裝幀設計　姜　嵩
出版發行　鳳凰出版社(原江蘇古籍出版社)
　　　　　發行部電話025-83223462
出版社地址　江蘇省南京市中央路165號,郵編:210009
出版社網址　http://www.fhcbs.com
照　　排　南京凱建文化發展有限公司
印　　刷　蘇州市越洋印刷有限公司
　　　　　江蘇省蘇州市吴中區南官渡路20號,郵編:215104
開　　本　880毫米×1230毫米　1/32
印　　張　26.875
字　　數　470千字
版　　次　2021年12月第1版
印　　次　2021年12月第1次印刷
標準書號　ISBN 978-7-5506-3392-6
定　　價　208.00圓(全二册)
　　　　　(本書凡印裝錯誤可向承印廠調换,電話:0512-68180788)

《俞樾全集》編委會

主編

汪少華　王華寶

編委（按音序排列）

白朝暉　傅　傑　顧莉丹　胡文波　黄曙輝

劉珈珈　羅雄飛　倪永明　喬秋穎　喬玉鈺

孫　煒　滕振國　田松青　王其和　王倩倩

魏慶彬　謝超凡　顏春峰　張曉青　張燕嬰

目録

蘇州府學儀門有宋紹熙閒疇唱詩石刻，首倡者爲提刑袁説友，和者爲提舉常平張體仁，同作者數人，詳見錢竹汀先生《養新録》。國朝道光閒，陶雲汀制軍爲蘇撫，梁茝林中丞爲蘇藩，時吾師卓海帆相國及朱蘭坡前輩主講蘇州、松江兩書院，而吴棣華前輩亦適家居，相與唱和，因有《吴中唱和集》之刻，皆胥臺故事也。今得竹樵方伯提唱風

前言

一、成書緣起

俞樾（一八二一—一九〇七），清代晚期著名學者，號曲園居士，一生著述宏富，輯爲《春在堂全書》，近五百卷。

曲園係俞樾在蘇州的一處宅邸。俞樾爲避兵禍，從浙江移居蘇州，其間數易居處，至同治十三年（一八七四），在蘇州吴門所租賃之屋期限將至，得友人資助[一]，於馬醫巷買得潘士恩

[一] 俞樾《春在堂雜文續編一・曲園記》：「其助我草堂之資者，李筱荃督部，恩竹樵方伯，英茂文、顧子山、陸存齋三觀察，蒯子範太守，孫歡伯、吴煥卿兩大令；其買石助成小山者，萬小庭、吴又樂、潘芝岑三大令；贈花木者，馮竹儒觀察。備書之，矢勿諼也。」

大學士故宅廢地，親自規劃，築室三十多間，壘石鑿池，雜蒔花木，有春在堂、樂知堂、艮宧[一]、達齋[二]、認春軒、回峰閣、曲水亭、曲池等。因地形如曲尺，名之曰「曲園」。園雖不大[三]，而亭軒樓閣，一應具有，小巧而精緻。園成，俞樾常於各處携書而讀，潛心治學，并與夫人促膝閑話，與友人往來和詩……其間所得，輯成五十卷，即《曲園雜纂》，光緒二年（一八七六）刊行。

二、内容概要

先前，俞樾已有《群經平議》《古書疑義舉例》《諸子平議》問世，《曲園雜纂》所論，有承續前作者，亦有其他創作，現就書内容分述如下。

[一] 《易・説卦》：「艮，東北之卦也。」《爾雅・釋宫》：「東北隅謂之宧。」此室位於曲園之東北角，故名「艮宧」。

[二] 達齋位於曲園之西北，有曲折長廊與艮宧相連，俞樾《曲園記》：「曲園而有達齋，其諸曲而達者歟？」暗含由曲折而通達之意。

[三] 俞樾《曲園記》：「大都自南至北修十三丈，而廣止三丈，又自西至東廣六丈有奇，而修亦止三丈。」約合不到二百平方米。

（一）承《群經平議》，反復鑽研經書

俞樾讀經書可謂「韋編三絶」，《群經平議》之後，又反復研讀，有所得則隨時札記，成《曲園雜纂》卷一至卷十六。卷一《艮宧〈易〉説》，讀《周易》之心得，自創新義。卷二至卷五《達齋〈書〉説》《達齋〈詩〉説》《達齋〈春秋〉論》《達齋叢説》，讀《書》《詩》《春秋》又有所得，多成於達齋。卷六《荀子〈詩〉説》，荀子所傳《詩》源自《毛詩》，取《荀子》書中所引《詩》者，以存古意。卷七《何劭公〈論語〉義》，從何劭公《春秋公羊解詁》中摘録何氏引《論語》文，以存何劭公《論語》義。卷八《士昏禮對席圖》，《儀禮・士昏禮》夫婦對席，論及湆、醬、菹、醢、黍、豚、腊、魚、稷等物之擺放位置，自敖繼公之後衆説紛紜，皆與經、注描述不符。俞樾爲之辯正，畫圖以示，一目了然。卷九《〈樂記〉異文考》，將《樂記》與《史記・樂書》《漢書・禮樂志》《荀子・樂論》《孔子家語・辨樂》《説苑・修文》一一對校，存其異文。俞樾重視校勘，由此可見。其於杭州詁經精舍主講時，常命門生做校勘，蓋因校勘乃訓詁之基礎。卷十《生霸死霸考》，根據《尚書》《周書・世俘篇》《漢書・律曆志》引《武成篇》所載「載生霸」「旁生霸」「既旁生霸」「載死霸」「旁死霸」，認爲「既旁生霸」爲十七日之定名，「旁死霸」之後爲「載生霸」，「旁生霸」之後爲「既旁生霸」。卷十一《春秋歲星考》，考《春秋》歲星，古法歲星百四十四年而行百四十五次，故百四十

四年而超一辰。卷十二《卦氣直日考》，「卦氣直日」説出自緯書，西漢經師固有此説。俞樾論四正卦、十二辟卦、六十卦次序、公辟侯大夫卿之名所自始、每卦六日七分之説、京氏之説等。卷十三《七十二候考》，考證七十二候始於《周書・時訓篇》，并録各書所載七十二候，以存異文，兼論二十四節氣。卷十四《〈左傳〉古本分年考》，梳理《左傳》有些記載不以某年某月開頭，蓋其事必有緣起，故先陳述前因，再出具體時間。卷十五《〈春秋〉人地名對》，輯出《春秋》中人名成六十四對、地名成五十七對。卷十六《邵〈易〉補原》，還原邵雍《周易》之太極、兩儀、四象、八卦相生之説。卷四十七《五行占》，是在對《周易》及其相關著作研究基礎上創作出來的一種占筮書。

以上所論，涉及《周易》《尚書》《詩經》《春秋》《樂記》《周書》《儀禮》等，均屬「經」之範疇。

（二）續《諸子平議》，研讀子書

《諸子平議》的研究對象有《管子》《晏子春秋》《老子》《墨子》《荀子》《列子》《莊子》《商子》《韓非子》《吕氏春秋》《春秋繁露》《淮南子》《法言》等。其後，俞樾不曾輟止，又讀其他子書。《曲園雜纂》卷十七至卷二十六，是研讀《韓詩外傳》《吴越春秋》《越絶書》《鶡冠子》《鹽鐵論》《潛夫論》《論衡》《中論》《抱朴子》《文中子》的成果，凡十種，補《諸子平議》所不及，亦有更正

《諸子平議》之説。章太炎曾評論俞樾研究諸子水平高於群經[一]，後世學者研究諸子者亦多吸收俞樾的意見，如（清）汪繼培箋、彭鐸校正《潛夫論箋校正》及王利器校注《鹽鐵論校注》。以後者爲例：

自京師東西南北，歷山川，經郡國。諸殷富大都，無非街衢五通，商賈之所湊，萬物之所殖者。（《力耕第二》）

王利器校注：「湊」原作「臻」，今據俞樾説校改。俞云：「『臻』字無義，乃『湊』字之誤。《園池》篇『四方並臻』，同。」器案：俞説是，下文「湊會之要」，即此湊字之義。[二]

[一] 章太炎《俞先生傳》：「年三十八，始讀高郵王氏書。自是説經依王氏律令。五歲，成《群經平議》，以劉《述聞》；又規《雜志》作《諸子平議》……治群經，不如《述聞》諦，諸子乃與《雜志》抗衡。」（《章太炎全集·太炎文録初編》，上海人民出版社二〇一八年版）

[二] 王利器校注《鹽鐵論校注》，中華書局一九九二年版，第三八頁。

（三）讀宋元明清筆札

宋元明清學術筆記，乃前人讀古書時筆札而得，多考證經史詩文、解析名物制度等。俞樾讀之，常有不同見解，遂改之正之評之箋之。《曲園雜纂》卷二十七至三十四，係讀宋元明清筆札而得，凡八種：卷二十七《改吴》（改正宋代吴曾《能改齋漫録》）、卷二十八《説項》（説宋代項安世《項氏家説》）、卷二十九《正毛》（正宋代毛居正《六經正誤》）、卷三十《評袁》（評宋代袁文《甕牖閒評》）、卷三十一《通李》（疏通元代李治《古今黈》）、卷三十二《議郎》（議論明代郎瑛《七修類稾》）、卷三十三《訂胡》（訂正清代胡鳴玉《訂譌雜録》）、卷三十四《〈日知録〉小箋》（箋釋顧炎武《日知録》）。俞樾先引筆記原文，再抒己見，如《〈日知録〉小箋》「帝王名號」條：

> 商之王，著號不著名，而名之見於經者二：天乙之名履、辛之名受是也。

按：《尚書・立正篇》「其在受德暋」，枚傳曰：「受德，紂字。帝乙愛焉，爲作善字。」則是紂名而受德字也。《西伯戡黎篇》枚傳曰：「受，紂也。音相亂。」則又以爲受即是紂矣。同出枚傳，而前後歧異。《逸周書・克殷篇》亦云「殷末孫受德」，則知紂一人自有三稱：紂，名也；受德，字也；辛者，其十干之號也。

（四）小學

卷三十七《韻雅》，取《廣韻》中不常用之生僻字，按照《爾雅》之例，以義編排，得《釋天》、《釋地》（山屬、水屬）、《釋人》（飲食之屬、衣服之屬、宫室之屬、器用之屬）、《釋物》（草屬、木屬、鳥屬、獸屬、蟲屬、魚屬、物怪、事物之狀），以存古字古義。可知俞樾對於古韻書、雅書反復研讀，并常摘抄筆録。因所録皆生僻字，刻本又不甚清晰，很多字形難以辨認，整理者藉助余迺永《新校互注宋本廣韻》（上海辭書出版社二〇〇〇年版）檢字表，再查詢《宋本廣韻》具體字形，對底本詳加校讀。

（五）雜論

卷三十六《小繁露》，用宋代程大昌《演繁露》〔一〕之意而作。據文獻所載追溯「雷公电母」「托塔天王」「五百羅漢」「觀音男像」「十二生肖」「那吒」「外祖外孫」「爹爹」「媽媽」「丈人丈母」「老爺」「太太」「小姐」等等最早記載及來源。其中對於一些常用稱呼來源和演變的考證，頗有

〔一〕《四庫全書總目》稱：「《演繁露》十六卷、《續演繁露》六卷……宋程大昌撰。……謂董仲舒原書必句用一物以發己意，乃自爲一編擬之，而名之以《演繁露》。……然大昌所演，雖非仲舒本意，而名物典故，考證詳明，實有資於小學。」（中華書局一九六五年影印本，第一〇二〇頁）

價值。如「你」條：

「你」「我」，俗稱也，而亦見於正史。《隋書·李密傳》：「化及曰：『共你論相殺事，何須作書語？』」又《許善心傳》：「我好欲放你，敢如此不遜！」按：此字實即「爾」字。「爾」古作「尒」，變作「尔」，又加「人」旁也，其音亦一聲之轉。

夫人姚文玉愛好讀書，遇到有疑處便求問於俞樾。卷三十八《小浮梅閒話》是俞樾夫婦在曲園曲池内小浮梅檻之閒話。夫人對於一些歷史演義故事及傳説人物尤感興趣，而俞樾則通過史書記載，辨史實與演義。「天地開闢」「武王伐紂」「妲己」「驪山老母」「太上老君」「毛嬙」「西施」「王嬙」「孟姜」「馬融」「蔡邕」……從《三國演義》「貂蟬」「關刀」、《西遊記》「火焰山」「流沙河」「人參果」、《水滸傳》「宋江」，到《紅樓夢》……二人天南海北，無話不談，可見情感深厚。所論亦有與前文重複者，如「哪吒」在《小繁露》中已論及。閒話所及很多條目不僅對研究經學、歷史，對研究文學亦有參考價值和裨益。如論述《紅樓夢》一段，曾被收録於《紅樓夢資料彙編》：

《紅樓夢》一書，膾炙人口，世傳爲明珠之子而作。明珠之子，何人也？余曰：明珠子名成德，字容若。《通志堂經解》每一種有納蘭成德容若序，即其人也。恭讀乾隆五十一年二月二十日上諭，成德於康熙十一年壬子科中式舉人，十二年癸丑科中式進士，年甫十六歲，然則其中舉人止十五歲，於書中所述頗合也。此書末卷自具作者姓名曰曹雪芹。袁子才《詩話》云「曹練亭康熙中爲江寧織造，其子雪芹撰《紅樓夢》一書，備極風月繁華之盛」，則曹雪芹固有可考矣。又《船山詩草》有《贈高蘭墅鶚同年》一首云「豔情人自説《紅樓》」，注云「傳奇《紅樓夢》八十回以後俱蘭墅所補」，然則此書非出一手。按鄉會試增五言八韻詩，始乾隆朝。而書中叙科場事已有詩，則其爲高君所補可證矣。納蘭容若《飲水詞集》有《滿江紅》詞，爲曹子清題其先人所構楝亭，即曹雪芹也。〔一〕

當時世傳《紅樓夢》爲納蘭容若所作，故俞樾爲夫人描述納蘭容若之事。但他根據《紅樓夢》書末署名以及袁枚《詩話》，認爲曹雪芹確有其人。又根據張問陶《船山詩草》判定八十回之後由

〔一〕 一粟編《紅樓夢資料彙編》，中華書局一九六四年版，第三九〇—三九一頁。按：引文標點、文字均依照現行規範有所改動。

高鶚所補。雖所論不多，但可知時人已不知《紅樓夢》的具體作者爲何人。俞樾曾孫俞平伯後成爲《紅樓夢》研究專家，與胡適一起成爲「新紅學」之奠基人，他們都主張《紅樓夢》前八十回是曹雪芹所作，後四十回是高鶚續作。

卷三十九《續〈五九枝譚〉》，乃續尤侗《五九枝譚》〔一〕之作，係各種雜論。其論及史書史料曰：

> 自漢以來才二千餘年，而號爲正史者二十有四；然則此後再二千餘年，不且爲四十八史乎？過此以往，又豈可以數限乎？……若以元爲率，大約一百年之國，可得二百卷之史。準此以推，河漢無極，不特不能讀，且亦非吾人畝宫堵室所能容也。

俞樾感慨時代變遷，而史料繁多，不僅不能卒讀，更無處安放。俞樾此言距今幾一百五十年，

〔一〕　尤侗《五九枝譚·自序》稱：「蘇子瞻嘻笑怒罵皆成文章。未能同同，聊復爾爾。其名『枝譚』者，言其言枝梧轇葛，不合時宜，人無得而稱焉。何爲乎『五九』？自冬至日至冬盡日，諺所謂『五九』也。」

今數字時代書籍電子化，僅方寸之硬盤，竟可容納海量書籍，乃俞氏始料未及。又論及《大戴禮記》録孔悝鼎銘，俞樾評論漢代古鐘鼎彝少見出土，故大戴見一鼎銘而異之，若宋代以來，古器日出，佳銘不勝枚舉，則多見不怪矣。時至今日，出土器物極多，所見有銘之鐘鼎彝器兩萬多件，若俞樾得見，豈不驚歎？

卷四十四《十二月花神議》，較完整具體地描繪十二月花神，糾正世俗所傳之鄙俚不經。卷四十五《銀瓶徵》，詳細考論岳飛之女銀瓶史實。

（六）其他

仿子書之作：卷三十五《茶子》，卷前未提著述緣起。俞樾在《〈春在堂全書〉録要》中稱「余此書故爲艱深之辭，其源蓋出于《法言》」，而「『茶子』命名之義」就來自《法言》「惟聖人爲可以開明，佗則茶」。據《諸子平議》卷三四，「茶」通「笭」，《説文》釋作「車笭」，《釋名》描述爲「横在車前，織竹作之，孔笭笭也」。「惟聖人爲可以開明，佗則茶」表示「惟聖人爲可以開明，其佗則如車笭然，所見者小矣」。可見俞樾是用艱深之辭表達某些深刻而不便明説的思想，雖以所見者小之「茶」自謙，但仍以躋身諸子之「子」自許。

日記：卷四十《閩行日記》，同治十一年春間，俞樾自杭至閩，省視太夫人。途中聞曾國藩之逝，因曾國藩對其有知遇之恩，爲之泫然。

唱和詩：卷四十一《吴中唱和詩》，與吴中好友恩錫（竹樵）以及王凱泰（補帆）、金安清（眉生）、彭玉麟（雪琴）、趙舒翹（展如）、汪鳴鑾（郎亭）、吴承璐（廣庵）、錢志澄（怡甫）、潘祖同（普琴）、章鈺（式之）等相互唱和之作。

集字詩：卷四十八《集〈千字文〉詩》，七言絶句竟然多達一百〇一首，才情可見一斑。

連珠：卷四十二《梵珠》，根據梵典《法苑珠林》所載之事而作連珠一百零八首[一]，意使人行善。

散曲：卷四十三《百空曲》，仿清代戲曲家尤侗《十空曲》而作。用「駐雲飛」調作曲一百首，始於「頭上蒼天總是空」，終於「我這人兒也是空」，頗有元曲風味，是晚清文人散曲的代表作之一。

年譜：卷四十六《吴絳雪年譜》，俞樾贊賞吴絳雪才華，惜其早逝，佩其剛烈，爲之編寫年譜，以曉世人。

〔一〕 連珠，古代的一種文體，用詞華麗簡約，猶如一顆顆明珠串在一起，故名。

謎語：卷四十九《隱書》，俞樾自謂「余雖無齊贅滑稽之辨，頗有秦客廋辭之意」，認爲猜謎賢於博弈，於是作謎一百則，先出謎面，後附謎底，以供好事者遊戲。俞樾所製隱語，有猜古書名、古人名、典籍中語句、地名、藥名、詞調、文字等，頗有趣味，試舉幾例：

君臣上下同聽之，父子兄弟同聽之（古書名二）——《國語》《家語》

其民三男二女（字一）——妙

九十九（字一）——白

白羽之白，猶白玉之白；白玉之白，猶白雪之白（字一）——皆

三畫連中（字一）——車

雜劇：卷五十《老圓》，叙寫名將李不侯萬里從戎，封侯之夢破滅，伏處田間；名妓花退紅人老珠黄，好不悽惶，皆被老僧無相禪語點化，俞樾藉此闡發「草草浮生有甚榮枯得失」的思想。正如鄭振鐸《〈清人雜劇二集〉題記》所説：「多禪門語。然於故作了悟態裏，卻也不免藴蓄著些憤激。」

三、學術價值

《曲園雜纂》所收内容極其豐富，涉及經子、筆記、小學、雜論、詩曲、雜劇、傳記等諸多方面，可見俞樾涉獵廣泛，研究全面，其學術價值主要體現在以下方面：

（一）秉承樸學精神

清代樸學盛興，學者輩出，其中段玉裁和王念孫、王引之父子最有代表性。而俞樾尤推崇王氏父子，學習其治學之法，效仿其《經義述聞》《讀書雜志》，將考證經書、子書之成果輯成《群經平議》《諸子平議》，其後俞氏對經書子書又闡幽抉微，這在《曲園雜纂》中多有體現。

贊同并申説王念孫意見，如《讀〈鶡冠子〉》：

《備知篇》：「唯無如是，時有所至而求，時有所至而辭。」陸注：「『唯無如是』句，曰無其時命。」此未達古語也。「無」乃語辭，「唯無如是」者，「唯如是」也。古書多有此二字，或作「唯毋」，「毋」與「無」通也；或作「雖無」，「雖」與「唯」亦通也。《管子·立政九敗篇》曰：「人君唯無好全生。」又曰：「人君唯無聽私議自貴。」此用「唯無」二字也。《墨子·尚賢中篇》：「古者聖王，唯毋得賢人而使之。」又曰：「賢臣唯毋得明君而事之。」此用「唯毋」爲「唯無」也。《非樂上篇》曰：「今王公大人雖無造爲樂器，以爲事乎國家。」此以「雖無」爲「唯無」也。王氏念孫《讀書雜志》所引甚詳，不具録。

補充論證自己前説，如卷一《艮宧〈易〉説》「來之坎坎」條：

王注曰：「出則之坎，居則亦坎。」其分「出」「居」二義，疑「來之」二字當平列，「來之」即來往也。《爾雅・釋詁》：「之，往也。」經傳中「之」字訓「往」者不可勝舉。「來之坎坎」，與《井》彖辭曰「往來井井」一例。學者習聞「來往」，罕聞「來之」，故失其義。亦猶《尚書・洪範篇》之「從革」即「因革」也，《周書・文政篇》之「充虛」即「虛實」也，《管子・水地篇》之「違非」，「違」讀爲「韙」，即「是非」也。説詳兩《平議》本篇。

糾正自己前説，如卷五《達齋叢説》「《法言》『如玉如瑩』説」：

楊子《法言·吾子篇》：「如玉如瑩，爰見丹青。」宋龔鼎臣《東原録》據唐人類書中所引作：「如玉加瑩，爰見丹青。」余前《諸子平議》采用其説，乃觀《漢高陽令楊著碑》曰：「其德伊何？如玉如瑩。」即用楊子語。則宋類書所引又未必是也。《説文·玉部》：「瑩，玉色也。一曰石之次玉者。《逸論語》曰：『如玉之瑩。』」按：「如玉之瑩」，從玉色義；「如玉如瑩」，從石次玉義。正與《詩》「如金如錫」句法相同，從今本亦得。

（二）融通訓詁方法

俞樾自言所做研究「不離訓詁之學」，從《曲園雜纂》可見其辨字形、通古音、識通假、善理校、釋名物，有些考證還融合各種訓詁方法，試舉例如下。

《艮宧〈易〉説》「艮其止，止其所也」條：俞樾認爲《周易》經文言「艮其背」，而《傳》言「艮其止」，經傳不同。疑經傳本皆作「艮其北」，「北」即古「背」字，經文作「背」乃以今字易之，傳文「止」乃「北」形似而誤。

《達齋叢説》「竝音伴」條：《漢書·昭帝紀》「同竝」，顔師古注：「竝音伴。」俞樾據此推測「竝」字爲「扶」字之誤。《説文·夫部》：「扶，竝行也。從二夫。輦字從此，讀若伴侣之伴。」認爲「竝」古字作「㚘」，學者多見「㚘」字，少見「扶」字，因此改「扶」爲「㚘」。《讀〈鶡冠子〉》：「《王鈇篇》：『易一故莫能與争先，易一非一，故不可尊增。』樾謹按：兩『易』字均無義，乃『㝵』字之誤。『㝵』古文『得』字，《一切經音義》引衛宏《古文官書》曰『㝵、得二字同體』是也。『㝵』與『易』字形相似，故誤爲『易』耳。下云『成鳩得一，故莫不仰制焉』，即承此而言。」

《達齋叢説》「執金吾」條：

《漢書》「執金吾」有二解：應劭曰：「吾者，禦也。掌執金革以禦非常。」師古曰：「金吾，鳥名也。主辟不祥，天子出行，職主先導以禦非常，故執此鳥之象，因以名官。」愚謂顔説非也。崔豹《古今注》云：「金吾，亦棒也，以銅爲之，黄金塗兩末，謂爲金吾。御史大夫、司隸校尉亦得執焉。御史、校尉、郡守、都尉、縣長之類，皆以木爲吾焉。」據此，則漢制有金吾、有木吾，豈得以金吾爲鳥名乎？至應説亦有未盡，「吾」之爲義固取乎「禦」，而「吾」實大棒之名，以大棒可禦非常，故以「吾」名之。執金吾者，執此棒也。實有其物，非「執金革以禦非常」之謂也。應氏之注，參以崔豹之説，其義方盡。

按：「金吾」，「吾」固有「禦」義。《墨子・公孟》：「厚攻則厚吾，薄攻則薄吾。」孫詒讓閒詁：「吾，當爲圄之省。《説文・口部》云：『圄，守也。』」「吾」古音疑母模韻，「禦」古音疑母御韻，可通假。俞樾反駁顔師古「鳥名」説，認爲應劭「吾者禦也」説是而未盡，據《古今注》釋「金吾」爲銅棒。所以「禦」之「吾」雖由「禦」引申而來，但已非動詞「禦」。可謂融通。

（三）總結古書文法

俞樾著作，除兩《平議》之外，重要的有《古書疑義舉例》。俞樾博覽群書，將閱讀古書過程中遇到的特殊語言現象以及文字竄衍脱訛歸納爲八十八條義例。這對於研讀先秦典籍、熟悉文言語法，明瞭致誤緣由很有裨益。而《古書疑義舉例》的總結，在後續的研究中得以貫徹和補充。

一是古人常用連言，連類而及，并非實義。

卷二《達齋〈書〉説》「臣妾逋逃」條，所舉《禮記・雜記》《玉藻》已見《古書疑義舉例》「因此以及彼例」：

枚傳曰：「男曰臣，女曰妾。」《正義》曰：「古人或以婦女從軍，故云『臣妾逋逃』。」然考之古書，婦女從軍實無此事。……可知古法婦女不得從軍也。此經「臣妾逋逃」，蓋因「臣妾」恒言，故因「臣」而連言「妾」耳。古書多有此例，《禮記・雜記篇》「爲妻，父母在，不杖，不稽顙」，因「父」而連言「母」，實則父沒母在，得爲妻杖也。……《玉藻篇》「大夫不得造車馬」，因「車」而連言「馬」。凡此之類甚多，不達其例，即不得其解矣。

二是古人言四方不泥其方，猶古人言數不泥其數。

卷三《達齋〈詩〉説》「南有樛木」條：

傳曰：「南，南土也。」……《正義》曰：「諸言南山者，皆據其國内，故傳云『周南山』『曹南山』也。今此樛木言『南』，不必己國，故言『南土』。」愚謂此説殊泥。……詩人之詞，如「南有樛木」「南有喬木」「南有嘉魚」，以至「山曰南山」「澗曰南澗」，大率多以「南」言，蓋欲於四方之中舉一而包其三面，則莫如言「南」，以南方人所常見也。不然國中豈無東山、西山而必言南山？豈無東澗、西澗而必言南澗乎？……南之外莫如東，東方屬春，四時之首，故舉東之一面亦足以包其餘三面，如「東門之墠」「東門之楊」是也。……汪容甫有《釋三五七篇》，古人之言數者始可不泥其數。愚爲此説，則古人之言方者亦不可泥其方。

三是古人以「五」表示舉其中數。

根據文獻記載，認爲伊尹當是「六就湯」。俞樾議曰：

卷三十二《議郎》「伊尹六就湯」條：《孟子》「五就湯、五就桀者，伊尹也」，郎瑛《七修類稟》

古人之辭，凡至少者則以「一」言之，如「一鉤金」「一杯水」是也；至多者則以「九」言之，如「叛者九國」「反者九起」是也。自一至九，五居其中，故古人之辭舉其中數曰「五」，如《左傳》「不可以五稔」「五大不在邊」「五細不在庭」之類是也。「五就湯、五就桀」意亦如此。胡應麟《少室山房筆叢》云：「明聖人去就不常，非定以爲五也。」此最得古人語意。

按：俞樾認爲此「五」非指五次，而是取一至九之中數，表數次、多次。劉向《説苑・指武》：「吴王闔廬與荆人戰於柏舉，大勝之，至於郢郊，五敗荆人。」此「五」亦非指五次。又如

「三令五申」。

四是兩字形近而衍。

已見《古書疑義舉例》。例證則是《近迭篇》：「滅門殘疾族，公謝天下以讓敵國。」俞樾按：「疾」乃「族」字之誤而衍；《王鈇篇》「其誅柱國滅門殘疾」，「疾」亦「族」之誤。同篇：「今無數而自因，無法而自備循。」俞樾按：「備」乃「循」字之誤而衍。

五是涉旁注而衍。

《讀〈鹽鐵論〉》：

「《伐功篇》：「其後匈奴稍强，蠶食諸侯，故破走月支氏。」樾謹按：「支」字衍文也。《漢書・韋玄成傳》：「及漢興，冒頓始彊，破東胡，禽月氏。」師古曰：「氏讀曰支。」此作「月支氏」者，殆因讀者以「氏」當讀「支」旁注「支」字，遂誤衍耳。

俞樾之説似亦有可商之處，兹舉一例：

《讀〈鹽鐵論〉》：

《力耕篇》：「美玉珊瑚出於昆山，珠璣犀象出於桂林，此距漢萬有餘里。計耕桑之功、資財之費，是一物而售百倍其價一也，一揖而中萬鍾之粟也。」樾謹按：「其價一也」四字文有錯誤。「其價」當作「之價」，屬上句讀。「一也」二字衍文，蓋即下句「一揖」之誤而衍者。其本文云「是一物而售百倍之價，一揖而中萬鍾之粟也」，兩句相對。

按：俞説恐未安。「其」「之」互文，「百倍其價」「萬鍾之粟」相對，不必改「其價」作「之價」；「一也」之「一」恐涉下「一揖」而衍，不必二字均衍。《鹽鐵論》此文，衍「一」字而已，原作「是一物而售百倍其價也，一揖而中萬鍾之粟也」，文意已通。俞樾爲求句意相對，改動原文過多，不可從。王利器《鹽鐵論校注》此處作：「計耕桑之功，資財之費，是一物而售百倍其價也，一揖而中萬鍾之粟也。」其注曰：

「價」下原有「一」字，今删。「一」字是牽涉上文「其實一也」句誤添的。「其價」和「之粟」互文。後《疾貪》篇：「欲影正者端其表，欲下廉者先之身。」《備胡》篇：「好事之臣，求其義，責之禮。」《鼂錯》篇：「舜之誅誅鯀，其舉舉禹。」都是以「其」、「之」對文，它書更是舉

不勝舉。説略本陳遵默。[一]

王利器舉「其」「之」對文，甚是。然其曰「一」字涉上文「其實一也」而誤添，恐非。「其實一也」距離較遠，不如涉下文「一浥」而衍。

四、整理説明

《曲園雜纂》共五十卷，其中有幾卷曾單獨整理過：卷五《達齋叢説》收録於《九九消夏録（外三種）》（崔高維點校，中華書局一九九五年版）；卷十七至二十六評議諸子的部分收録於《諸子平議（附補録）》（李天根輯，中華書局一九五四年版）。浙江古籍出版社於二〇一九年出版《俞樾全集》，第八册、第九册上半部分爲《曲園雜纂》（陳汝法點校）[二]。

此次點校，以鳳凰出版社二〇一〇年影印南京博物院所藏光緒末增訂重刊《春在堂全書》

[一] 王利器校注《鹽鐵論校注》，第三七—三八頁。

[二] 浙古版將《曲園雜纂》卷十七至二十六評論諸子的部分，移入《諸子平議續録》；卷四十《閩行日記》移入《春在堂日記·同治十一年》。

爲底本，甄别吸收蔡啓盛《春在堂全書校勘記》（簡稱《校勘記》），參考已整理出版的成果。底本古字、俗體字、異體字、通假字原則上不改，避諱字回改（如「元」「宏」改作「玄」「弘」）。引文盡量根據通行本核查原文，若有節引、意引而不影響文意者，保持底本原貌，不校改；若因引文訛、脱、衍、倒而導致語句不通及文意錯亂者，或引用具體歷史事件人名、地名、年代有誤者，則改底本而出校勘記，兹略舉例如下。

一是因脱文而影響文意。

《達齋〈詩〉説》「其軍三單」條：「蓋古有計口出軍之法，大國定率得十六萬口，三分之，則各萬三千三百三十口……詳見《春秋繁露・爵國篇》。」按：「各萬三千三百三十口」，「萬」前脱一「五」字，三分「十六萬」應得五萬三千三百三十，且《春秋繁露》原文亦有「五」字，故出校。

《讀〈鹽鐵論〉》引《遵道篇》作「殷周因修而亡」。按：《鹽鐵論・遵道篇》原文作「殷周因修而昌，秦王變法而亡」，因節引或漏印而致文義相反，故出校。

二是因誤字而影響文意。

《達齋〈書〉説》「大戰于甘，乃召六卿」條引《尚書・甘誓》「用命，賞于祖；弗用命，戮于祉」。按：據《尚書正義》，「祉」應作「社」，作「祉」乃形近而誤，故出校。

《荀子〈詩〉説》引《君道篇》作「城郭不待飾而固，兵刃不待淩而勁，敵國不待服而詘，四海之民不待令而一。夫是之謂王平」。按：「王」應作「至」，恐形近而誤，「王平」文意不通，故出校。

三是篇名有誤。

《艮宧〈易〉説》「《文言》曰」條：「《荀子・正名篇》『禮義文理亡焉』。」按：所引《荀子》之文出自《性惡篇》，非《正名篇》，故出校。

《小繁露》「橋邊石獅子」條「《太平御覽・驍勇部》引《歙州圖經》」。按：所引内容出自《太平廣記》卷一九二《驍勇二》，非《太平御覽》，故出校。

四是人名有誤。

《達齋〈詩〉説》「來朝走馬」條：「《彤弓篇》『一朝饗之』，傳曰：『一朝猶早朝。』夫經既言『朝』，其早不待言矣。此『早』字乃『甲』字之誤。説詳《群經平議》。『甲』爲十日之首，引申之爲弟一之稱，故毛公云『一朝猶早朝』。」按：「一朝猶早朝」乃鄭玄箋，非毛傳。俞樾以爲出自毛傳，故下文又言「毛公云」。毛傳、鄭箋有别，故出校。

《達齋〈春秋〉論》「論天王使仍叔之子來聘」條引《南史・吴逵傳》「太守王紹之擢補功曹

史」。按：據《南史·吴逵傳》，「王紹之」應作「王韶之」。人名有誤，故出校。

五是年代有誤。《何劭公〈論語〉義》「人而不仁，疾之已甚，亂也」句後引《公羊傳》：「《昭十二年》：『冬，十有一月丁酉，楚師滅蔡。執蔡世子有以歸，用之。』」按：「昭十二年」應作「昭十一年」，故出校。

六是《韻雅》一卷涉及很多生僻字、不用字，底本多有誤刻，根據每字釋義找到《廣韻》中相對應的字。如「磤」原訛「礅」，據《宋本廣韻·上平·十八諄》改；「欨」原訛「頭」，據《宋本廣韻·去聲·五十候》改；「蟰」原訛「蠨」，據《宋本廣韻·下平·三蕭》改。

整理者水平有限，點校錯訛在所難免，敬祈讀者指正。

曲園雜纂序

東南底定之後，吴中花月之勝未減曩時。士大夫之宦成而歸及流寓於是者，各治第宅，啓園林，竹崦松臺，月汀星沼，極一時之盛矣。而余蝨於其間，亦有曲園之築。一勺之水，一卷石之山，猶棘林螢燿，而與夫榑木龍燭也。然吾園既小，不足以讌賓客、陳聲伎，則仍於其間仰屋梁而著書。温故知新，間有所得，裒而録之，得五十卷，每卷爲一種。嗟夫！吾之力不能大吾之園，而吾之園顧能成吾之書，吾負園，園不負吾也。書成，因名之曰《曲園雜纂》。俞樾記。

艮宧《易》説　曲園雜纂第一

曲園之東北隅，築室曰艮宧。其地稍幽僻，無事則攜《周易》於其中讀之，有所得則筆之，是曰《艮宧〈易〉説》，然仍未離乎訓詁之學也。

初九，潛龍勿用

《文言》曰：「龍，德而隱者也。」又曰：「潛之爲言也，隱而未見，行而未成。」以人事言，若舜漁雷澤、漢高祖爲泗水亭長，皆可當之。孔氏《正義》謂：「當堯之世，堯君在上，不得爲小人道盛。此潛龍始起，在建子之月，於義恐非。」屑屑分別，轉失之泥矣。此爻初無「小人道盛」之義。《正義》於「九二」曰：「乾之初九，則與復卦不殊。乾之九二，又與臨卦無別。但《易》論象，復、臨二卦，既有群陰見象於上，即須論卦之象義，各自爲文。此乾卦初九、九二只論居位一爻，無群陰見象，故但自明當爻之地。」然則「初九」《正義》何又以「小人道盛」爲言？豈非正義非出一人，故有此歧異乎？

萬物資始，乃統天

統者，合也。《周官·太宰》：「三曰禮典，以統百官。」鄭注曰：「統，猶合也。」是「統」有合義，「統天」即合天也。下文曰：「夫大人者，與天地合其德，與日月合其明，與四時合其序，與鬼神合其吉凶。先天而天弗違，後天而奉天時。天且弗違，而況於人乎？況於鬼神乎？」此即「統天」之義。《正義》曰：「以其至健而爲物始，乃能統領於天。」則是統於天，非「統天」矣。

乾道變化

變化皆以漸而成，天下無卒然而化者也。《正義》以「變爲漸變，化爲卒化」，非是。《禮記·中庸篇》：「動則變，變則化，惟天下至誠爲能化。」是變粗而化精。鄭注曰：「變，改惡爲善也，變之久則化而性善也。」《正義》曰：「初漸謂之變，變時新舊兩體俱有，變盡舊體而有新體，謂之爲化。」此說「變化」之義得之。

「見龍在田」，德施普也

《釋文》曰：「施，與也。」《正義》亦以「德施」爲「道德恩施」，故曰：「《比》『初九勿用』，是其周普也。若《比》九五，則猶狹也。」如此，則聖人之辭轉有語病，而待後人之圓其説矣。此由未解「施」字之義故也。此「施」字與他「施」字不同，當讀如「施服」之「施」。按《儀禮・喪服》傳「絶族無施服」，鄭注曰：「在旁而及曰施。」《孟子・離婁篇》「施從良人之所之」，趙注曰：「施者，邪施而行。」《音義》引張音曰：「謂延施而往也。」《詩・皇矣篇》「施于孫子」，鄭箋云：「施，猶易也，延也。」義並相同。九二雖有君德，未居尊位，然已「出潛離隱」，故其德亦能延及於人，有周普之象。字亦作「迆」，《文選・海賦》「迆涎八裔」，注云：「迆涎，邐迆相連也。」傳用「施」字，正見以漸推暨，邐迆而及，於九二之位相稱。自「施」字失解，而傳義晦矣。

「飛龍在天」，大人造也

「造」字，鄭音徂早反，「爲也」，王肅七到反，「就也、至也」，劉歆父子作「聚」，並見《釋文》。然「大人爲也」，於義未足；劉作「聚」，更非。九五君位，豈可言大人聚乎？當從王肅訓「就」爲是。造、就雙聲，《説文・辵部》：「造，就也。」即以聲得義。「就」訓成，故「造」亦訓成。《尚書・君奭篇》「耇造」，《禮記・王制篇》「造士」，鄭注並曰：「造，成也。」飛龍在天，是以聖人居君位，功業成矣，故曰「大人造也」。

《文言》曰

莊氏「文飾」之義，失之太淺，故正義不取。然《正義》謂「釋二卦之經文，故稱文言」，則孔子作傳，皆是解釋經文，何獨於此特標「《文言》」之名哉？梁武謂「文王所制」，夫自「元者善之長也」至「故曰：『乾，元亨利貞。』」，穆姜曾引之，或古有此説。然「潛龍勿用」何謂也？顯標「子曰」，豈復「文王」？梁武之説殊亦難通。竊謂孔子作傳，諸卦一律，惟乾、坤德大，意有未盡，又重言之。《易》之有「《文言》曰」，猶詞賦家之有「亂曰」也。《離騷》「亂曰」，王逸注曰：「亂，理也，所以發理詞旨，總撮其要也〔一〕。」「文言」之「文」，亦當訓「理」。《莊

〔一〕其，原訛「行」，據《楚辭補注》改。

子·應帝王篇》「鄉吾示之以地文」，崔注曰：「文，猶理也。」《荀子·性惡篇》〔一〕「禮義文理亡焉」，楊注：「文理，謂節文條理也。」是文、理義同。《繫辭》傳曰：「仰以觀於天文，俯以察於地理。」天言文，地言理，其義一也。「文言」者，謂於篇末又理其詞旨而言之，正與賦之有「亂」相似。

脩辭立其誠，所以居業也

上言「脩業」，此言「居業」，《正義》謂避脩辭之文，非也。變「脩」言「居」，自有精義。蓋「所以進德」句，起下「知至」；「所以居業」句，起下「知終」。《正義》曰：「九三唯是一爻，或使之欲進知幾也，或使之欲退存義也。一進一退，其意不同，以九三處進退之時，若可進則進，可退則退，兩意並行。」以是言之，進業主乎進「知至至之」之事，居業主乎退「知終終之」之事。《正義》所謂「保全已成之功，不妄興動」，正得其義，此所以變「脩」言「居」歟？

〔一〕 性惡，原訛「正名」，據《荀子》改。

「見龍在田」，時舍也

王注曰：「見而在田，必以時之通舍也。」《正義》曰：「輔嗣以通解舍，舍是通義。」夫「舍」何以訓「通」？義不可曉。疑輔嗣讀「舍」爲「舒」，舒則舒展之謂。言出潛離隱，以次疏通，而得舒展也。《史記·律書》曰：「舍者，舒氣也。」是「舍」與「舒」聲近義通。鄭公孫舍之，字子展，蓋亦叚「舍」爲「舒」。

西南得朋，東北喪朋

朋，非聖人所貴也。《泰》九二曰：「朋亡。得尚于中行。」傳曰：「以光大也。」《咸》九四曰：「憧憧往來，朋從爾思。」傳曰：「未光大也。」朋亡爲光大，朋從爲未光大，則朋之私而不公明矣。惟《復》彖辭曰：「朋來无咎。」蓋一陽初復，其勢太孤，故有望於朋來。曰「无咎」，則知《豫》之「朋盍簪」、《蹇》之「朋來」、《解》之「朋至」皆不免有咎也。坤爲陰柔之卦，西南同類，故得朋；東北異類，故喪朋。傳曰：「西南得朋，乃與類行；東北喪朋，乃終有慶。」是不貴得朋而貴喪朋也。陽卦亦然。《蹇》曰「利西南不利東北」，《解》曰「利西南」，蓋蹇卦艮下坎上，解卦坎下震上，並陽卦也。陽卦則西南爲喪朋，東北爲得朋。而《蹇》《解》並「利西南」，亦即喪朋有慶之義也。《損》六三曰：「三人行則損一人，一人行則得其友。」夫貴喪朋而又貴得友，何也？友與朋異，《説文・又部》：「友，同志爲友，从二又，相交友也。」《鳥部》：「朋，古文鳳，象形。鳳飛，群鳥從以萬數，故以爲朋黨字。」是友少而朋多，故聖人貴友而賤朋。《周官・太宰》：「以九兩繫邦國之民……八曰友，以任得民。」《士師》：「掌士之八成……七曰爲邦朋。」然則聖人之世有友而無朋明矣。春秋時，「朋友」已爲恒言，故孔子贊《易》亦言之，如云「君子以朋友講習」是也。彖辭、爻辭無連言「朋友」者。

六二，直方，大不習无不利

此當以「方」字斷句。傳曰：「六二之動，直以方也。」此釋「直方」之義。又曰：「不習无不利，地道光也。」此釋「大不習无不利」之義。其不言「大」者，「光」與「廣」通，凡《易傳》「光」字，自「光明」「暉光」外，大半爲「廣」之叚字，説本王氏引之《經義述聞》。「地道光也」，即地道廣也，正釋經文「大」字。言所以不習无不利者，以地道之大也。《文言》曰：「直其正也，方其義也。」不及「大」字，是孔子讀「直方」二字爲句。《禮記·深衣篇》引鄭注曰：「直也，方也，地之性。」不及「大」字，是漢儒亦讀「直方」二字爲句。且初六「履霜」、六二「直方」、六三「含章」、六四「括囊」、六五「黄裳」、上六「龍戰于野，其血玄黄」皆協韻，與他卦不同。若連「大」字讀，則失韻矣。《正義》以「直方大」三字爲句，由不知傳文「光」字正釋「大」字之義，故失其讀耳。

宜建侯而不寧

鄭讀「而」曰「能」，以辭義求之，似未合。王注曰：「屯體不寧，故利建侯。」則是不寧而宜建侯，於辭義更不合矣。按彖辭：「勿用有攸往，利建侯。」傳言「宜建侯」，是釋「利建侯」之義；傳言「不寧」，是釋「勿用有攸往」之義。「宜建侯而不寧」，猶曰利建侯而勿用有攸往也。何謂「往」？曰屯難也。往者，往而出乎難也，人情處屯難之中，無不急於求出，故皆欲有所往。而聖人則深戒之，於初九曰「磐桓，利居貞」，於六二曰「女子貞不字，十年乃字」，於六三「即鹿無虞，惟入于林中」則明戒之曰「往吝」。至六四然後曰「往吉」，明前乎此者往不吉也，故於彖辭曰「勿用有攸往」，而傳則不曰「勿用有攸往」，而曰「不寧」。蓋人之急求出難者，無非急欲求安而已，豈知難猶未艾，則安不可求，故曰「宜建侯而不寧」。「不寧」者，不求寧也。不求寧，自不他往矣，此傳釋經之妙也。

需于沙

傳曰：「衍在中也。」既云「在中」，則《正義》以沙爲水旁之地，失之矣。「沙」當從鄭作「沚」。《爾雅·釋水》曰：「水中可居曰洲。小洲曰渚。小渚曰沚。」《詩·蒹葭篇》：「宛在水中沚。」是「沚」在水中，故傳有「衍在中」之説。下文「需于泥，災在外也」，《正義》曰：「泥者，水旁之地。」若沙則與泥同在水旁，何以傳有中外之别乎？

訟：有孚，窒惕中吉

王注曰：「窒，謂窒塞也。」《正義》曰：「窒，塞也。惕，懼也。」按：下文王注「塞懼」字凡三見，是以「窒惕」連文，異乎今讀。然「塞懼」甚爲不辭，其讀則是，其義則非。愚謂「惕，懼也」，「窒」亦「懼」也，字本作「恎」，《廣雅·釋詁》：「恎，懼也。」此必本於古《易》説。凡兩字連文而義不異者，古書往往有之。「恎惕中吉」，猶云恐致福也。《損·象傳》「君子以懲忿窒欲」，孟喜本「窒」作「恎」，此「窒」「恎」通用之見于本經者。

「訟：有孚，窒惕中吉」，剛來而得中也

王解「剛來而得中」曰：「其在二乎？以剛而來正夫群小，斷不失中，應斯任也。」是以九二爲訟之主。而於九五「訟元吉」則又曰「處得正位，爲訟之主」，故《正義》以爲「凡有二主」。又曰：「九五象辭云『訟元吉，以中正』何？知象辭『剛來得中』非據九五也。輔嗣必以爲九二者，凡上下二象在於下象者，則稱『來』……今此云『剛來而得中』，故知九二也。」此孔氏泥於王注之文，曲爲之説。按九二曰：「不克訟，歸而逋其邑。人三百户，無眚。」《象》曰：「不克訟，歸逋竄也。自下訟上，患至掇也。」是九二方以訟不得勝，至于逋竄，猶不免患。乃謂之卦主，虚奉美名，不亦誣乎？是知王氏此注大非。經義「剛來得中」，自當以九五言，所謂「剛來」者，承上《需》卦爲文，即所謂「不速之客，三人來」也。蓋《需》卦乾下坎上，《訟》卦坎下乾上，兩卦本相承，故孔子作傳，即根以立説。《需》之「三人來」，指下卦「三陽」，輔嗣之注已得之矣。《需》下三陽今來居上，即是訟卦而就三陽言；九五居中，是謂剛來而得中矣。輔嗣但觀本卦，故未達斯旨。

師左次，无咎

王注曰：「行師之法，欲右背高，故左次之。」《正義》引《漢書·韓信傳》云〔一〕：「兵法欲右背山陵。」王氏此注正因《韓信傳》而附會之，其實不然。但云「左次」，何以見右之有山陵乎？《詩·清人篇》：「左旋右抽，中軍作好。」《正義》曰：「必左旋者，《少儀》云『軍尚左』，注云：『左，陽也。陽主生，將軍有廟勝之策，左將軍爲上，貴不敗績。』然則此亦以左爲陽，故爲左旋。」今依此義以説《易》，《易》之「左次」即《詩》之「左旋」，所謂「軍尚左」也，是以左次无咎。

小畜：亨。密雲不雨，自我西郊

小畜，乾下巽上，自二至四互兑。兑，西方卦，故有西郊之象。而上體爲巽，巽爲風，位在東南。密雲興自西郊，而巽風自東南吹之，則不能來矣，此所以「施未行也」。王注不及「西郊」

〔一〕傳，原脱，據下文補。

之義，《正義》曰：「言在西郊，去施遠也。」然則四郊皆遠，何獨西乎？《小過》六五亦曰：「密雲不雨，自我西郊。」小過自三至五互兑，自二至四互巽，故其象與此同。

何其咎，吉

經云「何其咎」，不云「何所咎」。王注以「何所犯咎」釋之，非其義也。此「何」字乃「負荷」之「荷」，古「負荷」字止作「何」，不作「荷」也。《大畜》上九「何天之衢」，梁武帝音「賀」，正與此同。《小爾雅·廣言》曰：「何，任也。」何其咎，言任其咎也。《小畜》以六四一爻爲成卦之主，畜陽者也。然初九、九二猶剛健得行，初九正與四應，而不爲四畜，故有「復自道，何其咎」之象，言爲四所咎也，苟不失道，受咎何傷？故吉。而傳曰：「其義吉也。」言於事之成敗利鈍不可知，而其義則吉也。

君子征凶

《易》有以「君子」「小人」對言者，如《剥》上九是也。若此爻，則「君子」與「婦」對言，上云

「婦貞厲」，此云「君子貞凶」，「君子」猶言男子耳。《詩·關雎》序云：「是以《關雎》樂得淑女以配君子。」《正義》曰：「婦人謂夫曰君子，上下之通名。」《汝墳》序曰：「婦人能閔其君子，猶勉之以正也。」《小戎》序亦曰：「婦人能閔其君子焉。」並以「婦」與「君子」對言。此爻之義亦然，上九處畜之極，有婦制其夫之象，故以婦言則曰「貞厲」，而以夫言則曰「征凶」。

勿恤，其孚于食，有福

誠信本無可憂之道，而曰「勿恤其孚」，義殊未安，王注殆失其讀。此當以「勿恤」爲句，言艱貞无咎，則可以勿恤也。「其孚于食」爲句，猶《未濟》上九曰「有孚于飲酒」也。《伐檀》之詩曰：「不素食兮。」此即「孚于食」之謂。孚于食，謂不空食也。當天地之際，必艱貞而後无咎，苟且以就食，非福也，故曰：「其孚于食，有福。」

初九，无交害，匪咎，艱則无咎

既云「匪咎」，又云「艱則无咎」，義似重複。王注云：「其欲匪咎，艱則无咎。」則增出「欲」

字矣。按孔穎達論卦辭、爻辭誰作，本有二説：一説卦辭、爻辭並是文王所作。鄭學之徒並依此説；一説卦辭文王、爻辭周公。馬融、陸績等並同此説。今以爻辭求之，似鄭、馬之説不妨並行。蓋文王作之於前，而周公又有所增益於後。且如《坤》爻辭初六「履霜」、六二「直方」、六三「含章」、六四「括囊」、六五「黄裳」，與上六「龍戰于野，其血玄黄」協韻，或者此是文王之辭，其「堅冰至」以下又周公增益之乎？此云「无交害，匪咎，艱則无咎」，《豫》六三曰「盱豫悔，遲有悔」，並似二人之辭。蓋文王但言「匪咎」，而周公又申之曰「艱則无咎」；文王但曰「盱豫悔」，而周公又申之曰「遲有悔」，而文王之旨益明。所謂「善繼人之志」者，即此亦可見矣。

威如吉

傳曰：「威如之吉，易而无備也。」則此「威」字當非「威猛」之「威」。《文選》謝玄暉《郡内登望》詩「威紆距遥甸〔一〕」，李注曰：「威紆，威夷紆餘，流長之貌。」考「威夷」字本《韓詩》「周道威

〔一〕甸，原訛「旬」，據《文選》改。

夷」，薛君《章句》曰：「威夷，險也。」其實「威夷」與「逶迆」同，不當訓「險」。《毛詩》作「倭遲」，訓爲「歷遠之貌」，則與《文選》注同義。《甘泉賦》「昭華覆之威威」，注曰：「猶威蕤也。」《史記・司馬相如傳》「紛綸威蕤」，《索隱》引胡廣曰：「威蕤，委頓貌。」義並相近。《荀子・仲尼篇》「委然成文」，楊注曰：「委然，俯就之貌。」「威」與「委」聲近義通，「威如」猶言「委然」，故有「易而無備」之義。《家人》上九：「有孚，威如，終吉。」傳曰：「反身之謂也。」義亦當與此同。若作「威猛」解，均與傳不合。

无不利撝謙

「撝」字之義，王訓「指撝」，荀爽曰：「撝猶舉也。」於義似皆未協。鄭讀爲「宣」，於聲絶遠，雖有「桓」聲近「和」之説可證，然鄭注不傳，莫得其詳。《説文・手部》：「撝，裂也。」則馬訓「撝」爲「離」，於義最近，自宜從之，惜馬説亦不詳其義。今按：王注曰：「處三之上而用謙焉，則是自上下下之義也。承五而用謙順，則是上行之道也。」王氏此説即可用以説馬義，蓋六四一爻，處九三、六五之間，九三爲衆陰所宗，六五居於尊位。六四既用謙於三，又用謙於五，一謙而兩用之，故爲「撝謙」，言分用其謙也，所以无不利也。「撝」之本義爲

「裂」，引申之爲「離」，他説並非。

天地以順動

「天地以順動」，乃古説也。《文選》張茂先《勵志》詩注引《春秋元命包》曰〔一〕：『天左旋，地右轉。』《河圖》曰：『地有四游。冬至，地上行北而西三萬里；夏至，地下行南而東三萬里；春、秋二分，是其中矣。地常動不止，而人不知。譬如閉舟而行，不覺舟之運也。』」是古説天動地亦動，自隋焚祕緯而儒者不聞此等説，但知地道安静，而此經「地」字幾若贅設矣。

介于石

虞翻曰「艮爲石」，是也，訓「介」爲「纖」則非。此卦自二至四互艮，自三至五互坎。坎爲水，艮爲石，石在水中，有磨砎之象，亦有觸而成聲之象。鄭云：「磨砎。」馬作「扴」，云：「觸小

〔一〕注，原脱，據《文選》補。

石聲。」二説並通。《晋書音義》曰：「磯，大水激石也。」孔子釋此爻曰：「君子見幾而作，不俟終日。」人之動於幾，亦猶水之激於磯，正見聖人取象之精。

朋盍簪

「簪」字之義，諸家各異，而「簪篸」之説，始於侯果。《困學紀聞》引晁景迂云：「古者冠禮，未有簪名。」明何氏楷《周易訂詁》曰：「《鹽鐵論》『神禹治水，遺簪不顧』，非簪而何？」愚謂《鹽鐵論》猶漢世書也，李斯上始皇書已云「宛珠之簪」，則先秦古書已有「簪」名。《韓詩外傳》曰：「孔子出遊少原之野，有婦人中澤而哭，甚哀。孔子怪之，使弟子問焉。婦人對曰：『向日刈蓍薪而亡吾蓍簪。』」此古時有「簪」之明證。侯果之説殆未可非，惟如其説，以「朋盍」爲「朋從大合」，而以「簪」爲「若簪篸之固括」，殊不成義。「盍簪」二字當相連爲文。盍，合也；簪，冠簪也。「盍簪」猶言「聚首」云爾。質言之曰「聚首」，文言之曰「盍簪」；猶質言之曰「比肩」，文言之曰「連襟」也。

冥豫，成有渝，无咎

王注曰：「處動豫之極〔一〕，極豫盡樂，故至于『冥豫成』也。過豫不已，何可長乎？故必渝變，然後无咎。」如王注，則以「冥豫成」三字爲句，然《豫》上六之「冥豫」與《升》上六之「冥升」一律，王讀非也。《集解》引虞翻曰：「應在三。渝，變也。三失位，无應多凶，變乃得正體艮成，故『成有渝，无咎』。」是虞讀正以「成」字屬下，然其解亦未可從。夫三變而上體爲艮，萬物之所成終成始也，「成」字之義洵不虛矣。然變而爲艮，則可謂之「渝有成」，不可謂之「成有渝」，以文義論不已傎乎？今按：《尚書・皋陶謨篇》「簫韶九成」，鄭注曰：「成猶終也。」此「成有渝」之「成」亦當訓「終」，言終有渝變也。故傳曰：「冥豫在上，何可長也？」《荀子・榮辱篇》「成則必不得其所好，必遇其所惡焉」，又曰「成則必得其所好，必不遇其所惡焉」，《彊國篇》曰「道德之威成乎安彊，暴察之威成乎危弱，狂妄之威成乎滅亡」，諸「成」字並當訓「終」，說詳《諸子平議》。

〔一〕豫，原訛「渝」，據《周易正義》改。

賁于丘園，束帛戔戔

俗解以「戔戔」爲「淺小」之意，殊非古訓。《釋文》引馬云：「委積貌。」薛虞云：「禮之多也。」黄云：「猥積也。」從無「淺小」之義。《正義》訓「戔戔」爲「衆多」，固古説也。然於王氏之旨則未爲得，王注曰：「施飾於物，其道害也；施飾丘園，盛莫大焉。故賁于束帛，丘園乃落；賁于丘園，帛乃戔戔。」味王氏之旨，其上「落」字，即所以解「戔戔」字也。蓋注文二語，反復相明。「賁于束帛」，即所謂「施飾於物，其道害也」，故丘園落矣。「賁于丘園」，丘之言空也，致飾於空虚之處，即不復致飾於物，故「束帛戔戔」矣，「戔戔」即「落」也。《正義》以「隕落」釋「落」字，「戔戔」蓋亦隕落之意。《釋文》云：「《子夏傳》作殘殘。」王氏之意正從作「殘」之本，謂施飾丘園之地，是喜質素而厭華侈，雖有玄纁之束帛，聽其殘毁而不用也。孔穎達爲王注作疏，乃不能深體注意，而襲用舊説，殆失之乎？又《集解》引虞注曰：「六五失正，動之成巽。巽爲帛、爲繩。艮手持，故束帛；以艮斷巽，故戔戔。」疑虞氏亦讀「戔戔」爲「殘殘」，以艮斷巽，故束帛爲之殘毁也。乃《集解》又引虞注曰：「束帛戔戔，委積之貌。」則義與馬同，而與「以艮斷巽」之義不合矣，豈傳述有誤乎？

拂經于丘

王氏不解「丘」字之義。《集解》引王肅曰：「丘，小山，謂六五也。」此説得之，而義未盡。《賁》六五「賁于丘園」，虞翻曰：「艮爲山，五半山，故稱丘。」然則《頤》六二稱「丘」〔一〕，與《賁》六五稱「丘」正是一律。頤與賁上卦皆艮也，二五本正應，頤六五失位，是謂拂經。六二無應，正以六五拂經之故，故曰「拂經于丘」。

來之坎坎

王注曰：「出則之坎，居則亦坎。」其分「出」「居」二義，疑「來之」二字當平列，「來之」即來往也。《爾雅·釋詁》：「之，往也。」經傳中「之」字訓「往」者不可勝舉。「來之坎坎」，與《井》彖辭曰「往來井井」一例。學者習聞「來往」，罕聞「來之」，故失其義。亦猶《尚書·洪範篇》之「從

〔一〕二，原訛「五」，據《周易》改。

革」即「因革」也,《周書·文政篇》之「充虛」即「虛實」也,《管子·水地篇》之「違非」,「違」讀爲「韙」,即「是非」也。說詳兩《平議》本篇。

樽酒簋,貳用缶

經文是「副貳」之「貳」,非「一二」之「二」。《損》彖辭「二簋可用享」,不作「貳簋」。王注以「樽酒簋貳」爲句,釋爲「一樽之酒、二簋之食」,殆非經旨也。鄭、虞舊讀皆以「樽酒簋」爲句、「貳用缶」爲句。《集解》引虞翻曰:「震主祭器,故有尊簋。簋,黍稷器。」又曰:「坤爲缶,禮有副尊,故『貳用缶』耳。」則「樽」「簋」並列,而「貳用缶」句但承「樽酒」而不及「簋」,義殊未安。《禮器篇》正義引鄭注曰:「六四上承九五,又互體在震上,天子大臣以王命出會諸矦。尊於簋,副設玄酒而用缶也。」以文義言之,鄭說爲長。或疑簋非盛酒之器,何得云「尊於簋」?不知此簋乃瓦簋也。《考工記》「旊人爲簋」,疏曰:「祭宗廟皆用木簋,此用瓦簋,據祭天地及外神尚質,器用陶匏之類也。」是簋有瓦、木二種。瓦簋亦曰土簋,《漢書·司馬遷傳》「飯土簋」是也。瓦簋可盛飯,亦可盛酒。樽酒於簋,貳之以缶,二者並瓦器,事適相稱也。至傳文「樽酒簋貳」,則陸氏《釋文》所據本並無「貳」字,此不足疑。

以杞包瓜

王注曰：「杞之爲物，生於肥地者也。包瓜爲物，繫而不食者也。」然則王氏讀「包」爲「匏」，故以匏瓜繫而不食説之。陸德明據王注作《釋文》，但云「包，子夏作苞」，不及王注之異，何也？

萃亨

馬、鄭、陸、虞等並無此「亨」字，當從之。觀傳文，於彖辭逐句釋之，而不及此「亨」字，則原無此字可知。王肅本誤衍，輔嗣因爲作注，非其舊也。

曰動悔有悔

王注曰：「『曰』者，思謀之辭也，言將何以通至困乎？『曰動悔』，令生有悔，以征則濟矣。」此其義殊涉迂曲，殆不可通。愚著《古書疑義舉例》有「上下同字異讀」之例，疑此文下「悔」字是本字，上「悔」字是「每」之叚字。「曰動每有悔」，言其動必有悔也。「曰」與「每」並語詞，「每有悔」與《詩》「每有良朋」同義。《一切經音義》引《三倉》云：「每，非一定之詞也。」《釋文》引向云：「言其無不然。」斯説得之。

出可以守宗廟社稷，以爲祭主也

以文義言，當云「入可以守宗廟社稷」，乃不言「入」而言「出」，其義深矣。上文曰「『震驚百里』，驚遠而懼邇也」，明必遠者驚而後邇者懼也，遠者不驚則邇者亦不懼，而無以守其匕鬯矣。是以唐虞之制「五載一巡守」，周制「十二年一巡守」，其巡守也東西南北一歲而徧，使諸侯各見于方岳之下。考禮正刑，以尊天子，非安坐王畿千里之内，遂可以莅中國而撫四夷也，故必能出而後可以守周之衰也。一人僅亦守府不能出矣，則亦不能守矣。虞注曰：「艮爲宗廟社稷。」是宗廟社稷乃艮之象，必出乎震而後可以成乎艮，此「出可以守宗廟社稷」之義也。

艮其止，止其所也

經文言「艮其背」，傳文言「艮其止」，經傳不同。王注曰：「易『背』曰『止』，以明『背』即『止』也。」此亦曲説。傳曰「艮，止也」，若「背」亦即「止」，是「止其止」矣，於義難通。疑經傳原文本皆作「艮其北」。《漢書・高帝紀》注引韋昭曰：「北，古背字。」艮其北，即「艮其背」也。今經作「艮其背」，則經師以今字易之矣。傳文「北」字誤作「止」字，蓋以形似而誤。學者遂以本字讀之，以致經傳兩歧。然以此轉可考見古《易》之古字，使不誤作「止」，則亦必易以「背」字矣。

鴻漸于陸，其羽可用爲儀

「陸」與「儀」非韻，宋儒改「陸」爲「逵」，然依古音亦非韻也。以韻求之，字當作「阿」；且以古書之例言之，「陸」與「阿」每連文，《詩・考槃篇》二章「考槃在阿」、三章「考槃在陸」是也。「陵」與「阿」亦連文，《菁菁者莪篇》首章「在彼中阿」、三章「在彼中陵」是也。此卦九三曰「鴻漸于陸」、九五曰「鴻漸于陵」，則上九曰「鴻漸于阿」，正合古書體例。今作「陸」者，即涉九三爻辭而誤耳。

月盈則食

《釋文》曰：「食，如字，或作蝕，非。」愚謂作「蝕」者是也。《史記·天官書》「日月薄蝕」，《吕氏春秋·明理篇》「其月有薄蝕」，字並作「蝕」，《漢書·劉向傳》「日有蝕之」。蓋作「蝕」者本字，作「食」者叚字。「蝕」，《説文》作「飾」，云：「敗創也。」日蝕、月蝕，並即「敗創」之義，謂有所虧毁也。自經傳皆叚「食」爲之，《淮南子》乃有「月照天下，蝕於詹諸」之説矣。又此所謂「月盈則食」，並非月食之謂，乃謂月盈之後俄而即虧也。日行天上，一中即偏矣；月受日光，一盈即虧矣。日中則昃，日日如是；月盈則蝕，月月如是。故曰「天地盈虚，與時消息」也。若以月食言，則容有頻年不月食者，轉不足見盈虚之理矣。

旅于處，得其資斧

虞氏《易》於此卦作「資斧」，注曰：「離爲資斧。」《巽》上九「喪其資斧」作「齊斧」，注曰：「《巽》爲齊，《離》爲斧。」並見《周易集解》。是虞所據本兩文不同，各依文解之。夫兩卦相連，一得一喪，必應一律，何以有「資斧」「齊斧」之不同？《釋文》於巽卦無説，於旅卦曰：「《子夏傳》及衆家並作『齊斧』。」不言虞作「資」，殆失之疏矣。漢《易》之傳於今者，惟虞氏粗存梗概，此經虞既作「資」，不得從衆家作「齊」也。「資斧」「齊斧」既有不同，於此正宜推究。竊謂此經「斧」字蓋衍文也，六二曰「懷其資，得童僕，貞」，九三曰「喪其童僕，貞」，九四曰「得其資」，蓋皆承六二言之，九三之「童僕」即六二之「童僕」，則九四之「資」即六二之「資」。六二言「資」不言「斧」，則九四亦宜然也。因巽卦適有「得其齊斧」之文，「齊」「資」聲近，遂於此文「資」下亦衍「斧」字，虞所據本已誤。然「斧」雖誤衍，而旅卦作「資」，巽卦作「齊」，猶不紊也，故各依其文說之。乃始因巽卦之「齊斧」誤此經爲「資斧」，後又因此經之「資斧」改巽卦爲「資斧」，而其誤不可訂正矣。然則何以明之？曰《釋文》於六二「懷其資」下云：「本或作『懷其資斧』，非。」可知六二之「懷其資」，亦有因九四之文而誤衍「斧」字者。幸其衍也在輔嗣作注之後，輔嗣於六二止釋「資」字，不釋「斧」字，故陸氏猶知其非。若衍在輔嗣作注之前，則至今竟作「懷其資斧」矣。九四之誤衍「斧」字，即以此明之。

虞吉，有他不燕

王注曰：「虞，猶專也。」「虞」之訓專，於古無徵，《正義》亦未能申其説。按：「虞」與「吾」

古字通，「騶虞」之爲「騶吾」，即其證也。王氏讀「虞」爲「吾」，言從吾之志則吉，若有他則不安矣，故曰：「虞，猶專也。」

損德之脩也

《正義》曰：「行德之時，恒自降損，則其德自益而增新，故云損德之脩也。」此説非是。如其説，則非損而是益矣。「損德之脩也」「益德之裕也」，兩文相對，「裕」是寬大之意，則「脩」必是縮小之意。《釋名・釋飲食》曰：「脯又曰脩。脩，縮也，乾燥而縮也。」「損德之脩」當從此義，蓋「脩」本乾肉，肉乾必縮，故訓爲縮，非特聲近，且與本義最近也。

爲布

「坤爲布」，乃「貨布」之「布」。《周官・外府》注曰：「布，泉也。其藏曰泉，其行曰布。」是也。《坤》彖辭曰：「先迷後得，主利。」惟主利，故爲布矣。《周官・泉府》列于《地官》，其即「坤爲布」之意歟？

臨觀之義，或與或求

韓注曰：「以我臨物，故曰與；物來觀我，故曰求。」是以「與」屬「臨」言，「求」屬「觀」言。此説非也。《雜卦》傳自「乾剛坤柔」以下，每卦皆分别言之，臨觀獨合而言之，與損益、否泰同。損益，盛衰之始也；否泰，反其類也，皆不分屬二卦。則「或與或求」亦不當分屬二卦也。愚謂二陽在五陰之下爲臨，以陽臨陰也；二陽在五陰之上爲觀，以陰觀陽也。凡陰陽皆互有與求，男帥女，女從男，此夫婦之互爲與求也；忠信重禄，則士之報禮重，此君臣之互爲與求也；民以君爲心，君以民爲體，此君民之互爲與求也。故曰：「臨觀之義，或與或求。」此義不明，而臣主闊疏、君民隔絶矣。

曲園雜纂第二

達齋《書》説

達齋者，亦曲園中齋名也。時於其中，蕭然獨坐，潛思經義，輒有所得，故《〈書〉説》《〈詩〉説》《〈春秋〉論》均以「達齋」題篇，非必皆得於此，而於此所得爲多矣。

曰若稽古帝堯

鄭注、枚傳義均未安。蔡傳曰：「史臣將叙堯事，故先言考古之帝堯者，其德如下文所云也。」此轉得之，不得以其非古而廢之也。《書序》曰：「昔在帝堯，聰明文思，光宅天下。」此三句包括此經之文，「昔在帝堯」，即「曰若稽古帝堯」也；「聰明文思」，即「欽明文思」也；「光宅天下」，即「光被四表，格于上下」也。鄭、馬並以《書序》爲孔子作，然則「曰若稽古帝堯」孔子已明解之矣，何容紛紛異説邪？或疑夏史臣紀臯陶事，何得稱古？不知古有太古、中古、近古之别，《無逸篇》「昔之人無聞知」，枚傳謂：「輕侮其父母曰：『古老之人無所聞知。』」夫近如父母可稱「古老」，夏史紀臯陶何不可稱古乎？《文選·魯靈光殿賦》云「粵若稽古帝漢祖宗」，此可證成蔡傳之義。

乃命羲和

枚云：「此舉其目，下別序之。」則枚意此「羲和」即下羲仲、羲叔、和仲、和叔也。馬融、鄭玄皆以此「命羲和」者命爲天地之官，下云「分命」「申命」爲四時之職，於周則「冢宰」「司徒」之屬，六卿是也。二説不同，而皆非也。如枚義，則下既分別言之，不必先作總目之辭，古文簡質，無此辭費也。鄭、馬以周制説古制，然經云「欽若昊天，曆象日月星辰，敬授人時」，但言天，不言地，不得云羲主天、和主地也。竊謂羲和共爲一職，下文羲仲、羲叔、和仲、和叔各爲一職，此即所謂「堯之五吏」也。《管子·輕重甲篇》云：「昔堯之五吏五官無所食，君請立五厲之祭，祭堯之五吏。」然則堯有五吏，古書有徵，蓋取法於五行。叔仲四子分主四方，則木火金水也；羲和居京師，總四子之成，中央土也。枚義固非，鄭、馬但知後世之六官，而不知古之五官，故亦未得其義也。

輯五瑞，既月，乃日覲四岳群牧，班瑞于群后

自枚傳有「與之正始」之説，孔疏因曰：「此瑞本受於堯，斂而又還之，若言舜新付之，改爲舜臣，與之正新君之始。」此恐非古義。按《禮記・聘義》曰：「以圭璋聘，重禮也。已聘而還圭璋，此輕財而重禮之義也。」鄭注曰：「圭，瑞也。」正義曰：「以器言之，謂之圭；執以行禮，謂之瑞。」據聘禮，公受玉，又使卿還玉，疑古朝覲之禮亦復如此。《覲禮》云：「侯氏裨冕，釋幣于禰。乘墨車，載龍旂、弧韣，乃朝以瑞玉，有繅。」鄭注曰：「瑞玉，謂公桓圭、侯信圭、伯躬圭、子穀璧、男蒲璧。」然則下文「王受之玉」，即受此瑞玉矣。既受之後，亦必有還玉之事，禮文不備耳。鄭注云：「朝宗禮備，覲遇禮省。三時禮亡，唯此存爾。」還玉之事，或已見於朝宗禮文，故此略之也。輯瑞、還瑞，古朝覲之恒禮，非因正始而然。必如枚説，大有似乎燕王噲「收印自三百石吏而效之子之」矣。

東迆，北會于滙

枚傳云：「東溢分流，都共北會爲彭蠡。」蓋據上文「滙澤」爲解。然果是彭蠡，則江自湖口

而下，須南行二百餘里，方至彭蠡，何以反云「北會」也？且經文如「會于汶」「會于泗沂」「會于澧」「會于涇」「會于渭瀍」「會于伊」，其下一字皆實指水名。此不云「會于彭蠡」而云「會于匯」，何也？吴君承志嘗語余曰：「此『匯』字乃『淮』之假借字。《漢唐扶頌》『匯夷來降』，假『匯』爲『淮』，即其例也。淮水在江北，江自湖口以東折而北行，合肥水而會于淮，故云『北會于淮』。」余謂此説極新，前人所未有。《孟子》「排淮泗而注之江」，昔人以江、淮不通爲疑。今得此説，不特可以説《禹貢》，且可以説《孟子》矣。《漢書・地理志》「丹陽郡陵陽」下引桑欽曰：「淮水出東南，北入大江。」此古江、淮相通之故蹟，非吴人溝通江、淮之道也。「北會于淮」，即可以桑説證之。

大戰于甘，乃召六卿

枚傳云：「將戰，先誓。」然經云「大戰于甘」，不云「將戰于甘」也。愚謂《甘誓》之作，當作於既戰之後。經言「戰」而不言勝敗，蓋王師敗也。王者之兵，有征無戰，至于大戰，則有扈之恃强不服可知矣。不言敗者，史臣爲王諱也。下文「有扈氏威侮五行」云云，乃述所以征扈之故；「左不攻于左」云云，歷責在軍之人；三云「汝不恭命」，乃數其罪也；「用命，賞于祖；弗用命，戮于社〔一〕」，此言國之常典。下即云「予則孥戮女」，言「戮」不言「賞」，明此役有罪無功，故曰王師敗也。使作於未戰之前，則當如《湯誓》所云：「爾尚輔予一人，致天之罰，予其大賚女。爾不從誓言，予則孥戮女。」不當專言「戮」也。《秦誓》序云：「秦穆公伐鄭，晉襄公帥師敗諸崤，還歸，作《秦誓》。」《甘誓》作於既敗之後，正與《秦誓》同。孔子有取者，以其既敗之後，能整飭紀綱，申明法律，故雖敗而不遽至於削弱也。

用罪伐厥死，用德彰厥善

下句易明，上句難曉。枚傳曰：「伐去其死道。」則文義迂回矣。愚謂此「死」字對下「善」字成文，即作「惡」字用。蓋古語有如此，《禮記·檀弓篇》曰：「人死，斯惡之矣。」昭二十五年《左傳》曰：「死，惡物也。」古無上、去聲之别，「好惡」之「惡」與「美惡」之「惡」即一義之引申，死爲可惡之物，即爲極惡之物，故言「死」猶言「惡」也。伐惡彰善，意本甚明，因後人不達古語，故不得其解。

〔一〕 社，原訛「祉」，據《尚書正義》改。

予念我先神后之勞爾先

枚傳以「神后」爲湯，正義曰：「殷之先世，神明之君惟有湯耳，故知『神后』謂湯也。下『高后』『先后』與此『神后』一也。『神』者，言其通聖。『高』者，言其德尊。」愚謂同在一節之中，而「神后」「高后」分別言之，恐非皆謂湯也。此「先神后」疑指祖乙。上篇曰：「我王來，既爰宅于兹。」傳以「我王」爲祖乙，蓋盤庚自耿遷殷，故追述祖乙之遷耿而言也。此云「先神后之勞爾先」，亦指遷耿之事，下文「高后」乃言湯耳。

汝有戕則在乃心

此七字當作一句。「則」者，「賊」之叚字，據《説文》，「賊」從戈則聲，是「賊」字本從「則」得聲。古文以聲爲主，故「賊」可以「則」爲之。以「則」爲「賊」，猶以「臤」爲「賢」、以「哥」爲「歌」也。「戕賊」二字連文，其義相同，言汝有戕賊之意在汝心也。《孟子・告子篇》「將戕賊杞柳而以爲桮棬也」，「戕賊」二字即本此，蓋亦古人之恒言。

周人乘黎

枚傳曰：「乘，勝也。」正義曰：「毛傳云：『乘，陵也。』乘駕是加陵之意，故『乘』爲勝也。」於義殊曲，愚謂未得「乘」字之義。《湯誓》序云：「伊尹相湯，伐桀，升自陑。」傳曰：「桀都安邑，湯升道從陑，出其不意。」此序用「乘」字，與彼序用「升」字，其義正同。《詩・七月篇》毛傳曰：「乘，升也。」《列子・黄帝篇》：「俱升高臺。」《釋文》云：「升，一本作乘。」此「乘」與「升」同義之證。「乘黎」猶「升陑」也，商都朝歌，黎即今山西潞安府黎城縣，實居上游之地。周人滅黎而有其地，則成居高臨下之勢矣，祖伊所以恐也。經言「戡黎」而序言「乘黎」，蓋以形勢言，若但訓爲「勝」，失序之本指矣〔一〕。

微子若曰：父師、少師

枚傳以「父師」爲箕子，「少師」爲比干。下文「父師若曰」，鄭注言「少師不答，志在必死」，

〔一〕 本，原訛「之」，據蔡啓盛《校勘記》改。

則意亦同也。近人有以爲是大師疵、少師彊者，按下文父師言「我罔爲臣僕」，而《周本紀》言「太師疵、少師彊抱其樂器而奔周」，則與「罔爲臣僕」之言不應矣，是父師、少師非疵、彊也。若仍從古義以爲箕、比，則《宋世家》先言「殺王子比干，剖視其心」，後言「于是太師、少師乃勸微子去」，是少師非比干也，則父師亦非箕子也，古義亦不可從。愚按《殷本紀》云「微子數諫不聽，乃與太師、少師謀，遂去。比干曰：『爲人臣者，不得不以死争。』乃彊諫紂。紂怒曰：『吾聞聖人心有七竅。』剖比干，觀其心。箕子懼，乃詳狂爲奴，紂又囚之。殷之太師、少師乃持其祭樂器奔周。」據此文上言「太師、少師」，下又言「殷之太師、少師」，特加「殷之」二字，可知微子所與謀者乃微子自有太師、少師，而非殷之太師、少師也。《禮記·文王世子篇》：「凡三王教世子，立太傅、少傅以養之，欲其知父子、君臣之道也。太傅審父子、君臣之道以示之，少傅奉世子以觀太傅之德行而審諭之。太傅在前，少傅在後。」是古世子必有太傅、少傅。微子爲帝乙之首子，紂之同母庶兄，則其有太傅、少傅，固古制也。此篇「父師」即謂太傅，「少師」即謂少傅，「師」「傅」固通稱耳。下文父師對而少師不對，蓋少傅之職在奉世子以觀太傅之德行，太傅既有言，則少傅不必有言也。微子以去留大事諮商師、傅，史録其辭以成此篇。父師、少師史失其名，以爲箕、比，固非；以爲疵、彊，亦未爲得也。

武王既勝殷，邦諸侯，班宗彝

「邦」讀爲「封」，「宗」讀爲「尊」，並一聲之轉。《論語·季氏篇》「且在邦域之中矣」，「邦」本作「封」；「而謀動干戈於邦内」，鄭本作「封内」，並見《釋文》，此「邦」讀爲「封」之證也。成五年《左傳》「晋伯宗」，《穀梁》作「伯尊」，此「宗」讀爲「尊」之證也。封諸侯、班尊彝，文義甚明。枚傳解「宗彝」爲「宗廟、彝器」，《正義》解「邦諸侯」爲「制邦國以封諸侯」，義轉迂回矣。《正義》又引「《周禮》有司尊彝之官」而申説之曰：「盛鬯者爲彝，盛酒者爲尊。」此即可以説「分尊彝」之義矣。十二章之「宗彝」，疑亦當讀「尊彝」也。

武王崩，三監及淮夷叛

「三監」之説當從枚傳，謂管、蔡、商也。正義據下序「成王既黜殷命，殺武庚」，又言「成王既伐管叔、蔡叔」，證管、蔡、武庚即此三監，其説塙矣。而鄭康成乃以管叔、蔡叔、霍叔爲三監，此其誤由於《書大傳》。按《大傳》言：「武王殺紂，繼公子禄父，使管叔、蔡叔監禄父。」又云：「禄父及三監叛。」《詩·邶鄘衛譜》正義據此以明管、蔡、霍之爲三監，其説曰：「言禄父及三監叛，則禄父之外更有三人爲監矣。」王氏引之《經義述聞》謂：「《大傳》『禄父及三監叛』，『三』字當爲『二』字。」然《書序》明言「三監」，自古有「三監」之説，無「二監」之説，《大傳》「三」字當是本文。愚謂《大傳》之「三」字誤與不誤姑且勿論，即其「監」字亦已失解。監者，監其國也，非使之監武庚也。《周禮·太宰》「立其監」，鄭注云：「監，謂公侯伯子男各監一國。」「三監」之「監」即「立其監」之「監」。武王克殷，分其地，使紂之子與己之弟共監之，此聖人大公之道。若從《大傳》以爲監禄父，則禄父虚有封國之名，而實爲管蔡之所監守，名爲國君，實則拘囚，豈聖人所爲哉！且既云「監禄父矣」，則禄父方爲人所監，而不得自爲監；管叔、蔡叔又止二人，與「三監」之數不合，不得不增入霍叔矣，此其致誤之由也。厥後康叔就封，武庚已滅矣。而《梓材》之篇有曰：「王啓監，厥亂爲民。」可知康叔仍是代管、蔡爲監，則監殷非監武庚明矣。故必「監」字之義明，然後「三」監之數定。

召公爲保，周公爲師，相成王爲左右。召公不説，周公作《君奭》

枚傳於「召公不説」不詳其故。《正義》云：「鄭、王皆云『周公既攝王政，不宜復列於臣職』。」《史記》集解引馬融云：「召公以周公既攝政致太平，功配文武，不宜復列在臣位，故不説，以爲周公苟貪寵也。」馬與鄭、王義同，皆未盡其旨。《史記・燕世家》則云：「周公攝政，當國踐祚，召公疑之，作《君奭》。」其説陋矣，後世以私意揣度，至謂召公未免以爵位先後介意，其陋彌甚。蘇氏謂召公欲周公告老而歸，蔡氏又易其説爲召公告老而去，周公留之，此二説亦皆後世之見。周、召，王室懿親，入朝爲卿士，就國爲諸侯，非如後世大臣以解組歸田爲樂也。夫君子和而不同〔一〕，《論語》所記「子見南子，子路不説」，「公山弗擾召，子欲往，子路不説」。以聖賢師弟子之間尚且如此，「召公不説」，又何足怪？千載下意度其事，固無當也。乃讀《史記》，又云：「召公不説周公。周公乃稱『湯時有伊尹，假于皇天；在大戊時，則有若伊陟、臣扈，假于上帝，巫咸治王家；在祖乙時，則有若巫賢；在武丁時，則有若甘般，率維兹有陳，保乂有殷』，於是召公乃説。」夫苟得「召公乃説」之故，即可得「召公不説」之故。使如史公前説，召公疑周公當國踐祚，豈盛稱殷臣之賢者即可解其疑乎？竊謂此數語必經師舊説，史公述之而未達其旨。愚以此數語推求，乃知召公所以不説者，蓋由武王既没，成王幼弱，天下大亂，召公以爲國賴長君，已與周公區區奉一孺子，而欲戡定四方，其勢有所甚難；又習見殷家故事，

〔一〕和而不同，原訛「同而不和」，據《論語》乙。

兄終弟及，以爲武王既没，周公便可纂承大統，乃拘守經常，不早定大策，此其所以不説也。此召公所以説也。周公歷稱殷時賢臣，皆有大勳勞，而無不以臣節始終，則己之不敢涉天位，意在言外。此召公所以説也。曰：「我則鳴鳥不聞，矧曰其有能格？」周公謙讓未遑之意，昭然若揭；又曰：「君肆其監于兹！我受命無疆惟休，亦大惟艱。」公之不敢起膺天命，意更顯矣。厥後史録其辭，藏之策府，若顯言召公有勸進之意，則召公似有虧人臣之節，故但以「不説」二字隱之，而此篇之義晦矣。

伯相命士須材

枚傳曰：「邦伯爲相，則召公。」《正義》引王肅云：「召公爲二伯，相王室，故曰伯相。」竊疑此説不然，上下言召公並曰「太保」，此獨改言「伯相」，《正義》以爲「非是國相，不得大命諸侯，故改言伯相」，然經止云「命士須材」耳，非大命諸侯也。且事之大，孰有大於迎太子者？上言「太保命仲桓、南宫毛，俾爰齊侯吕伋，以二干戈、虎賁百人，逆子釗於南門之外」，止稱「太保」；此經「命士須材」乃稱「伯相」，若以伯相爲尊稱，似失輕重之辨矣，其不可通一也。《序》云：「成王將崩，命召公、畢公率諸侯相康王。」傳云：「二公爲二伯。」然則畢公亦是以二伯相王室者，召公可稱伯相，畢公亦可稱伯相，止言伯相，爲召公乎？爲畢公乎？其不可通二也。《湯誓》序云「伊尹相湯」，《咸乂》序云「伊陟相大戊〔一〕」，《大誥》序云「周公相成王」，凡言「相」者，皆非官名。「爰立作相」乃僞古文語，不足據。且《荀子》言「孫叔敖相楚」，而《左傳》止言爲「令尹」；《淮南子》言子産爲鄭相國，而《左傳》止言「執政」，則《左傳》於當時之人猶未有此稱也。《左傳》猶無之，豈周初之書而有「伯相」之名？其不可通三也。愚謂此「相」即上文「相被冕服」之「相」，鄭彼注云：「相者，正王服位之臣，謂太僕。」然則此「相」亦太僕也。「伯」者，《立政》所謂「常伯」也，《文選·籍田賦》注引《漢官儀》曰：「侍中，周成王常伯任侍中，殿下稱制。」是周之「常伯」即漢之「侍中」。《漢·百官表》稱「侍中、中常侍得入禁中」，故命士須材，伯與相二官並命之：一則取其出入禁中，於事爲便；一則正王服位，本其專職明器之類，固宜主之也。下云「狄設黼扆、綴衣」，傳云：「狄，下士。」此兩經相連，「狄」既下士，此「伯相」亦非尊官。以召公當之，謬矣。

〔一〕 陟，原訛「涉」，據《尚書正義》改。

臣妾逋逃

枚傳曰：「男曰臣，女曰妾。」《正義》曰：「古人或以婦女從軍，故云『臣妾逋逃』。」然考之古書，婦女從軍實無此事。《墨子·備城門篇》曰：「守法：五十步丈夫十人、丁女二十人、老小十人，計之五十步四十人。」《商子·兵守篇》曰：「三軍：壯男爲一軍，壯女爲一軍，男女之老弱者爲一軍，此之謂三軍也。壯男之軍，使盛食、厲兵，陳而待敵；壯女之軍，使盛食、負壘，陳而待令。」此皆以守言，非以戰言。蓋守則婦女老弱皆可助力，若戰則安所用之？《漢書·李陵傳》：「吾士氣少衰而鼓不起者，何也？軍中豈有女子乎？始軍出時，關東群盜妻子徙邊者隨軍爲卒妻婦，大匿車中。陵搜得，皆劍斬之。」可知古法婦女不得從軍也。此經「臣妾逋逃」，蓋因「臣妾」恒言，故因「臣」而連言「妾」耳。古書多有此例，《禮記·雜記篇》「爲妻，父母在，不杖，不稽顙」，因「父」而連言「母」，實則父没母在，得爲妻杖也。《喪服小記篇》「生不及祖父母諸父昆弟，而父税喪，己則否」，因「昆」而連言「弟」，實則己生之年所不及者安得有弟也？《文王世子篇》「養老幼於東序」，因「老」而連言「幼」。《玉藻篇》「大夫不得造車馬」，因「車」而連言「馬」。凡此之類甚多，不達其例，即不得其解矣。

吕命穆王訓夏贖刑

枚傳曰：「吕侯以穆王命作書，訓暢夏禹贖刑之法。」按篇中言「禹」者止云「禹平水土，主名山川」，與「贖刑」無涉，其下云：「今爾何監？非時伯夷播刑之迪？」則監伯夷非監禹也，序何以言「訓夏贖刑」乎？考贖刑之法本於舜之「金作贖刑」，《虞書》正義曰：「案馬融、鄭玄、王肅、《别録》題皆曰『虞夏書』，以虞、夏同科，雖虞事亦連夏。」然則「訓夏贖刑」即「訓舜贖刑」，古經本謂之《虞夏書》，故虞事亦可言夏也。

伯父、伯兄、伯叔、季弟、幼子、童孫

按：篇首「王享國百年」，《論衡・氣壽篇》謂「并未享國之年，年百三四十歲矣」，即從《史記》説：「穆王即位，春秋五十，立五十五年崩。」百年兼數未即位之年。然其時亦已滿百歲，而諸侯之列尚有稱兄者，此人之壽可謂長矣。成周盛時，所謂「耆壽，俊在厥服」，於此可見。

達齋《詩》説　曲園雜纂第三

《關雎》

此詩舊作三章，一章章四句，二章章八句。鄭君分爲五章，章四句。今從舊説。以愚論之，當爲四章：首章章四句，次章章八句，三章、四章章四句。每章有「窈窕淑女」句，凡五言「窈窕淑女」，故知五章也。首章以「關關雎鳩」興「窈窕淑女」，下三章皆以「參差荇菜」興「窈窕淑女」，文義本甚明，因次章加「求之不得」四句，此古人章法之變，而後人遂迷其章句矣。「窈窕」疊韻，首章「關關」疊字，亦即疊韻，下三章「參差」雙聲。古人音律謹嚴，大率類此。

服之無斁

箋云：「服，整也。整治之無厭倦。」此説甚合，即《序》所謂「后妃在父母家，則志在於女功之事」也。《禮記・緇衣篇》：「苟有車，必見其軾；苟有衣，必見其敝。人苟或言之，必聞其聲；苟或行之，必見其成。《葛覃》曰：『服之無斁。』」引此詩，義亦取於「無厭倦」。「服」字仍當從箋訓「整治」，方與上言行闗合。鄭注乃云：「言己願采葛以爲君子之衣，令君子服之無厭。」則與箋異，而與引詩之意亦不合矣。

南有樛木

傳曰：「南，南土也。」箋云：「謂荆、楊之域。」《正義》曰：「諸言南山者，皆據其國内，故傳云『周南山』『曹南山』也。今此樛木言『南』，不必己國，故言『南土』。」愚謂此説殊泥。《易》曰：「相見乎離。」古者嚮明而治，自天子、諸侯至於有土卿、大夫，無不南面者，故「離」爲相見之方。詩人之詞，如「南有樛木」「南有喬木」「南有嘉魚」，以至「山曰南山」「澗曰南澗」，大率多以「南」言，蓋欲於四方之中舉一而以包其三面，則莫如言「南」，以南方人所常見也。不然國中豈無東山、西山而必言南山？豈無東澗、西澗而必言南澗乎？《伯兮篇》正義曰：「背者，嚮北之義，故知在北。婦人欲樹草於堂，冀數見之，明非遠地也。婦人所常處者，堂也，故曰北堂。」以是言之，言「北」者，義繫婦人。「陟彼北山，言采其薇」，亦就婦人言。舉婦人所常見者則宜言「北」，舉男子所常見者則宜言「南」，此亦不易之理矣。古明堂之制，有明堂、玄堂、青陽、總章，而獨以明堂爲大名，亦此義也。南之外莫如東，東方屬春，四時之首，故舉東之一面亦足包其餘三面，如「東門之墠」「東門之楊」是也。其或言「北」者，則配「南」而言，如「南山有臺」「北山有萊」是也。其或言「西」者，則配「東」而言，如「蝃蝀在東」「朝隮于西」是也。若「出自北門」，則取背明向陰之義，固有意言之，而非恒言矣。汪容甫有《釋三五七篇》，古人之言數者始可不泥其數。愚爲此說，則古人之言方者亦可不泥其方。蓋古人立言之體例，自漢以來久已失之，而今則日推而日出也。

《麟之趾》

《序》曰：「《麟之趾》，《關雎》之應也。《關雎》之化行，則天下無犯非禮。雖衰世之公子，皆信厚如麟趾之時也。」按：《序》言「衰世」，則知此詩非作於文王時。蓋《周南》《召南》乃周室未東之時所作，自文、武、成、康至於幽、厲，其詩皆在焉。東遷後始别之爲《王風》，不列乎此矣。「麟趾」之作必在夷王以降，故謂之「衰世」。王室雖衰，而《關雎》之化未泯，故詩人作此以歎美之。鄭君答張逸問，曰：「衰世者，謂文王與紂之時。」此言失旨，夫公子乃周之公子也，殷雖衰而周方盛，豈得以周之公子爲衰世之公子？執是以言，將文王亦衰世之君乎？《汝墳篇》有「王室如燬」句，亦恐指周室衰亂而言。鄭以紂當之，未必然也。《野有死麕》序曰：「天下大亂，彊暴相陵，遂成淫風。被文王之化，雖當亂世，猶惡無禮也。」亦言周衰世亂，而文王之化猶存。箋説並非。

又按：《序》云「如麟趾之時」，而箋云「似麟應之時」。以「應」字易「趾」字，正以「麟趾之時」不可通也。《羔羊》序云：「在位皆節儉正直，德如羔羊也。」《騶虞》序云「仁如騶虞」，疑此序亦云「信厚如麟趾」。蓋《麟趾》是《關雎》之應，《羔羊》是《鵲巢》之功致，《騶虞》是《鵲巢》之應，三詩本相同也，「之時」二字當爲衍文。

《緑衣》

此當從毛傳「緑，間色；黄，正色」，蓋莊姜以「黄」自喻，而以「緑」喻衆妾也。詩雖四章，而止成三義。首章「緑衣黄裏」，見間色爲衣，而正色反爲裏也；二章「緑衣黄裳」，見間色爲衣，而正色反爲裳也；三、四章則共爲一義，三章云「緑兮絲兮」，四章云「絺兮綌兮」，絲貴而絺綌賤，見貴緑而賤黄也。如易其文曰「黄兮綌兮」，與「緑兮絲兮」相對，則文義自明。因末章不著「黄」字，故傳、箋均失其解耳。末章所以不著「黄」字，蓋承前讀之，則其義自見，故可不言。又或莊姜不欲數言己貴，故於末章止言絺綌之遇淒風，而不著其色之貴也。

其虚其邪，既亟只且

箋云：「言今在位之人，其故威儀虚徐寬仁者，今皆以爲急刻之行矣。」按：箋以二句分，故今説非其旨也。此蓋言在位之人，其號爲虚徐寬仁者，其急刻則既如此矣。然則其急刻者當何如邪？甚疾之之辭也。《史記·酷吏·趙禹傳》：「禹酷急，至晚節，事益多，吏務爲嚴峻，而禹治加緩，名爲平。」當時所稱「其虚其邪」者，殆亦趙禹之類也。

莫赤匪狐

箋云：「赤則狐也。」《正義》曰：「狐色皆赤。」然狐實不赤，《瑞應編》曰：「九尾狐，神獸也。其狀赤色、四足、九尾，出青丘之國。」然則赤者非凡狐也。詩人言「莫赤匪狐」何邪？蓋古人方言有以「黄」爲「赤」者，《禮記・玉藻篇》「大夫玄華」，鄭注曰：「華，黄色也。」而晋羊舌赤字伯華，孔子弟子公西赤字子華，此古人以赤爲黄之證，亦猶《禮器篇》「或素或青」，以白爲素，以黑爲青，方俗之言如此也。《都人士篇》曰：「狐裘黄黄。」《論語・鄉黨篇》曰：「黄衣狐裘。」然則狐色自當言黄矣。

淇則有岸，隰則有泮

毛傳：「泮，坡也。」《釋文》曰：「本或作『破』字，未詳。觀王述意似作『破』。」愚謂作「破」亦通，蓋言淇水則有厓岸，以自拱持，而「下濕」之「隰」則不能無破缺之處，蓋亦「大德不踰，小德出入」之意。女與士耽，其始合不以正，故以此言自解耳。

言笑晏晏，信誓旦旦

《釋文》云：「旦，《説文》作悬悬。」愚謂「旦」固叚字，「晏」亦叚字。依《説文》則當作「睥睥」，《説文・目部》：「睥，目相戲也。從目，晏聲。」此即「言笑宴宴」之本字。《方言》：「睥，視也。東齊曰睥。凡以目相戲曰睥。」

山有扶蘇

毛傳曰：「扶蘇，扶胥，小木也。」據《釋文》無「小」字。段氏王裁及阮文達《校勘記》並以無「小」字爲是，斯固然矣。惟下文「荷華」「喬松」「游龍」皆實有其物，「扶蘇」未知何木。《正義》亦不能詳，但云：「下章『山有喬松』是木，則『扶蘇』是木可知。」此影響之談也。司馬相如《上林賦》云：「垂條扶疏。」枚乘《七發》云：「根扶疏以分離。」此皆形況之辭，而非木名，未足以説此。愚按《説文・木部》：「楈，木也。」是木固有名「楈」者。張平子《南都賦》云：「楈枒栟櫚。」字亦作「胥」。《上林賦》云：「留落胥邪，仁頻并閭。」郭璞曰：「胥邪，似并閭，皮可作索。」是

「楈邪」之木與栟櫚相似，故賦家每與栟櫚並言。栟櫚即椶也，椶葉下垂，若流蘇然。楈既似之，其狀當亦相同，故名之曰「楈」。楈之言湑也，《車舝篇》「其葉湑兮」，《杕杜篇》「其葉湑湑」，並其義也。而草木之名，古多用雙聲疊韻字，故「楈」亦名「扶胥」，疊韻字也；亦作「扶蘇」，胥、蘇一聲之轉也。此詩云「山有扶蘇」，傳釋之曰：「扶胥，木也。」乃其本義。詞賦家襲用其「扶蘇」字以形容樹葉之茂盛，相沿既久，不知其本爲木名，遂莫知此詩之所指爲何木矣。

公路、公行、公族

宣二年《左傳》：「晉成公即位，乃宦卿之適子而爲之田，以爲公族。又宦其餘子，亦爲餘子；其庶子爲公行。」據傳，有公族、餘子、公行三官，此詩「公行」「公族」皆與彼同，則「公路」即「餘子」明矣。鄭箋云：「公路，主君之軞車，庶子爲之。晉『趙盾爲旄車之族』是也。」是鄭以「公路」爲即公行。按：《左傳》但言「趙盾爲旄車之族」，不言爲公行，竊疑趙衰以叔隗爲内子，則盾適子也，本宜爲公族，以趙括之故，自退而爲旄車之族。蓋由適子降爲餘子，自同於適子之母弟也。若降爲庶子，則貶損太過，直以父死之後追廢其妻，於禮不順，恐轉非盾之所以自處矣。鄭箋以「旄車之族」證「公路」，自是不誤；乃云「庶子爲之」，則誤以餘子爲庶子矣。杜注本之曰：「旄車，公行之官。」於是孔氏作《正義》大暢其説，於《詩》正義曰：「公路與公行一也，以其主君路車謂之公路，主兵車之行列者則謂之公行。知公路非餘子者，餘子自掌餘子之政，不掌公車，不得謂之公路。」於《左傳》正義曰：「公路非餘子也，當與公行爲一。詩人變文以韻句耳。」夫此詩三章，而公族、餘子、公行適有三官，正堪分配，乃置餘子不數，而公行、公路必變文以言之。詩人之辭，何其苟且趁韻如此哉？且傳言「旄車」，無以見其爲戎車。《詩》云「孑孑干旄」，非必戎車乃有旄也。竊謂「公路」者掌乘車之政，餘子爲之；「公行」者掌戎車之政，庶子爲之。乘車直言「公路」，戎車變言「公行」，蓋以行列爲重，且以别於「公路」也。《左傳》但言「爲餘子」，不言「爲公路」，文不具耳。杜解亦爲「餘子」曰「治餘子之政」。《正義》因言「主教卿大夫適妻之次子」，又云「卿大夫之妾子，亦是餘子教之」，此説殊誤。夫卿之適子爲公族，則所治者公族也。凡餘子、庶子皆宜公族大夫教之。《成十八年傳》云：「荀家、荀會、欒黶、韓無忌爲公族大夫，使訓卿之子弟共儉孝弟。」是其事也。如《正義》説，則公族大夫止得教卿之適子，并同母之餘子不受其教。而餘子則既教適妻之次子，又并妾子而教之，輕重倒置。所謂「公族大夫」者不徒擁空名乎！且公有戎車，亦有乘車，戎車特設專官，乘車竟無主掌，亦非事理，治經者宜以《詩》補《傳》之缺也。

《無衣》，美晋武公也。武公始并晋國，其大夫爲之請命乎天子之使，而作是詩也

箋云：「天子之使，是時使來者。」愚謂此「使」字當讀爲「吏」，古字通用。襄三十年《左傳》「使走問諸朝」，《釋文》曰：「使，本作吏。」是其證也。《曲禮篇》：「五官之長曰伯，其擯於天子也曰天子之吏。」鄭注引《春秋傳》曰『王命委之三吏』，謂三公也」。成二年《左傳》釋文云：「三公，天子之吏也。」是古謂天子三公謂天子之吏。晋人爲其君請命，特就天子三公而請之，重其事也。因字通作「使」，鄭君望文説之，則是因其使來就近陳請，抑何苟簡之甚乎？《正義》徒以是虢公、非虢公屑屑辯論，未達叚借之旨也。

坎其擊缶

擊缶，本秦人之樂。《史記・李斯傳》曰：「擊甕叩缶……真秦之聲也。」《藺相如傳》曰：「竊聞秦王善爲秦聲，請奏盆缻。」《文選・楊子幼〈報孫會宗書〉》曰：「家本秦也，能爲秦聲。」其下即云「仰天撫缶」，皆可證擊缶之爲秦俗。《説文・缶部》：「缶，瓦器，所以盛酒漿。秦人

鼓之以節歌。」許叔重爲五經無雙之大儒，豈不知《陳風》有「坎其擊缶」之句，而乃云「秦人以節歌」？其義可疑。《説文·鼓部》有「鼛」字，解爲「鼓鼙聲」。此字在部末，近時治《説文》者皆以爲衍字。愚疑此即「坎其擊缶」之本字。許君所見毛詩字本作「鼛」，從鼓缶聲，蓋亦鼓之屬。許君收此篆，傳寫逸之，而補於部末，又逸其説解，乃綴以「鼓鼙聲」三字耳。毛傳云：「盎謂之缶。」若然，則缶爲土音，鼓爲革音，二者必當有别，何得同以「坎其」二字擬其聲乎？《伐木篇》云「坎坎鼓我」，則「坎」自是鼓音，擊鼓、擊鼛雖有别，而皆鼓也，故皆以「坎」言之。「鼛」之形制不可知，疑是鼙屬，今《説文》作「鼓鼙聲」，此「鼙」字殆有所本也。

無衣無褐

箋云：「褐，毛布也。」又云：「人之貴者無衣，賤者無褐。」愚謂衣是大名，不得專屬之貴者；而褐爲毛布，又未知何物。《正義》謂「織毛爲之」，則《禹貢》所云「織皮也」，枚傳云「毛布」，與鄭箋同。竊謂以此解《孟子》之「許子衣褐」則可，「無衣無褐」非謂此也。《説文·衣部》：「褐，編枲韤也。一曰粗衣也。」許君列此二義，而以「編枲韤」爲第一義，疑本三家舊説。蓋「褐」字以見此詩者爲最古，而毛無傳，故取之三家也。編枲爲韤，雖未詳其製，要是足衣。

衣在身，褐在足，農家三時作苦，沾體塗足，或可不衣不襪；歲晚務閒，入此室處，則既不可無衣，并不可無襪矣。故曰「無衣無褐，何以卒歲」。

歲亦陽止

毛傳：「陽，歷陽月也。」箋云：「十月爲陽。」愚謂此言「歲」非言月，不當以「陽月」爲説。《七月篇》「春日載陽」，箋云：「陽，温也。」此詩「歲亦陽止」亦當訓温，謂春日也。首章「曰歸曰歸，歲亦莫止」，此蓋遣第一輩戍卒，鄭箋謂之「先輩」是也，故期於歲莫而歸。《正義》云：「二章爲中輩，三章爲後輩。」然則第三章所遣者第三輩也，故期於明歲之春而歸。歸有早晚，由遣有先後也。《正義》據《出車》之篇「春日遲遲，薄言旋歸」，謂「此戍役明年之春始得歸，期云歲暮，暮實未歸」，因言「是寇既未平，不可守兹小諒」。疑『諒』字之誤。此説大謬。按：本篇云：「昔我往矣，楊柳依依。今我來思，雨雪霏霏。」此指第一輩而言，歲莫而歸者也。《出車》云：「昔我往矣，黍稷方華。今我來思，雨雪載塗。」此指第二輩，蓋「黍稷方華」較「楊柳依依」爲時較後，然先輩、中輩相距不遠，故其歸時亦遇雨雪也。又云「春日遲遲，薄言還歸」，則指第三輩，以明年之春歸者，正當春日載陽之時，即此篇所謂「歲亦陽止」也。兩章之文互相備，三輩往來，叙述甚明，自「陽」字失其解而詩義不見矣。《杕杜篇》首章「有杕之杜，有睆其實[一]」，此言春日也，故下云「日月陽止」。次章「有杕之杜，其葉萋萋」，此言秋日也，故下云「卉木萋止」。然則陽屬春日，觀《杕杜》之篇而益信。

錫我百朋

箋云：「古者貨貝，五貝爲朋。」按，此與莽制不同。據《漢書·食貨志》，王莽所定「大貝四寸八分以上，二枚爲一朋，直二百一十六。壯貝三寸六分以上，二枚爲一朋，直五十。幺貝二寸四分以上，二枚爲一朋，直三十。小貝寸二分以上，二枚爲一朋，直十。不盈寸二分，漏度不得爲朋，直錢三」。是莽制雖有此五等之貝，然小貝以上皆二貝爲一朋，非五貝爲一朋也。五貝爲朋，自是古義。《淮南子·道應篇》：「大貝百朋。」高注曰：「五貝爲一朋。」與鄭説合。《廣韻》「朋」字注：「五貝曰朋。《書》云：『武王悦箕子之對，錫十朋也。』」蓋古義固如此，故鄭、高皆循用之。《正義》乃以莽制爲説，云：「鄭因經廣解之，言有五種之貝，貝中以相與爲

[一] 睆，原訛「晛」，據《詩經》改。

朋，非總五貝爲一朋。」此説恐非。鄭義古者建國始於五國爲屬，治鄉始於五家爲比，治遂始於五家爲鄰，治軍始於五人爲伍，然則貨貝之制始於五貝爲朋，必古義矣。

正月繁霜

傳曰：「正月，夏之四月。」愚謂夏之四月苟有微霜，已爲可異，其勢不至繁多；且以夏四月爲正月，何以别於歲首之月？説者徒據昭十七年《左傳》爲説。按傳稱「夏六月甲戌朔，日有食之。祝史請所用幣。平子禦之，曰：『止也。唯正月朔，慝未作，日有食之，於是乎有伐鼓用幣，禮也。其餘則否。』太史曰：『在此月也。日過分而未至，三辰有災。於是乎百官降物云云。』」此二説竊謂以平子爲正。太史雖云「在此月」，然夏四月之爲正月，初無塙證，所引《夏書》「辰不集于房」數語，亦無以明其爲在四月也。且四月稱正之義，據《左傳》正義云：「四月建巳，六陰消盡，六陽並盛，是爲純乾之卦，正陽之月也。十月建亥，六陽消盡，六陰並盛，是爲純陰之卦，正陰之月也。」若然，則四月、十月皆可稱正月乎？斯亦混而無别矣。《禮記・雜記下篇》載孟獻子之言：「正月日至，可以有事於上帝；七月日至，可以有事於祖。」此正月明指周正建子之月，使一歲有兩正月，則孟獻子之言失之不審矣。當時太史雖有此言，而平子竟不之從，蓋其所執者本正也。而後人乃據魯太史一時之偏見，以説此詩。夫使此詩正月是建巳之月，則魯太史何不引之以折平子乎？可知在春秋時，説此詩者尚無此解也。愚謂此詩「正月」與孟獻子所謂「正月」同，並是周正建子之月。建子之月理合有霜，大約此歲沍寒，霜太繁多，於一歲之首而氣象陰慘，故詩人感之而作，猶杜少陵詩云：「元旦至人日，未有不陰時。」千古憂時之意如一轍也，豈必巳月降霜乃爲憂傷乎？《北風》之詩曰：「北風其涼，雨雪其雱。」亦非必雨雪於盛夏之時而後作此詩也。

如或醻之

箋云：「醻，旅醻也。如醻之者，謂受而行之。」《正義》曰：「酬有二等：既酢而酬賓者，賓奠之不舉，謂之奠酬；至三爵之後，乃舉嚮者所奠之爵，以行之於後，交錯相酬，名曰旅酬。」愚按：《正義》此説殊誤，考《鄉飲酒禮》説主人酬賓事，曰：「主人阼階上拜送，賓北面坐，奠觶于薦東，復位。」此主人酬賓之觶奠于薦東者也。其下又曰：「二人洗，升，舉觶于賓。」注曰：「二人，主人之吏。發酒端曰舉。」下又曰：「實觶，立于西階上，賓拜。進，坐奠觶于薦西。」此一人所舉之觶奠于薦西者也。其下又曰：「賓北面坐，取俎西之觶，阼階上北面酬主人。」注曰：

「初起旅酬也。」賈疏曰：「云『取俎西之觶』者，謂前一人舉觶，奠于薦右，今爲旅酬而舉之。前主人酬賓奠于薦東者不舉，故言『俎西』以別之。」然則旅酬所舉之觶，乃一人舉觶之奠于薦西者，非主人酬賓之觶奠于薦東者，經文甚明。今此《正義》乃謂「既酢而酬賓，賓奠之不舉；至三爵之後，乃舉所奠之爵，以行旅酬」，則是旅酬之觶即主人酬賓之觶矣。説之不審，遂成大誤。

胡逝我陳

傳云：「陳，堂塗也。」夫既云「不入我門」矣，何以得至堂塗？箋爲之説曰：「公館之堂塗。」《正義》曰：「禮有公館、私館。公館者，公家築爲別館以舍客也。上云『不入我門』，則不得入所居之宮，故知逝陳者，至公館之塗也。以館者所以舍客，故雖不見主，得至其陳。」此説亦迂曲而不可通。愚謂「陳」當讀爲「甸」，即所謂「四丘爲甸」者也。箋解上文「梁」字爲蘇國門外魚梁，則此「甸」亦謂蘇國外之甸也。《周官・稍人》注曰：「四丘爲甸。甸讀與『惟禹敶之』之『敶』同。」是甸讀如敶，故此即以陳爲之耳。

舟人之子

「舟人之子」「私人之子」，即從上「西人之子」中分别言之。傳曰：「熊羆是裘，言富也。」此解不誤，惟以「舟人」爲「舟楫之人」，則望文生訓耳。「舟」讀爲「疇」，《史記・曆書》「疇人子弟分散」，如淳曰：「家業世世相傳爲疇。律，年二十三傳之疇官，各從其父學。」此云「疇人之子」，當從此説，謂周之故家子弟也。「私人」者，《崧高篇》云「遷其私人」，傳云：「家臣也。」此「私人」義與彼同。蓋古者世禄，其故家子弟傳其父業，得以有位於朝。而此外寒畯之士，往往由家臣以進。文十二年《左傳》「趙氏新出其屬曰臾駢」，注曰：「臾駢，趙盾屬大夫，新出佐上軍。」《論語》稱衛公叔文子與大夫僎同升諸公，而孔子適齊，亦爲高昭子家臣以通乎景公，皆其證也。「疇人之子，熊羆是裘」，見故家子弟無不席豐履厚；「私人之子，百僚是試」，見寒畯子弟亦得由私人而進用。二者皆西人之子，明西人之子無不得志者，彌見東人之子之困矣。鄭箋讀「舟」爲「周」，讀「裘」爲「求」，則周人即西人也。上句方美其衣服之粲粲，此句又傷其退在賤官。《正義》雖曲爲之説，而義卒不可通也。

韎韐有奭，以作六師

箋云：「此諸侯世子也。除三年之喪，服士服而來，未遇爵命之時，時有征伐之事。天子以其賢，任爲軍將，使代卿士將六軍而出。」按：《士冠禮》「純衣、緇帶、韎韐」，則韎韐之爲士服信矣。惟王朝六軍自應有將，何以使未命之世子將之？即偶有其事，要非常法，豈得遽形歌詠？轉若來受命，必使率師者，然恐非詩人立言之法也。《尚書・顧命篇》「俾爰齊侯呂伋」，枚傳曰：「伋，時爲天子虎賁氏。」疑古者諸侯之適子得入爲王朝守衛之臣，故齊侯伋嘗爲之。而他國亦多有然者，《周官・虎賁氏》所屬有「虎士八百人」，其職曰：「掌先後王而趨以卒伍。」軍旅、會同亦如之。」然則遇有軍旅，虎賁氏實率此虎士八百人以先後王，故曰「以作六師」。若使之代卿士將，則所將者不過一軍而已，安得云「以作六師」也？考《夏官・序官》，「虎賁氏」之前爲「司右」，乃勇士充王車右者。諸侯世子或亦可爲之，非必虎賁也。「司右」之前爲「諸子」，「掌國子之倅」，鄭注云：「國子，謂諸侯卿大夫士之子也。」又云「若有甲兵之事，則授之車甲」，可知古制内而公卿大夫士之子，外而諸侯之子，無事則備宿衛，有事則從軍旅，所謂「熊羆之士、不二心之臣」，此其選也。《夏官》以司右、虎賁、旅賁諸職列諸子之後，古制尚可想見，而即可以説此詩矣。

來朝走馬

自來説此句者皆從「走馬」二字發議，謂是參西戎之俗，開騎馬之風。乃愚自幼讀《孟子》，即致疑於「來朝」二字。夫「來朝」者，從其未來之時計之也，猶曰「明日」耳，豈有追述百年以前之事而猶曰「來朝」哉？誠言「來朝」，則詩中必應及其先一日事，乃於「古公亶父」之下不著一語，即曰「來朝走馬」，此語大有可疑。求之朱傳，不得其説；求之毛、鄭，仍不得其説。及作《群經平議》，得一創解，終以無徵不信，删而不存，今姑録於此。竊疑「來」字乃「夾」字之誤，「夾」與「甲」通。《周禮・射鳥氏》「則以并夾取之」，注云：「夾讀爲甲。」《尚書・多方篇》「因甲於内亂」，《正義》曰：「夾，聲近甲，古文甲與夾通。」並其證也。「夾朝」者，甲朝也。《大明篇》「會朝清明」，毛傳曰：「會，甲也。」「會朝」亦即甲朝也。《彤弓篇》「一朝饗之」，箋曰〔一〕：「一朝猶早朝。」夫經既言「朝」，其早不待言矣。此「早」字乃「甲」字之誤。説詳《群經平議》。「甲」爲

〔一〕 箋，原訛「傳」，據《毛詩正義》改。

十日之首，引申之爲弟一之稱，故毛公云「一朝猶甲朝」。「甲朝」之稱，蓋當時常言也。「會朝清明」者，一朝清明也；「夾朝走馬」者，一朝走馬也。「夾」乃「甲」之叚字，而「來」又「夾」之誤字耳。《楚辭·哀郢篇》「甲之鼂吾以行」，此正襲詩人「甲朝走馬」之義，且可證「甲朝」之爲古人常言矣。

其軍三單

毛傳曰：「三單，相襲也。」「單」則何以相襲？疑毛公讀「單」爲「禪」，「禪」有禪代之義，故云「相襲也」。三軍所以得相襲，何也？蓋古有計口出軍之法，大國定率得十六萬口，三分之，則各五萬三千三百三十口〔一〕，爲口軍三，而以其一軍奉公家，詳見《春秋繁露·爵國篇》。公劉當日疑用此法，三分其民以爲三軍，而用其一軍，使之更番相代，故曰「三單」，「單」猶禪也。是時公劉國小民少，而又困於狄，故其用民不得不多，近乎後世所謂「三丁抽一」者。至其後生齒日緐，兵力益足，故成周之制「凡起徒役，無過家一人，以其餘爲羨」。鄭箋以此説「三單」，恐非其旨。

〔一〕 五，原脱，據《春秋繁露》補。

戎雖小子

以「小子」爲刺王，義殊未安。《抑篇》鄭箋云：「天子未除喪稱小子。」然厲王實不在喪，而被以「在喪」之稱，可謂傎矣。竊謂《民勞》《板》《抑》諸篇凡言「小子」者，並謂卿大夫之適子也。古者世禄，故卿大夫之適子亦得與聞國政。《周書・皇門篇》曰：「乃維其有大門宗子、勢臣，罔不茂揚肅德。」又曰：「其善臣以至于有分私子，苟克有常，罔不允通，咸獻言在于王所。」按：此篇序曰：「周公會群臣于閎門，以輔主之格言。」而篇中惓惓於宗子、私子，此刺厲王之詩，所以兼及小子也。《周書・芮良夫篇》屢言「執政小子」，「執政」指當時卿大夫，「小子」即指卿大夫之子。故又曰「惟爾執政朋友小子」，「朋友」其僚屬也，「小子」其子也。襄九年《左傳》曰：「鄭六卿公子騑、公子發、公子嘉、公孫輒、公孫蠆、公孫舍之及其大夫、門子，皆從鄭伯。」「大夫門子」即朋友、小子也。以《左傳》證《周書》，而「小子」之義明，《民勞》諸篇之「小子」即可以此解之。《抑篇》「惠于朋友，庶民小子」，「朋友」「小子」並言，與《周書》同；其曰「庶民小子」，猶《秦誓》言「子孫黎民」也。

既之陰汝，反予來赫

「陰」與「赫」相對成義，「陰」讀如「蔭暍人」之「蔭」。鄭箋以「覆蔭」解之，是也。「赫」即《雲漢篇》「赫赫炎炎」之「赫」，故毛傳訓「炙」，言我蔭庇汝，而汝反燻炙我也。箋云：「口距人謂之赫。」非是。

王命仲山甫，城彼東方

傳曰：「東方，齊也。古者諸侯之居逼隘，則王者遷其邑而定其居，蓋去薄姑而遷於臨菑也。」然考之《史記》，齊遷臨菑在齊獻公元年，當夷王之時，非宣王之時。《正義》曲徇傳説，反爲《史》言未實，過矣。即令齊於此時遷臨菑，亦何煩天子大臣爲之築城哉？《崧高篇》言「王命召伯，定申伯之宅」，王肅云：「召公爲司空，主繕治。」然則天子誠命大臣爲齊築城，當屬之召伯，何以屬之仲山甫哉？竊疑「王命仲山甫，城彼東方」，與《出車篇》「王命南仲，往城于方」「天子命我，城彼朔方」文義一律。彼序云：「文王之時，西有昆夷之患，北有玁狁之難。以天子之命，命將率遣戍役，以守衛中國。」然則此亦當同之。蓋宣王時東有淮夷之患，方命召穆公往平之，《江漢》之詩是也。而齊者東方之大國，故天子特命大臣逮齊，相度形勢，築立城郭，屯兵戍守，以保衛中國，此仲山甫所以奉命而往也。其城東方，非城齊也，豈爲齊國新遷之故哉？上云：「肅肅王命，仲山甫將之。邦國若否，仲山甫明之。」此役所繫之重可見，淮夷一日不平，仲山甫一日不得歸。下云：「仲山甫徂齊，式遄其歸。」蓋望淮夷之早平也。若止爲城齊而往，則築城自有期日，未竟必不得歸，已竟亦自不留，無可速亦無可遲，何必以「遄歸」爲頌禱之詞哉？

鉤膺鏤錫

傳曰：「鏤錫，有金鏤其錫也。」箋云：「鉤膺，樊纓也。眉上曰錫，刻金飾之，今當盧也。」考《周官・巾車職》，「王之五路，一曰玉路，以祀」，則玉路惟天子有之，不得賜諸侯也。二曰「金路，以賓，同姓以封」，韓侯爲周之同姓，則所錫者必金路矣。乃據《巾車職》「玉路錫」「金路鉤」，鄭注曰：「金路無錫有鉤。」然則王錫韓侯之車，宜乎有鉤膺無鏤錫也，而詩乃并言之。《正義》因謂是「特賜之，使得施於金路」，亦曲説也。考《廣雅・釋器》「白銅謂之鋈，赤銅謂之錫」，「鋈」字見《詩》，則「錫」字亦必是説《詩》。疑三家舊説有訓此「錫」字爲「赤銅」者，「鏤錫」謂雕鏤赤銅以爲鉤膺之飾。雖以文義論似不及毛、鄭之安，然封同姓必以金路，實是有鉤無錫，則其説亦自可采也。

實維爾公允師

傳曰：「公，事也。」箋云：「實維汝之事信，得用師之道。」按：此詩乃周公作《大武》之樂，既成而告廟也。詩中追叙文武之功，乃云「維汝之事」，「汝」者何指乎？雖《金縢》有「爾我」之稱，然上文云「於鑠王師」，又云「蹻蹻王之造」，並稱之曰「王」，不應於此而稱爲「爾」也。竊謂此句乃稱述大公望之功。《大明篇》曰：「維師尚父，時維鷹揚。涼彼武王，肆伐大商。」蓋牧野之事，尚父之功爲多，故《大武》之樂亦及之。孔子論《大武》云「發揚蹈厲，太公之志也」，是其證也。吕望爲太師，乃三公之職，故稱之曰「公」。「實維爾公允師」，言所以成此大武者，實由太公允稱大師之職也。《長發篇》末云「實維爾衡，實左右商王」，與此文意正同。

秋而載嘗

毛傳曰：「諸侯夏禘則不礿，秋祫則不嘗，惟天子兼之。」是毛意謂魯用諸侯之禮，有秋而嘗者，有秋而不嘗者，故曰「秋而載嘗」，别於他歲之秋而不嘗者也。「載」乃發語之詞，所以足句，初無意義。《正義》乃云：「毛以『載』爲『則』，謂當祫之年，雖爲祫而則爲嘗祭，故解其意。言諸侯之禮，於夏爲大祭之禘，則不爲時祭之礿；於秋爲大祭之祫，則不爲時祭之嘗。唯天子兼之。今魯亦如天子之禮，故言『秋而則嘗』，謂爲祫復爲嘗。」此失毛義甚矣。又毛公之説，以《王制》考之，亦不盡合。《王制》云：「諸侯礿犆，禘一犆一祫，嘗祫，烝祫。」毛謂「夏禘則不礿」，尚有合乎「禘一犆一祫」之説；謂「秋祫則不嘗」，與「嘗祫烝祫」之説不合矣。鄭不從毛傳，蓋以此《正義》亦未達鄭意也。

達齋《春秋》論　曲園雜纂第四

論「鄭伯克段于鄢」

「鄭伯克段于鄢」，論者皆以爲罪鄭伯。殆不然也。僖二十五年《春秋》書「衛侯燬滅邢」，三傳皆曰「滅同姓」，故夫同姓者兄弟之國也。滅兄弟之國，其罪至於「生名之」，況親殺其兄弟者乎？鄭莊之於大叔段，《公》《穀》皆以爲殺之，則其罪視滅兄弟之國必有甚矣，宜爲《春秋》之所貶。當曰「鄭伯寤生」，乃書爵而不名，何也？段者，鄭伯之母弟也。《春秋》母弟書「弟」，故《襄三十年》書「天王殺其弟年」。夫彼稱「弟」而此不言「弟」，又何也？左氏曰：「段不弟，故不言弟。」得之矣。夫《春秋》者，托文以見義，非紀事之史也。其托始於隱公，蓋托王於魯也。王者欲治天下先治其國，欲治其國先治其家。並后匹嫡、兩政耦國，亂之本也。大叔居京，都城過百雉，又收西鄙、北鄙之邑，至於廩延，其勢且無鄭矣。晋封桓叔於曲沃，而曲沃竟并晋，此其明鑒也。漢高祖既定天下，大封同姓：悼惠王王齊，七十二城；元王王楚，四十城；兄子濞王吴，五十餘城。三庶孽之封，分天下之半，而卒有七國之禍。唐高祖以秦王世民功高，加號「天策上將」，領司徒、陝東道大行臺尚書令，位在王公上，增邑户至三萬，賜衮冕金輅，前後鼓吹九部之樂。而秦王卒殺太子而代之。烏乎！自古帝王以百戰得天下，而争奪之禍常起於門内，自漢唐至於元明皆有之。聖人作《春秋》爲萬世法，故於《隱公元年》特書「鄭伯克段于鄢」，段不言「弟」，失弟道也；鄭伯書爵，予其能討也。明乎有王者作，必先討其門内之亂，而後可以治天下，《大學》所謂「家齊而後國治，國治而後天下平也」。世儒不達此義，沾沾焉就事以論事，烏足以知此？

論「衛人立晋」

《公羊傳》曰：「立者何？立者不宜立者也。其稱人何？衆立之辭也。衆雖欲立之，其立之則非也。」《穀梁傳》曰：「立者，不宜立者也。晋之名惡也。其稱人以立之，何也？得衆也。得衆則是賢也。《春秋》之義，諸侯與正而不與賢也。」烏乎！《公》《穀》之説，得《春秋》之義矣。夫君者，群也。在謚法曰「從之成群曰君」，是人而爲衆之所欲立，則宜無忝乎爲君矣。《春秋》

乃不與之，何也？曰：是上古之義，非可施於後世也。上古之時，未有君長，人各自以力争食。争而不已，必就賢且明者而聽命焉，於是遂奉之爲君。柳宗元所謂「有里胥而後有縣大夫，有縣大夫而後有諸侯，有諸侯而後有方伯、連帥，有方伯、連帥而後有天子」，自天子以至於里胥，皆衆立之者也。然既有縣大夫，則里胥必縣大夫所命矣；既有諸侯，則縣大夫必諸侯所命矣；既有天子，則方伯、連帥以至諸侯，必天子所命矣。若以上古之義復施於後世，大亂之道也。唐肅宗至德二載，平盧節度使王玄志死，副將李正己殺其子，推侯希逸爲帥，朝廷即拜希逸爲節度使。已而軍人又逐希逸而立正己，亦遂因而授之。嗣後諸鎮之逐節度者，初命權知留後，旋授節度，援爲成例，終唐之世而後已。至後唐明宗，則天子之廢立，亦由士卒矣。此皆所謂「衛人立晋」者也。《春秋》特書「衛人立晋」，以明上無天子，下無方伯，自相推奉，爲大亂之道。杜預陋儒，不足以知此，乃曰：「衛人逆公子晋而立之，善其得衆，故不書入於衛，變文以示義。」烏乎！不問其當立不當立，苟以其得衆而遂予之，則天下之亂自此多矣。海外荒遠之國，君臣之分未明。或由衆人推擇，遂爲之長，歲食其奉而治其事。若傭焉者，榛榛狉狉，固難與語《春秋》之義也。

論「天王使仍叔之子來聘」

《隱之三年》書「武氏子來求賻」矣，此又書「天王使仍叔之子來聘」。《公》《穀》皆以爲譏，胡安國則以爲譏世官。愚謂「仍叔」者《大雅》之舊人也。《詩·雲漢》之篇，其序曰：「仍叔美宣王也。」桓之五年，上距宣王之崩七十六年，則仍叔是時當及百歲矣。古多長壽人，殷高宗、周穆王皆享國百年，并未享國時皆百三四十歲，召公壽一百八十歲，漢文帝時得魏文侯樂人竇公亦一百八十歲。秦漢以下如張蒼、羅結，亦往往有之。趙佗卒於漢建元四年，其時漢興已七十年，亦近百歲也。仍叔當宣王時，已能作詩列於《大雅》中，更犬戎之亂，入春秋而猶在。故天王使其子來，而《春秋》係其父，書之曰「仍叔之子」，見故家遺俗猶存也。推之武氏子當亦同此，但武氏不見於經籍，無可考耳。傳者反以爲譏，失之矣。至胡氏譏世官之説，則尤不然。《春秋》譏世卿，其説始於《公羊》。周之尹氏、齊之崔氏皆以爲譏世卿，愚謂此後世之見也。古者諸侯世其國，則大夫士皆世其家。朝有世臣，野有世農，肆有世工，市有世商，相與維係而不可解。上者安其爲上，而下者安其爲下，民服事其上而無有覬覦，此所以長治而久安也。及秦滅六國，廢封建，數千百年之卿族無不夷於皁隸。西漢之初，大啓侯王，而根柢不固，忽焉澌滅。草茅之士，挾術干進。卜式拔於芻牧，弘羊擢於賈豎，衛青奮於奴僕，日磾出於降虜。學者習見其人、習聞其事，各懷僥倖之心，咸有速化之意，宜其以古之世卿爲不便矣。孟子學於孔子者也，曰：「所謂故國者，非謂有喬木之謂也，有世臣之謂也。」使孔子而譏世卿，孟子必不貴世臣矣。漢世若西京之有金、張，東京之有袁、楊，皆累世貴顯，與國同休戚，尚有古世卿之遺意。魏晋以下，門第猶重。《南史・吴逵傳》：「太守王韶之擢補功曹史〔一〕，逵以門寒，固辭不就。」後世豈復有此事哉？選舉之法，又變而爲科目。三尺童子人人有青紫拾芥之意，士氣囂凌，而民氣亦因以不靖，陳勝之徒所以接踵於後世也。嗟乎！封建廢，則世禄亦廢，後世宜無有世卿矣。然而遂以孔子爲譏世卿，則未明乎古今之異勢也。

論「夫人姜氏會齊侯于禚」

文姜之事，《春秋》書之詳矣。自此年會禚之後，《四年》書「夫人姜氏享齊侯于祝丘」，《五年》書「夫人姜氏如齊師」，《七年》書「夫人姜氏會齊侯于防」，又書「夫人姜氏會齊侯于穀」。夫

〔一〕韶，原訛「紹」，據《南史》改。

諱國惡，禮也。文姜之姦，非國惡之大者歟？何《春秋》不爲之諱也？曰：此聖人别嫌明微之意也。《桓公六年》書「九月丁卯，子同生」，《穀梁傳》曰：「疑，故志之。」蓋以文姜淫亂，疑非桓公之子，故子生不書，而子同生獨書，所以解後世之疑也。然而人之多疑者，或且曰帷簿之事曖昧難明，固史策之所不著，安知《桓公六年》以前文姜與齊侯不有會合之事乎？是故《春秋》舉其異日之淫行而備録之，于禚、于祝丘、于防、于穀，無行不紀，無役不書，以明文姜之惡《春秋》所不諱也。而自《桓三年》「夫人姜氏至自齊」，至《七年》「子同生」，其間夫人姜氏無一事見於《春秋》，則莊公之爲吾君之子信矣，此聖人别嫌明微之意也。六國之季，楚爲黄，秦爲吕，司馬氏之東也或以爲牛，聖人之爲萬世計深遠哉！

論「師次于郎，以俟陳人、蔡人」

《莊公八年》：「春王正月，師次于郎，以俟陳人、蔡人。」何休、服虔以爲「欲共伐郕」。賈逵及説《穀梁》者皆云：「陳、蔡欲伐魯，故待之。」孔穎達曰：「陳、蔡於魯竟絶路遥，春秋以來未嘗構怨，何因輒伐魯也？又『俟』者，相須同行之辭，非防寇拒敵之稱。若是畏其來伐，當謂之『禦』，不得稱『俟』，故知期共伐郕耳。」愚謂孔氏之説是也。惟「陳、蔡於魯竟絶路遥」，魯及齊伐郕，何必遠期陳、蔡乎？曰：齊强而魯弱，齊雖與魯共伐郕，而實欲專得郕。魯知其意，故遠與陳、蔡爲期，欲其以師從我。魯得陳、蔡之助，則可以脅齊，而齊不得專有郕矣。其必求助於陳、蔡者，正取其遠也。越國鄙遠，自知其難，若近國則助我，而又與我争郕矣。陳、蔡之不至，知魯之謀也，徒爲魯役而無所得，陳、蔡所以不至也。於是魯與齊共伐郕。郕降于齊師，魯不敢争而還，失陳、蔡之助也。漢高祖與齊王韓信、建成侯彭越期會共擊項羽，信、越不會。楚擊漢軍，大破之。高祖謂張子房曰：「諸侯不從約，奈何？」對曰：「楚兵且破，信、越未有分地，其不至固宜。君王能自陳以東傅海，盡與韓信；睢陽以北至穀城，以與彭越，使各自爲戰，則楚易敗也。」高祖從其言，韓、彭皆至，卒滅楚。嗟乎！天下皆以利動者也。魯欲藉陳、蔡之力以脅齊，而不使陳、蔡得與其利，此漢高祖不能得之韓、彭者，而謂魯莊公能得之於陳、蔡哉？蒲之盟，晋將始會吴，吴不至；雞澤之會，晋使逆吴子於淮上，吴子又不至，其亦以此也。是故越國而謀，君子以爲古，古之道，非可行於後世也。金與宋約共伐遼，遼亡而所以畀宋者，止薊、景等州，且亦空城而已。蒙古與宋約共伐金，金亡，宋欲乘時復三京，而蒙古即以敗盟來討。嗟乎！宋人之見，何其出陳人、蔡人下也。

論「齊人殲于遂」

齊之滅遂也，既不能奄有其地，則宜置君而去之，而顧置戍焉，宜其殲于遂也。鄭莊公入許，置許叔於其東偏，而使公孫獲處其西偏，命之曰：「凡爾器用財賄，無寘於許，我死乃亟去之。」及鄭莊公卒，許叔入于許，使公孫獲不去，亦必爲所殺矣。夫滅人之國而不能有，而又不肎舍，乃以孤軍戍守其地，未有能相安者也。諸葛亮南征，所至之地，皆即其渠率而用之。或以諫亮，亮曰：「若留外人，則當留兵，兵留則無所食，一不易也；夷新傷破，父兄死喪，留外人而無兵者，必成禍患，二不易也；又吏累有廢殺之罪，自嫌釁重，若留外人，終不相信，三不易也。今吾欲使不留兵、不運糧，而夷、漢粗安故耳。」亮之所見，豈不遠哉？劉裕之平關中也，留其子義真鎮之，而自東還。及義真殺王脩，人情離叛，無相統一，裕遣朱齡石替義真鎮關中。義真奔還，僅以身免，而齡石卒死焉。此亦齊殲于遂之類也。明永樂中，討黎季犛之亂，遂平安南，立交阯，布按都三司及各府州縣衛所，諸司一如內地。然大軍甫還，陸那、阮貞等即並起爲亂，黎利因之而反。宣德中，卒從其請，復立陳暠爲王，而廢交阯。是以古之王者慎固封守，無務勤兵於遠也。

論「齊人降鄣」

鄣者，《公》《穀》皆云「紀之遺邑也」。夫自紀侯大去，至此二十有七年矣，齊人乃始降鄣，何也？叔姬卒故也。《莊二十九年》「冬十有二月，紀叔姬卒」，《三十年》「秋七月，齊人降鄣」。是叔姬不卒，鄣不得而降也。烏乎！叔姬以一亡國之婦，守義不變，流離顛沛，歸死于酅，而其遺民亦遂有所係屬。終叔姬之身，義不降齊。聖人書之，所以嘉叔姬之節，而見節義之感人者深也。君死矣，國亡矣，而君夫人在，人心猶未盡去也。聖人又以勸後世亡國之臣，使知忠義之事之可爲也。夫君夫人在且然，況其君在乎！齊康公爲田和遷於海上，自是田和列於諸侯，稱元年矣。然《史記·年表》仍大書康公之年，其間太公和二年、桓公午六年皆不書也。至二十六年康公卒，齊無君矣，然後書齊威王元年，是有得乎興滅繼絶之義矣。

論「楚人伐隨」

楚入春秋以來，伐絞、伐羅，皆不見於《春秋》。桓之六年、八年，楚嘗再伐隨矣，《春秋》亦不書也。僖之二十年冬〔一〕，書「楚人伐隨」，何歟？爲中國書也。夫齊桓霸業，以服楚爲一大舉。而楚入春秋，其勢日盛。齊桓亦未敢以諸侯之師遽入其地，故先誘致其附近之國而與之謀。比年與江、黄盟會，而徐人之取舒伐英氏，亦所以助齊也。齊霸衰，而楚伐江、滅黄、伐徐，皆以即中國故，而是年隨又以漢東諸侯叛楚。《傳》云：「漢東之國隨爲大。」吴入郢之後而隨猶在，是隨之爲國雖鄰於强楚，而有以自立，非江、黄諸國比也。當是時，宋襄公方圖霸，誠能合諸侯之師以救隨，隨得上國之援，必能率漢東之國與楚爲難，則楚必不敢衡行於中國，而宋霸成矣。宋襄計不出此區區爲鹿上之盟，以求諸侯於楚。烏呼！求而得之，雖得不爲榮，况不能得乎？盂之會，宋公執焉，霸風掃地矣。《春秋》於是年冬書「楚人伐隨」，爲中國書也。蓋深惜中國有如是可乘之會，而宋襄坐失之也。

論「衛殺其大夫元咺及公子瑕」

《春秋》者，屬辭比事之書也。書「宋督弑其君與夷及其大夫孔父」，見孔父爲其君與夷死

〔一〕「十」下原衍「一」，據《春秋左傳》改。

也，賢孔父也。書「宋萬弒其君捷及其大夫仇牧」，見仇牧爲其君捷死也，賢仇牧也。書「晋里克弑其君卓及其大夫荀息」，見荀息爲其君卓死也，賢荀息也。書「衛殺其大夫元咺及公子瑕」，見公子瑕爲其大夫元咺死也，罪元咺也，君子以元咺之立公子瑕無禮甚矣。僖之二十一年，楚執宋公以伐宋，公子目夷設守械而守國。楚人謂宋人曰：「子不與我國，吾將殺子君矣。」宋人曰：「吾賴社稷之神靈，吾國已有君矣。」楚人於是釋宋公。目夷之立，權而正者也；目夷不立，襄公不得反矣。若元咺之立公子瑕則異是，楚執宋公，執以伐宋也；晋執衛侯，執而歸之于京師也。夫既歸之于京師，則或釋或否，或遂收其國土，或更立賢君，當聽之於天子矣。是故公子目夷之立，拒楚也，拒楚可也；公子瑕之立，拒天子也，拒天子不可也。湯之囚於夏臺，文王之囚於羑里，其去國也皆歷數年之久，不知其國以何人爲主，古史缺略，後世無聞焉。意其時必有大臣攝國事，如君薨百官聽於冢宰之例〔一〕。元咺不知此而輒立公子瑕，無禮之甚者，宜爲《春秋》之所罪也。然其時國政必皆出於元咺，所謂「公子瑕」者，特奉以爲名耳。故《春秋》書「公子瑕」，不成其爲君，而亦無貶辭。

〔一〕冢，原訛「冡」，據蔡啓盛《校勘記》改。

論「介人侵蕭」

介人侵蕭，細事也，何以書於《春秋》？烏呼！此聖人垂戒之深也。僖二十九年春，書「介葛盧來」；其年冬，又書「介葛盧來」。介之於魯，何來之數也？乃逾年而有侵蕭之役矣。《易》曰：「履霜堅冰。」至介葛盧之來，是「履霜」之兆也。夫戎狄之於中國，不相習也。山川之險易，關津之通塞，人民之衆寡，國勢之强弱，皆不得而知也，彼安敢遽涉吾地哉！故欲逞志於中國，必先納交於中國。介葛盧一再來魯，其於他國可知也。夫既歲至中國之地，則山川之險易，關津之通塞，人民之衆寡，國勢之强弱，固已在其目中矣。其侵蕭也，其入犯中國之始也。今歲侵蕭，明歲安知其不侵魯哉？聖人書之，所以警中國也。周公有言「德澤不加則不享其贄，政令不施則不臣其人」，古之聖人非不知遠人慕義之可嘉、中外一家之爲大也。然而不受者，知其必有害也。《漢書・匈奴傳》贊曰：「夷狄之人，貪而好利。聖王禽獸畜之，不與約誓，不就攻伐；外而不內，疏而不戚；政教不及其人，正朔不加其國；來則懲而御之，去則備而守之。」烏呼！此聖人之深計也。夫以冒頓之强，當秦項之亂，然而不能闌入中國尺寸之地者，以其素不相習也。漢桓帝遷五部匈奴於汾晋，使之散居内地，明習漢法，其後劉淵以五部離散之餘，卒能自振於中國者，以相習故也。宋太祖建隆二年，女真國來貢名馬，而宣和之禍卒發於女真。是故《春秋》於兩書「介葛盧來」之後，即書「介人侵蕭」，是亦可以觀矣。

論「齊人弑其君商人」

文之十四年，書「齊公子商人弑其君舍」；至十八年，書「齊人弑其君商人」。商人，弑君之賊也，不以討賊書，而以弑君書。然則商人無罪歟？曰：此聖經之窮於辭而不得已也。自商人弑立以來，書「齊侯侵我西鄙」，書「季孫行父會齊侯于陽穀」，書「公子遂及齊侯盟于郪丘」，書「齊侯伐我西鄙」，書「公及齊侯盟于穀」，國人君之矣，諸侯與之矣，其爲齊侯也久矣，至是不得變其文曰「齊人殺商人」也，故曰「窮於辭」也。歐陽修作《五代史》，於《梁本紀》曰：「天下之惡梁久矣！自後唐以來，皆以爲僞也。至予論次五代，獨不僞梁，或譏予失《春秋》之旨。予曰：『魯桓公弑隱公而自立者，宣公弑子赤而自立者，鄭厲公逐世子忽而自立者，衛公孫剽逐其君衎而自立者，聖人於《春秋》皆不絶其爲君。此予所以不僞梁者，用《春秋》之法也。』」歐陽子之言固有合於《春秋》，而後人猶以不僞梁爲歐陽病，何哉？然而吾於此又見《春秋》之爲亂臣賊子戒者至深切也。曾子曰：「戒之戒之！出乎爾者，反乎爾者也。」商人以其君爲可弑而弑舍，人亦以其君爲可弑而弑商人。自文十四年至十八年，首尾五年耳，而弑人、人弑曾不旋踵，夫何樂乎爲君也？吾觀曹氏父子之篡漢也，托禪讓之名，行篡弑之術，錫文讓表，粲然可觀，真若可以欺後世。未幾而晋之篡魏亦如之，未幾而宋之篡晋亦如之。由宋而齊、而梁、而陳，勸進之辭、禪位之策，若出一手，是故《春秋》書「公子商人弑其君舍」，又書「齊人弑其君商人」，爲亂臣賊子戒至深切也。

論「楚子伐陸渾之戎」

楚子伐陸渾之戎，書爵書「伐」，予之也。齊桓、晋文之霸業，皆在乎尊周室、攘夷狄，而尤以服楚爲大事。至楚莊圖霸，則楚固其國也，欲攘夷狄，惟有如齊之伐山戎，晋之伐赤狄、白狄而已。楚之君臣以爲僻陋之國，雖能服之，不足以伸大義，乃興師而伐陸渾之戎。善哉此舉乎！楚莊所以得列於五霸也。夫陸渾之戎，乃僖之二十二年秦晋所遷於伊川者也。昔周公營大邑於東，國洛，是爲東都。平王之東遷，以東都爲京師，是則伊洛之間密邇王室，而秦晋使陸渾之戎，逼處其地，何其慎歟！楚莊乃能遠涉中原，撻伐異類，雖未能廓而清之，然亦可謂知所務矣，斯《春秋》之所嘉也。嗟乎！華戎雜居，未有不亂者也。漢宣帝納呼韓之降，居之亭鄣，委以候望。光武亦以南單于數萬之衆，徙入西河，轉至五原，連延七郡。嗣後羌、胡、鮮卑之降者，亦多處之塞内。晉初，郭欽、江統之徒並以戎夏不可雜居，宜申諭發遣，還其本域，峻四夷出入之防，明先王荒服之制，其時不能用，未及十年，劉石雲擾。唐武后時，外國多遣子入侍，得徧觀中國形勢，其後竟爲邊患，而回紇之留京師者，創造邸第，或伏甲其間，數出中渭橋，與軍人格鬬，奪含光門魚契而走城外。然則華戎雜居，未有不亂者也。楚子伐陸渾之戎，可謂知所務矣。

論「叔孫豹會晉趙武、楚屈建、蔡公孫歸生、衛石惡、陳孔奂、鄭良霄、許人、曹人于宋」

梁襄王問孟子曰：「天下惡乎定？」而孟子曰：「定於一。」自古及今，未有一而不定、不一而定者也。世之盛也，國無異政，家無殊俗，考禮正刑，一德歸于天子，所謂「天下有道，禮樂征伐自天子出」也。周之衰，王者不作，於是諸侯之强大者，起而爲之長。齊桓興，齊爲盟主；晉文出，晉爲盟主。《春秋》亦遂從而予之，何者？天下不可以無所一也。僖、文、宣、成以來，天下之從晉久矣。晉之外，如齊、如秦、如楚皆大國，而楚尤强，時出而與晉争霸，諸侯之叛晉而即楚者，固亦有之。然不過如鄭之犧牲玉帛待於二境，晉至從晉，楚至從楚，其兼聽於晉、楚者無有也。乃至宋之盟，而晋、楚二卿並列於諸侯之上，於是中國遂有二霸，自此列國諸侯南向而朝楚。申之會，大合十有一國之衆，宋世子佐以後至而不得見。滅胡、滅頓，楚益横，而吴、越繼之，晋遂失霸，其國内亂，三家分晋，西陲之秦乃一出而莫之禦。先王封國，掃地無遺，延至楚、漢之際，而生民幾盡矣。君子推原禍本由於秦之强，而秦之强由於晋之衰，晋之衰又由於楚之强，則宋之盟實古今盛衰治亂之樞也。烏乎！自古及今，未有不一而定者也。漢唐以來，天下一統，其間不幸而分裂，地醜德齊，莫能相尚，南之詆北曰「索虜」，北之詆南曰「島夷」，然而各一其一，則猶各定其定也。北宋之於遼，南宋之於金，則遂爲兄弟之國，自澶淵之會，與契丹盟而政交於中國矣。烏乎！此亦宋之盟也。

論「公薨于楚宫」

魯，周公之後也，其國天下之望也。四代之服、器、官，魯則兼而有之。魯公之廟，文世室也；武公之廟，武世室也。其大廟，則天子之明堂；其庫門，則天子之皋門；其雉門，則天子之應門。山節藻棁，復廟重檐，刮楹達鄉，反坫出尊，崇坫康圭，凡天子之制，無所不具，蓋亦盛矣。其在《詩》曰：「徂來之松，新甫之柏。是斷是度，是尋是尺。松桷有舄，路寢孔碩。」宫室之盛，詩人以爲美談。襄公一至楚國，乃慕其居處，效而倣之，創爲楚宮，舍路寢而不居，卒薨乎是。墨子所謂「舍其文軒而竊鄰之弊輿，舍其錦繡而竊鄰之短褐，舍其粱肉而竊鄰之糟糠」，其是之謂歟？甚矣夫人之好怪哉！居越而慕燕，生秦而思楚，目所習見，耳所習聞，不以措意也。罕見罕聞之事，則欣欣樂道之。祖父之所留貽，少小之所便習，棄若敝屣，然遠代之物、異域之器，則拱璧視之。魯侯之爲楚宮，衛侯之習夷言，趙武靈王之改胡服，其揆一也。顔淵問爲邦，孔子告之以「行夏之時，乘殷之輅，服周之冕，樂則《韶舞》」，皆中國帝王經世之大法。至於粤之鎛、燕之函、秦之盧、胡之弓車，不過付之工師，俾世守其法而已。古昔隆盛之時，殊方異俗，重譯而至，奇肱之飛車，宛渠之螺舟，奇形詭製，亦固有之。聖人擯之而勿御，絶之而勿傳，邦國勿賴其用，考工勿詳其法，蓋不欲示天下以異也。君子非先王之法言不敢言，非先王之法服不敢服，胥一世之人而範以先王之法，士食舊德之名氏，農服先疇之畎畝，商循族世之所鬻，工用高曾之規矩，耳目一而風俗同，天下所以長治而久安歟？

論「西狩獲麟」

《春秋》之書「狩」也，桓之四年曰「公狩于郎」，莊之四年曰「公狩于禚」，哀十四年「西狩獲麟」。曰「西狩」而不地，何也？聖人思周道也。《春秋》託始於隱公，實當平王東遷之初，周室東而周道衰矣。孔子曰：「吾其爲東周乎？」解者曰：興周道於東方，至其晚年，周公之夢久不復作，亦知東周之不可爲矣。乃退而删定《詩》《書》，而於《詩》寓意焉，變風始《邶》《鄘》《衛》，而終於《檜》《曹》。《邶》之詩曰：「山有榛，隰有苓。云誰之思？西方美人。彼美人兮，西方之人兮。」《檜》之詩曰：「誰能亨魚？溉之釜鬵。誰將西歸？懷之好音。」聖人之惓惓於西方如此，蓋歎東周之不可爲，而追思西京之盛也。哀之十四年，西狩而獲麟，麟則聖王之瑞也，西則文武故都之所在也，故不著其地而曰「西」焉，猶詩之言「西方美人」也。有西方之美人，而後有西方之麟。孔子若曰：「周室其復西乎？其將復見文、武、成、康之盛乎？」故書曰「西狩獲麟」，而遂絶筆乎？是以爲文武將復興，而《春秋》可無作也。夫西者，魯之西也，非西周也。昔武王之伐紂，聖人偕以寓意焉爾，抑又考之哀公元年，歲在大梁，則哀十四年歲在實沈也。夫西者，魯之西也，非西周也。昔武王之伐紂，歲在鶉火，説《尚書》者以爲在武王十三年，而《書序》曰「惟十有一年，武王伐紂」，説者以爲是觀兵之年。夫十三年歲在鶉火，則十一年歲在實沈也。武王克商以鶉火，而伐紂實始於實沈，而哀十四年亦與之同。是故論其地則西也，論其年則武王伐紂之年，固周之所以興也。聖人作《春秋》，於其終也大書曰「十有四年春，西狩獲麟」，蓋曰周且再受命也，故曰思周道也。

達齋叢説　曲園雜纂第五

「文王受命稱王改元」説

文王受命改元，爲古今一大疑，其實無足疑也。唐虞五臣，契、稷並列。商周皆古建國，周之先君，非商王裂土而封之也。夏后氏德衰，成湯放桀南巢，天下歸之，遂有天下。其後中衰，諸侯不朝，即已不有天下矣。孟子曰：「武丁朝諸侯，有天下，猶運諸掌也。」此武丁以前嘗失天下之明證。及紂之身，天下大亂，三分有二皆歸文王，則天下豈復商有乎？夫衆所歸往謂之王，虞芮質成之後，六州咸附，則已有王之實矣。有其實，豈得辭其名？此文王所以稱王也。紂雖存，止是殷商之國耳。其存其亡，與周之王不王無與也。紂惡未稔，文王不必亟亟焉亡之；紂惡既盈，武王不得不伐之。伐紂以救民也，非争天下也，天下之歸周久矣。是故既誅紂而仍立武庚，殷商固無恙也。武庚又亂，則又伐之，而封微子於宋。亡於殷，猶存於宋也，何也？殷商之存，無損於周之王也。非如後世之爭天下者，必滅其國而後可代之興也。説者謂：「武王誅紂之後，始謂之有天下。」則昧於古今之異，而聖人伐暴救民之盛舉，轉若爲爭天下之私心矣。及周之衰，則已與古微異。春秋時大國，若晉、楚、齊、秦，皆周之建國，故周雖衰，而不得不奉之爲共主。齊桓、晉文皆以尊王爲名，莫敢自王。然當時紀載之辭，如「王貳于號」「單襄公如晉拜成」之類，固已視周如列國矣。此夏商以來相習之見，非左氏紀載之失也。孟子曰：「三代之得天下也以仁，其失天下也以不仁。」由今觀之，孟子之世豈非周王之天下？而孟子已與夏商亡國並言之。然則文王受命稱王，復何疑之有？執後世之義，而以繩三代以上，其不可通者多矣。

《王制》説

《禮記·王制篇》，盧植謂「漢文帝令博士諸生作」。然據《史記》索隱「文帝所造書有《本制》《兵制》《服制》篇」，則非今《王制》也。鄭康成答臨碩云：「孟子當赧王之際，《王制》之作復在其後。」此亦以意言之，無所據。愚謂《王制》者，孔氏之遺書，七十子後學者所記也。王者孰謂？謂素王也。孔子生衰周，不得位，乃托魯史成《春秋》，立素王之法，垂示後世。《春秋》微言大義，惟公羊得其傳。公羊之傳，惟何劭公爲能發明其義。乃今以《公羊》師説求之《王制》，往往符合。按：《公羊傳·桓十一年》：「九月，鄭忽出奔衛。忽何以名？《春秋》伯、子、男一也，辭無所貶。」何休云：「《春秋》改周之文，從殷之質，合伯、子、男爲一。」而《王制》云：「公、侯田方百里，伯七十里，子、男五十里。」鄭注云：「此地殷所因夏爵三等之制也。《春秋》變周之文，從殷之質，合伯、子、男以爲一，則殷爵三等者，公、侯、伯也。」《正義》曰：「何休之意，合伯、子、男爲一，皆從稱子。鄭意合伯、子、男爲一，皆稱伯也。」夫鄭、何所説雖異〔一〕，然《春秋》三等，《王制》亦三等，則其合者一。又《公羊傳·桓四年》：「春，公狩于郎。狩者何？田狩也。春曰苗，秋曰蒐，冬曰狩。」《穀梁傳》則云：「春曰田，夏曰苗，秋曰蒐，冬曰狩。」何休云：「《運斗樞》曰『夏不田』，《穀梁》有『夏田』，於義爲短。」鄭康成釋之云：「孔子雖有聖德，不敢顯然改先王之法。陰書於緯，藏之以傳後王。《穀梁》四時田者，近孔子故也。《公羊》正當六國之亡，讖緯見，讀而傳爲三時田。」據此，則三時田乃孔子所立素王之法。而《王制》曰：「天下諸侯無事則歲三田。」其合者又一。以是推之，其言建國之制曰：「凡四海之内九州，州方千里。」又

〔一〕雖，原訛「難」，據蔡啓盛《校勘記》改。

曰：「二百一十國以爲州，州有伯。」其論立學之制曰：「小學在公宫南之左，大學在郊。」其論取民之制曰：「古者公田藉而不税。」凡若此類，鄭康成皆以爲殷制，豈非所謂變周之文、從殷之質者乎？吾意孔子將作《春秋》，先脩王法，斟酌損益，具有規條。門弟子與聞緒論，私相纂輯而成此篇。後儒見其與周制不合而疑之，不知此固素王之法也。宋儒於戴《記》中表章《學》《庸》二書。愚謂《王制》一篇，體大物博，或猶在《中庸》之上乎？

《大學》說二

致知在格物

格物之説，何其紛紛也。夫格物，乃《大學》教人之始，非可索之玄妙，亦不必求之過高。要使學者有可以入手之處，乃爲得之。是故格者，正也。格之訓正，經傳屢見。《論語・爲政篇》「有恥且格」，《孟子・離婁篇》「惟大人爲能格君心之非」，注並曰：「格，正也。」欲致其知，在正其物，其物不正，知不可得而致也。《内則》曰：「六年，教之數與方名。」此即格物之始事矣。數者，一至十也；方名者，東西南北也。一則曰一，二則曰二，必先正其物，然後從而推致之。則知一者，惟初大始，道立於一；二者，地之數也。東則曰東，西則曰西，必先正其物，然後從而推致之。則知東者，動也，萬物始動生也；西者，遷也，萬物遷落也。蓋即數與方名中，其理有不可勝究者矣。使不先正其物，則仞一爲二，指東作西，顛到眩惑之不暇，又何知之有乎？是以黄帝治天下，必先「正名百物」；孔子論爲政，「必也正名」。而《大學》之教，始於格物，其義一也。周公作《爾雅》，自天地以至草木禽獸，一一訓釋之，蓋亦格物之事。推而言之，則君君、臣臣、父父、子子、夫夫、婦婦，皆格物也。物不格，則君不君、臣不臣、父不父、子不子、夫不夫、婦不婦，尚足與言君臣、父子、夫婦之道乎？是故格物一言所包者廣。自童子六歲始受數與方名，以至欲爲君盡君道，欲爲臣盡臣道，盡人物之性，贊天地之化育，舉不外乎格物以致知。非獨古人爲然，雖今人亦然。今有孺子，始知咳笑，必先告之：「父則曰父，母則曰母，兄則曰兄，姊則曰姊。」及其少有識知，則又告之：「衣則曰衣，冠則曰冠，粱肉則曰粱肉。」何者？物固不可不正也。物之不正，則無以啓發其知也。是故致知格物之説，自漢以來，儒者莫得其解，而其事則自古至今，實未之有易也。

欲治其國者先齊其家

「齊」有二義：《詩・小宛篇》毛傳曰：「齊，正也。」《禮記・少儀篇》鄭注曰：「齊，和也。」

「齊家」之「齊」含此二義，於義方備。下文引《詩》曰「宜其家人」，又曰「宜兄宜弟」，凡兩言「宜」，此「和」之義也。又引《詩》「其儀不忒，正是四國」，而釋之曰：「其爲父子兄弟足法，而後民法之也。」此「正」之義也。先祖南莊府君《四書評本》曰：「宜者，情誼浹洽，無少攜貳。法者，截然整齊，無少參錯。」可知「齊家」之「齊」，必當兼此二義也。董子曰：「粲然有文以相接，驩然有恩以相愛，此人之所以貴也。」夫粲然有文，即齊正之謂；驩然有恩，即齊和之謂。宋儒《大學衍義》陳齊家之要，曰重妃匹，曰嚴内治，曰定國本，曰教戚屬。其意偏主於「齊正」，殆於義有未盡乎？孔子曰：「兄弟怡怡。」孟子曰：「父子之間不責善，責善則離，離則不祥莫大焉。」齊家之君子，其有味乎斯言。

《中庸》説

《中庸》一書本是脈絡貫聯，漢人輒於其中妄加「子曰」字，遂致截斷文理，多生枝節。嘗取而讀之：「子曰：『中庸其至矣乎，民鮮能久矣。道之不行也，我知之矣。知者過之，愚者不及也。道之不明也，我知之矣。賢者過之，不肖者不及也。人莫不飲食也，鮮能知味也。道其不行矣夫。』」此數句本一氣貫注，「民鮮能」句即包下「不行」「不明」兩意。而「不行」由於「不明」，故用「鮮能知味」一喻，而以「不行矣夫」爲唱歎之語以結之。漢人於此加兩「子曰」字，遂使一章變成三節，而語轉不了矣。「子曰：『舜其大知也與，舜好問而好察邇言，隱惡而揚善，執其兩端，用其中於民，其斯以爲舜乎？人皆曰予知，驅而納諸罟獲陷阱之中，而莫之知辟也。人皆曰予知，擇乎中庸，而不能期月守也。回之爲人也，擇乎中庸，得一善，則拳拳服膺，而弗失之矣。天下國家可均也，爵禄可辭也，白刃可蹈也，中庸不可能也。』」此段文字亦一氣貫注，因上章「不行」「不明」兩意側重「不明」，故舉舜之大知以示人，見必如舜之大知，方可以明道。「人皆曰予知」，而實非知也，故擇平中庸而不能守。因舉回之爲人以示能守者之難得，而以中庸不可能爲唱歎之語，并上章而結之。漢人於此加三「子曰」字，遂使一章變成四節，而語轉不了矣。《禮記》如《坊記》《表記》《緇衣》等篇，其中「子曰」「子云」字均是漢人增益，多可删除者。姑舉《中庸》兩段以示例，餘可推焉。亦有「子曰」字本非衍而誤以爲衍者，如《哀公問政》一章，非皆孔子之言也，子思子之言也。孔子之言至「夫政也者，蒲盧也」，其辭畢矣。故「爲政在人」以下則皆子思之言。蓋子思欲明「爲政在人，取人以身」，而特引夫子之語以發端也。下文「好學近乎知」三句，又著「子曰」字，則其上非孔子之言明矣。學者不察，謂上下皆孔子語，乃以此「子曰」爲衍文。嗟乎！如前兩章則衍「子曰」字而不知，如此章則應有「子曰」字而反以爲衍，古書之不易讀如此。夫王肅作《家語》，并因「子曰」字而僞造哀公問語於其間，誣妄更甚。

「大夫强而君殺之義也，由三桓始也」説

鄭康成注曰：「慶父與牙通于夫人以脅君，季友以君命鴆牙。後慶父弑二君，又死。」《正義》曰：「『三桓以前，齊無知、衛州吁、宋長萬皆以强盛被殺，而云『由三桓始』者，熊氏云『據魯而言』。」按：此説殊不可通。然則「庭燎之百，由齊桓公始也」，豈據齊而言乎？「大夫之奏《肆夏》，由趙文子始也」，豈據晋而言乎？且季友即三桓之一，而云「由三桓始」，似季友亦在所殺矣。愚謂《記》文「殺」字非生殺之殺，乃隆殺之殺。「大夫强而君殺之義也」九字作一句，連上文讀之，其文曰：「大夫而饗君，非禮也。大夫强而君殺之義也，由三桓始也。」蓋言大夫與君分不相敵，不得饗君。故既明之曰「非禮」，又申説其義曰「大夫强而君殺之義也」。謂大夫强盛而君微殺，致有大夫饗君之事，其事則由三桓始也。因一「殺」字誤讀，遂使《記》意不明。或議删「由三桓始也」五字，失之甚矣。

「五德」説

五德更王，古有二説。《漢書・律曆志》載《三統曆》曰：「唐火德，虞土德，夏金德，商水德，周木德。」此一説也。《文選・齊安陸昭王碑》注引《鄒子》曰：「五德從所不勝，虞土，夏木，殷金，周火。」又一説也。沈約《宋書・曆志》曰：「五德更王，有二家之説。鄒衍以相勝立體，劉向以相生爲義。」蓋二説之不同如此。秦自謂以水德王，此相勝之説。周火，故秦水也。漢自謂以火德王，此相生之説。周木，故漢火也。然則二説當以何者爲是？曰：唐、虞禪代，則宜從相生之説；殷商放伐，則宜從相勝之説。各成一理，豈相悖乎？

《周書》「月采」説

《召誥》正義引《周書・月令》云：「三日粤朏。」按：《漢・律曆志》引古文《月采篇》曰：「三日曰朏。」然則「月令」乃「月采」之誤。淺人多見《月令》，少見《月采》，故臆改之耳。朱文公反疑《漢志》「采」字爲誤。王厚齋亦云：「皆非信而好古之義也，采者，事也，與《皋陶謨》『載采采』同。『月采』，言每月所行之事也。」顔師古謂「説月之光采」，義殊淺近。若近時方樸山以

《魯語》「少采夕月」説之，則尤非是。《魯語》韋注云：「或云『少采，黼衣也』。昭謂：朝日以五采，則夕月三采與？」是采以衣言，「月采」之文夫豈可通？

《春秋》「築郿」説

《春秋》書「築郿」，左氏云：「有先君之廟曰都，無曰邑。邑曰築，都曰城。」此説非是。《春秋》書「城」者多矣，豈必皆有先君之廟？愚謂「築」與「城」不同，「築」非「城」也。《尚書》「説築傅巖之野」傳曰：「傅氏之巖，在虞虢之界，通道所經，有澗水壞道，常使刑人築護此道。説賢而隱，代胥靡築之以供食。」疑《春秋》書「築」亦此類。

「於是閏三月，非禮也」説

文元年《左傳》：「於是閏三月，非禮也。」《正義》有二説：其引《漢書·律曆志》云：「文公元年，距僖五年辛亥二十九歲，是歲閏餘十三，閏當在十一月後，而在三月，故曰『非禮』。」是嫌置閏太近前也。又云：「杜以爲僖三十年閏九月，文二年閏正月，故言於曆法閏當在僖公末年，誤於今年置閏。」是嫌置閏太近後也。余謂此二説也於傳者之意皆似未得。《桓十七年傳》：「冬十月朔，日有食之。不書日，官失之也。」《襄二十七年》：「十一月乙亥朔，日有食之。辰在申，司曆過也。」使此年置閏，或應在前，或應在後，而不應在三月，則亦是司曆之過，則亦是官失之也，不得云「非禮」。今云「非禮」，明非官失之也。其「非禮」之故，傳固言之矣。曰：「先王之正時也，履端於始，舉正於中，歸餘於終。」杜解「歸餘於終」曰：「有餘日，則歸之於終。」此未得「終」字之義。終者，歲終也。古人置閏必於歲終，秦漢之際猶然。蓋古曆粗疏，立法未密，知是歲之當閏，而不知置閏之當於何月，故置之歲終，使寒暑節序無大差忒而已，不求其密合也。相沿既久，人人以爲當然。至是歲，魯之司曆者乃始參驗中氣，推算餘分，而於是年三月置閏，蓋始變古法也。一時朝野上下翕然信從，無不服其推步之精。而知禮之君子則以古法從此而變壞，新法從此而更張。即此一事發其端，而作聰明以亂舊章者，將月異而日新，是今非古，何所底止？是亦世道之憂也。然其意精法密，則固無以折之，故不曰「官失之」，而曰「非禮」。其曰「於是閏三月」，明置閏不於歲終而於三月，前此無有也。烏乎！古之聖人，非不能爲其精且密者也。益精益密，而於天行終不能無失，則不如存其大綱而已。後人無事不求勝於前，而曆法尤甚。非徒推考古今，求其得失。甚者采用異法，創造新規。由古君子觀之，其非禮更何如哉？

《論語》説三

君子坦蕩蕩

《述而篇》「君子坦蕩蕩」，《釋文》云：「坦，吐但反。蕩蕩，徒黨反。魯讀『坦蕩』爲『坦湯』，今從古。」盧氏考證云：「段玉裁欲改『坦湯』爲『但湯』。愚以《魯論》亦不必二字皆異文，故仍之。」樾竊以盧、段二説皆非也。考阮《校勘記》，竝無作「但」之本。段氏一人私見，固不可從。若謂魯讀止「蕩」「湯」之異，則止云「魯讀蕩爲湯」足矣，何必連「坦」字言之乎？疑《古論》作「君子坦蕩蕩」，《魯論》作「君子坦湯」，其「湯」下無重文。《釋文》本云「魯讀『坦蕩蕩』爲『坦湯』」，以明《魯論》《古論》不特「蕩」「湯」文異，并有重言單言之别，故連「坦」字言之，其文方明。傳寫因「湯」下無重文，并删上一「蕩」字，而陸氏之意不明矣。此句當從魯讀，「蕩」「湯」文異義同。毛傳曰：「湯，蕩也。」「坦湯」即「坦蕩」，乃雙聲字。《漢書·陳勝傳》注曰：「但者，急言之則音如弟矣。」然則「坦蕩」雙聲，亦猶「鎕銻」雙聲也。於君子曰「坦蕩」，於小人曰「戚戚」，上句雙聲，下句疊字，見聖經文法之變。如「踧踖如」「與與如」，亦上雙聲，下疊字也。《後漢・明帝紀》永平二年詔書引此經曰：「君子坦蕩蕩，小人長戚戚。」師古注曰：「坦蕩，明達之貌。戚戚，常憂懼也。」疑師古所見《漢書》正作「君子坦蕩」，故其注如此。今本《漢書》淺人妄增。《論衡・命禄篇》「知者歸之於天，故坦蕩恬忽」，「坦蕩」之文正本《魯論語》，亦一明證。或曰：「上句少一字，如讀之不諧何？」余曰：「使吾儕童而習之，即曰『君子坦蕩』，則轉以多一字爲不諧矣；『巍巍乎其有成功也，焕乎其有文章』，下句少一字，而讀之甚諧，童而習之故也。此不足疑也。」

齊必變食，居必遷坐

此兩句各爲一事。「齊必變食」，謹神人之交。「居必遷坐」，嚴公私之辨。「居」乃「燕居」「閒居」之「居」。《禮記正義》引鄭《目録》云：「退朝而處曰燕居，退燕避人曰閒居。」即所謂「居必遷坐」也。此本言飲食之事。「居必遷坐」，因「齊必變食」而類及之，亦猶下文「寢不言」因「食不語」而類及之也。《正義》標「齊必至如也」五字而總釋之曰：「此一節論齊祭、飲食、居處之事也。」則自「齊必變食」以下所包甚廣，居與寢不嫌不倫。後人合上「明衣」爲義，則以爲皆謹齊之事，而此「居」字爲贅設矣。

使乎使乎

《論衡·問孔篇》：「蘧伯玉使人於孔子。孔子曰：『夫子何爲乎？』對曰：『夫子欲寡其過而未能也。』使者出，孔子曰：『使乎！使乎！』非之也。説《論語》者曰：『非之者，非其代人謙也。』」翟氏灝作《四書考異》載此文云：「既以『非之者』二句爲説《論語》之辭，則上『非之也』三字似爲其所據正文所有。」愚謂翟氏説非也。《論語》體例從無於聖言之後復加斷語者。「非之也」三字自是王仲任語。下引「説《論語》者」云云，則又申説所以非之之故耳。下文云：「不明其過，而徒云『使乎！使乎！』」又云：「孔子之言『使乎』，何其約也？」又云：「使孔子爲伯玉諱，宜默而已。揚言曰：『使乎！使乎！』時人皆知孔子之非也。出言如此，何益於諱？」然則仲任所據自同今本，止言「使乎使乎」，無「非之也」三字。翟氏不考下文，率爲此語。恐後學疑惑，故具説之。

「楚謂之踂，衛謂之輒」説

昭公二十年《穀梁傳》：「兩足不能相過，齊謂之綦，楚謂之踂，衛謂之輒。」愚按：「踂」

「輒」二文雖有從「足」從「車」之别，其從「耴」聲則一也。何以爲楚衛之别乎？疑「衛謂之輒」，「輒」字或從「足」作「踂」。蓋以其義屬足，故變從「足」，文隨義變。古人作書，自有此例。學者見「輒」「踂」二文之不同，遂妄增「楚謂之踂」句。其實「踂」即「輒」之變體，而「楚」則因「齊」而類及也。《説文》無「踂」字，是許君所見《穀梁傳》無此一句之證。

《詩》「良人」説

《詩·綢繆篇》「見此良人」，傳云：「良人，美室也。」《正義》曰：「《小戎》云『厭厭良人』，妻謂夫爲良人。知此美室者，以下云『見此粲者』，粲是三女，故知良人爲美室。」然則「良人」之稱，通乎夫婦。《小戎篇》之「良人」，婦謂其夫。《綢繆篇》之「良人」，夫謂其婦。朱文公泥於《孟子》之文，改易古訓，殆非也。咸豐初，蘇州王墓山土人墾地，得《唐故潁川陳夫人墓誌》，其夫王頊所譔。有云：「以予天年未盡，不得與良人偕死。」又曰：「於戲！良人道光母儀。」稱其妻爲「良人」，自本毛傳。而世多疑之，蓋古訓之晦久矣。

《法言》「如玉如瑩」説

楊子《法言·吾子篇》：「如玉如瑩，爰見丹青。」宋龔鼎臣《東原録》據唐人類書中所引作：「如玉加瑩，爰見丹青。」余前著《諸子平議》采用其説，乃觀《漢高陽令楊著碑》曰：「其德伊何？如玉如瑩。」即用楊子語。則宋類書所引又未必是也。《説文·玉部》：「瑩，玉色也。一曰石之次玉者。《逸論語》曰：『如玉之瑩。』」按：「如玉之瑩」，從玉色義；「如玉如瑩」，從石次玉義。正與《詩》「如金如錫」句法相同，從今本亦得。

《漢書》説四

竝音伴

《漢書·昭帝紀》：「始元元年，益州廉頭、姑繒、牂柯談指、同竝二十四邑皆反。」師古曰：「竝，音伴。」余謂「竝」古音如「傍」，故《史記》《漢書》「傍河」「傍海」皆作「竝」字，似不得有「伴」音。此「竝」字疑「扶」字之誤。《説文·夫部》：「扶，竝行也。從二夫。輦字從此，讀若伴侶之伴。」然則師古音「伴」正「扶」字之音也。「竝」古字作「竝」，學者多見「竝」字，少見「扶」字，因改「扶」爲「竝」耳。

犇命

《漢書・昭帝紀》：「始元元年，益州廉頭、姑繒、牂柯談指、同竝二十四邑皆反。遣水衡都尉呂破胡募吏民及發犍爲、蜀郡犇命擊益州，大破之。」應劭曰：「舊時郡國皆有材官騎士，以赴急難。今夷反，常兵不足以討之，故權選取精勇，聞命犇走，故謂之犇命。」按：材官騎士，若今之額設兵也。犇命，乃臨時選取精勇，若今之募勇也。兵勇之分，蓋自漢而已然矣。

罔克耆壽，咎在厥躬

《漢書・成帝紀》：「鴻嘉元年，詔曰：『《書》不云乎：即我御事，罔克耆壽，咎在厥躬。』」按：漢詔原文本作：「即我御事，罔克耆壽俊，咎在厥服。」較今本，惟「或」字作「克」字，又「俊」下多「咎」字耳。其「服」字固與今同也，何以明之？文穎曰：「此《尚書・文侯之命篇》中辭也。言我周家用事者，無能有耆老賢者，使國之危亡，罪咎在其用事者也。」據文穎注，「能」字解「克」字，「賢」字解「俊」字，「事」字解「服」字，故知所引《書》辭作「罔克耆壽俊，咎在厥服」也。

《爾雅》曰：「服，事也。」經云「咎在厥服」，故釋爲咎在用事者。若作「咎在厥躬」，則文氏必不作此解矣。至顔師古所見本已誤作「躬」，乃云「咎在厥躬，平王自謂，故帝引之以自責」，而以文氏所云爲失，此師古之疏也。近世段氏《撰異》、孫氏《疏證》，並據《漢書》謂《今文尚書》作「厥躬」，不知此「漢書」之誤，故具論之。

執金吾

《漢書》「執金吾」有二解：應劭曰：「吾者，禦也。掌執金革以禦非常。」師古曰：「金吾，鳥名也。主辟不祥，天子出行，職主先導以禦非常，故執此鳥之象，因以名官。」愚謂顔説非也。崔豹《古今注》云：「金吾，亦棒也，以銅爲之，黄金塗兩末，謂爲金吾。御史大夫、司隷校尉亦得執焉。御史、校尉、郡守、都尉、縣長之類，皆以木爲吾焉。」據此，則漢制有金吾、有木吾，豈得以金吾爲鳥名乎？至應説亦有未盡，「吾」之爲義固取乎「禦」，而「吾」實大棒之名，以大棒可禦非常，故以「吾」名之。執金吾者，執此棒也。實有其物，非「執金革以禦非常」之謂也。應氏之注，參以崔豹之説，其義方盡。

字説九

庛

《説文》有從斗庛聲之「斛」篆，而無「庛」篆。愚謂「庛」即「笓」字也。《爾雅・釋宫》：「屋上薄謂之笓。」許書無「笓」字，蓋許君所見《爾雅》作「庛」也。「屋上薄」故從「广」，而後人以其編竹爲之，故變從「竹」，實一字也。《説文》奪此篆而偏旁有之，則宜據《爾雅》補。

巋

《爾雅・釋山》：「小而衆，巋。」《説文》無「巋」字，或曰「巋」即「巍」字。然「巍」乃高大之皃，巋然之巋，義或可通。山小而衆之巋，非其義也。愚按：釋文引《字林》云：「巋，丘追反。」疑此「巋」字即「𠂤」之或體。《説文》：「𠂤，小阜也。象形。」小阜之義與小山合，象形作「𠂤」，則有衆意矣。「歸」字本從「𠂤」得聲，「𠂤」變作「巋」，又從「歸」得聲。古人作字自有此轉展相從之例。如「去」本從「凵」，而「凵」變作「笶」，又從「去」也。

苬

《爾雅·釋艸》「苬，芝」，自來不知「苬」爲何字。愚謂此即《説文》「𦯬」字也。「𦯬」篆説解云[一]：「以艸補缺，從艸㐁聲，讀若陸。」「以艸補缺」雖非「芝」義，然「讀若陸」，則知《爾雅》蓋借「𦯬」爲「圥」也。《説文》：「圥，菌圥，地蕈叢生田中，從屮六聲。」「坴」字即從「圥」得聲，「陸」字又從「坴」得聲。「陸、坴、圥」三字聲同，可以叚借。「𦯬」讀若「陸」，則亦聲同而可以叚借矣。「地蕈」之義，正與「芝」合。

免

《説文》無「免」字，余謂「娩」即「免」也。《説文·子部》：「娩，生子免身也。」字亦省作「免」。《越語》「將免者以告」，韋注曰：「免，乳也。」此即「娩」之省也。《内則》「免薨」，鄭注曰：「免，新生者。」亦即「娩」之省也。人初生謂之娩，物初生亦謂娩，人物不嫌同辭也。「生子免身」其本義，「君免乎？芮司徒免乎」其引申義。

〔一〕篆，原訛「彖」，據蔡啓盛《校勘記》改。

劉

《説文》無「劉」字，傳寫佚也。其字在《刀部》、在《金部》則不可知。要當以《顧命》「一人冕執劉」之「劉」爲「劉」字本義，蓋兵器也。周有「公劉」，猶唐虞有「殳斨」，皆以器爲名。「劉」篆佚，而後人輒以「鎦」篆當之，非許君意。

檕

《周官・草人》「彊檕用蕡」，鄭注：「彊檕，彊堅者。」《説文》無「檕」字，余謂「檕」即「檻」字之變，亦猶「鑒」即「鑑」字之變也。《管子・地員篇》「廩焉如壏」，以其言土，故變從木爲從土，此乃俗字矣。

袘

《儀禮・士昏禮》「纁裳緇袘」，鄭注：「袘謂緣，袘之言施，以緇緣裳，象陽氣下施。」《説文》無「袘」字，疑當作「袉」。《説文》「袉，裾也」，訓「緣」即其引申義也。字本從「它」，變而從「施」。《司馬相如傳》「抴獨繭之褕袘」是也。又省而爲「袘」，遂不成字。然俗字如此者甚多，「訑」即「詑」也，「沲」即「沱」也。

駷

《公羊·定公八年傳》「臨南駷馬，而由乎孟氏」，何休解爲「捶馬銜走〔一〕」。《説文》無「駷」字。余謂即「敕」字也，《説文》「敕，擊馬也」，於義正合。其字本從攴束聲，變而爲從馬束聲，又誤束聲爲束聲，而陸氏遂音「素動反」矣。陸云「本又作揀」，其右旁與敕絶近，可證古本之爲「敕」也。

熸

《左氏·襄公二十六年傳》「王夷師熸」，《説文》無「熸」字。余疑其爲「憯」字之誤。「王夷師憯」者，夷，傷也；憯，痛也。痛、傷義相近，字誤爲「熸」。杜因曰：「吴楚之間謂火滅爲熸。」未免望文生訓矣。

〔一〕捶，原訛「摇」，據《春秋公羊傳注疏》改。

「漢唐改笞法」説

古人之事，經後人改易之，以爲古人之見不及此者，皆大失古人之意者也。如「笞背」之易爲「笞臀」，其一也。人有七竅，其五在上，使人見之；其二在下，不使人見之。此羞惡之心，在上古之世，民之初生而即有之。許氏《説文》曰：「市，韠也。上古衣獸皮，先知蔽前，繼知蔽後，市象前蔽以存古。」〔一〕然則上古未有衣服，先有蔽前蔽後之制，此人之所以異於禽獸也。禽獸雖不知蔽前後，然天必爲生尾以蔽之，是天不欲露其前後也。人以無尾，故法獸尾而制爲市。其後又推而廣之，上爲衣、下爲裳，首則有冠、足則有履，自頂至踵皆得掩蔽。而揖讓拜跪之事興，垂旒佩玉之飾繁，遂有以大異乎禽獸，而禮義行矣。不幸其人不自修飾，陷於罪過，於是出乎禮、入乎刑，不得不以檟楚困苦之，乃袒而撻其背。古之聖人非不知人之五藏皆係於背，然無以易之。蓋以背與臀較，則背爲重；以背與膺較，則背又爲輕。聖人以人皆有羞惡之心，萬不可以露其下之二竅，則舍背無以施吾撻矣。何也？撻其背猶愈撻其膺也。自漢景帝

〔一〕「上古……存古」，見於《説文通訓定聲》。

詔應笞者皆笞臀，始有笞臀之法。唐太宗又詔無得笞背，相仍至今，遂以笞臀爲常。天日之下，衆人耳目之前，盡去其所以蔽者，使仰其尻而受笞，辱之不已甚乎！此法既行，雖婦女不得免焉。律曰：「良婦單衣受杖，犯姦之婦去衣受杖。」夫杖之所加，加於臀骰，臀骰之間本無衣也。所謂「單衣」，即是單袴，然則去衣實去袴也。此有明以來律令之舊文也。本朝寛大，良婦杖罪皆贖，犯姦之婦亦令單衣受杖，於是婦女笞臀始免去袴。而官長喜怒又或出於法令之外。如袁子才小説所載某縣令杖全姑事，至弛其下衣，親臨觀之。烏乎！笞臀之法本由矜全人命，孰知其獘至此乎！夫杖誠輕也，雖笞背亦生；杖誠重也，雖笞臀亦死。今之斃于杖下者豈少哉！而徒使形體裸露，廉恥泯滅。吾故曰「古人之制，後人變易之，而大失古人之意」者，此其一也。今欲復笞背之法，則又恐酷烈之吏肆行敲撲，易致殺人。請依今制於矜全性命之中，更加保全廉恥之意。婦人有罪，免科笞杖；男子受杖，亦留單衣，庶使人道不同牛馬。聖人復起，必從吾言。

「漢唐三門轉漕」説

前明王恒叔太僕士性偏游海内名山大川，箸《廣志繹》一書。凡形勢險易、風俗得失、賦税輕重，具著於篇。非徒評騭山水、銓叙草木已也。惟河南省内有一條云：「三門而下，石磧如山，連延百里。河過砥柱，響聲如雷。漢時轉漕關中皆繇此路，不知何以挽舟而上。或謂古有月河，今石磧中無形影可求。」愚按：漢唐都關中漕道必由底柱，其爲艱險則古人固明言之。《隋書·食貨志》：「開皇三年，遣倉部侍郎韋瓚向蒲、陝以東募人能於洛陽運米四十石經砥柱之險，達於常平者，免其征戍〔二〕。」豈非以三門道險，故特爲此令歟？《唐書·食貨志》：「顯慶元年，苑西監褚朗議鑿三門山爲梁，可通陸運，乃發卒六千鑿之，功不成。其後，將作大匠楊務廉又鑿爲棧，以輓漕舟。輓夫繫二鈲於胷，而繩多絶，輓夫輒墜死。」亦可見三門轉漕之艱矣。「開元二十一年，裴耀卿爲京兆尹，請置倉三門東西，漕舟輸其東倉，而陸運以輸西倉，以避三門之水險。玄宗以爲然，乃於三門東置集津倉，西置鹽倉，鑿山十八里以陸運」，此則避三門之險，改而從陸也。其後「陝虢觀察使李泌益鑿集津倉山西徑爲運道，屬於三門倉，治上路以回空車，費錢五萬緡，下路減半」。李泌本傳云：「貞元元年，拜陝虢觀察使，始鑿山開道至三門，以便饟漕。」然集津倉實亦因裴耀卿之舊，非自泌始也。蓋三門轉漕，漢唐皆然，

〔二〕 戍，原訛「戌」，據蔡啓盛《校勘記》改。

而亦皆以爲苦。至所云「古有月河」，則未有所據。《唐·食貨志》：「開元二十九年，陝郡太守李齊物鑿砥砫爲門以通漕，開其山巔爲輓路，燒石沃醯而鑿之。然棄石入河，激水益湍怒，舟不能入新門，候其水漲，以人挽舟而上。」「月河」之説，豈即李齊物所鑿之新門歟？恒叔未詳稽史事，故以三門轉漕爲疑，而「月河」之説又無依據。輒考其大略，以備王氏書之未備。

「神臂弓」説

宋王明清《揮麈三録》云：「洪景伯兄弟應博學宏詞，以《克敵弓銘》爲題，不知所出。有巡鋪老卒云：『我本韓世忠太尉之部曲，目見有人以神臂弓舊樣獻太尉。太尉令如其制度製以進，賜名克敵。』」據此，則克敵弓即神臂弓也。乃以《宋史》考之，則固不然。《宋史·兵志》：「熙寧元年，始命入内副都知張若水、西上閤門使李評料簡弓弩。若水進所造神臂弓，實李宏所獻，蓋弩類也。以檿爲身，檀爲弰，鐵爲鐙子槍頭，銅爲馬面牙發，麻繩扎絲爲弦。弓之身三尺有二寸，弦長二尺有五寸，箭木羽長數寸，射三百四十餘步，入榆木半笴。帝閲而善之。於是神臂始用，而他器弗及焉。」「元豐六年，從環慶路趙卨之請，以神臂弓一千、箭十萬給之。」「元符元年，詔江、湖、淮、浙六路合造神臂弓三千、箭三十萬。二年，臣僚奏乞增造神臂弓，於是軍器監所造歲益千餘弓。」是神臂弓爲宋時利器，歲有製造。「靖康時，通判河陽權州事張旂奏曰：『河陽自今春以來，累有軍馬經過，軍士舉隨身軍器若馬甲、神臂弓、箭、槍牌之類於市肆博易熟食，名爲寄頓，其實棄遺。』」可知此器在當時布滿行間，人人攜帶，何至南宋之初便失其傳，而待世忠製獻乎？考《世忠傳》：「苗、劉之亂，賊列神臂弩持滿以待。世忠瞋目大呼，挺刃突前。賊辟易，矢不及發，遂敗。傅、正彦開湧金門以遁。」觀此知當日臨安城中自有神臂弩，苗、傅等且用之以拒世忠，其非世忠製獻益明矣。至「克敵弓」別是一弓，非即神臂弓。本傳亦無獻克敵弓事，但云「器仗規畫，精絶過人，今克敵弓、連鎖甲、狻猊鍪」，皆其遺法如此而已。《兵志》則曰：「淮東總領朱佺言：『鎮江一軍乃韓世忠部曲，世忠造克敵弓，以當敵騎衝突，其發可至百步，其勁可穿重甲，最爲利器。往歲調發，弓不免損失，乞下鎮江都統司足其額。』」此事在淳熙中，則世忠身後朱佺始以上聞，是世忠初無獻克敵弓事，安得謂即神臂舊製而改賜新名乎？「淳熙十五年，工部侍郎李昌圖言：『神臂弓斗力及遠，屢獲其用。後又造神勁弓，及遠雖在神臂弓上，軍中多言其發遲，每神臂三矢而神勁方能一發，便疾反出神臂下。』上曰：『平原曠野宜用神勁弓，西蜀崇山峻嶺，未知孰利。』詔金州都統司詳議。既而吴挺奏：『神勁弓并彈子頭箭，諸軍用之誠便疾，神臂不及。』」據此，則宋時又有「神勁弓」之名。蓋其時火器猶未盛行，專以弓弩爲利器，時出新製，各爲美名。而「神臂」之名獨著於時，此老兵不知克敵之弓由韓太尉創造，而謂即神臂弓，并以「克敵」之名尊爲上賜，殆當時行伍耳食之言，非可爲典要也。

「劈正斧」説

元制儀仗有「劈正斧」，《元史·禮儀志》云：「皇帝出閤升輦，鳴鞭三。侍儀使并通事舍人，分左右，引擎執護尉、劈正斧中行，導至大明殿外。劈正斧直正門北向立，導從倒卷序立。」又曰：「俟兩宮升御榻，鳴鞭三，劈正斧退立於露階東。」是劈正斧爲儀仗中最重之物。考之《輿服志》云：「劈正斧，制以玉，單刃，金塗柄，銀鐏。」亦不詳劈正名義。仁和吴長元《宸垣識餘》曰：「宋宣和殿所藏殷王鉞，長三尺餘，一段美玉，文藻精甚，三代之寶也。後歸金入元。每大朝會，則一人執之，立陛下酒海之前，名曰『劈正斧』。」余按：葉夢得《石林燕語》云：「崇政殿即舊講武殿，崇寧初，徙向後數十步，因增舊制發舊基，正中得玉斧，大七八寸，玉色如截肪，制作極工妙。今乘輿行幸，最近駕前所持玉斧是也。」據此，則駕前玉斧，宋制固有之，謂是殷之遺器則無據也。余又疑「劈正」者「劈陳」之訛也。《宋史·兵志》：「元豐五年，詔令沈括以劈陳大斧五千選給西邊諸將。」是宋時有「劈陳大斧」之名。「劈陳」者，劈陣也。又有「劈陣刀」，「慶曆元年，知州楊楷獻所製神盾、劈陣刀」是也。刀斧以劈陣名，言可以劈破軍陣耳。元以武功得天下，故雖沿用宋制駕前玉斧，而仍以「劈陣」爲名。「陣」與「正」音相近，久之遂訛「劈陣」爲「劈正」。事涉朝儀，無關戰陣，「劈正」之名美於「劈陣」，遂因而不改矣。

荀子《詩》説　曲園雜纂第六

按《經典釋文》：「《毛詩》者出自毛公。一云子夏傳曾申，申傳魏人李克，克傳魯人孟仲子，孟仲子傳根牟子，根牟子傳趙人孫卿子，孫卿子傳魯人大毛公。」是荀卿傳《詩》實爲《毛詩》所自出。其《大略篇》云：「《國風》之好色也，傳曰：『盈其欲而不愆其止。其誠可比於金石，其聲可内於宗廟。』」所引傳文必是根牟子以前相承之師説，實爲毛傳之先河。今讀《毛詩》而不知荀義，是數典而忘祖也。故剌取《荀子》書中引《詩》者凡若干事，以存荀卿《詩》説焉。

君子曰：學不可以已。青，出之於藍而青於藍；冰，水爲之而寒於水。木直中繩，輮以爲輪，其曲中規，雖有槁暴，不復挺者，輮使之然也。故木受繩則直，金就礪則利，君子博學而日參省乎己，則知明而行無過矣。故不登高山，不知天之高也；不臨深谿，不知地之厚也；不聞先王之遺言，不知學問之大也。干、越、夷、貉之子，生而同聲，長而異俗，教使之然也。《詩》

曰：「嗟爾君子，無恒安息。靖共爾位，好是正直。神之聽之，介爾景福。」《勸學篇》

樾謹案：襄七年《左傳》公族穆子引此詩而説之云：「正直爲正，正曲爲直。」《荀子》之意，以人性本惡，必以學正之，上所謂「木受繩則直，金就礪則利」也，故引此詩以證之。毛傳曰：「正直爲正，能正人之曲曰直。」即本古義爲説。

行衢道者不至，事兩君者不容。目不兩視而明，耳不兩聽而聰。螣蛇無足而飛，梧鼠五技而窮。《詩》曰：「鳲鳩在桑，其子七兮。淑人君子，其儀一兮。其儀一兮，心如結兮。」故君子結於一也。同上

故未可與言而言謂之傲，可與言而不言謂之隱，不觀顔色而言謂之瞽。故君子不傲、不隱、不瞽，謹順其身，《詩》曰：「匪交匪紓，天子所予。」此之謂也。同上

樾謹按：此與《毛詩》異，毛作「彼交匪紓」，此作「匪交匪紓」，兩文不同。「交」讀爲絞，《釋名·釋喪制》曰：「絞，交也，交結之也。」是絞、交聲近義通。昭元年《左傳》「叔孫絞而婉」，杜注云：「絞，切也。」《論語·泰伯篇》「直而無禮則絞」，鄭注曰：「絞，急也。」是「絞」有急切之訓。「匪絞」言不急切，「匪紓」言不紓緩。上文云「君子不傲、不隱、不瞽」，

「傲」與「訾」皆失之急切，「隱」則失之紓緩也。楊倞注以《毛詩》説此文，與荀意不合。

故非我而當者，吾師也；是我而當者，吾友也；諂諛我者，吾賊也。故君子隆師而親友，以致惡其賊。好善無猒，受諫而能誡，雖欲無進，得乎哉！小人反是，致亂而惡人之非己也，致不肖而欲人之賢己也，心如虎狼，行如禽獸，而又怨人之賊己也。諂諛者親，諫諍者疏，修正爲笑，至忠爲賊，雖欲無滅亡，得乎哉！《詩》曰：「噏噏呰呰，亦孔之哀。謀之其臧，則具是違。謀之不臧，則具是依。」此之謂也。《脩身篇》

樾謹按：《爾雅》曰：「潝潝、訿訿，莫供職也。」語意渾淪，未詳其旨。毛傳曰：「潝潝然患其上，訿訿然思不稱其上。」二語殊不易解。《釋文》引《韓詩》云：「不善之貌。」則更望文爲説矣。以《荀子》此文證之，「噏噏呰呰」，字皆從口，當是形容小人衆口附和之貌。惟上之人惡人非己、欲人賢己，故群小從而附和之也。《漢書·劉向傳》曰：「衆小在位而從邪議，歙歙相是而背君子。故其《詩》曰：『歙歙訿訿，亦孔之哀。謀之其臧，則具是違。謀之不臧，則具是依。』」「歙歙相是」，言衆口之附和也，與《荀子》引《詩》合。「謀之其臧，則具是違」，言背君子也，即《荀子》所謂「諫諍者疏」也。「謀之不臧，則具是依」，言從邪議也，即《荀子》所謂「諂諛者親」也。

凡用血氣、志意、知慮，由禮則治通，不由禮則勃亂提僈；食飲、衣服、居處、動靜，由禮則和節，不由禮則觸陷生疾；容貌、態度、進退、趨行，由禮則雅，不由禮則夷固辟違，庸衆而野。故人無禮則不生，事無禮則不成，國家無禮則不寧。《詩》曰：「禮儀卒度，笑語卒獲。」此之謂也。同上

樾謹按：《禮論篇》亦引此詩。

禮者，所以正身也；師者，所以正禮也。無禮何以正身？無師吾安知禮之爲是也？禮然而然，則是情安禮也；師云而云，則是知若師也。情安禮，知若師，則是聖人也。故非禮是無法也，非師是無師也。不是師法而好自用，譬之是猶以盲辨色，以聾辨聲也，舍亂妄無爲也。故學也者，禮法也。夫師，以身爲正儀而貴自安者也。《詩》曰：「不識不知，順帝之則。」此之謂也。同上

故君子行不貴苟難，説不貴苟察，名不貴苟得，唯其當之爲貴。《詩》曰：「物其有矣，唯其時矣。」此之謂也。《不苟篇》

君子寬而不僈，廉而不劌，辯而不爭，察而不激，寡立而不勝，堅彊而不暴，柔從而不流，恭敬謹慎而容，夫是之謂至文。《詩》曰：「溫溫恭人，維德之基。」此之謂矣。同上

樾謹按：《荀子》之意，蓋以柔而立説。此詩言溫溫之恭人，其德則有以自立，故曰「維德之基」也。上文曰「寬而不僈」，又曰「柔從而不流」，可知其義。《非十二子篇》云：「率道而行，端然正己，不爲物傾側，夫是之謂誠君子。《詩》云：『溫溫恭人，維德之基。』此之謂也。」按：引「維德之基」以證「不爲物傾側」，亦柔而立之義。《君道篇》云「人習其事而固，人之百事如耳目鼻口之不可以相借官也，職分而民不探，次定而序不亂，兼聽齊明而百事不留」云云，亦引此二句，其義亦同。

君子崇人之德，揚人之美，非諂諛也；正義直指，舉人之過惡，非毁疵也；言己之光美，擬於禹舜，參於天地，非夸誕也；與時屈伸，柔從若蒲葦，非懾怯也；剛彊猛毅，靡所不信，非驕暴也；以義變應，知當曲直故也。《詩》曰：「左之左之，君子宜之。右之右之，君子有之。」此言君子之能以義屈伸變應也。同上

樾謹按：毛傳「左陽道，右陰道」，此必有所受之。崇人之德，揚人之美，近乎陽道；正義直指，舉人之過惡，近於陰道。柔從若蒲葦，近於陰道；剛彊猛毅，近於陽道。陽伸

陰屈，所謂屈伸變應也。毛傳以陽道爲朝祀之事，陰道爲喪戎之事，則增成其義，而反失之隘矣。

故先王案爲之制禮義以分之，使有貴賤之等，長幼之差，知賢愚、能不能之分，皆使人載其事而各得其宜，然後使慤禄多少厚薄之稱，是夫群居和一之道也。故仁人在上，則農以力盡田，賈以察盡財，百工以巧盡械器，士大夫以上至於公侯，莫不以仁厚知能盡官職，夫是之謂至平。故或禄天下而不自以爲多，或監門、御旅、抱關、擊柝而不自以爲寡。故曰：「斬而齊，枉而順，不同而一。」夫是之謂人倫。《詩》曰：「受小共大共，爲下國駿蒙。」此之謂也。《榮辱篇》

樾謹案：毛傳訓「共」爲法，與《荀子》意合。「小共大共」謂大小各有法度，即上文所謂「貴賤之等，長幼之差」也。鄭箋訓「共」爲執，非是。「駿蒙」，《詩》作「駿厖」，字異義同。

人有此三數行者，以爲上則必危，爲下則必滅。《詩》曰：「雨雪瀌瀌，見晛聿消。莫肯下遺，式居婁驕。」此之謂也。《非相篇》

故君子賢而能容罷，知而能容愚，博而能容淺，粹而能容雜，夫是之謂兼術。《詩》曰：「徐

方既同，天子之功。」此之謂也。同上

樾謹按：以此説「同」字，「同」之爲義大矣。毛公無傳，孔疏述毛意，以爲「與他國同服於王」，其義轉淺。

恢然如天地之苞萬物，如是則賢者貴之，不肖者親之。如是而不服者，則可謂訞怪狡猾之人矣，雖則子弟之中，刑及之而宜。《詩》云：「匪上帝不時，殷不用舊。雖無老成人，尚有典刑。曾是莫聽，大命以傾。」此之謂也。《非十二子篇》

樾謹按：《荀子》以十二子皆訞怪狡猾之人。上文云：「今夫仁人也，將何務哉？上則法舜、禹之制，下則法仲尼、子弓之義。」此即所謂「老成」「典刑」也。

是持寵處位終身不厭之術也。雖在貧窮徒處之勢，亦取象於是矣。夫是之謂吉人。《詩》曰：「媚兹一人，應侯順德。永言孝思，昭哉嗣服。」此之謂也。《仲尼篇》

樾謹按：持寵處位終身不厭之術，是言臣道，故上文云「主尊貴之，則恭敬而僔；主信愛之，則謹慎而嗛」云云，皆人臣之道也。毛傳云：「一人，天子也。」「媚兹一人」猶云媚于天子。蓋此章承上章「下士之式」而言，言臣道非言君道，故曰「應侯順德」，「順」固臣道也。鄭箋以「媚兹一人」爲「可愛乎武王」，則「應侯順德」屬武王，言君道而非臣道，與《荀子》引詩不合。

故近者歌謳而樂之，遠者竭蹶而趨之，四海之内若一家，通達之屬莫不從服，夫是之謂人師。《詩》曰：「自西自東，自南自北，無思不服。」此之謂也。《儒效篇》

樾謹按：《王霸篇》《議兵篇》並引此詩，與孟子論「以德服人」義合。

若夫充虚之相施易也，堅白、同異之分隔也，是聰耳之所不能聽也，明目之所不能見也，辯士之所不能言也，雖有聖人之知，未能僂指也。不知無害爲君子，知之無損爲小人。工匠不知無害爲巧，君子不知無害爲治。王公好之則亂法，百姓好之則亂事。而狂惑戇陋之人，乃始率其群徒，辯其談説，明其辟稱，老身長子，不知惡也。夫是之謂上愚，曾不如好相鷄狗之可以爲名也。《詩》曰：「爲鬼爲蜮，則不可得。有靦面目，視人罔極。作此好歌，以極反側。」此之謂也。同上

樾謹按：《正名篇》：「故知者之言也，慮之易知也，行之易安也，持之易立也。成則必得其所好而不遇其所惡焉，愚者反是。」亦引此詩。

故君子務脩其内而讓之於外，務積德於身而處之以遵道。如是，則貴名起之如日月，天下應之如雷霆。故曰：君子隱而顯，微而明，辭讓而勝。《詩》曰：「鶴鳴九皋，聲聞于天。」此之謂也。同上

樾謹按：毛傳於上章曰：「言身隱而名著也。」合於「隱而顯」之旨。

鄙夫反是，比周而譽俞少，鄙争而名俞辱，煩勞以求安利，其身俞危。《詩》曰：「民之無良，相怨一方。受爵不讓，至于己斯亡。」此之謂也。同上

樾謹按：毛傳曰：「爵禄不以相讓，故怨禍及之。比周而黨愈少，鄙争而名愈辱，求安而身愈危。」即用荀卿説。

故明主譎德而序位，所以爲不亂也；忠臣誠能然後敢受職，所以爲不窮也。分不亂於上，能不窮於下，治辯之極也。《詩》曰：「平平左右，亦是率從。」言上下之交不相亂也。同上

樾謹按：毛傳曰：「平平，辯治也。」即用荀卿説。

故人知謹注錯，慎習俗，大積靡，則爲君子矣；縱情性而不足問學，則爲小人矣。爲君子

則常安榮矣，爲小人則常危辱矣。凡人莫不欲安榮而惡危辱，故唯君子爲能得其所好，小人則日徼其所惡。《詩》曰：「維此良人，弗求弗迪。維彼忍心，是顧是復。民之貪亂，寧爲荼毒。」此之謂也。同上

故天之所覆，地之所載，莫不盡其美，致其用。上以飾賢良，下以養百姓而安樂之。夫是之謂大神。《詩》曰：「天作高山，大王荒之。彼作矣，文王康之。」此之謂也。《王制篇》

樾謹按：毛公解「天作高山」曰「作，生也」，天生萬物於高山，蓋本荀卿義。荀卿言「天之所覆，地之所載，莫不盡其美，致其用」，是以物言也。鄭箋謂「天生此高山」，則非荀義。上文云「北海則有走馬吠犬焉」，「南海則有羽翮、齒革、曾青、丹干焉」，「東海則有紫紶、魚、鹽焉」，「西海則有皮革、文旄焉」，羅陳萬物，可知毛説之有自來。《天論篇》「得地則生，失地則死」云云，亦引此詩，是亦以萬物言。

故爲之雕琢、刻鏤、黼黻、文章，使足以辨貴賤而已，不求其觀；爲之鐘鼓、管磬、琴瑟、竽笙，使足以辨吉凶，合歡定和而已，不求其餘；爲之宮室、臺榭，使足以避燥濕，養德辨輕重而已，不求其外。《詩》曰：「雕琢其章，金玉其相。亹亹我王，綱紀四方。」此之謂也。《富國篇》

樾謹按：雕琢、刻鏤，即所謂「雕琢其章，金玉其相」也；辨貴賤、辨吉凶、辨輕重，則「綱紀四方」之謂也，與詩義正合。楊注謂「小異」，非也。「亹亹」，《詩》作「勉勉」，字異而義同〔一〕。

故仁人在上，百姓貴之如帝，親之如父母，爲之出死斷亡而愉者，無他故焉，其所是焉誠美，其所得焉誠大，其所利焉誠多。《詩》曰：「我任我輦，我車我牛。我行既集，蓋云歸哉。」此之謂也。同上

是以臣或弒其君，下或殺其上，粥其城，培其節，而不死其事者，無他故焉，人主自取之。《詩》曰：「無言不讎，無德不報。」此之謂也。同上

樾謹按：《致仕篇》「水深則回，樹落糞本，弟子通利則思師。《詩》曰：『無言不讎，無德不報。』此之謂也。」兩引《詩》，所謂美惡不嫌同辭，故曰「《詩》無達詁」。

〔一〕 異，原訛「義」，據蔡啓盛《校勘記》改。

故儒術誠行，則天下大而富，使有功，撞鐘擊鼓而和。《詩》曰：「鐘鼓喤喤，磬筦將將，降福穰穰。降福簡簡，威儀反反。既醉既飽，福禄來反。」此之謂也。故墨術誠行則天下尚儉而彌貧，非鬭而日争，勞苦頓萃而愈無功，愀然憂戚非樂而日不和。《詩》曰：「天方薦瘥，喪亂弘多。民言無嘉，憯莫懲嗟。」此之謂也。同上

故仁人之用國，非特將持其有而已也，又將兼人。《詩》曰：「淑人君子，其儀不忒。其儀不忒，正是四國。」此之謂也。同上

樾謹按：《君子篇》亦引此《詩》。

國無禮則不正，禮之所以正國也。譬之猶衡之於輕重也，猶繩墨之於曲直也，猶規矩之於方圓也，故錯之而人莫能誣也。《詩》云：「如霜雪之將將，如日月之光明。爲之則存，不爲之則亡。」此之謂也。《王霸篇》

樾謹按：楊注以「霜雪」二句爲逸《詩》。今按「爲之則存」二句亦《詩》也。

故籍斂忘費，事業忘勞，寇難忘死。城郭不待飾而固，兵刃不待淩而勁，敵國不待服而

詘，四海之民不待令而一。夫是之謂至平〔一〕。《詩》曰：「王猷允塞，徐方既來。」此之謂也。《君道篇》

樾謹按：《議兵篇》亦引此二句。

故君人者愛民而安，好士而榮，兩者無一焉而亡。《詩》曰：「介人維藩，大師維垣。」此之謂也。同上

樾謹按：毛詩「介」作「价」，訓「善」也，本《爾雅·釋詁》，與《荀》合。价人者，善人也，所謂士也。「大師」，毛無傳，以荀義求之，則「師」當訓「衆」，大師者，大衆也，所謂民也。鄭箋以「价人」爲「被甲之人」、「大師」爲「三公」，均非是。《彊國篇》引此義同。

故人主無便嬖左右足信者之謂闇，無卿相輔佐足任者謂之獨，所使於四鄰諸侯者非其人謂之孤，孤獨而晻謂之危。國雖若存，古之人曰亡矣。《詩》曰：「濟濟多士，文王以寧。」此之謂也。同上

〔一〕至，原訛「王」，據《荀子集解》改。

迫脅於亂時，窮居於暴國，而無所避之，則崇其美，揚其善，違其惡，隱其敗，言其所長，不稱其所短，以爲成俗。《詩》曰：「國有大命，不可以告人，妨其躬身。」此之謂也。《臣道篇》

楊注曰：「逸《詩》。」樾謹按：此疑是《唐風・揚之水》之異文。

仁者必敬人。凡人非賢，則案不肖也。人賢而不敬，則是禽獸也；人不肖而不敬，則是狎虎也。禽獸則亂，狎虎則危，災及其身。《詩》曰：「不敢暴虎，不敢馮河。人知其一，莫知其佗。戰戰兢兢，如臨深淵，如履薄冰。」此之謂也。同上

樾謹按：毛傳曰：「一，非也。他，不敬小人之危殆也。」箋云：「人皆知暴虎、馮河立至之害，而無知當畏慎小人能危亡也。」並與《荀》合。

忠信以爲質，端慤以爲統，禮義以爲文，倫類以爲理。喘而言，臑而動，而一可以爲法則。《詩》曰：「不僭不賊，鮮不爲則。」此之謂也。同上

傳曰：「斬而齊，枉而順，不同而壹。」《詩》曰：「受小球大球，爲下國綴旒。」此之謂也。

樾謹按：此與《榮辱篇》引「受小共大共」二句同，「球」亦當訓「法」。《廣雅》：「拱、

捄，法也。」即釋此《詩》，字並從手，蓋本三家。毛訓「球」爲「玉」，非是。

川淵深而魚鼈歸之，山林茂而禽獸歸之，刑政平而百姓歸之，禮義備而君子歸之。故禮及身而行修，義及國而政明，能以禮挾而貴名白，天下願，令行禁止，王者之事畢矣。《詩》曰：「惠此中國，以綏四方。」此之謂也。《致仕篇》

故仁人用，國日明。諸侯先順者安，後順者危，慮敵之者削，反之者亡。《詩》曰：「武王載發，有虔秉鉞。如火烈烈，則莫我敢遏。」此之謂也。《議兵篇》

樾謹按：此與《毛詩》異。楊注曰：「發讀爲旆。」以毛義説之，非《荀子》意。

故近者親其善，遠方慕其德，兵不血刃，遠邇來服，德盛於此，施及四極。《詩》曰：「淑人君子，其儀不忒。」此之謂也。同上

樾謹按：此與《富國篇》引此《詩》同意，疑此文本亦有「其儀不忒，正是四國」二句，而傳寫失之也。

財物貨寶以大爲重，政教功名反是，能積微者速成。《詩》曰：「德輶如毛，民鮮克舉。」此之謂也。《彊國篇》

樾謹按：「德輶如毛，民鮮克舉」，文義已足。今《詩》有「之」字，蓋涉下文「仲山甫舉之」而衍。

天不爲人之惡寒也而輟冬，地不爲人之惡遼遠也而輟廣，君子不爲小人匈匈也而輟行。天有常道矣，地有常數矣，君子有常體矣。君子道其常，小人計其功。《詩》曰：「何恤人之言兮？」此之謂也。《天論篇》

楊注曰：「逸《詩》。」樾謹案：《文選・荅客難》云：「傳曰：天不爲人之惡寒而輟其冬，地不爲人之惡險而輟其廣，君子不爲小人之匈匈而易其行。天有常度，地有常形，君子有常行。君子道其常，小人計其功。《詩》云：『禮義之不愆，何恤人之言？』」李善注曰：「皆孫卿子文。」然則今本《荀子》奪「禮義之不愆」一句。

故主道利明不利幽，利宣不利周。故主道明則下安，主道幽則下危。故下安則貴上，下危則賤上。故上易知則下親上矣，上難知則下畏上矣。下親上則上安，下畏上則上危。故主道

莫惡乎難知，莫危乎使下畏己。《詩》曰：「明明在下。」《正論篇》

羿、逢門者，天下之善射者也，不能以撥弓、曲矢中；王梁、造父者，天下之善馭者也，不能以辟馬，毁輿致遠；堯、舜者，天下之善教化者也，不能使嵬、瑣化。何世而無嵬，何時而無瑣，自太皞、燧人莫不有也。故作者不祥，學者受其殃，非者有慶。《詩》曰：「下民之孽，匪降自天。噂沓背憎，職競由人。」此之謂也。同上

天能生物，不能辨物也；地能載人，不能治人也。宇中萬物，生人之屬，待聖人然後分也。《詩》曰：「懷柔百神，及河喬嶽。」此之謂也。《禮論篇》

君之喪所以取三年何也？君者，治辨之主也，文理之原也，情貌之盡也，相率而致隆之，不亦可乎？《詩》云：「愷悌君子，民之父母。」彼君子者，固有爲民父母之説焉。父能生之，不能養之；母能食之，不能教誨之。君者已能食之矣，又善教誨之者也，三年畢矣哉！同上

樾謹按：《禮記·表記》云：「《詩》云：『凱弟君子，民之父母。』凱以彊教之，弟以悦

安之，使民有父之尊，有母之親，如此而后可以爲民父母矣。」與《荀子》義合。毛傳即用《表記》文，孔疏誤以爲《孔子閒居》。

故目視備色，耳聽備聲，口食備味，形居備宫，名受備號。生則天下歌，死則四海哭，夫是之謂至盛。《詩》曰：「鳳皇秋秋，其翼若干，其聲若簫。有鳳有皇，樂帝之心。」此不蔽之福也。《解蔽篇》

楊注曰：「逸《詩》。」樾謹按：以韻求之，「秋」與「簫」韻，「有鳳有皇」疑當作「有皇有鳳」，鳳從凡聲，與「心」爲韻。

《詩》曰：「采采卷耳，不盈頃筐。嗟我懷人，寘彼周行。」頃筐易滿也〔一〕，卷耳易得也，然而不可以貳周行。故曰：心枝則無知，傾則不精，貳則疑惑。同上

樾謹按：毛傳曰：「頃筐，畚屬，易盈之器也。」即本《荀》義，易得而不得，易滿而不滿者，以其心在乎周行，所謂貳也。

〔一〕筐，原訛「筺」，據蔡啓盛《校勘記》改。

故君人者，周則讒言至矣，而直言反矣，小人邇而君子遠矣。《詩》曰：「墨以爲明，狐狸其蒼。」此言上幽而下險也。同上

楊注曰：「逸《詩》。」

君人者，宣則直言至矣，而讒言反矣，君子邇而小人遠矣。《詩》云：「明明在下，赫赫在上。」此言上明而下化也。同上

樾謹按：此與《正論篇》意同，疑彼引此《詩》亦連「赫赫在上」句，而傳寫失之。

正道而辨姦，猶引繩以持曲直。是故邪說不能亂，百家無所竄。有兼聽之明而無奮矜之容，有兼覆之厚而無伐德之色。説行則天下正，説不行則白道而冥窮，是聖人之辯説也。《詩》曰：「顒顒卬卬，如珪如璋，令聞令望。豈弟君子，四方爲綱。」此之謂也。《正名篇》

故能處道而不貳，吐而不奪，利而不流，貴公正而賤鄙争，是士君子之辯説也。《詩》曰：「長夜漫兮，永思騫兮。大古之不慢兮，禮義之不愆兮，何恤人之言兮？」此之謂也。同上

樾謹按：《天論篇》引此《詩》未備，昭四年《左傳》子産所引亦止末二句，此則全章也。

天子也者，勢至重，形至佚，心至愈。志無所詘，形無所勞，尊無上矣。《詩》曰：「普天之下，莫非王土。率土之濱，莫非王臣。」此之謂也。《君子篇》

以族論罪，以世舉賢，雖欲無亂，得乎哉！《詩》曰：「百川沸騰，山冢崒崩。高岸爲谷，深谷爲陵。哀今之人，胡憯莫懲。」此之謂也。同上

樾謹按：此詩下章即「皇父卿士」云云，皇父諸人皆周室世卿，故刺其以世舉賢，蓋古《詩》説如此也。

諸侯召其臣，臣不俟駕，顛倒衣裳而走，禮也。《詩》曰：「顛之倒之，自公召之。」天子召諸侯，諸侯輦輿就馬，禮也。《詩》曰：「我出我車，于彼牧矣。自天子所，謂我來矣。」《大略篇》

樾謹按：《毛詩序》曰：「《東方未明》，刺無節也。」《荀子》以顛倒衣裳而走爲合禮，是《荀》意不以爲刺。《詩・出車篇》毛傳曰：「出車，就馬於牧地。」則與《荀》義合。

《詩》曰：「物其指矣，唯其偕矣。」不時宜，不敬交，不驩欣，雖指非禮也。同上

樾謹按：今《詩》「指」作「旨」，古字通。

故家五畝宅，百畝田，務其業而勿奪其時，所以富之也。立大學，設庠序，修六禮，明十教，所以導之也。《詩》曰：「飲之食之，教之誨之，王事具矣。」同上

樾謹按：鄭箋泥《詩序》「微臣」二字，專指「末介」言，其義殊狹，當從《荀》説。

迷者不問路，溺者不問遂，亡人好獨。《詩》曰：「我言維服，勿以爲笑。先民有言，詢于芻蕘。」言博問也。同上

人之於文學也，猶玉之於琢磨也。《詩》曰：「如切如磋，如琢如磨。」謂學問也。同上

子貢問於孔子曰：「賜倦於學矣，願息事君。」孔子曰：「《詩》云：『温恭朝夕，執事有恪。』事君難，事君焉可息哉？」「然則賜願息事親。」孔子曰：「詩云：『孝子不匱，永錫爾類。』事親難，事親焉可息哉？」「然則賜願息於妻子。」孔子曰：「《詩》云：『刑于寡妻，至於兄弟，以御于家邦。』妻子難，妻子焉可息哉？」「然則賜願息於朋友。」孔子曰：「《詩》云：『朋友攸攝，攝以威儀。』朋友難，朋友焉可息哉？」「然則賜願息耕。」孔子曰：「《詩》云：『晝爾于茅，宵爾索綯。亟其乘屋，其始播百穀。』耕難，耕焉可息哉？」同上

樾謹按：此孔子之緒言，雖非論《詩》，亦見説《詩》大旨。《列子》亦述此事，但云：「孔子曰：『生無所息。』」

同上

取友求善人，不可不慎，是德之基也。《詩》曰：「無將大車，維塵冥冥。」言無與小人處也。

樾謹按：《毛詩序》曰：「《無將大車》，大夫悔將小人也。」毛傳曰：「大車，小人之所將也。」與《荀》義合。

《宥坐篇》

是以湯誅尹諧，文王誅潘止，周公誅管叔，大公誅華仕，管仲誅付里乙，子産誅鄧析、史付。此七子者，皆異世同心，不可不誅也。《詩》曰：「憂心悄悄，慍于群小。」小人成群，斯足憂矣。

樾謹按：《毛詩序》曰：「《柏舟》，言仁而不遇也。衛頃公之時，仁人不遇，小人在側。」合於孔子引《詩》之義，可證《序》説之有本。

故先王既陳之以道，上先服之；若不可，尚賢以綦之；若不可，廢不能以單之；綦三年而百姓往矣。邪民不從，然後俟之以刑，則民知罪矣。《詩》曰：「尹氏大師，維周之氐。秉國之

均，四方是維。天子是庳，卑民不迷。」是以威厲而不試，刑錯而不用，此之謂也。同上

樾謹按：《毛詩》「庳」作「毗」，「卑」作「俾」。然《釋文》本作「卑」，則古本自是「卑」字。

今之世則不然，亂其教，繁其刑，其民迷惑而墮焉，則從而制之，是以刑彌緐而邪不勝。三尺之岸而虛車不能登也，百仞之山任負車登焉，何則？陵遲故也。數仞之牆而民不踰也，百仞之山而豎子馮而游焉，陵遲故也。今夫世之陵遲亦久矣，而能使民勿踰乎？《詩》曰：「周道如砥，其直如矢。君子所履，小人所視。眷焉顧之，潸然出涕。」豈不哀哉？同上

樾謹按：毛傳曰：「如砥，貢賦平均也；如矢，賞罰不偏也。」與《荀子》引《詩》義合。「小人所視」，言民不迷惑也。

《詩》曰：「瞻彼日月，悠悠我思。道之云遠，曷云能來！」子曰：「伊稽首，不其有來乎？」同上

樾謹按：此章之義，愚別有説，詳見《諸子平議》。

故勞苦彫萃而能無失其敬，災禍患難而能無失其義，則不幸不順見惡而能無失其愛，非仁人莫能行。《詩》曰：「孝子不匱。」此之謂也。《子道篇》

曾子曰：「無内人之疏而外人之親，無身不善而怨人，無刑已至而呼天。内人之疏而外人之親，不亦遠乎？身不善而怨人，不亦反乎？刑已至而呼天，不亦晚乎？《詩》曰：『涓涓源水，不雝不塞。轂已破碎，乃大其輻。事以敗矣，乃重太息。』其云益乎？」《法行篇》

樾謹按：此逸《詩》。

故雖有珉之彫彫，不如玉之章章。《詩》曰：「言念君子，温其如玉。」此之謂也。同上。

當是時也，知者不得慮，能者不得治，賢者不得使，故君上蔽而無覩，賢人距而不受。然則孫卿將懷聖之心，蒙佯狂之色，視天下以愚。《詩》曰：「既明且哲，以保其身。」此之謂也。《堯問篇》

樾謹按：此荀卿弟子之説，亦荀氏緒言，故附及之。「將懷聖之心」，疑當作「懷將聖之心」。《論語》曰：「固天縱之將聖。」此「將聖」二字即本《論語》。

何劭公《論語》義　曲園雜纂第七

《後漢書》稱何劭公作《春秋公羊解詁》，又注《孝經》《論語》。今《公羊解詁》存，而《孝經》《論語》注無傳。惟虞世南《北堂書鈔》引何劭公曰：「君子儒將以明道，小人儒則矜其名。」此《論語注》之僅存者。武進劉氏逢禄於千載之後，拾遺補闕，成《論語述何》一卷。然其實不過以《春秋》説《論語》，而於何注固無徵也。愚謂何氏《公羊解詁》引《論語》文極多，是何氏《論語注》雖亡，而遺説固猶見於《公羊解詁》中。欲求何氏《論語》義，舍此何以哉！因刺取其文，以存何義。

三年無改於父之道，可謂孝矣。《學而》

《閔二年》。《解詁》曰：「繫閔公篇於莊公下者，子未三年，無改於父之道。」

知和而和，不以禮節之，亦不可行也。

《宣九年》：「春，王正月，公如齊。」《解詁》曰：「月者，善宣公事齊合古禮，卒使齊歸濟西田。不就十年月者，五年再朝，近得正。孔子曰：『知和而和，不以禮節之，亦不可行也。』明雖事人，皆當合禮。」

樾謹按：據此則此章乃言諸侯交際之禮，上文「小大由之」，小謂小國，大謂大國，言小國大國皆當以禮相接也。

生事之以禮，死葬之以禮，祭之以禮。《爲政》

《宣八年》：「冬，十月己丑，葬我小君頃熊，雨不克葬。庚寅，日中而克葬。」《解詁》曰：「雨不克葬者，爲不得行葬禮。孔子曰：『生事之以禮，死葬之以禮，祭之以禮。』故不得行禮則不葬也。」

攻乎異端，斯害也已。

《文十二年》：「斷斷焉，無他技。」《解詁》曰：「他技，奇巧異端也。孔子曰：『攻乎異端，斯害也已。』」

多聞闕疑，慎言其餘，則寡尤。

《隱三年》：「春，王二月己巳，日有食之。」《解詁》曰：「不言月食之者，其形不可得而覩也，故疑言『日有食之』。孔子曰：『多聞闕疑，慎言其餘，則寡尤。』」

夷狄之有君，不如諸夏之亡也。《八佾》

《襄七年》：「陳侯逃歸。」《解詁》曰：「起鄭伯欲與中國，卒逢其禍，諸侯莫有恩痛自疾之心，於是懼，然後逃歸，故書以刺中國之無義。加『逃』者，抑陳侯也。孔子曰：『夷狄之有君，不如諸夏之亡。』不當背也。」

吾不與祭，如不祭。《八佾》

《桓八年》：「春，正月己卯，烝。烝者何？冬祭也。春曰祠，夏曰礿，秋曰嘗，冬曰烝。士不及茲四者，則冬不裘，夏不葛。」《解詁》曰：「士有公事，不得及此四時祭者，則不敢美其衣服，蓋思念親之至也。故孔子曰：『吾不與祭，如不祭。』」

不遷怒。《雍也》

《昭二十年》：「君子之善善也長，惡惡也短，惡惡止其身。」《解詁》曰：「不遷怒也。」

人之生也直，罔之生也幸而免。

《僖二十六年》：「公至自伐齊，此已取穀矣。何以致伐？未得乎取穀也。曷爲未得乎取穀？曰：患之起，必自此始也。」《解詁》曰：「魯内虚而外乞師，以犯强齊，會齊侯昭卒，晋文行霸〔一〕，幸而得免。孔子曰：『人之生也直，罔之生也幸而免。』故雖得意，猶致伐也。」

冉有曰：「夫子爲衛君乎？」子貢曰：「諾。吾將問之。」入，曰：「伯夷、叔齊何人也？」曰：「古之賢人也。」曰：「怨乎？」曰：「求仁而得仁，又何怨？」出，曰：「夫子不爲也。」

《哀三年》：「春，齊國夏、衛石曼姑帥師圍戚。齊國夏曷爲與衛石曼姑帥師圍戚？伯討也。」又曰：「然則輒之義可以立乎？曰：可。其可奈何？不以父命辭王父命，以王父命辭父

〔一〕文，原訛「人」，據《春秋公羊傳注疏》改。

命，是父之行乎子也。不以家事辭王事，以王事辭家事，是上之行乎下也。」《解詁》曰：「雖得正，非義之高者也。」下引此章文。

樾謹按：輒於法雖當立，然其立也，究所謂不順乎人心者。而公羊子極許之，謂其「以王父命辭父命」「以王事辭家事」。如其言，輒無罪矣，故何氏復引《論語》此文以補救之。世謂何氏爲公羊罪人，斯言未允。

故舊不遺，則民不偷。《泰伯》

《桓七年》：「夏，穀伯綏來朝，鄧侯吾離來朝。」《解詁》曰：「穀、鄧本與魯同貴爲諸侯，今失爵亡土來朝，托寄也。義不可卑，故明當待之如初，所謂『故舊不遺，則民不偷』。」

犯而不校。

《隱十年》：「春，王二月，公會齊侯、鄧伯于中丘。」《解詁》曰：「月者，隱前爲鄭所獲，今始與相見，故危録内，明君子當『犯而不校』也。」

樾謹按：徐彦疏曰：「謂校接之交，不謂爲報也。」然則何氏讀「校」爲「交」，與包注異。

人而不仁，疾之已甚，亂也。

《昭十一年》〔一〕：「冬，十有一月丁酉，楚師滅蔡。執蔡世子有以歸，用之。惡乎用之？用之防也。其用之防奈何？蓋以築防也。」《解詁》曰：「持其足，以頭築防，惡不以道。孔子曰：『人而不仁，疾之已甚，亂也。』」

篤信好學，守死善道，危邦不入，亂邦不居。天下有道則見，無道則隱。

《宣十七年》：「冬，十有一月壬午，公弟叔肹卒。」《解詁》曰：「稱字者，賢之。宣公簒立，叔肹不仕其朝，不食其禄，終身於貧賤。故孔子曰：『篤信好學，守死善道，危邦不入，亂邦不居。天下有道則見，無道則隱。』此之謂也。」

子絶四：毋意，毋必，毋固，毋我。《子罕》

《昭十有二年》：「春，齊高偃帥師納北燕伯于陽。伯于陽者何？公子陽生也。子曰：『我

〔一〕 一，原訛「二」，據《春秋公羊傳注疏》改。

乃知之矣。』在側者曰：『子苟知之，何以不革？』曰：『如爾所不知何？』」《解詁》曰：「此夫子欲爲後人法，不欲令人妄億措。『子絶四：毋意，毋必，毋固，毋我。』」

樾謹按：據此，則何氏讀「意」爲「億」，「毋意」謂不億度也。孔子曰：「不億不信。」

所謂大臣者，以道事君，不可則止。《先進》

《莊二十四年》：「曹羈出奔陳。曹無大夫，此何以書？賢也。何賢乎曹羈？戎將侵曹，曹羈諫曰：『戎衆以無義，君請勿自敵也。』曹伯曰：『不可。』三諫不從，遂去之。故君子以爲得君臣之義也。」《解詁》曰：「孔子曰：『所謂大臣者，以道事君，不可則止。』此之謂也。」

爲之難，言之得無訒乎？《顔淵》

《宣八年》：「冬，十月己丑，葬我小君頃熊，雨不克葬。庚寅，日中而克葬。而者何？難也。乃者何？難也。曷爲或言『而』，或言『乃』？『乃』難乎『而』也。」《解詁》曰：「言『乃』者，内而深；言『而』者，外而淺。孔子曰：『其爲之也難，言之得無訒乎？』皆所以起孝子之情也。」

樾謹按：何所引多「其也」二字。

自古皆有死，民無信不立。

《文三年》：「晋陽處父帥師伐楚救江。此伐楚也，其言救江何？爲諼也。」《解詁》曰：「救人之道，當指其所之，實欲救江而反伐楚，以爲其勢必當引圍江兵當還自救也，故云爾。孔子曰：『自古皆有死，民無信不立。』」

哀公問於有若曰：「年饑用不足，如之何？」有若對曰：「盍徹乎？」曰：「二，吾猶不足，如之何其徹也？」對曰：「百姓足，君孰與不足？百姓不足，君孰與足？」

《宣十年》：「饑。何以書？以重書也。」《解詁》曰：「民食不足，百姓不可復興，危亡將至，故重而書之。明當自省減，開倉庫，贍振之。」下引此章文。

君子成人之美。

《僖二年》：「秋，九月，齊侯、宋公、江人、黄人盟于貫澤。大國言齊、宋，遠國言江、黄，則以其餘爲莫敢不至也。」《解詁》曰：「時實晋、楚之君不至，君子成人之美，故褒益以爲偏至之辭，所以獎夫霸功而勉盛德也〔一〕。」

季康子問政於孔子，孔子對曰：「政者，正也。子帥以正，孰敢不正？」《成十五年》：「冬，十有一月，叔孫僑如會晉士燮、齊高無咎、宋華元、衛孫林父、鄭公子鰌、邾婁人，會吴于鍾離。曷爲殊會吴？外吴也。曷爲外也？《春秋》，内其國而外諸夏，内諸夏而外夷狄。王者欲一乎天下，曷爲以外内之辭言之？言自近者始也。」《解詁》曰：「明當先正京師，乃正諸夏；諸夏正，乃正夷狄，以漸治之。葉公問政於孔子，孔子曰：『近者説，遠者來。』季康子問政於孔子，孔子曰：『政者，正也。子帥以正，孰敢不正？』」

言不順，則事不成。《子路》

《襄五年》：「吴何以稱人？吴鄫人云則不辭。」《解詁》曰〔二〕：「孔子曰：『言不順，則事不

〔一〕夫，原訛「大」，據《春秋公羊傳注疏》改。
〔二〕詁，原訛「詀」，據蔡啓盛《校勘記》改。

成。』方以吴抑鄫，國列在稱人上，不以順辭，故進吴稱人。」

君子於其言，無所苟而已矣。

《莊十年》：「齊師滅譚，譚子奔莒。何以不言出？國已滅矣，無所出也。」《解詁》曰：「别於有國出奔者。孔子曰：『君子於其言，無所苟而已矣。』」

葉公問政，子曰：「近者説，遠者來。」

《隱元年》：「九月，及宋人盟于宿。孰及之？内之微者也。」《解詁》曰：「不名者，略微也。大者正，小者治。近者説，遠者來。」《成十六年》《解詁》引此文，詳見前。

樾謹按：據《成十六年》所引作：「葉公問政於孔子，孔子曰：『近者説，遠者來。』」疑今本有闕文，蓋問者非門弟子，例書「孔子」也。

又按：「大者正，小者治」二句，未詳所出，疑即「季康子問政」一節相承之師説也，故《成十六年》。《解詁》即并季康子節引之。

父爲子隱，子爲父隱，直在其中矣。

《文十五年》：「齊人來歸子叔姬，其言『來』何？閔之也。此有罪，何閔爾？父母之於子，雖有罪，猶若其不欲服罪然。」《解詁》曰：「孔子曰：『父爲子隱，子爲父隱，直在其中矣。』所以崇父子之親也。叔姬于文公爲姊妹，言『父母』者，時文公母在，明孝子當申母恩也。」

子貢問曰：「鄉人皆好之，何如？」子曰：「未可也。」「鄉人皆惡之，何如？」子曰：「未可也。不如鄉人之善者好之，其不善者惡之。」

《莊十七年》：「秋，鄭瞻自齊逃來。何以書？書甚佞也。」《解詁》曰：「繫鄭者，明行當本於鄉里也。」下引此章文。

以不教民戰，是謂棄之。

《桓六年》：「秋，八月壬午，大閱。大閱者何？簡車徒也。何以書？蓋以罕書也。」《解詁》曰：「罕，希也。孔子曰：『以不教民戰，是謂棄之。』故比年簡徒謂之蒐，三年簡車謂之大閱，五年大簡車徒謂之大蒐。存不忘亡，安不忘危。」

子張曰：「《書》云：『高宗諒陰，三年不言。』何謂也？」子曰：「何必高宗？古之人皆然。君薨，百官總己以聽於冢宰三年。」《憲問》

《文九年》：「春，毛伯來求金。毛伯者何？天子之大夫也。何以不稱使？當喪未君也。」《解詁》曰：「孝子三年，志在思慕，不忍當父位，故雖即位，猶於其封内三年稱子。」下引此章文。

放鄭聲，遠佞人。《衛靈公》

《莊十七年》：「春，齊人執鄭瞻。」《解詁》曰：「爲甚佞，故書惡之，所以輕坐執人也。然不得爲伯討者，事未得行，罪未成也。孔子曰：『放鄭聲，遠佞人。』罪未成者，伯當遠之而已。」

樾謹按：徐彦疏曰：「或何氏云『鄭聲淫』，與服君同，皆謂鄭重其手而音淫過，非鄭國之鄭也。」何注久亡無可考，姑存其説。

躬自厚而薄責於人。

《隱二年》：「春，公會戎于潛。」《解詁》曰：「凡書『會』者，惡其虚内務，恃外好也。古者諸侯，非朝時不得踰竟。所傳聞之世，外離會不書，書内離會者，《春秋》王魯，明當先自詳正，躬自厚而薄責於人，故略外也。」

《僖二十七年》：「乙巳，公子遂帥師入杞。」《解詁》曰：「日者，杞屬脩禮朝魯，雖無禮，君子躬自厚而薄責於人，不當乃入之，故録責之。」

不患寡而患不均，不患貧而患不安。《季氏》

《昭二十九年》：「冬，十月，運潰。邑不言潰，此其言潰何？郛之也。曷爲郛之？君存焉爾。」《解詁》曰：「昭公居之，故從國言潰，明罪在公也。孔子曰：『不患寡而患不均，不患貧而患不安。』其本乃由于圍成，失大得小而不能節用。」

夫如是，故遠人不服，則脩文德以來之。

《昭二十六年》：「夏，公圍成。」《解詁》曰：「書者，惡公失國，幸而得運，不脩文德以來之，復擾其民圍成。」

孔子曰：「益者三樂，損者三樂。樂節禮樂、樂道人之善、樂多賢友，益矣；樂驕樂、樂佚遊、樂燕樂，損矣」。

《莊十二年》：「秋，八月，宋萬弒其君接及其大夫仇牧。及者何？累也。弒君多矣，舍此無累者乎？孔父、荀息，皆累也。舍孔父、荀息無累者乎？曰有。」《解詁》曰：「復，反覆發傳者，樂道人之善也。」下引此章文。

《僖二年》：「城楚丘。曷爲不言桓公城之？不與諸侯專封也。曷爲不與？實與而文不與云云。」《解詁》曰：「復發傳者，君子樂道人之善也。」

又《桓二年》。《解詁》亦引「樂道人之善」句，詳見後。

君子有三畏：畏天命、畏大人、畏聖人之言。

《僖十五年》：「震夷伯之廟。其稱夷伯何？大之也。曷爲大之？天戒之，故大之也。」《解詁》曰：「明此非但爲微者異，乃公家之至戒，故尊大之，使稱字，過于大夫以起之，所以畏天命。」下引此節文。

孔子曰：「君子有九思：視思明，聽思聰，色思温，貌思恭，言思忠，事思敬，疑思問，忿思難，見得思義。」

《莊三十二年》：「季子曰：『夫何敢？是將爲亂乎？夫何敢？』」《解詁》曰：「再言『夫何敢』者，反覆思惟，且欲以安病人也。」下引此章文。

樾謹按：古人之辭，凡極言其多者曰「九」，如「叛者九國」「反者九起」皆是也。君子有九思，止是極言其反覆思惟耳。既有九思之目，因姑舉九事以實之，非以此盡君子之思也。何注雖亡，即其所引，可見其善會聖言矣。

子生三年，然後免於父母之懷。夫三年之喪，天下之通喪也。

《閔二年》：「吉禘於莊公。其言吉何？言吉者，未可以吉也。曷爲未可以吉？未三年也。三年矣，曷爲謂之未三年？三年之喪，實以二十五月。」《解詁》曰：「時莊公薨，至是適二十二月。所以必二十五月者，取期再期，恩倍，漸三年也。孔子曰：『子生三年，然後免于父母之懷。夫三年之喪，天下之通喪也。』」

子貢曰：「君子之過也，如日月之食焉。過也，人皆見之；更也，人皆仰之。」《子張》

《文十二年》：「秦伯使遂來聘。」《解詁》曰：「秦伯自傷前不能用百里子、蹇叔子之言，感而自變悔，遂霸西戎。故因其能聘中國，善而與之，使有大夫。子貢曰：『君子之過也，如日月之食焉。過也，人皆見之；更也，人皆仰之。』此之謂也。」

謹權量，審法度，脩廢官，四方之政行焉。《堯曰》

《昭三十二年》：「冬，仲孫何忌會晉韓不信、齊高張、宋仲幾、衛世叔申、鄭國參、曹人、莒人、邾婁人、薛人、杞人、小邾婁人城成周。」《解詁》曰：「書者，起時善，其脩廢職，有尊尊之意也。孔子曰：『謹權量，審法度，脩廢官，四方之政行焉。』」

樾謹按：何氏解此文，蓋以爲王政之行於諸侯者，亦猶《虞書》「同律度量衡」、《周禮》「同度量，脩灋則」之比，故曰「尊尊之意也」。

興滅國，繼絶世，舉逸民，天下之民歸心焉。

《宣十七年》：「公弟叔肸卒。」《解詁》曰：「禮，盛德之士不名，天子上大夫不名。《春秋》公子不爲大夫者不卒，卒而字者，起其宜爲天子上大夫也。孔子曰：『興滅國，繼絶世，舉逸民，天下之民歸心焉。』」

君子正其衣冠，尊其瞻視，儼然人望而畏之。

《桓二年》：「孔父正色而立於朝，則人莫敢過而致難於其君者，孔父可謂義形於色矣。」《解詁》曰：「内有其義而外形見於顔色。孔子曰『君子正其衣冠，尊其瞻視，儼然人望而畏之』是也。重道義形於色者，君子樂道人之善。」

不教而殺謂之虐，不戒視成謂之暴。

《隱元年》：「諸大夫扳隱而立之。」《解詁》曰：「諸大夫立隱不起者，在春秋前，明王者受命不追治前事。孔子曰：『不教而殺謂之虐，不戒視成謂之暴。』」

《士昏禮》對席圖　曲園雜纂第八

經曰：「贊者設醬于席前，菹醢在其北。俎入，設于豆東，魚次。腊特于俎北。」

注曰：「豆東，菹醢之東。」

贊設黍于醬東，稷在其東，設湆于醬南。

注曰：「饌要方也。」

設對醬于東。

注曰：「對醬，婦醬也，設之當特俎。」

菹醢在其南，北上。設黍于腊北，其西稷。設湆于醬北。御布對席，贊啓會，卻于敦南，對敦于北。

注曰：「啓，發也。」

樾謹按：以經、注觀之，對席、對饌，一一如繪，而賈公彦疏亦復明白。自宋以來，好爲異説，於是有敖繼公《集説》之説，有楊復《儀禮圖》之説。至本朝有沈彤《儀禮小疏》之説，有張惠言《儀禮圖》之説，有鄭珍《儀禮私箋》之説，言人人殊。今先列賈疏，次列諸説。

賈公彦説

注「豆東，菹醓之東」釋曰：「醬與菹醓俱在豆，知不在醬東者，下文醬東有黍稷，故知在菹醓東也。」

注「饌要方也」釋曰：「豆東兩俎，醬東黍稷，是其要方也。」

注「對醬」至「特俎」釋曰：「壻東面設醬，在南爲右，婦西面，則醬在北爲右，皆以右手取之爲便，故知設之當特俎東也。」

「菹醓」至「于北」釋曰：「云『設湇于醬北』者，案上設壻湇於醬南，在醬黍之南，特俎出于饌北，此設婦湇于醬北，在特俎東，饌内則不得要方，注云『要方』者，據大判而言耳。」

樾謹按：賈疏皆依經注爲説，無大乖錯，惟經明言「設湇于醬南」，而疏言「在醬黍之南」，增出「黍」字，不知何據。疑本作「在醬豆之南」，傳寫誤作「黍」，非賈意也。

敖繼公説

「贊者設醬于席前」至「腊特于俎北」敖云：「菹醓在醬北，南上也，别見魚腊，則此俎云者，指豚俎也。經蓋因文以見特俎之位也，當豚俎北端而云特者，明不與豚俎爲列，亦横設之。凡俎數奇，故以其下者特設之。」

樾謹按：「俎入，設于豆東」，此「俎」字自指豚、魚二俎而言。云「魚次」，則豚在前可知矣。又云「腊特于俎北」，此「俎」字亦指豚、魚二俎。敖謂專指豚俎，則腊俎專當豚俎北端，腊俎、豚俎直於席前爲一列矣，何以言「特」乎？

「贊設黍于醬東」至「設湆于醬南」敖無異説，故不録。

「設對醬于東」敖云：「下文云『設黍于腊北』，而此醬宜在黍東，則於特俎爲東北也。」

樾謹按：敖氏見夫席之醬在黍西，而以爲婦席之醬必在黍東，於是置此醬於特俎之東北，而夫婦二席不相值矣，此其大誤之所由生也。

「菹醢在其南，北上」敖云：「二豆在醬南，俱當特俎之東也。」

樾謹按：在醬南，不誤；在特俎之東，則太偏北矣。此夫婦二席所以不相值也。

「設黍于腊北，其西稷」敖云：「腊北即醬西也。」

樾謹按：黍在湆西，而非在醬西，敖氏誤。

「設湆于醬北」敖無異説，不録。

「御布對席」敖云：「對席，婦席也。此於壻席爲少北，不正相向，特取其一東一西，故云『對』耳。對醬之類亦然。」

樾謹按：依敖説推之，則婦席之於夫席相去過半矣，非止少北而已也。其爲違失不亦甚乎？古今之禮雖殊，而人情則一。新昏夫婦必取相對相當，無此布席之法也。

又按：敖氏《集説》本無圖，故不敢補爲之圖，而詳録其説。若楊氏以下則各有圖，觀其圖則其説自見，故不詳其説，而各如其圖，以辨其説之誤焉。

楊氏圖

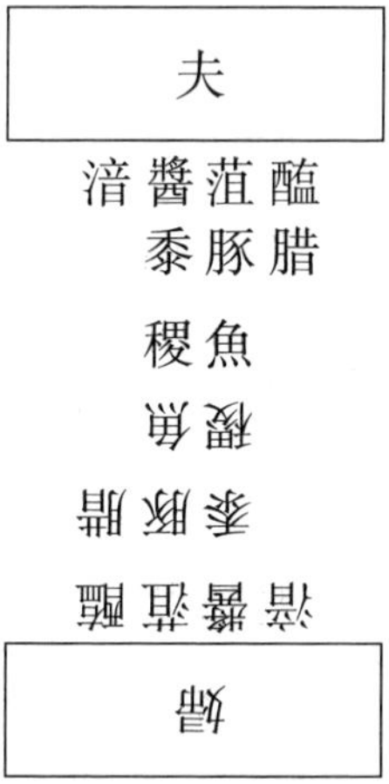

樾謹按：下文婦饋舅姑之禮云「特豚，合升，側載」，注云：「側載者，右胖載之舅俎，左胖載之姑俎，異尊卑。」而此經上文「陳三鼎，其實特豚，合升」，止言「合升」，不言「側

載」，明夫婦同俎矣。而李氏如圭乃云：「婦亦有俎，以俎設豆西，魚次，腊特于俎南。」則是增益經文，自我作古也。楊氏此圖承襲其誤，於經注無一合，不可從也。

沈氏圖

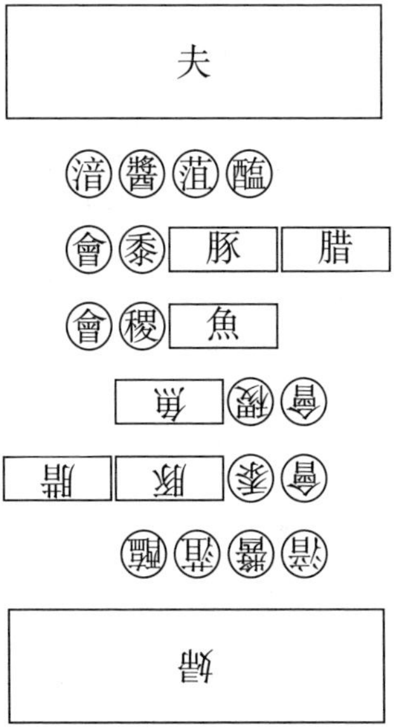

樾謹按：沈氏以夫婦異俎，亦如楊圖。惟其據聶氏《三禮圖》考俎豆之長短廣狹，以爲俎之長適當二豆之徑，敦之徑當豆徑俎廣之半有奇，參差配合，饌乃得方。其説殊巧，然大體既失，則小巧固不足言矣。經於婦饌云「設黍于腊北」，今如其圖則在豚北矣，豈非謬誤之甚乎？

張氏圖

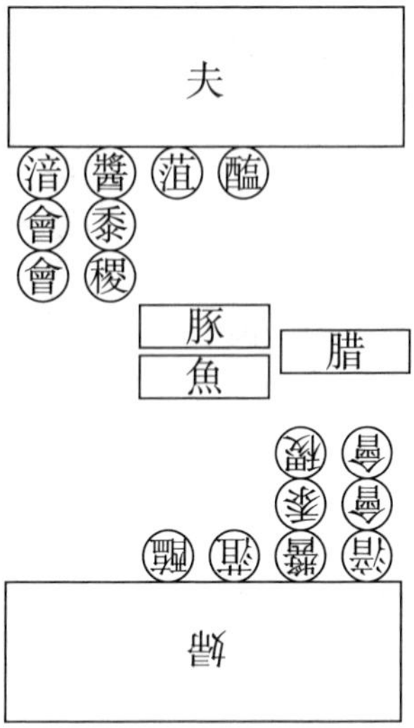

樾謹按：張氏此圖，夫婦同俎得之矣，然其位置則猶未得。經於婦饌云「設黍于腊北」，如其圖則在腊東矣。張氏知其不可通，乃爲之説曰：「蓋當腊少北，略言之。」斯已不免强古人而就我矣，又欲改「北」字爲「末」字，其謬尤甚。

鄭氏圖

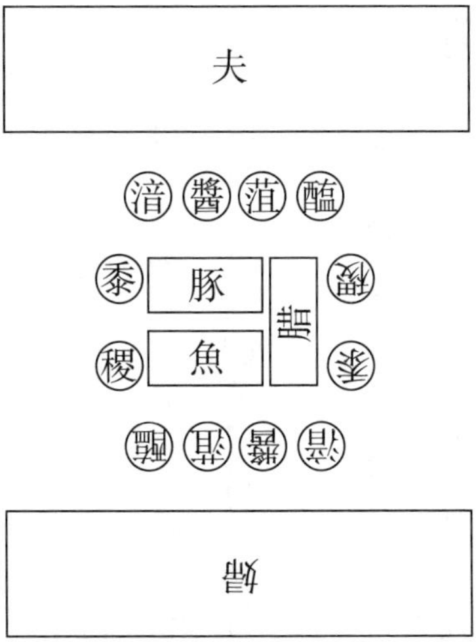

樾謹按：鄭氏此圖，其功在明特俎之縱設。按孔氏《曲禮》疏云：「公食大夫禮，士設俎於豆南，牛俎在西，牛俎東羊俎，羊俎東豕俎；又牛俎南魚俎，魚俎東腊俎，腊俎東腸胃俎；又有膚俎在兩行俎之東，縱設之。」此鄭氏所本，洵爲前此圖《儀禮》諸家所未及。然合之經文，仍有未合者。經云「俎入，設于豆東，魚次」，注云：「豆東，菹醢之東。」如此圖，則豚、魚二俎當醬之東，不當菹醢之東，不合一也；經云「贊設黍於醬東，稷在其東」，如此圖則黍、稷在湆東，不在醬東，不合二也。今以鄭氏此圖爲主，而更定之如左：

今圖

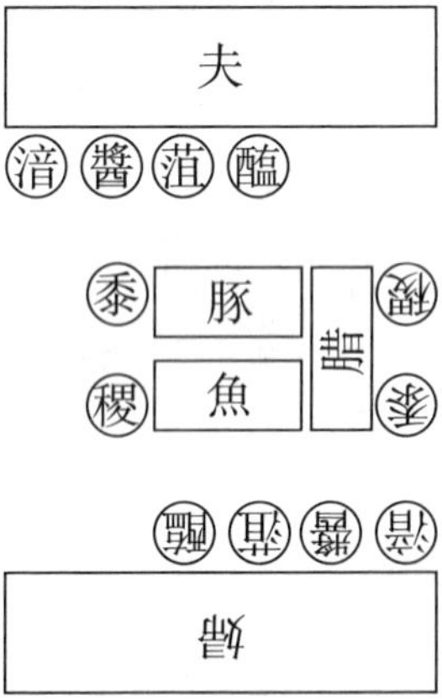

經云：「贊者設醬于席前，菹醢在其北。俎入，設于豆東，魚次。腊特于俎北。贊設黍于醬東，稷在其東，設湇于醬南。設對醬于東。菹醢在其南，北上。設黍于腊北，其西稷。設湇于醬北。」注云：「豆東，菹醢之東。對醬，婦醬也，設之當特俎。」今以此圖求之，無一字不密合。

或曰：「鄭氏之圖其形正方，疑與注合。此圖則不盡方矣，恐非注意也。」樾曰：三俎兩横一縱，其南北兩頭各置兩敦，此所謂方也。若菹醢則各置席前，而醬湇則在其右，從人右手之便，不必方也。賈疏曰：「注云『要方』者，據大判言之。」此深得古人之意者也。鄭圖正方，而以經注求之不合，即可知其非矣。烏乎！《士昏禮》特《儀禮》之一篇，而夫婦對席又止昏禮之一事，然考定之難如此，是故《儀禮》難也。

附録

《唐書·禮樂志》皇帝納皇后之禮：「饌入，設醬於席前，菹醢在其北。俎三，設於豆東，豕俎特在北。尚食設黍于醬東，稷稻粱又在東。設湇于醬南。設后對醬于東，當特俎。菹醢在其南，北上。設黍于豕俎北，其西稷稻粱。設湇于醬北。尚食啓會卻于簠簋之南，對簠簋于北，加七箸。尚寢設對席于饌東。」今以圖明之如左：

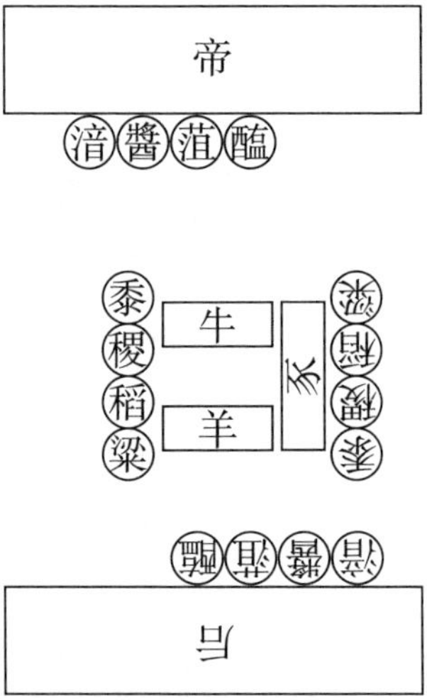

樾謹按：唐制悉本古禮，可以證明《禮經》，故附録焉。觀於此圖，於愚前圖無一不合，亦可以無疑矣。又《唐書》明有「三俎」之文，帝后之尊且無異俎。自唐至宋，爲時未遠，李氏如圭之説非徒不合乎《禮經》，殆亦未明乎國典也。

《樂記》異文考　曲園雜纂第九

《樂記》一篇，與《史記·樂書》文字頗有異同。余曾屬詁經精舍諸生作「《樂記》《樂書》異文箋」，因復考之《漢書·禮樂志》《荀子·樂論篇》《家語·辨樂篇》《説苑·修文篇》，作《樂記異文考》一卷，示精舍諸生。至如「後」之與「后」，「粗」之與「麤」，傳寫或殊，無關文義，則從略焉。《樂記》篇目亦有異同，臧氏《拜經雜記》已具論之，故茲不及。

感於物而動。《説苑·修文篇》作「感於物而後動」。

及干戚羽旄，謂之樂。《史記·樂書》作「謂之樂也」。

其本在人心之感於物也。《史記》無「之」字；《説苑》無「也」字。

其怒心感者，其聲粗以厲。《説苑》「粗」作「壯」。

其愛心感者，其聲和以柔。《説苑》「柔」作「調」。

六者非性也。《説苑》作「人之善惡，非性也」。

是故先王慎所以感之者。　《史記》《説苑》均無「者」字。

故禮以道其志。　《史記》「道」作「導」。《説苑》「道」作「定」，「志」作「意」。

政以一其行。　《史記》「一」作「壹」。

所以同民心而出治道也。　《説苑》「出」作「立」。

凡音者，生人心者也。　《説苑》「音」下無「者」字。

情動於中，故形於聲。　《説苑》「故」作「而」。

是故治世之音安以樂，其政和；亂世之音怨以怒，其政乖；亡國之音哀以思，其民困。聲音之道與政通矣。　《史記》「政」並作「正」。

五者不亂，則無怗懘之音矣。　《史記》「怗」作「惉」，《索隱》云：「『苦滯』，又本作『惉懘』。」《説苑》無此二句，而有「五音亂則無法，無法之音」十字〔一〕，接下「宫亂則荒」云云，與《記》不同。

商亂則陂，其官壞。　《史記》「陂」作「搥」，「官」作「臣」。

〔一〕　十，原訛「九」，據字數改。

迭相陵謂之慢。　《説苑》「迭」作「代」。

誣上行私而不可止也。　《史記》無「也」字。

樂者，通倫理者也。　《史記》「通」下有「於」字。

食饗之禮，非致味也。　《史記》「致」作「極」。

壹倡而三歎。　《史記》「壹」作「一」。

感於物而動，心之欲也。　《史記》「欲」作「頌」。徐廣曰：「頌音容。」

不能反躬。　《史記》「躬」作「己」。

有淫泆作亂之事。　《史記》「泆」作「佚」。

老幼孤獨不得其所。　《史記》「獨」作「寡」。

是故先王之制禮樂。　《史記》無「之」字。

屈伸俯仰。　《史記》作「詘信俯仰」。

綴兆舒疾。　《史記》「綴」作「級」。

周還裼襲。　《史記》「還」作「旋」。

識禮樂之文者能述。《史記》「述」作「術」，下「述者」「述作〔一〕」並同。

欣喜歡愛。《史記》「歡」作「驩」。

事乎山川鬼神。《史記》「乎」作「于」。

則此所與民同也。《史記》「所」下有「以」字。

其治辯者其禮具。《史記》「辯」作「辨」。按《禮記》釋文云：「『辨』本又作『辯』。」則陸所據本與《史記》同。

孰亨而祀。《史記》作「亨孰而祀」。

而禮制行矣。《史記》「矣」作「也」。

而樂興焉。《史記》「焉」作「也」。

禮者別宜。《史記》「別」作「辨」。

制禮以配地。《史記》作「作禮以配地」。

卑高已陳。《史記》作「高卑已陳」。

〔一〕述作，原訛「作述」，據《禮記・樂記》乙。

地氣上齊。　《史記》「齊」作「隮」。

而百化興焉。　《史記》作「而百物化興焉」。

男女無辨則亂升。　《史記》「辨」作「別」，「升」作「登」。

天地之情也。　《史記》作「此天地之情也」。

故聖人曰禮樂云。　《史記》作「故聖人曰禮云樂云」。

夔始制樂，以賞諸侯。　《史記》作「夔始作樂」。

故其治民勞者，其舞行綴遠；其治民逸者，其舞行綴短。　《史記》「綴」作「級」，《正義》曰：「本或作綴。」「逸」作「佚」，《正義》曰：「佚音逸。」

故觀其舞，知其德；聞其謚，知其行也。　《史記》作「故觀其舞而知其德，聞其謚而知其行」。

咸池備矣。　《史記》「矣」作「也」。

殷周之樂盡矣。　《史記》「矣」作「也」。

而獄訟益繁。　《史記》「繁」作「煩」。

壹獻之禮。　《史記》「壹」作「一」。

禮者，所以綴淫也。《史記》「綴」作「閉」。

哀樂之分，皆以禮終。《史記》此下即接「樂也者，施也；禮也者，報也」至「然後可以有制於天下也」一段。

樂也者，聖人之所樂也。《史記》《説苑》並作「樂者，聖人之所樂也」。《史記》此文在「然後可以有制於天下也」下。

其移風易俗。《漢書·禮樂志》作「其移風易俗易」，師古於下「易」字下注云：「易，音弋豉反。」

夫民有血氣心知之性。《史記》「民」作「人」。

應感起物而動。《漢書》作「應感而動」。

是故志微噍殺之音作。《史記》作「是故志微焦衰之音作」；《漢書》作「是以纖微癄瘁之音作」；《説苑》作「是故感激憔悴之音作」。

嘽諧、慢易、繁文、簡節之音作。《史記》作「嘽緩、慢易、繁文簡節之音作」；《漢書》作「闡諧、嫚易之音作」。

粗厲、猛起、奮末、廣賁之音作。《漢書》作「麤厲、猛奮之音作」；《説苑》作「粗厲、猛奮、廣賁之音作」。

廉直、勁正、莊誠之音作。《史記》作「廉直、經正、莊誠之音作」；《漢書》作「廉直、正誠之音作」。

寬裕、肉好、順成、和動之音作。《漢書》作「寬裕、和順之音作」。

流辟、邪散、狄成、滌濫之音作。《漢書》作「流辟、邪散之音作」。

是故先王本之情性。《漢書》無「是故」二字，「先王」下有「恥其亂也，故制雅頌之聲」十字。

合生氣之和。《說苑》「合」作「含」。

道五行之行。《漢書》「道」作「導」。

使之陽而不散。《說苑》無「之」字。

陰而不密。《漢書》「密」作「集」。

柔氣不懾。《說苑》「懾」作「攝」。

皆安其位而不相奪也。《說苑》無「而」字；《漢書》此句之下有「足以感動人之善心，而不使邪氣得接焉，是先王立樂之方也」二十四字。

以繩德厚。　《史記》「厚」下有「也」字。

律小大之稱。　《史記》「律」作「類」。

土敝則草木不長。　《説苑》「敝」作「弊」。

氣衰則生物不遂。　《史記》「遂」作「育」。

世亂則禮慝而樂淫。　《史記》「慝」作「廢」。

流湎以忘本。　《説苑》「湎」作「漫」。

感條暢之氣。　《史記》作「感滌蕩之氣」，《説苑》同。

凡姦聲感人而逆氣應之，逆氣成象而淫樂興焉；正聲感人而順氣應之，順氣成象而和樂興焉。　《荀子·樂論篇》「而淫樂興焉」作「而亂生焉」，「而和樂興焉」作「而治生焉」。

倡和有應，回邪曲直，各歸其分，而萬物之理各以類相動也。　《史記》《説苑》並無「各」字；《荀子》作「唱和有應，善惡相象，故君子慎其所去就也」，與《記》不同。

姦聲亂色，不留聰明。　《説苑》作「姦聲亂色，不習於聽」。

淫樂慝禮。　《史記》「慝」作「廢」。

不接心術。　《史記》作「不接於心術」。

而文以琴瑟。　《史記》《説苑》並無「而」字。

從以簫管。　《荀子》「簫」作「磬」。

是故清明象天。　《荀子》作「故其清明象天」。

廣大象地。　《荀子》作「其廣大象地」。

終始象四時。　《荀子》作「其俯仰周旋，有似於四時」。

迭相爲經。　《史記》《説苑》「迭」並作「代」。

故樂行而倫清。　《荀子》作「故樂行而志清，禮脩而行成」。

天下皆寧。　《荀子》此句下有「莫善於樂」四字。

是故君子反情以和其志。　《説苑》「志」作「意」。

樂行而民鄉方，可以觀德矣。　《説苑》「樂」上有「故」字；《荀子》作「樂行而民鄉方矣」，無「可以觀德」四字。

詩，言其志也；歌，詠其聲也；舞，動其容也。　《説苑》無三「也」字。

三者本於心。　《史記》「於」作「乎」。

然後樂器從之。　《史記》作「然后樂氣從之」。

君子動其本，樂其象，然後治其飾。《説苑》作「君子之動本，樂其象也，後治其飾」。

復亂以飭歸。《史記》「飭」作「飾」。

奮疾而不拔。《史記》「拔」下有「也」字。

是故情見而義立。《史記》「故」作「以」。

小人以聽過。《史記》「聽」作「息」；《説苑》作「小人以飭聽過」。

故曰：「生民之道，樂爲大焉」。《史記》此下接「君子曰『禮樂不可斯須去身』」至「先王之道，禮樂可謂盛矣」一段。

樂也者，施也。《史記》在「皆以禮終」下。

所謂大輅者。《史記》「輅」作「路」。

天子之寶龜也。《史記》「寶」作「葆」。

樂也者，情之不可變者也。《荀子》作「且樂也者，和之不可變者也」。

樂統同。《荀子》「統」作「合」。

禮樂之説。《荀子》「説」作「統」。

管乎人情矣。《史記》「管」作「貫」。

窮本知變。　《荀子》「知」作「極」。

禮樂偩天地之情。　《史記》「偩」作「見」。

天地訢合。　《史記》「訢」作「欣」。

羽翼奮。　《史記》「翼」作「翮」。

蟄蟲昭蘇。　《史記》「蘇」作「穌」。

鋪筵席。　《史記》「鋪」作「布」。

宗祝辨乎宗廟之禮〔一〕。　《史記》「辨」作「辯」，下同。

然後可以有制於天下也。　《史記》此下接「樂者，聖人之所樂也」至「故曰：『生民之道，樂爲大焉。』」一段。

魏文侯問於子夏曰。　《史記》此在「禮樂可謂盛矣」下。

子夏對曰。　《史記》作「答曰」，下同。

進旅退旅。　《史記》作「進旅而退旅」。

〔一〕　宗祝，原訛「樂師」，據《禮記·樂記》改。

會守拊鼓。《史記》「會」作「合」。

復亂以武。《史記》「復」作「止」。

姦聲以濫。《史記》「濫」作「淫」。

及優侏儒。《史記》「儒」作「儒」。

夫樂者，與音相近而不同。《史記》「者」作「之」。

敢問何如。《史記》作「敢問如何」。

而無妖祥。《史記》「妖」作「祆」。

俾于文王。《史記》「于」作「於」。

其溺音乎。《史記》「乎」作「與」。

衛音趨數煩志。《史記》「趨」作「趣」。

齊音敖辟喬志。《史記》「敖」作「鷔」，「喬」作「驕」。

此四者，皆淫於色。《史記》無「此」字。

是以祭祀弗用也。《史記》「弗」作「不」。

此六者，德音之音也。《説苑》無「也」字。

所以示後世有尊卑長幼之序也。《史記》作「此所以示後世有尊卑長幼序也」；《說苑》作「此可以示後世有尊卑長幼之序也」。

石聲磬，磬以立辨。《史記》「磬」作「硜」，「辨」作「別」；《說苑》「辨」作「辯」。

鼓鼙之聲讙。《說苑》「讙」作「懽」。

君子之聽音，非聽其鏗鎗而已也。《說苑》「鎗」作「鏘」。

夫武之備戒之已久，何也？《家語·辯樂篇》「戒」作「誡」，無「已」字。

病不得其衆也。《家語》無「也」字。

咏歎之。《史記》「咏」作「永」。

及時事也。《家語》無「也」字。

武坐致右憲左。《家語》「右」下有「而」字，「憲」作「軒」。

若非有司失其傳，則武王之志荒矣。子曰：「唯。丘之聞諸萇弘，亦若吾子之言是也。」《家語》作「孔子曰：『唯。丘聞諸萇弘，亦若吾子之言是也。』若非有司失其傳，則武王之志荒矣」；《史記》「若非」作「如非」。

夫武之備戒之已久。《家語》「戒」作「誡」，「已」作「以」。

敢問遲之遲而又久，何也？　《家語》作「敢問遲矣，而又久立於綴，何也？」

居，吾語汝。　《家語》「汝」作「爾」。

且夫武始而北出。　《家語》「始」下有「成」字。

五成而分周公左、召公右。　《史記》《家語》「分」下並有「陝」字。

六成復綴以崇。　《史記》連下「天子」爲句。《集解》引王肅曰：「以象尊崇天子。」《家語》作「六成而復綴，以崇其天子焉」。

天子夾振之而駟伐，盛威於中國也。　《史記》作「夾振之而四伐，盛振威於中國也」；《家語》作「衆夾振焉而四伐，所以盛威於中國」。

分夾而進，事蚤濟也。　《家語》作「分陝而進，所以事蚤濟」。

久立於綴，以待諸侯之至也。　《家語》「綴」下有「所」字。

且女獨未聞牧野之語乎？　《史記》「且」下有「夫」字；《家語》「且」作「今」。

武王克殷反商。　《家語》作「武王克殷而反商之政」。

而封黄帝之後於薊。　《家語》「而」作「則」。

下車而封夏后氏之後於杞。　《家語》「而」作「又」，無「氏」字。

投殷之後於宋。　《史記》《家語》「投」並作「封」。

使之行商容而復其位。　《家語》作「使人行商容之舊以復其位」。

濟河而西。　《家語》作「既濟河西」。

馬散之華山之陽而弗復乘，牛散之桃林之野而弗復服。　《史記》兩「散」字下均無「之」字，「而弗復服」作「而下復服」。

車甲衅而藏之府庫，而弗復用。　《史記》「衅」作「弢」；《家語》作「車甲則釁而藏之府庫，以示弗復用」。

包之以虎皮。　《史記》「包」作「苞」；《家語》「包」上有「而」字。

將帥之士。　《史記》《家語》「帥」並作「率」。

名之曰建櫜。　《家語》「名」作「命」。

散軍而郊射。　《家語》「而」下有「脩」字。

左射貍首，右射騶虞。　《家語》作「左射以貍首，右射以騶虞」。

而虎賁之士説劍也。　《史記》「説」作「税」；《家語》無「也」字。

祀乎明堂而民知孝。　《家語》作「郊祀后稷而民知尊父焉，配明堂而民知孝焉」。

耕藉，然後諸侯知所以敬。《家語》作「耕藉，然後民知所以敬親」。

五者，天下之大教也。《家語》「五」作「六」。

則夫武之遲久。《家語》「夫」作「大」。按《禮記正義》曰：「周之禮樂功大，故作此大武之樂，遲停而久。」疑孔所據本亦作「大武」。

不亦宜乎。《史記》此下即接「子貢見師乙」一段。

君子曰：「禮樂不可斯須法身。」《史記》在「樂爲大焉」下。

致禮以治躬則莊敬。《史記》作「致禮以治躬者也，治躬則莊敬」。

故德煇動於内。《史記》無「故」字。

故曰：「致禮樂之道。」《史記》「致」作「知」。

故禮主其減。《史記》「減」作「謙」，下同。

人情之所不能免也。《荀子》作「人情之所必不免也」。

樂必發於聲音，形於動静。《史記》上「於」字作「諸」；《荀子》作「故人不能無樂，樂則必發於聲音，形於動静」。

人之道也。《史記》無「之」字；《荀子》作「而人之道屬下爲義」，與《記》不同。

故人不耐無樂。《史記》《荀子》「耐」作「能」，下同。「無樂」，《荀子》作「不樂」。

樂不耐無形，形而不爲道，不耐無亂。《荀子》兩「不能」上均有「則」字。

先王恥其亂。《史記》《荀子》「恥」並作「惡」；《荀子》「亂」下有「也」字。

使其聲足，樂而不流；使其文足，論而不息。《史記》《荀子》兩「足」字下並有「以」字；「論」，《史記》作「綸」，《荀子》作「辨」；「息」，《荀子》作「諰」。

使其曲直繁瘠。《史記》《荀子》「瘠」並作「省」。

足以感動人之善心而已矣。《荀子》無「而已矣」三字。

不使放心邪氣得接焉。《荀子》作「使夫邪污之氣無由得接焉」。

是故樂在宗廟之中。《荀子》無「是」字。

在族長鄉里之中，長幼同聽之，則莫不和順；在閨門之内，父子兄弟同聽之，則莫不和親。《荀子》作「閨門之内，父子兄弟同聽之，則莫不和親；鄉里族長之中，長少同聽之，則莫不和順」。

故樂者，審一以定和，比物以飾節，節奏合以成文。《荀子》作「故樂者，審一以定和者也，比物以飾節者也，合奏以成文者也」。

所以合和父子君臣，附親萬民也，是先王立樂之方也。《荀子》作「足以率一道，足以治萬變，是先王立樂之術也」。

志意得廣焉。《荀子》「志」上有「而」字。

習其俯仰詘伸。《史記》「伸」作「信」；《荀子》「詘」作「屈」。

容貌得莊焉。《荀子》「容」上有「而」字。

行列得正焉。《荀子》「行」上有「而」字。

故樂者，天地之命。《史記》「命」作「齊」；《荀子》作「天下之大齊也」。

中和之紀。《荀子》「紀」下有「也」字。

人情之所不能免也。《荀子》「不能」作「必不」。

夫樂者，先王之所以飾喜也。《荀子》「夫」作「且」。

故先王之喜怒，皆得其儕焉。《史記》「儕焉」作「齊矣」；《荀子》無「故」字、「之」字，「儕」亦作「齊」。

喜則天下和之，怒則暴亂者畏之，先王之道，禮樂可謂盛矣。《荀子》作「是故喜而天下和之，怒而暴亂畏之，先王之道，禮樂正其盛者也」。

禮樂可謂盛矣。 《史記》此下接「魏文侯篇」。

子贛見師乙而問焉。 《史記》在「則夫武之遲久，不亦宜乎」下，「贛」作「貢」。

愛者宜歌商。 此文《記》文失次，鄭注正之，《史記》與鄭合。

正直而静廉而謙者。 《史記》作「正直清廉而謙者」。

夫歌者，直己而陳德也。 《史記》無「也」字。

商之遺聲也。 鄭云：「衍字」。《史記》無。

明乎商之音者。 《史記》「音」作「詩」，下「齊之音」句同。

見利而讓。 《史記》「讓」下有「也」字。

倨中矩。 《史記》「倨」作「居」。

纍纍乎端如貫珠。 《史記》「纍纍」作「累累」，「端」作「殷」。

生霸死霸考　曲園雜纂第十

日之行度，人不易知。而月則生霸、死霸，舉頭即見。故聖人以十二月爲一歲，即以月爲主。而古書之紀日者，亦往往繫月以言之。今考《尚書》及《周書・世俘篇》及《漢書・律曆志》所引《武成篇》，有云「載生霸」者，有云「旁生霸」者，有云「既旁生霸」者；有云「載死霸」者，有云「旁死霸」者，其字或作「魄」；而僞《古文尚書》又有云「載生明」者，備列之如左：

《尚書・康誥篇》：「維三月哉生魄，周公初基，作新大邑于東國洛。」

《尚書・顧命篇》：「維四月哉生魄，王不懌。」

僞《古文尚書・武成篇》：「惟一月壬辰，旁死魄，越翼日癸巳，王朝步自周，于征伐商。」

「厥四月哉生明，王來自商。」

「既生魄，庶邦冢君曁百工受命于周。」

《周書・世俘篇》：「維一月丙午，旁生魄，若翼日丁未，王乃步自于周，征伐商王紂。」

「越若來二月，既死魄，越五日甲子朝，至，接于商，則咸劉商工紂。」

「時四月既旁生魄，越六日庚戌，武王朝至燎于周。」

《漢書・律曆志》引《武成篇》：「惟一月壬辰，旁死霸，若翌日癸巳，武王迺朝步自周，于征伐紂。」

「粤若來二月，既死霸，粤五日甲子，咸劉商王紂。」

「惟四月既旁生霸，粤六日庚戌，武王燎于周廟。」

又引《顧命篇》：「惟四月哉生霸，王有疾不豫。」

今先辨其字。《説文・月部》：「霸，月始生霸然也。承大月二日，承小月三日。从月，䨣聲。《周書》曰：『哉生霸。』」然則「霸」正字，「魄」叚字。

次辨其義。《康誥》「哉生魄」，《釋文》引馬融注曰：「魄，朏也。謂月三日始生兆朏，名魄。」其説與《説文》合。《漢書》注引孟康曰：「月二日以往月魄死，故言死魄。魄，月質也。」以「魄」爲月質，非古義矣。由不知「魄」爲叚字，其本字當作「霸」，故滋異説也。

然後定其日。自漢以來，蓋有三説：有《尚書》古義；有劉歆《三統術》異義；有枚氏

《古文》僞義。今具列于左：

《尚書》古義

一　日　既死霸
二　日　旁死霸
三　日　載生霸　亦謂之朏
十五日　既生霸
十六日　旁生霸
十七日　既旁生霸

「載生霸」之爲三日，許、馬舊説皆然。《鄉飲酒義》曰：「月三日則成魄。」《白虎通・日月篇》曰：「三日成魄，八日成光。」其爲古義固無疑矣。夫月明生爲生霸，則明盡爲死霸，是故晦日者死霸也。晦日爲死霸，故朔日爲既死霸，二日爲旁死霸，旁之言溥也、徧也。《説文》：「旁，溥也。」《廣雅》：「旁，廣也、大也。」月之二日，徧體皆暗，故以「旁死」言之。死盡則復生，故三日爲「載生霸」，自是至十五日則「望」也。準乎「朔」而言之曰「既生霸」，十六日則「望」後一日也；準「朔」後一日而言之曰「旁生霸」，十七日則「望」後二日也；準「朔」

後二日而言宜曰「載死霸」。乃不曰「載死霸」而曰「既旁生霸」，何也？曰：是不可以例言也。「生霸」「死霸」，就人目所覩言之耳。夫月在天上，受日之光以爲光，一盈即虧矣，《易》所謂「日中則昃，月盈則蝕」也。日中則昃，在俄頃之間；月盈則蝕，亦在俄頃之間。是故「旁生霸」之時，即其「載死霸」之時，而人目固不見也。人當望之夜，但喜其月之盈，不知其月之蝕也，則謂之「既生霸」而已。其次夕謂之「旁生霸」而已，又其次夕謂之「既旁生霸」而已。「既旁生霸」猶之乎「既望」也，於辭可得而言也。若準「朔」以例「望」，而以十七日爲「載死霸」，則「霸」之死久矣，何至是乃言「載」乎？是故有「載生霸」無「載死霸」，雖似參差，而其義甚精。後人妄立「哉生明」之名，以「哉生霸」爲始虧，而不知始虧之不可見，即不可言也，是烏知古義哉？

劉歆《三統術》異義

朔日　既死霸
次日　旁死霸
望日　載生霸
次日　既旁生霸

此《漢·律曆志》所載劉歆《三統術》之説也。其説以《武成篇》「粤若來二月，既死霸，粤五日甲子」爲是月庚申朔，則「既死霸」爲一日矣；以《武成篇》「惟一月壬辰，旁死霸」爲是月辛卯朔，則「旁死霸」爲二日矣；以《武成篇》「惟四月既旁生霸，粤六日庚戌」爲是月己丑朔，則「既旁生霸」爲十七日矣，均與古義無違。惟以古義言之，則「霸」者月之光也，「朔」爲死霸之極，「望」爲生霸之極。以《三統術》言之，則「霸」者月之無光處也，「朔」爲死霸之始，「望」爲生霸之始，其於古義翩其反矣。幸《武成》一篇無「載生霸」之文，故所推月日猶未倒置。至以《顧命篇》「惟四月哉生霸，王有疾不豫。甲子，王乃洮沬水，作《顧命》」爲是月庚戌朔，十五日甲子哉生霸，則於古義大異矣。夫劉歆之説附會曆法，推考甲乙，後儒莫能折其説。然歆以成王崩年爲三十年，而《書》正義引鄭康成注以爲此成王二十八年，《竹書紀年》又云「成王三十七年陟」，是則成王崩年固無定論。姑以文義言之，既云「維四月哉生魄，王不懌」，又云「甲子，王乃洮沬水」，則甲子與「哉生魄」自是異日，豈得謂「哉生魄」即甲子日乎？是日甫得疾，即於是日作《顧命》，無此急遽之事。即謂成王以暴疾驟崩，何以云「既彌留，病日臻」乎？然則其所推月日固難依據矣。又其引《武成篇》云「惟一月壬辰，旁死霸，若翌日癸巳，武王迺朝步自周，于征伐紂」，《周書·世俘篇》則云「維一月丙午，旁生魄，若翼日丁未，王乃步自于周，征伐商王紂」，兩文不同，雖以下文「二月甲子」推之，均無不合，然武王之步自周爲癸巳乎？爲丁未乎？有半月之後先矣。況所推《顧命》月日與經文不合，豈可據以說經？歆嘗附益《左氏春秋》以立其學，又臆定《尚書》月日以成其曆，真六藝之罪人也。班氏援以入史，孟康注《漢書》遂有「魄，月質也」之說，疑誤千古矣。

枚氏《古文》僞義

二　日　旁死魄

三　日　哉生明

十六日　哉生魄

既生魄《傳》但言十五日以後，不目言其爲何日。

古言「生霸」，不言「生明」，「生霸」即「生明」也。自以「月霸」字爲「王伯」字，乃以「魂魄」字爲「月霸」字，而「魄」爲月質之說起矣。既以「魄」爲月質，遂妄立「生明」之文以配「生霸」之義，何其敢於作僞乎？楊子《法言·五百篇》曰：「月未望則載魄於西，既望則終魄於東。」「載魄」者生魄也，「終魄」者死魄也。「未望」言載魄，「既望」言終魄，正是古義。而宋咸用枚《傳》義，欲改「載魄」爲「載朏」，温公作《集注》從之，蓋古義之晦久矣。

附考武王伐紂年月日

十一年正月小。

一日辛卯，既死霸。

二日壬辰，旁死霸。

三日癸巳，載生霸。

武王乃朝步自周，于征伐紂。

十五日乙巳，既生霸。

十六日丙午，旁生霸。

十七日丁未，既旁生霸。

《周書·世俘篇》謂是日武王朝步自周。

二月大。

一日庚申，既死霸。

二日辛酉，旁死霸[一]。

三日壬戌，載生霸。

四日癸亥。

至牧野夜陳。

五日甲子。

咸劉商王紂。

十五日甲戌，既生霸。

十六日乙亥，旁生霸。

十七日丙子，既旁生霸。

閏月小。以下文四月庚戌推之，宜有閏月，或二或三，無聞焉，姑從《三統》説。

一日庚寅，既死霸。

二日辛卯，旁死霸。

[一] 死，原訛「生」，據蔡啓盛《校勘記》改。

三日壬辰，載生霸。

十五日甲辰，既生霸。

十六日乙巳，旁生霸。

十七日丙午，既旁生霸。

三月大。

一日己未，既死霸。

二日庚申，旁死霸。

三日辛酉，載生霸。

十五日癸酉，既生霸。

十六日甲戌，旁生霸。

十七日乙亥，既旁生霸。

四月是年五月事不見于經傳，故四月大小無徵。

一日己丑，既死霸。

二日庚寅，旁死霸。

三日辛卯，載生霸。

十五日癸卯，既生霸。

十六日甲辰，旁生霸。

十七日乙巳，既旁生霸。

二十二日庚戌。

武王燎于周廟。

二十三日辛亥。

祀于天位。

二十七日乙卯。

以庶國祀，馘于周廟。

世儒以劉歆用曆法推算月日，與古密合，其法甚精，故皆信之，不知《武成》一篇所載月日，以古義推之，亦自可得，非必用《三統術》也。蓋劉歆說「霸」字之義，雖與古違，而其所推「既死霸」「旁死霸」「載生霸」「既旁生霸」適與古合，故無誤也。設《武成》亦有「載生霸」之文，則敗矣。本朝諸大儒推求古制，悉有定論，而於此事猶未敢質言。段氏玉裁注《說文》

「霸」字，亦依違其説。惟江氏聲注《尚書》力宗古義，然不知「既旁生霸」爲十七日之定名，而疑是月十六日望，則仍惑於「甲辰望，乙巳旁之」之説也。夫朔、望雖有遲早，而一日爲朔，十五日爲望，則紀載之定名也。「死霸」「生霸」即緣朔、望而來，必有一定之日。是故許君解「霸」字有「二日」「三日」之説，而馬君解《尚書》「載生霸」則斷以「三日」。許言其理，馬定其名也。使書之載籍而無定名，必使人推求曆法而知之，不亦迂遠之甚乎？且如成王之崩，何等大事，而其書于史也止曰「惟四月載生霸，王不懌」。使「載生霸」無一定之日，則并其下之甲子、乙丑莫知爲何日矣。古人之文必不若是疏也。愚故更定「既旁生霸」爲十七日之定名，則望日「既生霸」、次日「旁生霸」，既與朔日「既死霸」、次日「旁死霸」相準而立，而「旁死霸」之後爲「載生霸」，「旁生霸」之後爲「既旁生霸」，不爲「載死霸」，又足徵後人解「載生霸」爲明消魄生之謬矣。

《春秋》歲星考　曲園雜纂第十一

《春秋内外傳》多言歲星，而歲星有超辰之説。昭三十二年《左傳》曰：「越得歲而吴伐之。」服注曰：「歲星在星紀，吴越之分野。蔡復之歲，歲在大梁，距此十九年。昭十五年有事於武宫之歲，龍度天門。龍，歲星也。天門在戌，是歲越過，故使今年越得歲。」按：蔡復在昭十三年，《傳》云「歲及大梁，蔡復楚凶」是也。以常率計之，昭十三年在大梁，則三十二年應在析木，而在星紀者，以十五年歲星超辰，越鶉首而至鶉火，所謂「龍度天門」也，故昭三十二年得在星紀矣。古法歲星百四十四年而行百四十五次，故百四十四年而超一辰。以昭十五年龍度天門而上推之，則莊二十三年歲星超實沈而至鶉首也。今具列如左，而《内外傳》所言歲在某次者，無不瞭然矣。

隱元年　寅，娵訾。　三年　辰，大梁。

二年　卯，降婁。　四年　巳，實沈。

五年　午，鶉首。
六年　未，鶉火。
七年　申，鶉尾。
八年　酉，壽星。
九年　戌，大火。
十年　亥，析木。
十一年　子，星紀。
桓元年　丑，玄枵。
二年　寅，娵訾。
三年　卯，降婁。
四年　辰，大梁。
五年　巳，實沈。
六年　午，鶉首。
七年　未，鶉火。

八年　申，鶉尾。
九年　酉，壽星。
十年　戌，大火。
十一年　亥，析木。
十二年　子，星紀。
十三年　丑，玄枵。
十四年　寅，娵訾。
十五年　卯，降婁。
十六年　辰，大梁。
十七年　巳，實沈。
十八年　午，鶉首。
莊元年　未，鶉火。
二年　申，鶉尾。
三年　酉，壽星。

四年　戌，大火。
五年　亥，析木。
六年　子，星紀。
七年　丑，玄枵。
八年　寅，娵訾。
九年　卯，降婁。
十年　辰，大梁。
十一年　巳，實沈。
十二年　午，鶉首。
十三年　未，鶉火。
十四年　申，鶉尾。
十五年　酉，壽星。
十六年　戌，大火。
十七年　亥，析木。

十八年　子，星紀。
十九年　丑，玄枵。
二十年　寅，娵訾。
二十一年　卯，降婁。
二十二年　辰，大梁。
二十三年　巳，實沈。午，鶉首。
二十四年　未，鶉火。
二十五年　申，鶉尾。
二十六年　酉，壽星。
二十七年　戌，大火。
二十八年　亥，析木。
二十九年　子，星紀。
三十年　丑，玄枵。
三十一年　寅，娵訾。

三十二年　卯，降婁。
閔元年　辰，大梁。
二年　巳，實沈。
僖元年　午，鶉首。
二年　未，鶉火。
三年　申，鶉尾。
四年　酉，壽星。
五年　戌，大火。
六年　亥，析木。
七年　子，星紀。
八年　丑，玄枵。
九年　寅，娵訾。
十年　卯，降婁。
十一年　辰，大梁。
十二年　巳，實沈。
十三年　午，鶉首。
十四年　未，鶉火。
十五年　申，鶉尾。
十六年　酉，壽星。
十七年　戌，大火。
十八年　亥，析木。
十九年　子，星紀。
二十年　丑，玄枵。
二十一年　寅，娵訾。
二十二年　卯，降婁。
二十三年　辰，大梁。
二十四年　巳，實沈。
二十五年　午，鶉首。

二十六年　未，鶉火。

二十七年　申，鶉尾。

二十八年　酉，壽星。

二十九年　戌，大火。

三十年　亥，析木。

三十一年　子，星紀。

三十二年　丑，玄枵。

三十三年　寅，娵訾。

文元年　卯，降婁。

二年　辰，大梁。

三年　巳，實沈。

四年　午，鶉首。

五年　未，鶉火。

六年　申，鶉尾。

七年　酉，壽星。

八年　戌，大火。

九年　亥，析木。

十年　子，星紀。

十一年　丑，玄枵。

十二年　寅，娵訾。

十三年　卯，降婁。

十四年　辰，大梁。

十五年　巳，實沈。

十六年　午，鶉首。

十七年　未，鶉火。

十八年　申，鶉尾。

宣元年　酉，壽星。

二年　戌，大火。

三年　亥，析木。
四年　子，星紀。
五年　丑，玄枵。
六年　寅，娵訾。
七年　卯，降婁。
八年　辰，大梁。
九年　巳，實沈。
十年　午，鶉首。
十一年　未，鶉火。
十二年　申，鶉尾。
十三年　酉，壽星。
十四年　戌，大火。
十五年　亥，析木。
十六年　子，星紀。
十七年　丑，玄枵。
十八年　寅，娵訾。
成元年　卯，降婁。
二年　辰，大梁。
三年　巳，實沈。
四年　午，鶉首。
五年　未，鶉火。
六年　申，鶉尾。
七年　酉，壽星。
八年　戌，大火。
九年　亥，析木。
十年　子，星紀。
十一年　丑，玄枵。
十二年　寅，娵訾。

十三年　卯，降婁。
十四年　辰，大梁。
十五年　巳，實沈。
十六年　午，鶉首。
十七年　未，鶉火。
十八年　申，鶉尾。
襄元年　酉，壽星。
二年　戌，大火。
三年　亥，析木。
四年　子，星紀。
五年　丑，玄枵。
六年　寅，娵訾。
七年　卯，降婁。
八年　辰，大梁。
九年　巳，實沈。
十年　午，鶉首。
十一年　未，鶉火。
十二年　申，鶉尾。
十三年　酉，壽星。
十四年　戌，大火。
十五年　亥，析木。
十六年　子，星紀。
十七年　丑，玄枵。
十八年　寅，娵訾。
十九年　卯，降婁。
二十年　辰，大梁。
二十一年　巳，實沈。
二十二年　午，鶉首。

二十三年　未，鶉火。
二十四年　申，鶉尾。
二十五年　酉，壽星。
二十六年　戌，大火。
二十七年　亥，析木。
二十八年　子，星紀。
二十九年　丑，玄枵。
三十年　寅，娵訾。
三十一年　卯，降婁。
昭元年　辰，大梁。
二年　巳，實沈。
三年　午，鶉首。
四年　未，鶉火。
五年　申，鶉尾。

六年　酉，壽星。
七年　戌，大火。
八年　亥，析木。
九年　子，星紀。
十年　丑，玄枵。
十一年　寅，娵訾。
十二年　卯，降婁。
十三年　辰，大梁。
十四年　巳，實沈。
十五年　午，鶉首。未，鶉火。
十六年　申，鶉尾。
十七年　酉，壽星。
十八年　戌，大火。
十九年　亥，析木。

二十年　子，星紀。
二十一年　丑，玄枵。
二十二年　寅，娵訾。
二十三年　卯，降婁。
二十四年　辰，大梁。
二十五年　巳，實沈。
二十六年　午，鶉首。
二十七年　未，鶉火。
二十八年　申，鶉尾。
二十九年　酉，壽星。
三十年　戌，大火。
三十一年　亥，析木。
三十二年　子，星紀。

定元年　丑，玄枵。

二年　寅，娵訾。
三年　卯，降婁。
四年　辰，大梁。
五年　巳，實沈。
六年　午，鶉首。
七年　未，鶉火。
八年　申，鶉尾。
九年　酉，壽星。
十年　戌，大火。
十一年　亥，析木。
十二年　子，星紀。
十三年　丑，玄枵。
十四年　寅，娵訾。
十五年　卯，降婁。

哀元年　辰，大梁。

二年　巳，實沈。

三年　午，鶉首。

四年　未，鶉火。

五年　申，鶉尾。

六年　酉，壽星。

七年　戌，大火。

八年　亥，析木。

九年　子，星紀。

十年　丑，玄枵。

十一年　寅，娵訾。

十二年　卯，降婁。

十三年　辰，大梁。

十四年　巳，實沈。

卦氣直日考　曲園雜纂第十二

「卦氣直日」之説出於緯書，托之孔子，儒者弗信也。雖然，楊子雲西漢大儒，而以《太玄》準《周易》，有「八十一首，歲事咸貞」之説，則知卦氣直日，西漢經師固有此説矣。視後世以先天圖分配節候者，固當勝之。因考諸家之義著於篇。

第一考：四正卦

《易緯稽覽圖》曰：「坎六震八離七兑九，已上四卦者，四正卦，爲四象。」

又曰：「冬至日在坎，春分日在震，夏至日在離，秋分日在兑。」

又《易緯乾元序制記》曰：「坎：初六，冬至，廣莫風。九二，小寒。六三，大寒。六四，立春，條風。九五，雨水。上六，驚蟄。震：初九，春分，明庶風。六二，清明。六三，穀雨。九四，立夏，温風。六五，小滿。上六，芒種。離：初九，夏至，景風。六二，小暑。九三，大暑。九四，立秋，涼風至。六五，處暑。上九，白露。兑：初九，秋分，閶闔風霜下。九二，寒露。六三，霜降。九四，立冬，始冰，不周風。九五，小雪。上六，大雪也。」

第二考：十二辟卦

《易緯乾元序制記》曰：「辟卦温氣不效，六卦陽物不生，土功起。」注曰：「六卦謂泰卦、大壯也，夬、乾、姤也。」按：「姤」下尚當有「遯」卦。又曰：「寒氣不效，六卦不至，冬榮，實物不成。」注曰：「六卦謂否、觀、剥、坤、復、臨。」

按：此即十二辟卦之權輿。卦名雖出於注，然其下文云：「復姓角名宫，臨姓商名宫，泰姓商名宫，大壯姓商名角，遯姓角名商，遯姓宫名商，否姓宫名商，觀姓宫名角，剥姓商名宫，乾姓商名商，坤姓商名宫，震姓角名脱一字，巽姓角名角，離姓徵名徵，兑姓商名商，艮脱二字名宫。」於八卦外舉復、臨、泰、大壯、姤、遯、否、觀、剥九卦，止少夬卦，必是闕文，則辟卦之如注説無疑矣。《後漢書·樊英傳》注舉「七緯」之名，無《乾元序制記》之目，其首云「文王比隆興，始霸」，孔穎達《詩正義》引作「《是類謀》」。《隋書·王劭傳》引《坤靈圖》「泰姓商名宫」，今亦在此書。故《四庫提要》謂「後人於各緯中分析以成」者。然則其書雖僞，其説自真也。

第三考：六十卦次序

《易緯稽覽圖》曰：「小過、蒙、益、漸、泰，寅。需、隨、晉、解、大壯，卯。豫、訟、蠱、革、夬，辰。旅、師、比、小畜、乾，巳。大有、家人、井、咸、姤，午。鼎、豐、涣、履、遯，未。恒、節、同人、損、否，申。巽、萃、大畜、賁、觀，酉。歸妹、无妄、明夷、困、剥，戌。艮、既濟、噬嗑、大過、坤，亥。未濟、蹇、頤、中孚、復，子。屯、謙、睽、升、臨。丑。」

按：以「坎、離、震、兑」爲四正卦，而以「中孚」以下六十卦分直三百六十五日四分日之一，諸卦次序莫詳其義。然楊子《太玄》「八十一首」始以「中」準「中孚」，終以「養」準「頤」，次第皆與此合，知其必有所受之矣。

第四考：公辟侯大夫卿之名所自始

《易緯乾鑿度》曰：「《易》，始於乙，分於二，通於三，缺一字於四，盛於五，終於上。初爲元士，二爲大夫，三爲三公，四爲諸侯，五爲天子，上爲宗廟。凡此六者，陰陽所以進退，君臣所以升降，萬人所以爲象則也。」

又曰：「一卦六爻，爻一日，凡六日。初用事，一日天王諸侯也，二日大夫也，三日卿，四日三公也，五日辟，六日宗廟。爻辭善則善，凶則凶。」

按：此兩文不同。上云「初爲元士」，下云「一日天王諸侯」，違舛殊甚，疑當從上文也。「一日」改爲「元士」，則與「初爲元士」合。「五日辟」兼天子諸侯言，蓋上文有大夫無卿，卿即在大夫中，此文分卿與大夫而二之，故合天子諸侯而一之，雖小異無大殊也。然此所云乃主一爻言，非主一卦言。《後漢書・郎顗傳》「正月三日至乎九日，三公卦」，注曰：「凡卦法，一爲元士，二爲大夫，三爲三公，四爲諸侯，五爲王位，六爲宗廟。《前書》曰：『梁人焦延壽，長於災變，分六十四卦，更直日用事，以風、雨、寒、温爲候。』《音義》云：『分卦直日之法，爻主一日，即三日九日並爲三公之日也。』」李氏此注亦主爻言，不主卦言，未知於郎顗之旨如何，要亦古法。至《乾元序制記》曰：「三公十二月，月居六日七分；二十七大夫十二月，月居六日七分；八百一十二諸侯十二月，月居六日七分。」則是主卦言，非主爻言。然其文不備，其言之最詳者莫如《稽覽圖》，《齊天保曆》

實出於此，别詳於後。

第五考：每卦六日七分之説

《易緯稽覽圖》曰：「甲子卦氣起中孚，六日八十分之七。」

按：今本「甲子卦氣起中孚」下雜以他文，據《後漢書·郎顗傳》所引，知此兩句本相連也。

又曰：「每歲十二月，每月五月，卦六日七分，每期三日六十六日每四分。」

按：「每月五月」當作「每月五卦」，「每期三日六十六日每四分」當作「每期三百六十五日四分日之一」。

又曰：「《是類謀》以此四正之卦，卦有六爻，爻主一氣。餘六十卦，卦主六日七分八十分日之七，正歲三百六十五日四分日之一，六十而一周。」

按：《是類謀》之文載於《稽覽圖》，後人所附益也。既云「七分」，不必又云「八十分日之七」，疑後人以「七分」二字未了，故注此六字，而寫者誤合之。夫以「坎、離、震、兑」

四正卦，每卦六爻，每爻主十五日，而以「復、臨、泰、大壯、夬、乾、姤、遯、否、觀、剥、坤」十二卦主十二月；以「中孚」至「頤」六十卦，每卦值六日七分，計一歲三百六十五日四分日之一。每卦值六日，爲三百六十日，尚餘五日四分日之一，而每卦亦餘七分，六七爲四百二十分，乃分一日爲八十分，五日得四百分，而四分日之一得二十分，適合四百二十分之數。卦與日並盡，是亦數之至簡而明者也。然每卦餘七分，自「中孚」至「泰」十二卦餘八十四分，依日法逾一日有奇，而「泰」侵卯矣；至「乾」二十七卦，餘一百九十九分，依日法逾二日有奇，而「乾」侵午矣；至「遯」三十七卦，餘二百五十九分，依日法逾三日有奇，而「遯」侵申矣；至「觀」四十七卦，餘三百二十九分，依日法逾四日有奇，而「觀」侵戌矣；至「坤」五十七卦，餘三百九十九分，依日法不及五日者止一分，而「坤」且全入之子矣。古法既湮，今亦莫得其說。李鼎祚《周易集解》於「七日來復」下云：「案：《易》軌一歲十二月，三百六十五日四分日之一，以坎、震、離、兑四方正卦，卦别六爻，爻主一氣，其餘六十卦三百六十爻，爻主一日，當周天之數，餘五日四分日之一，以通閏餘者也。」所謂「通閏餘」者，亦未詳其法，而「爻主一日」似即《稽覽圖》後所附之説，《齊天保曆》所從出也，詳見於後。至鄭康成解「七日來復」云：「建戌之月，以陽氣既盡。建亥之月，純陰用事。至建子之月，陽氣始生，隔此純陰一卦，卦主六日七分，舉其成數言之，而云『七日來復』。」見章如愚《山堂考索》。其所云「純陰之卦」謂坤也，孔氏《正義》、李氏《集解》並云然。是鄭意謂「剥」「復」相次，「剥」盡則爲「坤」，純陰之卦，隔此「坤」卦，故「七日來復」雖亦有「六日七分」之説，而於「卦氣直日」之説固無當也，其後言「卦氣」者，惟京房之説爲最密。

第六考：京氏之説

《唐書・曆志》僧一行《卦議》曰：「京氏又以卦爻配朞之日，坎、離、震、兑，其用事自分至之首，皆得八十分日之七十三。頤、晋、井、大畜皆五日十四分，餘皆六日七分。」

今依京氏説列表如左：

冬至第一日，先以兑部頤卦所割之七十三分屬坎卦，又加入中孚之七分爲八十分而直一日。

二日至七日，公，中孚。無餘。

八日至十三日，辟，復。

十四日至十九日，侯，屯。

二十日至二十五日，大夫，謙。

二十六日至三十一日，卿，睽。

三十二日至三十七日，公，升。

三十八日至四十三日，辟，臨。

四十四日至四十九日，侯，小過。

五十日至五十五日，大夫，蒙。

五十六日至六十一日，卿，益。

六十二日至六十七日，公，漸。

六十八日至七十三日，辟，泰。

七十四日至七十九日，侯，需。

八十日至八十五日，大夫，隨。自「復」以下十三卦，每卦餘七分，共九十一分。

八十六日至九十日，卿，晋。所值止此五日，尚餘八十七分，割七十三分屬下「震」卦，餘十四分。

春分第一日，先以坎部晋卦所割之七十三分屬震卦，又加入解卦之七分爲八十分而直一日。

二日至七日，公，解。無餘分。

八日至十三日，辟，大壯。

十四日至十九日，侯，豫。

二十日至二十五日，大夫，訟。

二十六日至三十一日，卿，蠱。

三十二日至三十七日，公，革。

三十八日至四十三日，辟，夬。

四十四日至四十九日，侯，旅。

五十日至五十五日，大夫，師。

五十六日至六十一日，卿，比。

六十二日至六十七日，公，小畜。

六十八日至七十三日，辟，乾。

七十四日至七十九日，侯，大有。

八十日至八十五日，大夫，家人。自「大壯」以外十三卦，每卦餘七分，共九十一分。

八十五日至九十日，卿，井。所值止此五日，尚餘八十七分，割七十三分屬下「離」卦，餘十四分。

夏至第一日，先以震部井卦所割之七十三分屬離卦，又加入咸卦之七分爲八十分而直一日。

二日至七日，公，咸。無餘分。

八日至十三日，辟，姤。

十四日至十九日，侯，鼎。

二十日至二十五日，大夫，豐。

二十六日至三十一日，卿，涣。

三十二日至三十七日，公，履。

三十八日至四十三日，辟，遯。

四十四日至四十九日，侯，恒。

五十日至五十五日，大夫，節。

五十六日至六十一日，卿，同人。

六十二日至六十七日，公，損。

六十八日至七十三日，辟，否。

七十四日至七十九日，侯，巽。

八十日至八十五日，大夫，萃。自「姤」以下十三卦，每卦餘七分，共九十一分。

八十六日至九十日，卿，大畜。所值止此五日，尚餘八十七分，割七十三分屬下「兑」卦，餘十四分。

秋分第一日，先以離部大畜卦所割之七十三分屬兑卦，又加入賁卦之七分爲八十分而直一日。

二日至七日，公，賁。無餘分。

八日至十三日，辟，觀。

十四日至十九日，侯，歸妹。

二十日至二十五日，大夫，无妄〔一〕。

二十六日至三十一日，卿，明夷。

三十二日至三十七日，公，困。

〔一〕 无，原訛「旡」，據蔡啓盛《校勘記》改。

三十八日至四十三日，辟，剥。

四十四日至四十九日，侯，艮。

五十日至五十五日，大夫，既濟。

五十六日至六十一日，卿，噬嗑。

六十二日至六十七日，公，大過。

六十八日至七十三日，辟，坤。

七十四日至七十九日，侯，未濟。

八十日至八十五日，大夫，蹇。自「觀」以下十三卦，每卦餘七分，共九十三分。

八十六日至九十日，卿，頤。所值止此五日，尚餘八十七分，割七十三分屬下「坎」卦，餘十四分。

按：如此則中孚、解、咸、賁四卦無餘分，以其所餘之七分已入四正卦也。晋、井、大畜、頤四卦各餘十四分，以其所直止五日也。四卦餘五十六分，其餘五十二卦各餘七分，爲三百六十四分，合之爲四百二十分，適合五日四分日之一之數，而其數多寡不齊，故僧一行以爲「觀陰陽之變，錯亂不明」。然《稽覽圖》曰：「四時卦，十一辰餘，而從。」注曰：「『四時卦』者，謂四正卦坎、離、震、兑，四時方伯之卦也。『十一辰餘』者，七十三分。『而從』者，得一之卦也。」此數語正文、注文均不甚可曉，然明有「七十三分」之説，則疑割七十三分以歸四正卦，古説本如此，非京氏所創也。

或曰：《後漢·郎顗傳》顗父宗學《京氏易》，顗詣闕拜章云：「正月三日至乎九日，三公卦。」按：三日啓蟄，卦值漸初，三公卦也。而三日至九日共七日，疑京氏割七十三分歸四正卦，不獨二分、二至爲然，每遇中節氣之前一卦，皆減七十三分以歸四正卦，又加中節氣所直卦之餘七分，合爲一日。四正卦，卦各三月，月有六氣，每一氣四正卦直一日，六氣則直六日，而六十四卦卦卦直日矣。此説也愚以爲不然，蓋京氏所割之晉、井、大畜、頤四卦，非無故割之也。以此四卦本止直五日，尚餘八十七分，故割其七十三分而尚餘十四分，合之諸卦所餘，適符四百二十分之數。若中節氣之前一卦，皆割取其七十三分，則自中孚至屯外，卦即值小寒節，計所餘止十分有半分，安得有七十三分之可割乎？李賢注《後漢書》「三日九日三公卦」，以爻言不以卦言，無取横生異説。

自後漢光和中，改四分曆爲乾象曆，即有卦氣直日之法，而《續漢志》不載。史志載卦氣者，始《魏書·律曆志》之《正光曆》，云：「十一月：未濟、蹇、頤、中孚、復。十二月：屯、謙、睽、升、臨。正月：小過、蒙、益、漸、泰。二月：需、隨、晉、解、大壯。三月：訟、豫、蠱、革、夬。四月：旅、師、比、小畜、乾。五月：大有、家人、井、咸、姤。六月：鼎、豐、履、涣、遯。七月：恒、節、同人、損、否。八月：巽、萃、大畜、賁、觀。九月：歸妹、无妄、明夷、困、剥。十月：艮、既濟、噬嗑、大過、坤。四正爲方伯，中孚爲三公，復爲天子，屯爲諸侯，謙爲大夫，睽爲九卿，升還從三公，周而復始。九三應上九，清静微温，陽風；九三應上六，絳赤決温，陰雨；六三應上六，白濁微寒，陰雨；六三應上九，麴塵決寒，陽風。諸卦上有陽爻者，陽風；上有陰爻者，陰雨。」蓋必京氏以來相承之舊説也。至北齊天保曆乃始變其法。

第七考：北齊《天保曆》之説

《唐書》僧一行《卦議》曰：「自《乾象曆》以降，皆因京氏。惟《天保曆》依《易通統軌圖》。自入十有二節、五卦、初爻，相次用事，及上爻而與中氣皆終，非京氏本旨。」

按：齊曆所依《易通統軌圖》，今無其書。據其説「五卦、初爻，相次用事」，則從大雪節起。一日未濟初爻，二日蹇初爻，三日頤初爻，四日中孚初爻，五日復初爻，至弟六日又值未濟二爻。十五日大雪節終，而五卦之内卦終。又十五日冬至節終，而五卦之外卦亦九終。其説蓋亦本於《稽覽圖》，非異書也。《稽覽圖》末列六陽月、六陰月，諸侯、大夫、九卿、三公、天子各三十卦直事，即齊曆所本。《稽覽圖》載有推軌之術，所云《易通統軌圖》，或即此書也。今列《稽覽圖》六十卦直事如左：

八百諸侯

正月	三月	五月	七月	九月	十一月
小過	豫	大有	恒	歸妹	未濟

初六：一日；　六二：六日；
九三：十一日；　九四：十六日；
六五：二十一日；上六：二十六日。
舉「小過」一卦見例，餘仿此。

二十七大夫

正月	三月	五月	七月	九月	十一月
蒙	訟	家人	節	无妄	蹇

初六：二日；　九二：七日；

六三：十二日；　六四：十七日；
六五：二十二日；上九：二十七日。

九卿

正月　三月　五月　七月　九月　十一月
益　蠱　井　同人　明夷　頤

初九：三日；　六二：八日；
六三：十三日；　六四：十八日；
九五：二十三日；上九：二十八日。

三公

正月　三月　五月　七月　九月　十一月
漸　革　咸　損　困　中孚

初六：四日；　六二：九日；
九三：十四日；　六四：十九日；
九五：二十四日；上九：二十九日。

天子

正月　三月　五月　七月　九月　十一月

泰　夬　姤　否　剥　復

初九：五日；　九二：十日；

九三：十五日；　六四：二十日；

六五：二十五日；上六：三十日。

右六陽月，三十卦，日主一爻。

八百諸侯

二月　四月　六月　八月　十月　十二月

需　旅　鼎　巽　艮　屯

初九：一日；　九二：六日；

九三：十一日；　六四：十六日；

九五：二十一日；上六：二十六日。

二十七大夫

二月　四月　六月　八月　十月　十二月

隨　師　豐　萃　既濟　謙

初九：二日；　六二：七日；

六三：十二日；　九四：十七日；

九五：二十二日；上六：二十七日。

九卿

二月　四月　六月　八月　十月　十二月

晉　比　渙　大畜　噬嗑　睽

初六：三日；　六二：八日；

六三：十三日；　九四：十八日；

六五：二十三日；上九：二十八日。

三公

二月	四月	六月	八月	十月	十二月
解	小畜	履	賁	大過	升

初六：四日；　九二：九日；

六三：十四日；　九四：十九日；

六五：二十四日；上六：二十九日。

天子

二月	四月	六月	八月	十月	十二月
大壯	乾	遯	觀	坤	臨

初九：五日；　九二：十日；

九三：十五日；　九四：二十日；

六五：二十五日；上六：三十日。

右六陰月，三十卦，日主一爻。

右見《稽覽圖》。正月一日小過初六，二日蒙初六，三日益初九，四日漸初六，五日泰初九，餘以此類推，即齊《天保曆》所本也。僧一行譏之曰：「《易》爻當日，十有二中，直全卦之初；十有二節，值全卦之中。齊曆以節在貞，氣在悔，非是。」然既古有是說，則亦未始不成一理，且五日而畢五卦之一爻，與五日而畢一候，其數正合。卦有六爻，月有六候，兩無齟齬。又「侯」「辟」等名，古義本主爻言，若從齊曆則始五日皆初爻，可稱元士；次五日皆二爻，可稱大夫；又次五日皆三爻，可稱三公；又次五日皆四爻，可稱諸侯；又次五日皆五爻，可稱天子；終五日皆上爻，并可稱宗廟。而於古義轉密合矣。竊著其說，備好古者擇焉。

十一月	未濟	蹇	頤	中孚	復
初爻元士	一日	二日	三日	四日	五日
二爻大夫	六日	七日	八日	九日	十日
三爻三公	十一日	十二日	十三日	十四日	十五日
四爻諸侯	十六日	十七日	十八日	十九日	二十日
五爻天子	廿一日	廿二日	廿三日	廿四日	廿五日
上爻宗廟	廿六日	廿七日	廿八日	廿九日	三十日

舉十一月見例，餘類推。

七十二候考　曲園雜纂第十三

《易緯乾鑿度》云：「天氣三微而成一著，三箸而成一體。」鄭注謂：「五日爲一微，十五日爲一箸，故五日有一候，十五日成一氣。」然《易緯》本文但言「三微」「一著」，未有「候」之名也。《素問·六節藏象論》載岐伯之説曰：「五日謂之候，三候謂之氣，六氣謂之時，四時謂之歲。」《素問》爲周秦閒書，則其時固有七十二候之説矣。然但言「五日謂之候」，未言以何者爲候也。自《夏小正》以後記載物候已有成書，《易緯通卦驗》及《戴記·月令篇》《吕覽》《淮南子》諸書言時物尤詳。然不過隨時紀載，而未嘗别之爲七十二。古書言七十二候，實始於《周書·時訓篇》。此必周秦閒人因其時已有七十二候之説，而雜取古書言時物者比合之，以附於《周書·周月篇》之後，非必周公之書，然其説亦遂不能廢。北魏以來用以入曆，相沿至今。因參考古書，列其異同，備學者觀覽焉。

《夏小正》

《夏小正》之書，未嘗有七十二候之名也。然紀物候者實始此書，因剌取其與今候相近者備録之。

正月

啓蟄。今作「蟄蟲始振」，爲立春次候。

鴈北鄉。今爲小寒初候。

雉震呴。今作「雉雊」，爲小寒次候。

魚陟負冰。今爲立春末候。

時有俊風，寒日滌凍塗。今作「東風解凍」，爲立春初候。

獺獸祭魚。《大戴記》「獸」作「獻」，今作「獺祭魚」，爲雨水初候。

鷹則爲鳩。今作「鷹化爲鳩」，爲驚蟄末候。

梅杏杝桃則華。今作「桃始華」，爲驚蟄初候。

鷄桴粥。今作「鷄乳」，爲大寒初候。

二月

來降燕乃睇。今作「玄鳥至」，爲春分初候。

有鳴倉庚。今作「倉庚鳴」，爲驚蟄次候。

三月

田鼠化爲鴽。今爲清明次候。

拂桐芭。今作「桐始華」，爲清明初候。

鳴鳩。今作「鳴鳩拂其羽」，爲穀雨次候。

四月

鳴蜮。按《説文》「蜮」與「蟈」同字，今作「螻蟈鳴」，爲立夏初候。

王萯莠。按《月令》「孟夏，王瓜生」，鄭云：「今《月令》云『王萯生』。」是鄭疑「王萯」即「王瓜」。今「王瓜生」爲立夏末候。

五月

鴂則鳴。今作「鵙始鳴」，爲芒種次候。

良蜩鳴。今作「蜩始鳴」，爲夏至次候。

唐蜩鳴。同上。

六月

鷹始摯。今爲小暑末候。

七月

湟潦生苹。今作「萍始生」，爲穀雨初候，與此絶遠。

寒蟬鳴。今爲立秋末候。

八月

丹鳥羞白鳥。《月令》「仲秋，群鳥養羞」鄭注引此文，今「群鳥養羞」爲白露末候。

九月

遰鴻鴈。今「鴻鴈來」，爲白露初候；「鳴鴈來賓」，爲寒露初候。傳云：「遰，往也。」與今候言「來」者不合。

陟玄鳥蟄。今作「玄鳥歸」，爲白露次候。

雀入于海爲蛤。今作「雀入大水爲蛤」，爲寒露次候。

十月

豺祭獸。今作「豺乃祭獸」，爲霜降初候。

雉入于淮爲蜃。今作「雉入大水爲蜃」，爲立冬末候。

十有一月

隕麋角。今作「麋角解」，爲冬至次候。

十有二月

隕麋角。同上。《月令》正義云：「節氣早者則麋角十一月解，節氣晚則十二月解。」

《易緯通卦驗》

《通卦驗》亦未有七十二候之名也。然列二十四氣而詳載時物，乃七十二候之權輿，故亦備録焉。

冬至，廣莫風至，蘭射干生，麋角解，曷旦不鳴。

按：今「鶡鳴不鳴」爲大雪初候，「麋角解」與今候合。

小寒，合凍，虎始交，祭，蛇垂首，曷旦入空。

按：今「虎始交」爲大雪次候。《月令》疏引此文作「虎始交，豺祭獸」，疑今本脱「豺」「獸」二字。「豺祭獸」爲霜降初候。

大寒，霜降，草木多生心，鵲始巢。

按：今「鵲始巢」爲小寒次候。

立春，雨水降，條風至，雉雊，鷄乳，冰解，楊柳椲。

按：今「雉雊」爲小寒末候，「鷄乳」爲大寒初候，「冰解」即「東風解凍」，與今候合。

雨水，凍冰釋，猛風至，獺祭魚，鶬鶊鳴。

按：「獺祭魚」與今候合，「鶬鶊鳴」今作「倉庚鳴」，爲驚蟄次候。

驚蟄，雷，候鴈北。

按：今「雷乃發聲」爲春分次候，「候鴈北」爲雨水次候。《古微書》引此有「桃始華」，與今候合。

春分，明庶風至，雷雨行，桃始華，日月同道。

按：「雷雨行」與今候「雷乃發聲」合，「桃始華」今爲驚蟄初候。

清明，雷鳴，雨下，清明風至，玄鳥來。

按：今「玄鳥至」爲春分次候。

穀雨，田鼠化爲駕。

按：今爲清明末候。

立夏，清明風至而暑，鵠聲蜚，電見，早出，龍升天。

按：今「始電」爲春分末候。

小滿，雀子蜚，螻蛄鳴。

按：今「螻蟈鳴」爲立夏初候。

芒種，蚯蚓出。

按：今爲立夏次候。

夏至，暑且濕，蟬鳴，螳螂生，鹿角解，木莖榮。

按：「蟬鳴」即「蜩始鳴」，與今候合。「螳螂生」爲芒種初候，「鹿角解」與今候合。

小暑，雲五色出，伯勞鳴，蝦蟇無聲。

今無。

大暑，雨濕，半夏生。

按：「雨濕」即「土潤溽暑，大雨時行」，與今候合。「半夏生」今爲夏至末候。

立秋，涼風至，白露下，虎嘯，腐草爲嗌，蜻蚓鳴。

按：「涼風至，白露下」，與今候合。「腐草爲嗌」，今作「腐草爲螢」，爲大暑初候。

處暑，雨水，寒蟬鳴。

按：今「寒蟬鳴」爲立秋末候。

白露，雲炁五色，蜻蛚上堂，鷹祭鳥，燕子去室，鳥雌雄別。

按：「蜻蛚」即蟋蟀也。今「蟋蟀居壁」爲小暑次候，「鷹乃祭鳥」爲處暑初候。

秋分，風涼慘，雷始收，鷙鳥擊，玄鳥歸，昌盍風至。

按：「雷始收」即「雷乃收聲」，與今候合。「玄鳥歸」今爲白露次候。

寒露，霜小下，秋草死，衆鳥去。

今無。

霜降，候鴈南向，豺祭獸，霜大下，草禾死。

按：「豺祭獸」與今候合。「草禾」一作「草木」，即草木黄落，與今候合。「候鴈南向」，今「鴻鴈來」爲白露初候，「鴻鴈來賓」爲寒露初候。

立冬，不周風至，始冰，薺麥生，賓爵入水爲蛤。

按：「始冰」與今候合。「賓爵入水爲蛤」，今作「雀入大水爲蛤」，爲寒露次候。

小雪，陰寒，熊羆入穴，雉入水爲蜃。

按：今「雉入大水爲蜃」爲立冬末候。

大雪，魚負冰，雨雪。

按：鄭注曰：「負冰，上近冰也。」則與「魚涉負冰」同，今爲立春末候。

《禮記・月令篇》

七十二候皆取之於《月令》，故備録之，而以《呂氏春秋》《淮南子》校其異同焉。

孟春之月

東風解凍，蟄蟲始振，《淮南》「振」下有「蘇」字。魚上冰，《淮南》作「魚上負冰」。獺祭魚，鴻鴈來，《呂覽》《淮南》並作「候鴈北」。草木萌動。《呂覽》「萌」作「繁」。

仲春之月

桃始華，《呂覽》作「桃李華」，《淮南子》作「桃李始華」。倉庚鳴，鷹化爲鳩，玄鳥至，雷乃發聲，《淮南》「乃」作「始」。始電。

季春之月

桐始華，田鼠化爲駕，虹始見，萍始生，鳴鳩拂其羽，《淮南》「拂」作「奮」。戴勝降于桑。《呂覽》「勝」作「任」，《淮南》「勝」作「鵀」。

孟夏之月

螻蟈鳴，蚯蚓出，《淮南》「蚓」作「螾」。王瓜生，《呂覽》作「王菩生」。苦菜秀，靡草死，《呂覽》「靡」作「䴢」。麥秋至。

仲夏之月

螳螂生，鵙始鳴，反舌無聲。鹿角解，蟬始鳴，半夏生。

季夏之月

温風始至，《吕覽》《淮南》「温」並作「涼」。蟋蟀居壁，《吕覽》「壁」作「宇」，《淮南》「壁」作「奥」。鷹乃學習，腐草爲螢，《吕覽》《淮南》並作「竊草化爲蚈」。土潤溽暑，大雨時行。

孟秋之月

涼風至，白露降，寒蟬鳴，鷹乃祭鳥，天地始肅，農乃登穀。今作「禾乃登」。

仲秋之月

鴻鴈來，《吕覽》《淮南》並作「候鴈」。玄鳥歸，群鳥養羞，《淮南》作「群鳥翔」。雷始收聲，《吕覽》作「雷乃始收聲」，《淮南子》作「雷乃始收」。蟄蟲坏户，《吕覽》「坏」作「俯」，《淮南》「坏」作「培」。水始涸。

季秋之月

鴻鴈來賓，《吕覽》《淮南》並作「候鴈」。爵入大水爲蛤，鞠有黄華，豺乃祭獸，《吕覽》「乃」作「則」。草木黄落，蟄蟲咸俯。

孟冬之月

水始冰，地始凍，雉入大水爲蜃，虹藏不見，天氣上騰，地氣下降，閉塞而成冬。《吕覽》無

「塞」字。

仲冬之月

鶡旦不鳴，《淮南》「鶡」作「鳱」。虎始交，荔挺出，蚯蚓結，《淮南》「蚓」作「螾」。麋角解，水泉動。

季冬之月

鴈北鄉，鵲始巢，《淮南》「始」作「加」。雉雊，鷄乳，《淮南》作「鷄呼卵」。征鳥厲疾，水澤腹堅，《吕覽》作「水澤復」，注曰：「復亦盛也，復或作複。」

《周書·時訓篇》

古書之紀時物雖詳，而分爲七十二候，實始《周書·時訓篇》。今録之，以識權輿焉。

立春之日，東風解凍，又五日蟄蟲始振，又五日魚上冰。

驚蟄之日，獺祭魚，又五日鴻鴈來，又五日草木萌動。

雨水之日，桃始華，又五日倉庚鳴，又五日鷹化爲鳩。

春分之日，玄鳥至，又五日雷乃發聲，又五日始電。

穀雨之日，桐始華，又五日田鼠化爲鴽，又五日虹始見。

清明之日，萍始生，又五日鳴鳩拂其羽，又五日戴勝降于桑。

立夏之日，螻蟈鳴，又五日蚯蚓出，又五日王瓜生。

小滿之日，苦菜秀，又五日靡草死，又五日小暑至。

芒種之日，螳螂生，又五日鵙始鳴，又五日反舌無聲。

夏至之日，鹿角解，又五日蜩始鳴，又五日半夏生。

小暑之日，温風至，又五日蟋蟀居壁，又五日鷹乃學習。

大暑之日，腐草爲蠲，又五日土潤溽暑，又五日大雨時行。

立秋之日，涼風至，又五日白露降，又五日寒蟬鳴。

處暑之日，鷹乃祭鳥，又五日天地始肅，又五日禾乃登。

白露之日，鴻鴈來，又五日玄鳥歸，又五日群鳥養羞。

秋分之日，雷始收聲，又五日蟄蟲培户，又五日水始涸。

寒露之日，鴻鴈來賓，又五日爵入大水爲蛤，又五日菊有黄華。

霜降之日，豺乃祭獸，又五日草木黄落，又五日蟄蟲咸俯。

立冬之日，水始冰，又五日地始凍，又五日雉入大水爲蜃。

小雪之日，虹藏不見，又五日天氣上騰，地氣下降，又五日閉塞而成冬。

大雪之日，鶡旦不鳴，又五日虎始交，又五日荔挺生。

冬至之日，蚯蚓結，又五日麋角解，又五日水泉動。

小寒之日，鴈北向，又五日鵲始巢，又五日雉始雊。

大寒之日，鷄始乳，又五日鷙鳥厲疾，又五日水澤腹堅。

七十二候取之《月令》，而《月令》紀候多寡不倫，於是有非候而强取爲候者，如「天地始肅」「閉塞成冬」之類是也。有是候而不取爲候者，如仲春之「始雨水」，嫌其與「雨水」混也；季秋之「霜始降」，嫌其與「霜降」混也。他如仲春之「蟄蟲咸動」，仲夏之「木堇榮」，仲秋之「盲風至」，仲冬之「冰益壯」「地始坼」「芸始生」，則皆以數溢而遺。

《魏書》

自古有七十二候之名，然未以入曆也。曆家推七十二候，始於北魏。《魏書·律曆志》載《正光曆》及《甲子元曆》並有七十二候，與《周書》不合，蓋從《易軌》也。説見《新唐書》僧一行

《卦候議》。今録《正光曆》七十二候於左：

冬至：虎始交，芸始生，荔挺出。

小寒：蚯蚓結，麋角解，水泉動。

大寒：鴈北向，鵲始巢，雉始雊。

立春：鷄始乳，東風解凍，蟄蟲始振。

雨水：魚上冰，獺祭魚，鴻鴈來。

驚蟄：始雨水，桃始華，倉庚鳴。

春分：鷹化鳩，玄鳥至，雷始發聲。

清明：電始見，蟄蟲咸動，蟄蟲啓户。

穀雨：桐始華，田鼠爲鴽，虹始見。

立夏：萍始生，戴勝降於桑，螻蟈鳴。

小滿：蚯蚓出，王瓜生，苦菜秀。

芒種：靡草死，小暑至，螳螂生。

夏至：鶪始鳴，反舌無聲，鹿角解。

小暑：蟬始鳴，半夏生，木槿榮。

大暑：温風至，蟋蟀居壁，鷹乃學習。

立秋：腐草化螢，土潤溽暑，凉風至。

處暑：白露降，寒蟬鳴，鷹祭鳥。

白露：天地始肅，暴風至，鴻鴈來。

秋分：玄鳥歸，群鳥養羞，雷始收聲。

寒露：蟄蟲附户，殺氣浸盛，陽氣始衰。

霜降：水始涸，鴻鴈來賓，雀入大水化爲蛤。

立冬：菊有黄華，豺祭獸，水始冰。

小雪：地始凍，雉入大水化爲蜃，虹藏不見。

大雪：冰益壯，地始坼，鶡旦不鳴。

《甲子元曆》所推七十二候與此無殊，其小異者，「荔挺出」作「荔挺生」，「魚上冰」作「魚上負冰」，「鷹化鳩」作「鷹化爲鳩」，「田鼠爲鴽」作「田鼠化爲鴽」，「戴勝降於桑」作「戴勝降桑」，「腐草化螢」作「腐草化爲螢」，「陽氣始衰」作「陽氣日衰」，字句偶殊，無關文義。「鶡旦不鳴」作

「鶡日鳴」，則疑傳刻之訛。

《隋書》載劉焯之曆，推七十二候亦與《魏志》同，文字小異，兹不具論，而大雪末候亦作「曷旦鳴」。

《舊唐書》

唐初李淳風造《麟德曆》，推七十二候仍用舊法。開元中僧一行造《開元大衍曆》，其《卦候議》曰：「七十二候原于周公《時訓》。《月令》雖有增益，然先後之次則同。自後魏始載于曆，乃依《易軌》所傳，不合經義，今改從古。」《舊唐書》具載新舊二法，今並録焉。

《麟德曆》

冬至：虎始交，芒始生〔一〕，荔挺出。

〔一〕芒，原訛「芸」，據《舊唐書・曆志二》改。

小寒：蚯蚓結，麋角解，水泉動。
大寒：鴈北鄉，鵲始巢，雉始雊。
立春：鷄始乳，東風解凍，蟄蟲始振。
驚蟄：魚上冰，獺祭魚，鴻鴈來。
雨水：始雨水，桃始華，倉庚鳴。
春分：鷹化爲鳩，玄鳥至，雷始發聲。
清明：始電，蟄蟲咸動，缺。
穀雨：桐始華，田鼠化爲鴽，虹始見。
立夏：萍始生，戴勝降於桑，螻蟈鳴。
小滿：蚯蚓出，王瓜生，苦菜秀。
芒種：靡草死，小暑至，螳螂生。
夏至：鵙始鳴，反舌無聲，鹿角解。
小暑：蟬始鳴，半夏生，木槿榮。
大暑：温風至，蟋蟀居壁，鷹乃學習。

立秋：腐草爲螢，土潤溽暑，涼風至。

處暑：白露降，寒蟬鳴，鷹祭鳥。

白露：天地始肅，暴風至，鴻鴈來。

秋分：玄鳥歸，群鳥養羞，雷始收聲。

寒露：蟄蟲培户，陰氣方盛，陽氣始衰。

霜降：水始涸，鴻鴈來賓，雀入水爲蛤。

立冬：菊有黄華，豺祭獸，水始冰。

小雪：地始凍，野鷄入水爲蜃，虹藏不見。

大雪：冰益壯，地始坼〔一〕，鶡鳥不鳴。

《開元大衍曆》

冬至：蚯蚓結，麋角解，水泉動。

〔一〕坼，原訛「圻」，據《舊唐書·曆志二》改。

小寒：鴈北鄉，鵲始巢，野鷄始雊。

大寒：鷄始乳，鷙鳥厲疾，水澤腹堅。

立春：東風解凍，蟄蟲始振，魚上冰。

雨水：獺祭魚，鴻鴈來，艸木萌動。

驚蟄：桃始華，倉庚鳴，鷹化爲鳩。

春分：玄鳥至，雷乃發聲，始電。

清明：桐始華，田鼠化爲鴽，虹始見。

穀雨：萍始生，鳴鳩拂羽，《新書》有「其」字。戴勝降桑。《新書》有「于」字。

立夏：螻蟈鳴，蚯蚓出，王瓜生。

小滿：苦菜秀，靡艸死，小暑至。

芒種：螳螂生，鵙始鳴，反舌無聲。

夏至：鹿角解，蜩始鳴，半夏生。

小暑：温風至，蟋蟀居壁，鷹乃學習。

大暑：腐草爲螢，土潤溽暑，大雨時行。

立秋：涼風至，白露降，寒蟬鳴。

處暑：鷹祭鳥，天地始肅，禾乃秀。《新書》「秀」作「登」。

白露：鴻鴈來，玄鳥歸，群鳥養羞。

秋分：雷乃收聲，蟄蟲坏户，水始涸。

寒露：鴻鴈來賓，雀入大水爲蛤，菊有黄華。

霜降：豺乃祭獸，草木黄落，蟄蟲咸俯。

立冬：水始冰，地始凍，野鷄入大水爲蜃。《新書》無「大」字。

小雪：虹藏不見，天氣上騰地氣下降，閉塞成冬。《新書》有「而」字。

大雪：鶡鳥不鳴，虎始交，茘挺出。

自唐僧一行改從《周書》以後，曆家咸循用之。故自《五代史·司天考》以後，諸史曆志所載之七十二候不復録，而録其小異者著於篇：

野鷄始雊。《五代史》作「雉始雊」，《金史》仍作「野鷄」，《元史》改作「雉」，今從之。下「野鷄入大水爲蜃」同。

鷙鳥厲疾。《元史》作「征鳥厲疾」，今從之。

魚上冰。《元史》作「魚陟負冰」，今從之。

鴻鴈來。《元史》作「候鴈北」，今從之。

小暑至。《金史》改作「麥秋至」，今從之。

蜩始鳴。《元史》作「蟬始鳴」，今不從。

鷹乃學習。《元史》作「鷹始摯」，今從之。

天氣上騰。《金史》作「天氣上升」，今從之。

鶡鳥不鳴。《元史》作「鶡旦不鳴」，今從之。

附王冰《素問》注

「五日爲候，三候爲氣」，其説本始於《素問》，然未有「東風解凍」諸目也。王冰注《四氣調神大論》，乃備載氣候之名。然其説有與古異者，今録以備考。

立春之節：初五日東風解凍，次五日蟄蟲始振，後五日魚上冰。

次雨水氣：初五日獺祭魚，次五日鴻鴈來，後五日草木萌動。

驚蟄之節：初五日小桃華，次五日倉庚鳴，後五日鷹化爲鳩。

次春分氣：初五日玄鳥至，次五日雷乃發聲、芍藥榮，後五日始電。

清明之節：初五日桐始華，次五日田鼠化爲鴽、牡丹華，後五日虹始見。

次穀雨氣：初五日萍始生，次五日鳴鳩拂其羽，後五日戴勝降于桑。

立夏之節：初五日螻蟈鳴，次五日蚯蚓出，後五日赤箭生。

次小滿氣：初五日吴葵華，次五日靡草死，後五日小暑至。

芒種之節：初五日螗螂生，次五日鶪始鳴，後五日反舌無聲。

次夏至氣：初五日鹿角解，次五日蜩始鳴，後五日半夏生、木堇榮。

小暑之節：初五日温風至，次五日蟋蟀居壁，後五日鷹乃學習。

次大暑氣：初五日腐草化爲螢，次五日土潤溽暑，後五日大雨時行。

立秋之節：初五日涼風至，次五日白露降，後五日寒蟬鳴。

次處暑氣：初五日鷹乃祭鳥，次五日天地始肅，後五日禾乃登。

白露之節：初五日盲風至、鴻鴈來，次五日玄鳥歸，後五日群鳥養羞。

次秋分氣：初五日雷乃收聲，次五日蟄蟲坏户、景天華，後五日水始涸。

寒露之節：初五日鴻鴈來賓，次五日雀入大水爲蛤，後五日菊有黄華。

次霜降氣：初五日豺乃祭獸，次五日草木黄落，後五日蟄蟲咸俯。

立冬之節：初五日水始冰，次五日地始凍，後五日雉入大水爲蜃。
次小雪氣：初五日虹藏不見，次五日天氣上騰、地氣下降，後五日閉塞而成冬。
大雪之節：初五日冰益壯、地始坼、鶡鳥不鳴，次五日虎始交，後五日芸始生、荔挺出。
次冬至氣：初五日蚯蚓結，次五日麋角解，後五日水泉動。
小寒之節：初五日鴈北鄉，次五日缺。後五日缺。
次大寒氣：初五日缺，次五日鷙鳥厲疾，後五日水澤腹堅。

國朝《時憲書》

正月：東風解凍，蟄蟲始振，魚陟負冰，獺祭魚，候鴈北，草木萌動。
二月：桃始華，倉庚鳴，鷹化爲鳩，玄鳥至，雷乃發聲，始電。
三月：桐始華，田鼠化爲鴽，虹始見，萍始生，鳴鳩拂其羽，戴勝降于桑。
四月：螻蟈鳴，蚯蚓出，王瓜生，苦菜秀，靡草死，麥秋至。
五月：螳螂生，鵙始鳴，反舌無聲，鹿角解，蜩始鳴，半夏生。
六月：温風至，蟋蟀居壁，鷹始摯，腐草爲蟄，土潤溽暑，大雨時行。

七月：涼風至，白露降，寒蟬鳴，鷹乃祭鳥，天地始肅，禾乃登。

八月：鴻鴈來，玄鳥歸，群鳥養羞，雷始收聲，蟄蟲坏户，水始涸。

九月：鴻雁來賓，雀入大水爲蛤，菊有黄華，豺乃祭獸，草木黄落，蟄蟲咸俯。

十月：水始冰，地始凍，雉入大水爲蜃，虹藏不見，天氣上升、地氣下降，閉塞而成冬。

十一月：鶡旦不鳴，虎始交，茘挺出，蚯蚓結，麋角解，水泉動。

謹案：「麋角解」本作「麋角解」，乾隆三十一年高宗純皇帝目騐御園麋角於冬至皆解，而麋角不解，敕改《時憲書》「麋角」爲「麋角」。

十二月：鴈北鄉，鵲始巢，雉雊，鷄乳，征鳥厲疾，水澤腹堅。

《左傳》古本分年考　曲園雜纂第十四

凡作傳之例，每年必冠以年，每月必冠以月，此紀事之定例也。然事必有其緣起，不能一例冠以年月，如「陳及鄭平」。十二月，陳五父如鄭涖盟」，五父如鄭雖在十二月，而其事不始於十二月，故於「十二月」之前先書「陳及鄭平」也。又如「鄭伯請釋泰山之祀而祀周公，以泰山之祊易許田。三月，鄭伯使宛來歸祊」，宛之來雖在三月，而其事不始於三月，故於「三月」之前先書「鄭伯請釋泰山之祀而祀周公，以泰山之祊易許田」也。如此之類，學者皆以爲當然，未嘗謂每篇必當從某月起，而某月之前不容著一字也。夫年之與月亦等耳，乃月之上不礙有文，而年之前不容有字。每年必以某年建首，而某年之前所有文字必截附上年之末，於是文義之不通者多矣，此編次之失也。今一一正之，以存左氏古本之舊。

惠公元妃孟子。孟子卒，繼室以聲子，生隱公。宋武公生仲子。仲子生而有文在其手，曰「爲魯夫人」，故仲子歸于我。生桓公而惠公薨，是以隱公立而奉之。元年春，王周正月。不書即位，攝也。

按：「惠公元妃孟子」以下五十八字，即當連屬於「元年春，王周正月」之上，以下均倣此。

「衛莊公娶于齊東宫得臣之妹，曰莊姜」至「其子厚與州吁游，禁之，不可。桓公立，乃老。四年春，衛州吁弒桓公而立」。

文字太多，不全録。下倣此。

宋華父督見孔父之妻于路，目逆而送之，曰：「美而豔。」二年春，宋督攻孔氏，殺孔父而取其妻。公怒，督懼，遂弒殤公。

「初，晉穆侯之夫人姜氏以條之役生太子，命之曰仇。其弟以千畝之戰生，命之曰成師」至「哀侯侵陘庭之田。陘庭南鄙啓曲沃伐翼。三年春，曲沃武公伐翼，次于陘庭。韓萬御戎，梁弘爲右。逐翼侯于汾隰，驂絓而止。夜獲之，及欒共叔。」

伐絞之役，楚師分涉於彭。羅人欲伐之。使伯嘉諜之。三巡數之。十三年春，楚屈瑕伐羅。

伐絞事已叙訖，又特提「伐絞之役」四字，明是爲下傳發端，不當連屬十二年傳末也。

鄭人來請脩好。十四年春，會于曹，曹人致餼，禮也。

初，公孫無知虐于雍廩。九年春，雍廩殺無知。

弑諸兒事已叙訖，又用「初」字爲下傳發端，乃割綴八年傳末，遂使此語孤懸無著，亦足見其編次之未善矣。

乘丘之役，公以金僕姑射南宫長萬，公右歂孫生搏之。宋人請之，宋公靳之，曰：「始吾敬子，今子魯囚也，吾弗敬子矣。」病之。十二年秋，宋萬弑閔公于蒙澤。

宋人背北杏之會。十四年春，諸侯伐宋，齊請師于周。夏，單伯會之，取成于宋而還。

樊皮叛王。三十年春，王命虢公討樊皮。夏四月丙辰，虢公入樊，執樊仲皮，歸于京師。

齊侯與蔡姬乘舟于囿，蕩公。公懼，變色。禁之，不可。公怒，歸之，未絶之也。蔡人嫁之。四年春，齊侯以諸侯之師侵蔡。蔡潰，遂伐楚。

梁伯益其國而不能實也，命曰新里，秦取之。十九年春，遂城而居之。

宋襄公欲合諸侯，臧文仲聞之，曰：「以欲從人則可，以人從欲鮮濟。」二十一年春，宋人爲鹿上之盟，以求諸侯於楚，楚人許之。公子目夷曰：「小國爭盟，禍也。宋其亡乎？幸而後敗。」

「任、宿、須句、顓臾，風姓也」至「若封須句，是崇皞、濟而脩祀，紓禍也。二十二年春，伐邾，取須句，反其君焉，禮也。」

「晉公子重耳之及於難也」至「君稱所以佐天子者命重耳，重耳敢不拜。二十四年春，王正月，秦伯納之。不書，不告入也。」

衛人將伐邢，禮至曰：「不得其守，國不可得也。我請昆弟仕焉。」乃往，得仕。二十五年春，衛人伐邢，二禮從國子巡城，掖以赴外，殺之。正月丙午，衛侯燬滅邢，同姓也，故名。禮至爲銘曰：「余掖殺國子，莫余敢止。」

「杞子自鄭使告于秦曰：『鄭人使我掌其北門之管，若潛師以來，國可得也。』」至「秦師遂東。三十三年春，秦師過周北門，左右免胄而下，超乘者三百乘〔一〕。」

上文爲「晉侯重耳卒」傳，「杞子自鄭使告于秦」下自爲三十三年「秦人入滑」傳，不當連綴爲一。

「殽之役，晉人既歸秦帥」至「夫子何罪？復使爲政。二年春，秦孟明視帥師伐晉，以報殽

〔一〕乘，原訛「人」，據《春秋左傳》改。

之役。」

晋趙成子、欒貞子、霍伯、臼季皆卒。六年春，晋蒐于夷，舍二軍。

叙四子之卒，正所以舍二軍之故也。分屬兩年，便失其旨。

「晋郤缺言於趙宣子曰：『日衛不睦，故取其地。』」至「『盍使睦者歌吾子乎？』宣子説之。八年春，晋侯使解揚歸匡、戚之田于衛，且復致公壻池之封，自申至于虎牢之境。」

「夷之蒐，晋侯將登箕鄭父、先都，而使士穀、梁益耳將中軍」至「故箕鄭父、先都、士穀、梁益耳、蒯得作亂。九年春，王正月己酉，使賊殺先克。乙丑，晋人殺先都、梁益耳。」

厥貉之會，麇子逃歸。十一年春，楚子伐麇，成大心敗麇師於防渚。潘崇復伐麇，至于錫穴。

郕太子朱儒自安於夫鍾，國人弗徇。十二年春，郕伯卒，郕人立君。太子以夫鍾與郕邽來奔。公以諸侯逆之，非禮也。故書曰：「郕伯來奔。」不書地，尊諸侯也。

厲之役，鄭伯逃歸，自是楚未得志焉。鄭既受盟于辰陵，又徼事于晋。十二年春，楚子圍鄭。清丘之盟，晋以衛之救陳也，討焉。使人弗去，曰：「罪無所歸，將加而師。」孔達曰：「苟利社稷，請以我説，罪我之由。我則爲政，而亢大國之討，將以誰任？我則死之。」十四年春，孔達縊而死。

「孟獻子言于公曰」至「『今楚在宋，君其圖之。』公説。十五年春，公孫歸父會楚子于宋。」

晋趙嬰通于趙莊姬。五年春，原、屏放諸齊。

會于夷儀之歲，齊人城郟。其五月，秦、晋爲成。晋韓起如秦涖盟，秦伯車如晋涖盟，成而不結。二十六年春，秦伯之弟鍼如晋脩成。

按：「會于夷儀之歲」以下一段文字，本在「二十六年春」之上，以經文横隔其中，非左氏原本矣。然其不在二十七年傳末，正足考見左氏之舊。而杜氏反謂此傳當在前年之末，傳寫跳此，則失之甚矣。

「齊人城郟之歲，其夏，齊烏餘以廩丘奔晋。」至「對曰：『胥梁帶能無用師。』晋侯使往。二十七年春，胥梁帶使諸喪邑者具車徒以受地，必周。使烏餘具車徒以受封，烏餘以其衆出。使諸侯僞效烏餘之封者，而遂執之，盡獲之，皆取其邑而歸諸侯，諸侯是以睦於晋。」

周鞏簡公弃其子弟而好用遠人。二年夏，四月辛酉，鞏氏之群子弟賊簡公。

「季孫欲以田賦，使冉有訪於仲尼。」至「又何訪焉？弗聽。十二年春，王正月，用田賦。」

「衛侯謂渾良夫曰：『吾繼先君而不得其器，若之何？』」至「公曰：『諾哉！』十七年春，衛侯爲虎幄於藉圃，成，求令名者，而與之始食焉。太子請使良夫，良夫乘衷甸兩牡，紫衣狐裘。至，袒裘，不釋劍而食。太子使率以退，數之以三罪而殺之。」

凡左氏之傳，本非年各爲篇。以上諸條皆率連爲文，初無間隔。至後人合傳於經，乃始有經文間隔其中，而又編次失當，每年必以年建首，年以前所有文字一一割歸上年之末，於是文義多不可通。如云「十九年春，遂城而居之」，無上文則所城何地，居者何人？「二十四年春，王正月，秦伯納之」，無上文則所納何人？「九年春，王正月己酉，使賊殺先克」，無上文則使者何人？「五年春，原、屏放諸齊」，無上文，則所放何人？古人必無此鶻突文法也。余一一爲之訂正，雖於文義無所損益，要是古本如是。後人依此刊刻，庶存左氏之本來也。

《春秋》人地名對　曲園雜纂第十五

人名

顏羽，魯。林楚，魯。辛有，周。玃且，邾。

樊皮，周。華齊，衛。申須，魯。鱄諸，吳。

侯獳，鄭。王鮒，晉。鐸辰，赤狄。印段，鄭。

史鰌，衛。豎貂，齊。聲己，魯。琴張，魯。

尹辛，周。堵狗，鄭。辛甲，周。裨竈，鄭。

師己，魯。瑕禽，周。子丁，鄭。鬷房，魯。

史狗，衛。石楚，鄭。毛伯，周。劉狄，周。
祝鼃，衛。華齊，衛。翼侯，晋。樊齊，周。
魏絳，晋。楚瓦，楚。苫夷，魯。息姑，魯。
鄭丹，楚。鄭羅，鄭。林楚，魯。虞母，滕。
駟赤，魯。蔡墨，晋。慮癸，魯。微虎，魯。
鱗朱，宋。榮黄，楚。慶寅，陳。長牂，衛。
苫越，魯。叔帶，周。華豹，宋。魚臣，鄭。
籍秦，晋。公鉏，魯。欒魴，晋。駒伯，晋。
宗魯，衛。閔馬父，魯。石尚，周。狄虒彌，魯。
姑曹，吴。季魴侯，魯。瑕嘉，晋。郈魴假，魯。

叔申，鄭。
孟丙，魯。
衆父，魯。
諸兒，齊。
姚句耳，鄭。
梁其踁，魯。
季公亥，魯。
太叔申，衛。
公子午，楚。
中行寅，晋。

司寇亥，衛。
公賓庚，魯。
公孫蠆，齊。
王子狐，周。
子師僕，鄭。
公孫臣，衛。
百里視，秦。
五父佗，陳。
陽令終，楚。
陰不佞，周。

韓服，巴。
鄭羅，鄭。
甘簡公，周。
苦成叔，晋。
屈狐庸，楚。
華龍滑，衛。
韓不信，晋。
陳無須，齊。
東郭賈，齊。
北宫佗，衛。

叔仲帶，魯。
公孫鉏，鄭。
東門遂，魯。
北宫遺，衛。
叔興父，周。
賓媚人，齊。
司徒醜，周。
公子嘉，鄭。
靈不緩，宋。
茲無還，魯。

司城茷，宋。　茅成子，邾。　陽處父，晉。　中行吴，晉。
饔人檀，魯。　蒲餘侯，莒。　陰飴甥，晉。　公孫楚，鄭。
女叔齊，晉。　屈禦寇，楚。　蔡仲尼，鄭。　叔孫不敢，魯。
公孫楚，鄭。　成得臣，楚。　鮑叔牙，齊。　公子無虧，齊。
太子茲父，宋。　王官無地，魯。　京城太叔，鄭。　司空無駭，魯。
公叔務人，魯。　公子有山，魯。　桐門右師，宋。　公子圍龜，宋。
右人名對六十有四

地名

石門，齊。　犬丘，宋。　欑茅，周。　陽丘，楚。
瓦屋，周。　狐壤，鄭。　連穀，楚。　陰地，晉。

老桃，宋。
小穀，齊。
受鐸，晉。
斂盂，衛。
穀丘，宋。
桑隧，蔡。
麻隧，秦。
桑田，晉。
少習，晉。
大冥，陳。

北林，鄭。
南里，鄭。
戾丘，魯。
暴隧，鄭。
楚丘，衛。
曹隧，曹。
姑棼，齊。
女栗，闕。
茅津，晉。
棘澤，晉。

菟圃，衛。
狐厨，晉。
無棣，齊。
有莘，古國名。
石窌，齊。
銅鞮，晉。
甯母，魯。
戲童，鄭。
魚門，邾。
鷄澤，晉。

長葛，鄭。
大林，楚。
坎欿，周。
雕城，舒。
廬柳，晉。
旅松，魯。
大陵，鄭。
少水，晉。
高魚，魯。
沈鹿，楚。

大棘，宋。長樗，晉。

有鬲，古國名。無婁，杞。

城棣，鄭。丘蕕，魯。

鵲岸，楚。狼淵，鄭。

長岸，楚。曲池，魯。

魚里，齊。蟲牢，鄭。

平時，周。曲梁，晉。

百泉，衛。千畝，晉。

蠶室，魯。虎牢，鄭。

闕外，周。連中，宋。

蒲圃，魯。葵丘，齊。

陰阪，鄭。陽陵，鄭。

鷄澤，晉。魚陂，楚。

蒲隧，徐。穀丘，宋。

東圉，周。西闈，周。

黑壤，晉。黄崖，鄭。

羊肆，鄭。狐厨，晉。

桐汝，魯。柏人，晉。

姑蔑，越。夫椒，吴。

百濮，夷地。三夷，越。

豚澤，衛。聶北，蔡。鷄父，楚。黑壤，晋。

蚡泉，魯。甬東，越。狐人，周。黄池，鄭。

負黍，周。柳棼，鄭。翳桑，晋。承筐，宋。

采桑，晋。瓜衍，晋。檇李，越。成臼，楚。

鬼閻，宋。耏外，齊。陰人，晋。荒谷，楚。

生竇，魯。弇中，齊。尸氏，周。虚丘，魯。

上陽、下陽，虢。

大別、小別，楚。

右地名對五十有七

邵《易》補原　曲園雜纂第十六

邵子之《易》，雖非伏羲、文王、周公、孔子之《易》，然亦自成一家之學。其推原伏羲畫卦次弟，其意甚巧，故朱子亦頗信之。然太極、兩儀、四象、八卦之相生，《易》言之矣；八卦又生兩儀、四象，《易》所未言也。吾不知四五兩畫，將仍謂之兩儀四象乎？抑謂之十六儀三十二象乎？既不可爲之名，則止是程子所謂「加一倍法」而已。一而二，二而四，四而十六，十六而三十二，三十二而六十四，六十四而一百二十八，一百二十八而二百五十六，自此以往，層出而不可窮。何以截三畫爲一卦，截六畫爲一卦，而六畫以後，則止而不畫也？毛西河云「四五無名，三六無住法」，雖邵子復生，無以解矣。然則爲邵學者當如何？曰：「河出圖，洛出書，聖人則之」，《易》所言也。邵子之學出於陳圖南，而陳圖南所傳有五十五點之河圖、四十五點之洛書。伏羲之《易》出於古之真圖書，邵子之《易》必出於陳圖南五十五點、四十五點之僞圖書。合五十五、四十五而成一百，此一百之數可以爲邵《易》之太極。分之而五十者二，爲兩儀；又分之而二十五者四，爲四象；又分之而十二者八，爲八卦；而其中各有不能分者一焉，不能分則數窮矣，於是八卦定矣。八卦之數各十二，十二者天之數也，亦可以爲太極。分之而六者二，爲兩儀；又分之而三者四，爲四象；又分之而一者八，爲八卦；而其中各有不能分者一焉，不能分則數窮矣，於是八八六十四卦定矣。三畫之卦之止於八也，六畫之卦之止於六十四也，皆有窮而不能復生者也，非可層累而上之，至千百萬億也。邵子不知此，故其説雖巧，而不免爲後儒所譏。愚爲邵《易》補其原，雖於伏羲、文王、周公、孔子之《易》爲罪人，而於邵子之《易》則固足以爲功臣也。

五有十五圖河

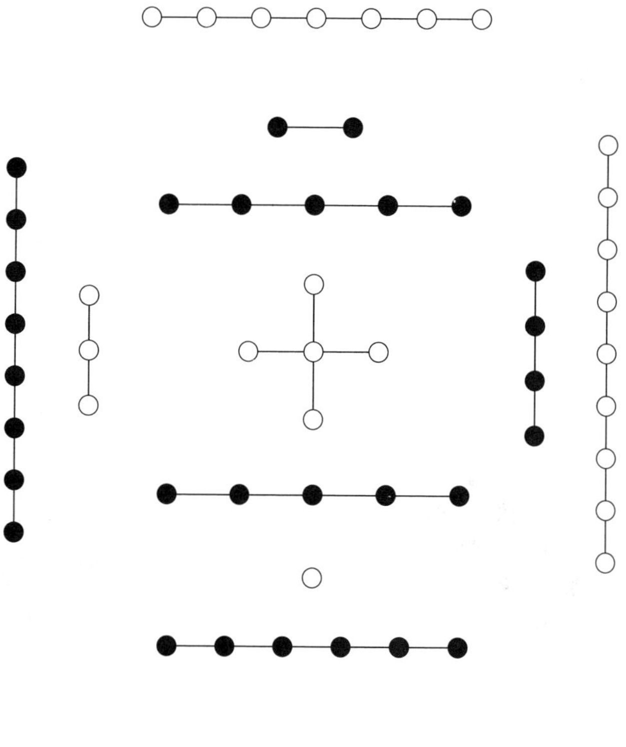

洛書四十有五

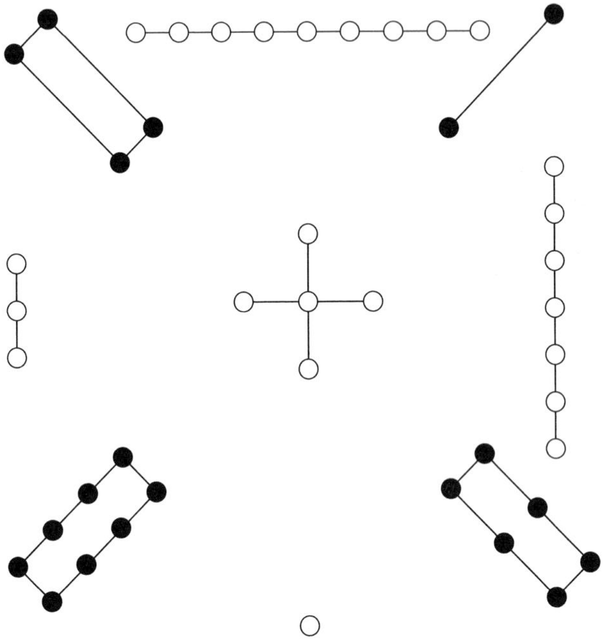

河圖洛書合爲一百

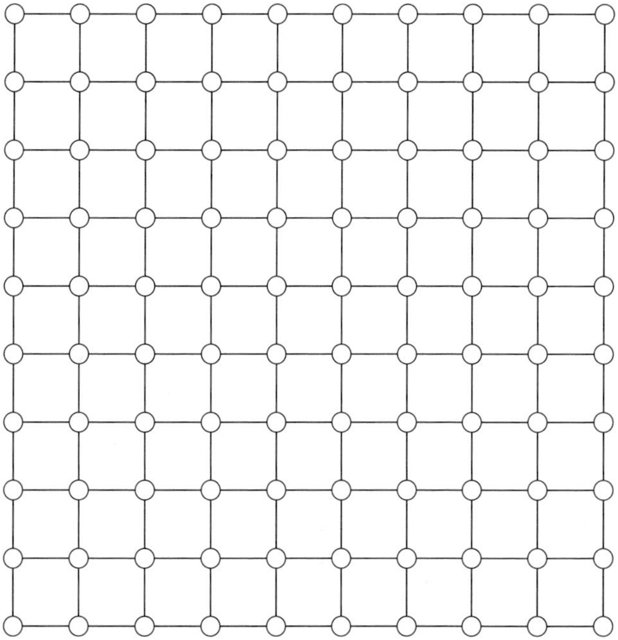

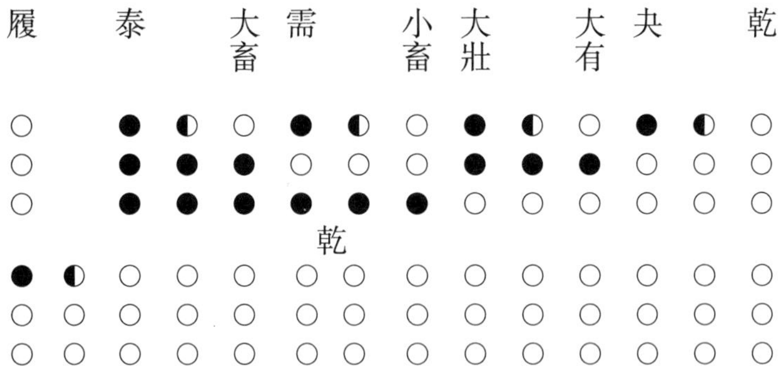
乾
夬
大有
大壯
小畜
需
大畜
泰
履
乾

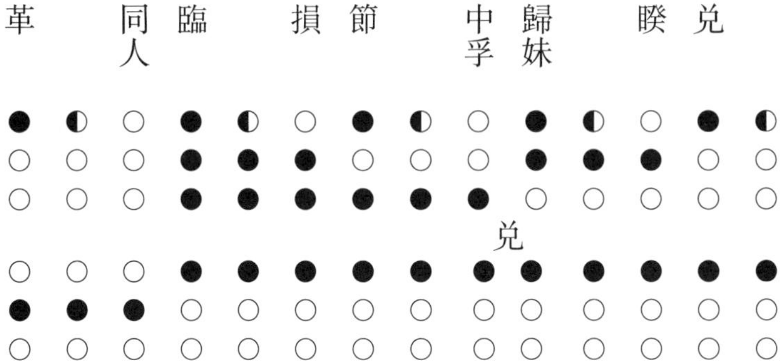
兑
睽
歸妹
中孚
節
損
臨
同人
革
兑

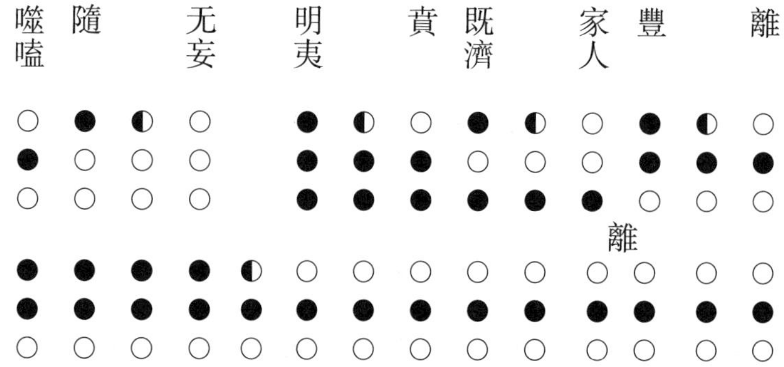
噬嗑
隨
无妄
明夷
賁
既濟
家人
豐
離
離

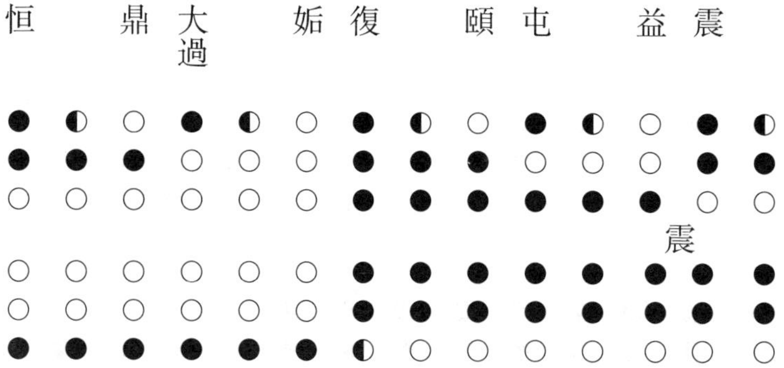
恒
鼎
大過
姤
復
頤
屯
益
震
震

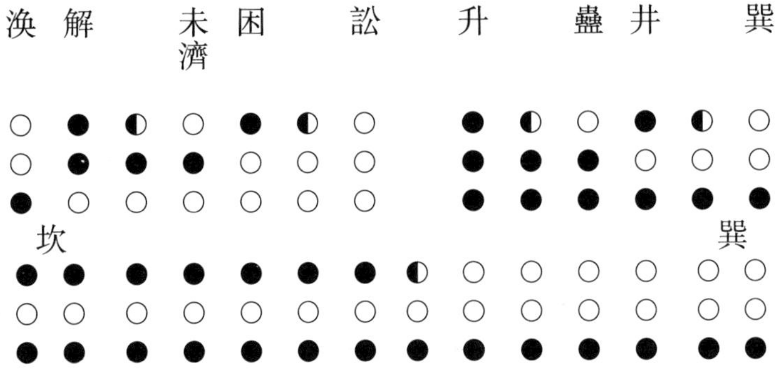
巽
井
蠱
升
訟
困
未濟
解
渙
巽
坎

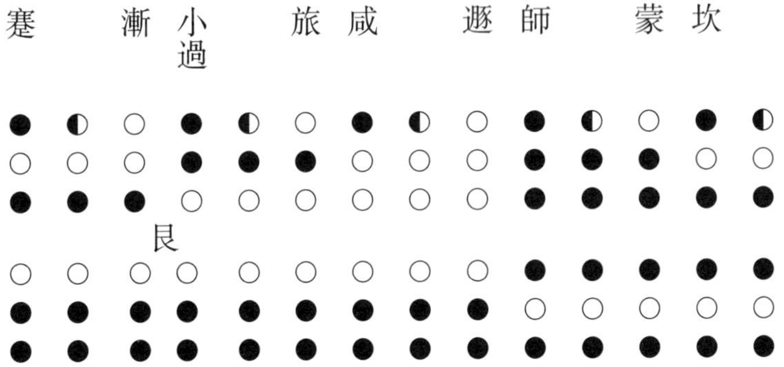
坎
蒙
師
遯
咸
旅
小過
漸
蹇
艮

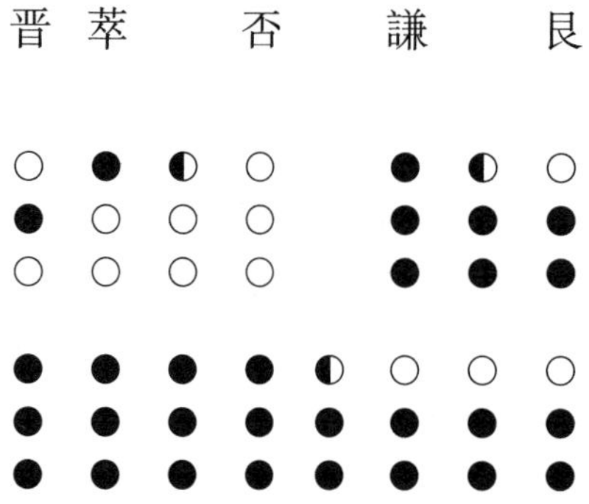

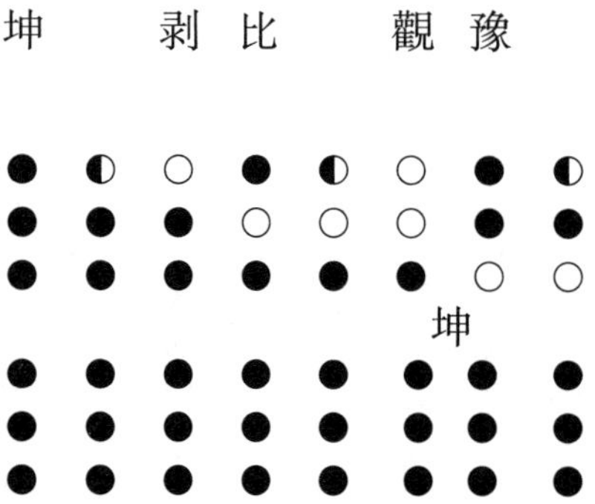

最下一列分陰分陽者各五十，其上一列分陰分陽者各二十五，又其上一列分陰分陽者各十二，而不能分者四，於是八卦定矣。又其上一列分陰分陽者各六，又其上一列分陰分陽者各三，又其上一列分陰分陽者各一，而不能分者三十二，於是六十四卦定矣。

讀《韓詩外傳》　曲園雜纂第十七

「故君子矯褐趨時」，趙懷玉本「矯」作「橋」，校云：「本或作矯。」周廷寀本作「矯」，云：「疑當爲蹻蹻擔簦之蹻。」樾謹案：「橋」「矯」並叚字，周疑爲「蹻」，非也。「矯褐」乃雙聲連語，即《文選·射雉賦》之「揭驕」，語有倒順耳。《射雉賦》云：「眄箱籠以揭驕，睨驍媒之變態。」徐爰注曰：「揭驕，志意肆也。」又曰：「《楚辭》『揭驕』字作『拮矯』。」善曰：「《楚辭》曰：『意恣睢以拮矯。』」今按「揭驕」蓋有急欲赴之之意，故《射雉賦》用之。其下云「鬱軒翥以餘怒，思長鳴以效能」，正其義也。此云「矯褐趨時」，「矯褐」之與「揭驕」，聲異而義同，亦猶《楚辭》之爲「拮矯」。古義存乎聲，不泥其形也。

「君人者降禮尊賢而王」，趙校云：「『降禮』疑是『隆禮』。」周云：「『降』字當從《荀子》爲『隆』。」樾謹按：《説文·生部》：「隆，豐大也。從生，降聲。」是「隆」字本從「降」得聲，故古字通用。《書大傳》「隆谷」，鄭注曰：「隆讀如龐降之降。」《齊策》「歲八月，降雨下」，《風俗通義·

祀典篇》「降」作「隆」，並其證也。《荀子・天論篇》作「隆禮」，乃正字；此作「降禮」，乃叚字，不必改「降」爲「隆」。

「不仁之至忽其親」，樾謹按：「忽」當作「忍」，字之誤也。「忍其親」與下「倍其君」「欺其友」，文義相稱。字誤作「忽」，則無義矣。

「柳下惠殺身以成其信」，趙校云：「柳下惠不證岑鼎，《吕氏春秋・審己篇》《新序・節士篇》皆載之，此所謂『成其信』也。《説苑・立節篇》作『尾生』，此泥殺身而失之者也。尾生之信，豈可與比干、夷、齊並論哉？」樾謹按：此當從《説苑》作「尾生」，方與殺身義合。若柳下惠，豈有殺身之事哉？至云「尾生之信豈可與比干、夷、齊並論」，則古人之語固不斤斤於此。《史記・蘇秦傳》：「今有孝如曾參，廉如伯夷，信如尾生，得此三人者以事大王，何若？」《陳丞相世家》：「魏無知曰：今有尾生、孝己之行，而無益於勝負之數，陛下何暇用之乎？」《漢書・東方朔傳》：「勇若孟賁，捷若慶忌，廉若鮑叔，信若尾生。」是尾生之信，固古人所盛稱。《莊子・盜跖篇》「世之所謂賢士者」，亦以伯夷、叔齊與尾生相連而及。何必改此文之「尾生」爲「柳下惠」，而轉使柳下惠受殺身之誣乎？

「行既已尊之〔一〕」，周校云：「『尊』，《荀》及《家語》並作『由』。」樾謹按：下云「言既已由之」，則此文自作「尊」，與《荀子》《家語》不同。惟「尊」字無義，當讀爲「遵」。《後漢書・蔡遵傳》「遵美屏惡」，《漢平都相蔣君碑》「遵五迸四」，今《論語》作「尊五美」，是「尊」與「遵」通也。《爾雅・釋詁》：「遵，循也。」「行既已遵之」，與「言既已由之」同義。

「故男八月生齒，八歲而齠齒」，樾謹按：下云「女七月生齒，七歲而齔齒」，是男毁齒謂之「齠」，女毁齒謂之「齔」也。《説文》無「齠」字，《齒部》：「齔，毁齒也。男八月生齒，八歲而齔；女七月生齒，七歲而齔。」是男女同謂之「齔」，初無異名。《後漢書・閻后紀》引《大戴禮》「男八歲而齔，女七歲而齔」，與《説文》合。《説文》《玉篇》均無「齠」字，然則此文之誤無疑。庾信《齊王憲碑》「未逾齠齔，已議論天下事」，《顏氏家訓・序致篇》「昔在齠齔，便蒙誨誘」，「齠齔」連文，或疑本此。然彼所謂「齠齔」者，「齔」謂毁齒，「齠」謂垂髪也。《後漢書・伏湛傳》注：「髫髪，謂童子垂髪也。」字亦作「齠」。《文選・七命》「玄齠巷歌」，注曰：「髫與齠古字通也。」是「齠」即「髫」字。因變從「髟」爲從「齒」，又適與「齔」連文，讀者誤以爲亦毁齒之名，遂成此誤矣。《家

〔一〕尊，原訛「遵」，據蔡啓盛《校勘記》改。

語・本命解》男女並作「毀齒」，與今本《大戴記》合。此文於女既云「齔齒」，則於男亦必同文，其「齠」「齔」異文者，淺人妄改，不可不正。

「於是靈公乃興師而從之」，趙校云：「『興』，本皆譌『與』，今案文義改。」樾謹案：作「與」者是也。「與」者，「舉」之叚字。《周官・師氏》「王舉則從」，故書「舉」爲「與」，是「與」「舉」古通用。「與師而從之」即舉師而從之。趙以爲「興」之誤，非也。

「鮑焦衣弊膚見，挈畚持蔬」，樾謹按：「持」疑「捋」字之誤。《詩・芣苢篇》「薄言捋之」，傳曰：「捋，取也。」《新序・節士篇》作「將」，此作「持」，皆「捋」字之誤。《御覽》作「採」，則後人以意改之。

「江水沛兮，舟楫敗兮。我王廢矣，趣歸於亳，亳亦大矣」，周校云：「『亳』，《新序》作『薄』。上句『薄』下有『兮』字，而上無『於』字，『矣』亦作『兮』。按此既爲歌，則當從《新序》也。」樾謹按：《新序・刺奢篇》下二句作「趣歸薄兮，薄亦大兮」，趙謂此「矣」字當從《新序》作「兮」是也，謂「趣歸於亳」當作「趣歸薄兮」，則未可從。蓋此歌「兮」上一字皆是韻，「沛」「敗」「廢」「大」四字爲韻，而「亳」字非韻，則不當用「兮」字也。下文又歌之，辭曰：「樂兮樂兮，四牡驕兮。六轡沃兮，去不善而從善，何不樂兮？」「樂」「驕」「沃」「樂」爲韻，皆用「兮」字。「善」字非韻，則不用

「兮」字。兩歌正一律也。「去不善而從善」，今本誤作「去不善兮善」，周已訂正。

「陳之富人有處師氏者，脂車百乘，觴於韞丘之上」，趙校云：「『脂車』，本皆作『指車』，《御覽》四百七十二引作『枝車』，皆不可曉。」樾謹按：此當以作「指」爲是，「指」者「榰」之叚字。榰從木耆聲，「耆」與「指」並從旨聲，故得通用。《爾雅·釋言》：「榰，柱也。」今榰柱字皆以「支」爲之，《周語》：「天之所支，不可壞也，其所壞亦不可支也。」又或以「枝」爲之，《莊子·齊物論篇》：「師曠之枝策也。」司馬注曰：「枝，拄也。」《御覽》引此作「枝」，「枝」亦「榰」之叚字也。處師氏觴於韞丘之上，則其所乘之車必止而勿駕，車止必有本以榰其輪，使之勿動，古謂之「軔」。《説文·車部》：「軔，礙車也。」《詩正義》引《説文》作「礙車木」。《離騷》「朝發軔於蒼梧兮」，注曰：「軔，榰輪木也。」然則「榰車」猶云「軔車」。《秦策》「陛下嘗軔車于趙矣」，即此「榰車」之義。因其字作「指」、作「枝」皆非本字，周氏不達叚借之義，臆改爲「脂」字，此大謬也。膏車秣馬，則車將行矣。處師氏方觴於韞丘，何爲遽脂其車乎？若謂其先曾脂車而來因謂之「脂車」，則義尤迂曲而不可通矣。

「《詩》曰：『勝殷遏劉，耆定爾功。』言伐紂而殷亡，武也。」趙校云：「『言』，本或作『信』；『也』，本或作『乎』，今皆從毛本，似尚有脱文。」樾謹按：移「武」於「言」下，作「言武伐紂而殷亡也」，則無脱文。

「孝成王避席仰首曰：『寡人雖不敏，請依先生之兵也。』」校云：「『仰首』當是『抑首』之誤。」樾謹按：《比干篇》：「於是衛靈公避席抑手曰：『寡人雖不敏，請從先生之勇。』」兩文相似，則此文「仰首」亦當作「抑手」。

「今東郭牙安在？」趙校曰：「《説苑·權謀篇》作『東郭垂』。」樾謹按：此作「牙」者，「牙」乃「𠂹」之誤，「𠂹」者「垂」之古文，見《説文·我部》。

「夫文王非無便辟、親比己者，超然乃舉太公於舟人而用之」，周校云：「『舟』，《荀》作『州』，疑『州』字誤。」樾謹按：太公雖釣於渭濱，然不可以爲舟人也。《荀子·君道篇》作「州人」，楊倞注：「於此篇獨缺，未知州人作何解。」竊謂州者國名也，《水經·陰溝水注》引《世本》云：「許、州、向、申，姜也，炎帝後。」太公姜姓，疑本州國之人，故曰「州人」。舉太公於州人而用之，正見文王舍便辟、親比而用他國之人也。此作「舟」者，同音叚借，字當從《荀子》作「州」。

「禮者，首天地之體」，趙本「首」作「則」，校云：「『則』，本多作『首』，今從毛本。」樾謹按：「首」疑「負」字之誤。「負」讀爲「偩」，《禮記·樂記篇》「禮樂偩天地之情」，鄭注曰：「偩猶依象也。」《説文》無「偩」字，蓋古字止作「負」，此作「首」者，字之誤也。本或作「則」者，後人以意改之。

「以告獵爲化」，趙校曰：「『告獵』字疑譌，當謂『告訐』耳，毛本作『較獵』，似臆改。」樾謹按：毛本誠臆改，而趙氏亦未得「獵」字之義。《太玄・毅》：「上九，測曰：豨毅其牙，吏所獵也。」范望注曰：「獵，捕也。」此「告獵」之「獵」亦當訓捕，謂告於官而捕治之。

「故盈把之木無合拱之枝，滎澤之水無吞舟之魚」，樾謹按：《尚書・禹貢》「滎波既豬」，馬注：「滎澤名。」閔二年《左傳》「及狄人戰于熒澤，衛師敗績」，杜注：「此熒澤當在河北。」《水經・濟水》「又東至礫谿南，東出，過滎澤北」，注引京相璠曰：「滎澤在滎陽縣東南。」是其字或作「熒」，或作「滎」，而同爲澤名，則是一定之地名，非可虛舉以與「盈把之木」相配也。疑「滎澤」乃「滎瀅」之誤，《説文・水部》：「瀅，滎瀅也。」滎瀅疊韻字，蓋小水之貌。《文選・七命》「何異促鱗之游汀瀅」，李善引《説文》「瀅，絶小水也。」段氏玉裁謂其奪「滎」字，是也。滎瀅之水無吞舟之魚，言小水無巨魚也。學者多見「滎澤」，罕見「滎瀅」，于是改爲「滎澤」，全失其義矣。

「昔者晋文公與楚戰，大勝之，燒其草，火三日不息」，周校云：「草，穀也。劉作『軍』，非。」樾謹按：穀不可謂之草，古無以草爲穀者，當從《説苑・君道篇》作「軍」爲是。學者特疑軍不可燒，故不之從耳。此未知「軍」之本義也。《説文・車部》：「軍，圜圍也。從車，從包省。」《一切經音義》引《字林》曰：「軍，圍也，包車爲軍。」是軍之本義，車在其中而包裹其外，正爲營壘之象。古書「軍」字，如「晉軍函陵，秦軍氾南」之類，其本義也；如「郤穀將中軍〔二〕」「狐偃將上軍」之類，其引申義也。宣十二年《左傳》「君盍築武軍」，杜注曰：「築軍營以章武功。」《襄二十三年》「張武軍於熒庭」，杜曰：「張武軍，謂築壁壘。」然則此云「燒其軍」，謂燒其壁壘也。《左傳》明言「晉師三日館穀」，何嘗燒其穀乎？

「其所以任賢使能而霸天下者，始遇之於是也」，趙校云：「『始』，義同『殆』。」樾謹按：「始」乃「殆」字之誤耳，其義固不同也。「遇」當作「得」，言莊王所以霸者，殆得之於是也。本書「得」字有誤作「遇」者，《子夏問篇》「獨明夫先王所以遇之者，所以失之者」，「遇」與「失」對文，則亦「得」之誤。「得」與「遇」形聲俱遠而致誤，不可解也。《齊桓公篇》「桓公之所以九合諸侯、一匡天下、不以兵車者，非獨管仲也，亦遇之於是」，此「遇」字亦當作「得」。

「夫志不得，授履而適秦楚耳」，趙本據《御覽》改「授」爲「揆」。樾謹按：《玉篇・手部》：「揆，挾也、扶也。」《廣韻・十三佳》：「揆，挾物。」然履不可云「挾」，且將適秦楚，則履又不可挾之而行也。《御覽》作「揆」，未足據。俗本作「授」，更爲無義。《説苑・尊賢篇》作「納履而去」，

〔二〕 縠，原訛「穀」，據《春秋左傳》改。

然不言「適秦楚」，則兩文不同，又未可引以爲證也。疑此傳本作「鞵」，《廣韻·十三佳》：「鞵，屩也。」是「鞵」與「屩」同類。考《説文》「鞵」爲革鞮，「屩」爲草履，二者不同，然不詳言其制。《釋名》：「屩，草履也。屩，蹻也。出行著之，蹻蹻輕便，因以爲名也。」「鞵，解也。著時縮其上如履然，解其上則舒解也。」因悟鞵之制蓋與今草屨同，特以革爲之耳。出行者跋涉山川，履必易敝，故履之外或著草屨則爲「屩」，或著革鞮則爲「鞵」，皆承籍履下，使耐跋涉也。《莊子·天下篇》釋文：「蹻，紀略反，一音居玉反，以籍鞋下也。」是屩之籍鞋下古有明訓。而《廣韻》訓「鞵」爲屩，則「鞵」亦籍鞋下可知矣。《説文》「屐」亦訓「屩」，蓋「屩」也、「鞵」也、「屐」也三者皆同類：以草爲之則曰「屩」，以革爲之則曰「鞵」，以木爲之則曰「屐」耳。鞵履而適秦楚者〔一〕，蓋人之行必以履，而將有遠行則又著鞵，故連言之曰「鞵履」也。

「叱而去，墓上振憒者不可勝數」，樾謹按：「叱而去」，謂菑丘訢怒叱而去也。「振」當作「震」，「憒」當作「儨」，言墓上之人震懼而儨仆者不可勝數，皆極言菑丘訢之勇也。

「齊使使獻鴻於楚，鴻渴，使者道飲鴻，玃笞潰失」，趙校云：「『玃笞』，《説苑》作『空籠』，此

〔一〕 鞵，原訛「蹊」，據上文改。下同。

『笤』當亦謂『籠』也。『玃』疑是『攫』字。」周云：「『玃笤』〔一〕蓋籠名。」樾謹按：下云「玃笤在此」，則「玃笤」二字相連爲義。趙以「笤」爲「籠」，而疑「玃」當爲「攫」，非也。周以「玃笤」爲籠名，然籠何以名「玃笤」，亦不可曉。「笤」疑「簬」字之誤。《玉篇》：「簬，力各切，籠簬也。」其云「玃簬」者，「玃」與「簬」本疊韻字，急言之曰「簬」，長言之則曰「玃簬」也。「玃簬」二字合音即爲「籠」字，亦猶「終葵」爲「椎」、「不律」爲「筆」之類矣。「簬」與「笤」形似而誤，遂失其義。

「上下俱極，吴之亡猶晚矣。此夫差所以自喪於干遂」，周云：「吴王夫差自殺於秦餘杭山，一名卑猶山，其冢猶在亭西，近太湖，去縣十七里。『干遂』未聞也。」樾謹案：《史記·蘇秦傳》：「臣聞越王句踐戰敝卒三千人，禽夫差於干遂。」《索隱》曰：「干遂，地名，不知所在。然『干』是水旁之高地，故有『江干』『河干』是也。又左思《吴都賦》云：『長干延屬。』是干爲江旁之地。『遂』者道也，於干有道，因爲地名。」《正義》曰：「在蘇州吴縣西北四十餘里、萬安山西南一里大湖。夫差敗於姑蘇，禽於干遂，相去四十餘里。」據《蘇秦傳》，則「夫差禽於干遂」乃相傳之舊説。司馬貞不知其所在，而張守節則固言之鑿鑿也。周云「未聞」，故録此補之。

〔一〕笤，原訛「苕」，據蔡啓盛《校勘記》改。

讀《吴越春秋》　曲園雜纂第十八

《吴太伯傳》：「吴人或問何像而爲句吴，太伯曰：『吾以伯長居國，絶嗣者也，其當有封者，吴仲也，故自號句吴。』」樾謹按：仲雍所以稱「吴仲」者，以其後君吴而稱之也。此乃云太伯因仲雍名吴仲而號其國爲吴，漢人之異説有如此。

「餘祭十二年，楚靈王會諸侯伐吴，圍朱方，誅慶封」，徐天祜注曰：「《左傳·襄公二十八年》：『慶封奔吴，吴句餘予之朱方。』杜預云：『句餘，吴子夷昧也。』《索隱》曰：『餘祭以二十九年卒，則二十八年賜慶封邑不得是夷眛，但句餘〔一〕或别是一人。』今按：《春秋》於明年書『閽殺吴子餘祭』，又《年表》『餘祭四年，守閽殺餘祭』，則句餘非别爲一人矣。《世家》《年表》皆在餘祭三年，即襄公二十八年也。《年表》既云『餘祭四年卒』，此乃書十二年，何也？十二、十三

〔一〕餘，原訛「夷」，據《吴越春秋輯校彙考》改。

年，皆當删『十』字，十七年亦改從四年可也。」以上並徐天祜注文。樾謹按：餘祭、夷昧二王享國之年，《春秋》《史記》不同。《春秋·襄二十五年》「吴子遏卒」，《二十九年》「閽弑吴子餘祭」，則餘祭在位四年。《昭二十五年》「吴子夷末卒」，則夷末在位十七年。《史記·世家》「十七年，王餘祭卒」「四年，王餘眛卒」，則兩王之年適與《春秋》相反，考之《年表》亦同。《吴越春秋》從《史記》而不從《春秋》，則所載當悉如《史記》。楚誅慶封，據《史記》在王餘祭十年，則此云「十二年」者，「二」乃衍字也，當删「二」字，不當删「十」字。徐氏欲删「十」字，非也。其下云「十三年，楚伐吴」至「乾谿」，依《史記》在餘祭十二年，則「三」字乃「二」字之誤，而「十」字亦不當删也。兩王之年自以《春秋》爲正，但治古書者當各治其書，《吴越春秋》既從《史記》，則但當改正其文字之誤，而不得改從《春秋》也。又《史記·年表》並無「餘祭四年，守閽殺餘祭」及「餘祭四年卒」之文，徐氏所引未知何據。

《王僚使公子光傳》：「吴師敗而亡舟。光懼，因捨，復得王舟而還。」徐注曰：「『捨』字不通，疑當作『揜』，蓋揜其不備，取之以歸。」樾謹按：「捨」固不通，改爲「揜」字亦於義未足。「捨」乃「舍」字之叚借，軍行一宿爲「舍」。吴師時已奔北，因公子光欲復得王舟，故又止一宿，而以計取舟也。

「伍子胥者，楚人也，名員。員父奢，兄尚，其前名曰伍舉。」徐注曰：「『前名』當作『前人』。」樾謹按：徐以「前名」二字連讀，誤也。「其前」猶云「其先」，言伍員之先世名曰伍舉也。下文「胥乃解百金之劍以與漁者：此吾前君之劍」，又專諸及公子光稱「前王餘昧」「前君壽夢」，是此書「前」字皆作「先」字用。

「八年，僚遣公子伐楚，大敗楚師。因迎故太子建母於鄭，鄭君送建母珠玉簪珥，欲以解殺建之過。」樾謹按：昭二十三年《左傳》：「楚大子建之母在郹，召吴人而啓之。冬十月甲申，吴大子諸樊入郹，取楚夫人與其寶器以歸。」杜注曰：「郹，郹陽也。平王娶秦女，廢太子建，故母歸其家。」又曰：「諸樊，吴王僚之太子。」《正義》曰：「吴子諸樊，吴王僚之伯父也。僚子又名諸樊，乃與伯祖同名。吴人雖是東夷，理亦不應然也。此久遠之書，又字經篆隸，或誤耳。」然則《左傳》「諸樊」二字顯有錯誤，今以此書證之，似「郹」字亦誤也。杜解「郹」爲「郹陽」，《正義》以爲蔡地。夫太子建母雖蔡女，然既歸母家，自應居蔡國都，不應居郹陽也。《史記・世家》云：「吴使公子光伐楚，敗楚師，迎楚故太子建母於居巢以歸。」則又以爲在居巢，而不在郹。夫楚太子建母何緣得在居巢，亦未詳也。此書以爲在鄭，疑得其實。蓋太子建之出奔，實奉其母以行，先奔宋，後奔鄭。及建見殺，而其母仍在鄭。至是建之子勝與伍員俱奔吴，故吴迎其母於鄭以歸，使依其孫也。「鄭」字隸書或作「鄚」，故《左傳》誤爲「鄖」，殆與「諸樊」同爲字誤也。

「階席左右皆王僚之親戚，使坐立侍，皆操長戟交軹。」樾謹按：此「軹」字當讀爲「枝」，古字通用。枝從支聲，軹從只聲，兩聲相近，「胑」或作「肢」，即其證也。戟者，有枝之兵。「交軹」即交枝，言戟枝相交也，下文「立戟交軹」義同。徐注云：「謂戟之立如軹之交。」未達古人叚借之例。

《闔閭内傳》：「闔閭復使子胥、屈蓋餘、燭庸習術戰騎射御之巧。」樾謹按：上傳蓋餘、燭庸已降楚矣，此傳錯也。

「樂師扈子援琴爲楚作窮劫之曲，其詞曰：『王耶王耶何乖烈，不顧宗廟聽讒孽。任用無忌多所殺，誅夷白氏族幾滅。二子東奔適吴越，吴王哀痛助忉怛。垂涕舉兵將西伐，伍胥、白喜、孫武決。三戰破郢王奔發，留兵縱騎虜荆闕。楚荆骸骨遭發掘，鞭辱腐屍恥難雪。幾危宗廟社稷滅，嚴王何罪國幾絶。卿士悽愴民惻悷，吴軍雖去怖不歇。願王更隱撫忠節，勿爲讒口能謗褻。』」樾謹按：昔人謂《招魂》《大招》去其「些」「只」即是七言詩，今觀此曲則更在前，可爲七言詩之祖矣。又《句踐伐吴外傳》載句踐伐秦歸，軍士作河梁之詩曰：「渡河梁兮渡河梁，舉兵所伐攻秦王。孟冬十月多雪霜，隆寒道路誠難當。陣兵未濟秦師降，諸侯怖懼皆恐惶。聲傳海内威遠邦，稱霸穆桓齊楚莊。天下安寧壽考長，悲去歸兮河無梁。」亦是七言詩，然詞意均淺薄，不似春秋人語。

「波太子夫差日夜告於伍胥曰：『王欲立太子，非我而誰？』」徐注曰：「詳下文則夫差爲太子波之子，此『太子』下當又有『子』字。」下文子胥曰：「今王欲立太子者，莫大乎波泰之子夫差。」徐注曰：「『泰』字疑衍。」樾謹按：徐氏以夫差爲太子波之子，則闔閭之孫也。而《左傳》載夫差使人謂己曰：「夫差而忘越王之殺而父乎？」《史記·世家》作闔廬之言曰：「爾而忘句踐殺汝父乎？」兩文不同，然皆足徵夫差是闔閭子，非孫也，徐注非是。此云「波太子夫差」，下云「波泰之子夫差」，蓋衍「之」字，「波泰子」即「波太子」也。惟是時聘齊女之太子波已卒，而此復言「波太子」，殊不可曉。疑「波」字乃「次」字之誤，蓋夫差是太子波之弟，故謂之「次太子」，實即次子耳。曰「次太子」，乃吴俗尊之之稱也。

《句踐入臣外傳》：「身居而名尊。」樾謹按：「居」字無義，疑當取蹲踞之意，凡人蹲踞則身必卑，故借作卑下之義，言身雖卑下而名則尊也。

「今臣遂天文，按墜籍。」樾謹按：「墜」當作「隊」，古「地」字也。「天文」「地籍」相對。

「寡人將去入吴，以國累諸侯大夫。」樾謹按：「侯」衍文。

「功曹爲螣蛇而臨戊。」樾謹按：「戊」字誤，當作「巳」。功曹者，寅也。范蠡占此爲十二月戊寅日卯時，以日辰起貴神，則寅爲螣蛇而臨地盤巳位：

巳句	午青	未空	申白
辰六			酉常
卯朱			戌玄
寅螣	丑貴	子后	亥陰

《句踐歸國外傳》：「晉竹十廋。」徐注曰：「『廋』當作『搜』，《漢・溝洫志》『漕船五百搜』，今文作『艘』，音騷，或作『㮴』。」樾謹按：依《説文》則以作「㮴」爲正。又徐氏未釋「晉」字，晉當讀爲箭，「晉竹」即箭竹，所謂「會稽之竹箭」是也。《周官・職方氏》「其利金錫竹箭」，注曰：「故書箭爲晉。」杜子春曰：「晉當爲箭。」

《句踐陰謀外傳》：「何易見而難使也？」樾謹按：「見」當作「得」，此傳所載越王及計倪之言，與《國策・齊策》管燕、田需之言相似，彼作「士何其易得而難用也」。《韓詩外傳》「管燕」作「宋燕」、「田需」作「陳饒」，亦曰「何士大夫易得而難用也」，二書皆是「得」字，故知此傳「見」字

《趙策》「得」誤作「見」，即其例也。「得」古作「㝵」，見《説文》，故往往誤作「見」。《史記·趙世家》「踰年歷歲未得一城」，之誤。

「大夫種曰：『夫欲報怨復讎、破吴滅敵者有九術。』」徐注曰：「《史記》作『七術』。」樾謹按：下文：「越王曰『善』，乃行第一術。」又云：「越王曰：『善哉！第二術也。』」又云：「越王曰：『善哉！第三術也。』」越王於九術止行其三，故《伐吴外傳》云：「九術之策，今用三已破彊吴，其六尚在子。」《史記》則云：「子教寡人伐吴七術，寡人用其三而敗吴，其四在子。」雖有「九術」「七術」之異，而以爲用其三術則同。據《越絶書》以「九術」名篇，疑《史記》誤也。惟下文「請羅之舉」實即九術中所謂「貴糴粟槀以虚其國」者。而吴王之殺子胥，則又所謂「彊其諫臣使之自殺」者，越王所用實五術而不止三術。疑《史記》本作「子教寡人伐吴九術，寡人用其五而敗吴，其四在子」，後人據《吴越春秋》改「用其五」爲「用其三」，又以「其四在子」不得爲「九」，因又改「九術」爲「七術」也。

「立東郊以祭陽，名曰東王公；立西郊以祭陰，名曰西王母。」樾謹按：竹書《穆天子傳》並載「西王母」，其名古矣；至「東王公」之名，則始見於此。

「乃使大夫種獻之於吴王曰：『東海役臣臣孤句踐使臣種敢因下吏聞於左右，賴大王之力，竊爲小殿，有餘材，謹再拜獻之。』」樾謹按：宋葉大慶《考古質疑》歷舉秦漢以前之言「殿」者，以辨《石林燕語》「殿名起於秦」之非，而於此事援引未及。

「黄帝之後，楚有弧父。弧父者，生於楚之荆山，生不見父母，爲兒之時，習用弓矢，所射無脱。以其道傳於羿，羿傳逢蒙，逢蒙傳於楚琴氏，琴氏以爲弓矢不足以威天下。當是之時，諸侯相伐，兵刃交錯，弓矢之威不能制服。琴氏乃横弓著臂，施機設樞，加之以力，然後諸侯可服。琴氏傳之楚三侯，所謂句亶、鄂、章，人號麋侯、翼侯、魏侯也。」樾謹按：此陳音所言射法之源流頗悉。春秋時楚人養由基以善射名，蓋亦得弧父之法者歟？

《句踐伐吴外傳》：「范蠡既去，越王乃收其妻子，封百里之地，有敢侵之者，上天所殃。」樾謹按：據此則范蠡之去，妻子不從。後世乃有「載西子泛五湖」之説，非事實矣。

「無玉去無余六世。」樾謹按：以《無余外傳》證之，則「無玉」當爲「無王」。又其下有「無皞」「夫康」兩君，以《無余傳》證之，「無皞」當作「無驛」，「夫康」當作「夫譚」，或傳刻之誤。

讀《越絶書》　曲園雜纂第十九

《外傳本事篇》：「問曰：『何爲越絶？』『越者，國之氏也。』『何以言之？』『按《春秋》序齊魯，皆以國爲氏姓，是以明之。絶者絶也，謂句踐時也。』」樾謹按：此説「絶」字之義未明。下文又曰「於是句踐抑彊扶弱絶惡，反之於善」，又曰「貴其内能自約，外能絶人也」，轉展申釋而愈不明。愚謂此「絶」字即「絶筆獲麟」之「絶」，下云「賢者辯士見夫子作《春秋》而略吴越，又見子貢與聖人相去不遠，脣之與齒、表之與裏」，是以此書爲繼《春秋》而作。《春秋》絶筆於獲麟之年，吴越之事略而未詳。此書踵而成之，直至句踐之霸而絶，故曰「絶者絶也，謂句踐時也」。《叙外傳記》云：「聖人没而微言絶，賜見《春秋》改文尚質，譏二名，興素王，亦發憤記吴越，章句其篇，以喻後賢。賜之説也。」又曰：「聖人發一隅，辯士宣其辭。聖文絶於彼，辯士絶於此。故題其文，謂之越絶。」然則「越絶」名義，固可見矣。

「吴有子胥之教，霸世甚久。北陵齊楚，諸侯莫敢叛者，乘，薛、許、邾婁、莒旁轂趨走。」樾謹按：哀十三年《公羊傳》注云：「時吴彊而無道，敗齊臨菑，乘勝大會中國，齊、晋前驅，魯、衛驂乘，滕、薛俠轂而趨。」據此則此文有脱誤，「乘」上當補「魯衛驂」三字。

「諸侯從之，若果中之李。」樾謹按：此語未詳，《宋書・張敷傳》：「梨爲百果之宗。」豈古語本謂「李」而後世訛爲「梨」乎？

《荆平王内傳》：「漁者渡於千釜之津。」樾謹按：《吴越春秋》作「千潯之津」，疑彼誤也。此書《外傳紀策考》及《叙外傳記》並作「千斧」。

《吴地傳》：「武王封太伯於吴，到夫差，計二十六世。」樾謹按：以《史記・吴世家》計之，太伯一、仲雍二、季簡三、叔達四、周章五、熊遂六、柯相七、彊鳩夷八、餘橋疑吾九、柯盧十、周繇十一、屈羽十二、夷吾十三、禽處十四、轉十五、頗高十六、句卑十七、去齊十八、壽夢十九，故史公曰：「大凡從太伯至壽夢十九世。」自壽夢之後，諸樊也、餘祭也、餘眛也、王僚也、闔廬也，其後即夫差矣。則自太伯至夫差止二十五世，而此云「二十六世」者，按《吴越春秋》分熊與遂爲二世，作《越絶》者蓋亦同之，故比《史記》多一世也。至唐陸廣微《吴地記》所載名號世次，與《史記》迥異，未知所據何書，姑録以廣異聞。

周繇王在位三十七年，子熊遂立之；熊遂在位四十九年，子早軫立之；早軫在位五十九年，子欵吾立之；欵吾在位三十八年，兄夷處立之；夷處在位三十九年，姪壁羽立之；壁羽在位三十六年，子齊玄立之；齊玄在位五十年，子柯盧立之；柯盧在位二十七年，弟柯轉立之；柯轉在位二十四年，子嬌夷立之；嬌夷在位二十四年，姪鵖夷立之；鵖夷在位三十年，子界嗣立之；界嗣在位三十五年，子知濟立之；知濟在位二十七年，子諸樊立之；諸樊在位十四年，弟餘濟立之；餘濟在位十七年，弟餘眛立之；餘眛在位二十一年，子僚立之；子僚在位十三年，堂弟子光立之；子光在位二十年，子光，諸樊之子，殺僚簒位，號闔閭，子夫差立之；夫差在位二十三年，爲越王句踐所殺，國滅。

按：《吴地記》首云：「仲雍生季簡，季簡生叔達，叔達生周章。」則其叙世系宜首「周章」，以「周章」固武王所始封之君也，乃首「周繇」疑誤，以後名號、世系均與《史記》絶異。「壽夢」見《春秋》甚顯，而此則云「知濟」，其云「某人立之」，文法甚古拙；而云「姪」、云「堂弟」，又甚俗，未知其何本也。

「吴古故從由拳辟塞，度會夷，奏山陰。」樾謹按：「會夷」即「會稽」之異文也，王充《論衡》力辨「夏禹巡狩會計」之説，而未知古有「會夷」之名。

「虎丘北莫格冢，古賢者避世冢，去縣二十里。」樾謹按：此吴下名賢之祖也，好事者宜表章之。

「吴北野胥主疁者，吴王女胥主田也，去縣八十里。」樾謹按：人君女稱「主」，始見於《史記·六國年表》「秦靈公八年，初以君主妻河」。乃於此又得「胥主」之稱，亦人君女稱「主」之一證。

「三臺者，太宰嚭、逢同妻子死所在也。」樾謹按：逢同事見《請糴内傳》，乃太宰嚭之友、譖殺伍子胥者，及越滅吴，殺太宰嚭、逢同與其妻子，事迹甚明。《外傳記范伯篇》又作「馮同」，「馮」與「逢」一聲之轉耳。而《史記·句踐世家》乃以逢同爲越大夫，教句踐結齊、親楚、附晋者，何歟？據《吴越春秋》越大夫爲「扶同」，意者「扶同」「逢同」本二人，史公誤以「扶同」爲「逢同」乎？

「吴兩倉，春申君所造。西倉名曰均輸。」樾謹按：漢桑弘羊置均輸以通貨物，《漢書·百官表》大司農屬官有「均輸令」，其名蓋戰國時已有，漢循用之也。

《吴内傳》：「晋公子重耳之時，天子微弱，諸侯力政，彊者爲君。文公爲所侵暴，失邦奔于翟，三月得反國政。」樾謹按：晋文公出亡返國事甚明顯，而此書所述乖異如此。

「湯獻牛荆之伯，之伯者，荆州之君也。湯行仁義，敬鬼神，天下皆一心歸之。當是時，荆伯未從也。湯於是乃餙犧牛以事，荆伯乃媿然曰：『失事聖人禮。』」樾謹按：此即葛伯事，而傳聞異辭。

《計倪内經》：「昔者越王句踐既得反國，欲陰圖吴，乃召計倪而問焉，曰：『吾欲伐吴，恐弗能取，山林幽冥，不知利害所在。西則迫江，東則薄海，上屬蒼天，下不知所止。交錯相過，波濤濬流，沈而復起，因復相還。浩浩之水，朝夕既有時，動作若驚駭，聲音若雷霆。波濤援而起，船失不能救。』」樾謹按：此言江水、海水交錯相過，而波濤濬流，聲若雷霆，即今錢唐江之潮也，自來言濤者莫先於此。其時句踐初反國，則子胥猶未死，文種更無論矣，亦足破世俗「前潮子胥、後潮文種」之説。

《外傳紀策考》：「范蠡其始居楚也，生於宛橐或伍户之虚。」樾謹按：「伍户」當作「三户」，《史記・越世家》正義引《會稽典録》云：「范蠡字少伯，本是楚宛三户人。」

《内傳陳成恒篇》：「昔者吴王分其人民之衆，以殘伐吾邦。」樾謹按：「分」字無義，乃「介」字之誤。《漢書・南粤傳》「欲介使者權」，師古曰：「介，恃也。」此「介」字亦當訓恃，言吴恃其衆以伐吾邦也。襄二十四年《左傳》「以陳國之介恃大國而陵虐於敝邑」，義與此同。

《外傳記地傳》：「乃身被賜夷之甲。」樾謹按：「賜」當作「暘」，古文「唐」字也，《吴越春秋》

載此事正作「唐夷之甲」。

「離臺周五百六十步，今安城里。」樾謹按：《吴越春秋·句踐歸國外傳》「起離宫於淮陽」，是「離宫」非「離臺」也。此書作「離臺」，與《吴越春秋》異。今按：上文「稷山者，句踐齋戒臺也」，即《吴越春秋》所謂「齋臺在於襟山」者也；又曰「龜山者，句踐起怪游臺也」，即《吴越春秋》所謂「東武起游臺其上」也；又曰「駕臺周六百步，今安成里」，即《吴越春秋》所謂「駕臺在於成丘」也；又曰「中指臺馬丘周六百步，今高平里丘」，即《吴越春秋》所謂「中宿臺在於高平」者也。而《吴越春秋》又有「靈臺」，所謂「冠其山巔以爲靈臺」者，此書不載。《水經·漸江水篇》注「怪山，越起靈臺於山上」，據本書云「龜山一曰怪山」，則所謂「怪游臺」即是「靈臺」矣。《吴越春秋》又有「燕臺」，所謂「燕臺在於石室」是也，此書亦不載。《吴越春秋》云「越王雖有五臺之游，未嘗一日登翫」，計所謂「五臺」者，靈臺也、中宿臺也、駕臺也、燕臺也、齋臺也。若「離宫」是「離臺」，則臺六而非五矣。然則彼作「離宫」，不誤也。此書無「燕臺」，則以「離宫」爲「離臺」，仍合五臺之數。

「獨山大冢者，句踐自治以爲冢。徙琅玡，冢不成。」樾謹按：此生壙之始。秦始皇初即位，即穿治酈山冢，亦有所本也。

「馬嘷者，吴伐越，道逢大風，車敗馬失，騎士墮死，疋馬啼嘷，事見《吴史》。」樾謹按：太史公《六國年表》序曰：「秦燒天下詩書，諸侯史記尤甚。」此《吴史》當亦在秦所燒之列矣。

《外傳紀吴王占夢篇》：「王孫駱移記曰：今日壬午，左校司馬王孫駱受教告東掖門亭長公孫聖：吴王晝卧，覺寤而心中惆悵也，如有悔。記到，車馳詣姑胥之臺。」樾謹按：此古公牘文字，雖未必春秋時格式如此，要亦漢人之遺。

《内經九術篇》：「昔者越王句踐竊有天之遺西施、鄭旦。」樾謹按：「遺」下當有「女」字，《吴越春秋》作「越王句踐竊有二遺女。」

《外傳紀軍氣篇》：「算於廟堂，以知彊弱。一、五、九，西向吉，東向敗亡，無東；二、六、十，南向吉，北向敗亡，無北；三、七、十一，東向吉，西向敗亡，無西；四、八、十二，北向吉，南向敗亡，無南。此其用兵日月數，吉凶所避也。」樾謹按：《孫子·始計篇》：「夫未戰而廟算勝者，得算多也；未戰而廟算不勝者，得算少也。」是古兵家有廟算之説，此書所云必是古法，惜不得其詳。

「韓，角、亢也；鄭，角、亢也；燕，尾、箕也；越，南斗也；吴，牛、須女也；齊，虚、危也；衛，營室、壁也；魯，奎、婁也；梁，畢也；晋，觜也；秦，東井也；周，柳、七星、張也；楚，翼、軫也；趙，參也。」樾謹按：十二分野見於《周官・保章氏》注：「星紀，吴越也；玄枵，齊也；娵訾，衛也；降婁，魯也；大梁，趙也；實沈，晋也；鶉首，秦也；鶉火，周也；鶉尾，楚也；壽星，鄭也；大火，宋也；析木，燕也。」乃此書則爲十四國，蓋分吴、越爲二，增韓、梁而無宋也。吴、越雖分，然同一星紀之次，則仍與不分同。其增韓而與鄭同爲角、亢，則仍與不增同。惟所增之梁屬畢，則大梁之次而占趙之分野；移趙屬參，則實沈之次而占晋之分野；晋爲觜，則其爲實沈如故。然趙、韓、梁皆晋之所分，舊説有晋又有趙，已爲無理。此則分列晋、趙、韓、梁爲四國，更無理矣。其無宋未詳，疑有闕誤。又按晋皇甫謐《帝王世紀》，自畢十二度至東井十五度曰「實沈之次」，今晋、魏分野，然則晋與魏同屬實沈，此書梁與趙宜互易，梁即魏也，晋、梁並屬實沈，與《帝王世紀》合，趙則仍爲大梁，與舊説無不合矣。

讀《鶡冠子》 曲園雜纂第二十

《博選篇》:「所謂天者,物理情者也。」樾謹按:「物」字古與「勿」通,《莊子・天道篇》「中心物愷」,《釋文》曰:「物,本亦作勿。」《尚書・立政篇》「時則勿有閒之」,《論衡・譴告篇》作「時則物有閒之」,並其證也。「物理情」之「物」,疑古本有作「勿」者。陸佃注云:「道無所治。」則其所據本必作「勿理情」矣,惟正文是「勿理情」,故以「無所治」釋之,猶下文所謂「地者,常弗去者也」,注曰:「道無所住。」以「無所住」解「弗去」,以「無所治」解「勿理」,其義一也。今作「物」字,雖合古字通假之例,然其義當作「勿」,而不當作「物」,此讀者所宜知也。

「貴者有知,富者有財。」樾謹按:「知」字無義,當讀爲「制」。《大戴禮・勸學篇》「楔而舍之,朽木不知」,《荀子》「知」作「折」;《論語・顔淵篇》「片言可以折獄者」,魯讀「折」爲「制」,蓋「知」「折」「制」三字古音相近,故得通假。《鶡冠子》以「知」爲「制」,亦猶《大戴禮》以「知」爲「折」也。《國語・越語》曰「君行制」,《荀子・解蔽篇》曰「王也者,盡制者也」,並可證「貴者有制」之義。《泰録篇》「道包之，故能知度之」，「知度」即「制度」也。此本書叚「知」爲「制」之證。《天則篇》：「故其威上際下交，其澤四被而不鬲。」樾謹按：「交」乃「究」字之誤，《王鈇篇》「神明者下究而上際」可證。

「歷寵歷録，副所以付授。」樾謹按：下「歷」字衍文也，上「歷」字訓「次」。《禮記·月令篇》：「命宰歷卿大夫至于庶民土田之數。」鄭注曰：「歷猶次也。」是其義也。「録」讀爲「禄」，《周官·職幣》注：「杜子春云：禄當爲録。」是「禄」與「録」古字通也。「歷寵禄，副所以付授」，言次第其臣下之寵禄，必與所付受者相副也。陸注曰：「歷録，文章之貌，言更歷寵榮華焕如此。」則其所據本已衍下「歷」字，又不知「録」爲「禄」之叚字，故所説非是。如其説，則「歷寵歷録」殊不成義也。

「緩則怠，急則困，見閒則以奇相御，人之情也；舉以八極，信焉而弗信，天之則也。」樾謹按：陸佃所讀如此，然「緩則怠」三句以爲人之情，説尚可通；「舉以八極」二句，何以爲天之則乎？疑陸氏失其讀也。「緩則怠，急則困，見閒則以奇相御」當屬上讀之，即上句所謂「斯其離人情而失天則者也」，此下又分説「人之情」。「天之則」當合下文「差繆之閒，言不可合」讀之，乃倒句法也。「人之情也，舉以八極，信焉而弗信」，此言人情之不能見遠也；「天之則也，差繆之閒，言不可合」，此言天則之不可稍失也。

「蓋毋錦杠悉動者，其要在一也。」樾謹按：此「毋」乃「毌」字之誤，《説文》：「毌，穿物持之也。」今經典通用「貫」字而「毌」廢矣。「毌錦杠悉動」，言有錦杠以貫之，而撩幅俱動也。淺人習見「毋」字罕見「毌」字，改「毌」爲「毋」。而陸氏承其誤，乃注曰：「蓋無錦杠而撩幅俱動者，其要在杠也。」既無杠矣，何云「其要在杠」乎？

「文武交用而不得事實者，法令放而無以梟之謂也。」陸注曰：「梟，斬刑也。」樾謹按：《後漢書・張衡傳》「咸以得人爲梟」，注曰：「梟猶勝也，猶六博得梟則勝。」此文「梟」字亦當訓「勝」，「無以梟之」即無以勝之，言法令弛放，不足以勝小人之敢爲欺謾者，故雖文武交用而不得事實也。陸以斬刑説之，非是。

《環流篇》：「有意而有圖。」陸注曰：「可以象矣。」樾謹按：下云「有圖而有名，有名而有形」，然則此時尚未有形，何象之有？《爾雅・釋詁》云：「圖，謀也。」有意而有圖，言既有意，即有所圖謀也。

「積往生跂，工以爲師。」陸注曰：「跂，跛踦也。師，如師巫之師。巫步多跛，故積往生跂，工以爲師。」樾謹按：陸氏不釋「往」字，「往」當讀爲「尪」，《説文・九部》：「九，尳，曲脛也。古文作尪。」

《道端篇》：「臨貨分財使仁，犯患應難使勇，受言結辭使辯，慮事定計使智，理民處平使謙，賓奏贊見使禮，用民獲衆使賢，出封越境適絶國使信，制天地御諸侯使聖。」樾謹按：所使必各當其任，理民處平，何獨以謙爲宜？下文説其效曰「貞謙之功，廢私立公」，則亦非謙之謂也。此「謙」字乃「廉」之叚字，又下文云「貧者觀其所不取，足以知廉」，即覆説此九者，而字正作「廉」，是前兩處用叚字後一處用正字也。古書往往有此，詳見《古書疑義舉例》。又按：「貞謙之功」當作「謙臣之功」，方與上下文「忠臣之功」「義臣之功」「信臣之功」「禮臣之功」文法一例也。

「内有挾度，然後有以量人。」注曰：「操以爲驗，所謂道揆者是也。」樾謹按：陸氏以「操」字釋「挾」字，然愚竊疑「挾」字乃「揆」字之誤。

「富者觀其所予，足以知仁；貴者觀其所舉，足以知忠；觀其大祥，長不讓少，貴不讓賤，足以知禮達；觀其所不行，足以知義；受官任事，觀其去就，足以知智；迫之不懼，足以知勇；口利辭巧，足以知辯；使之不隱，足以知信；貧者觀其所不取，足以知廉；賤者觀其所不爲，足以知賢；測深觀天，足以知聖。」樾謹按：「觀其大祥」四字當在「富者觀其所予」之上，此一句乃總挈之辭，爲下九者發端也。「大祥」猶言「大端」，《儀禮・士昏禮》疏曰：「注云『饌要方』者，據大判而言耳。」即可說此「大祥」之義。淺人因「長不讓少」云云無「觀」字，與上下不合，故移「觀其大祥」句於此。不知「迫之不懼」等句亦無「觀」字，原不必每句有一「觀」字也。

《近迭篇》：「滅門殘疾族，公謝天下以讓敵國。」樾謹按：「疾」字衍文，蓋即「族」字之誤而衍者，《王鈇篇》「其誅柱國滅門殘疾」，「疾」亦「族」字之誤。

「今無數而自因，無法而自備循。」樾謹按：「備」字衍文，亦即「循」字之誤而衍。

「縱法之載於圖者，其於以喻心達意揚道之所謂，乃纔居曼之十分一耳。」樾謹按：《荀子・正論篇》「曼而饋」，楊倞注曰：「『曼』當爲『萬』」，蓋古音萬讀如曼，故得通用。」此文「曼」字亦當爲「萬」，言居萬分中之十一也。注曰：「曼作受。」蓋不得其解，故并其字而誤之。

《王鈇篇》：「易一故莫能與争先，易一非一，故不可尊增。」樾謹按：兩「易」字均無義，乃「㝵」字之誤。「㝵」古文「得」字，《一切經音義》引衛宏《古文官書》曰「㝵、得二字同體」是也。「㝵」與「易」字形相似，故誤爲「易」耳。下云「成鳩得一，故莫不仰制焉」，即承此而言。

「域不出著，居不連埢。」注曰：「著，土著也。毁牆曰埢。」樾謹按：以「土著」釋「著」字，域不出土著，義殊未明；以「毁牆」釋「埢」字，則何取乎？既毁之牆而言之乎？陸說皆非也。

「著」即「宁」也,《爾雅·釋宫》:「門屏之閒謂之宁。」又曰:「垝謂之坫。」此文「垝」字即彼「垝」字,此文「著」字即彼「宁」字。古「著」字通作「宁」,昭十一年《左傳》「朝有著定」,《國語·周語》云「大夫士日恪位著」,並其證也。「域不出著,居不連垝」,皆極言其近,著在門屏之閒,垝在堂隅,曰著曰垝,正以類相從也。

《泰鴻篇》:「夫物之始也傾傾。」注云:「傾傾,未正之貌。」此望文生訓也。「傾傾」當作「澒澒」,《淮南子·精神篇》「澒濛鴻洞,莫知其門」,高誘注云:「皆未成形之氣。」「澒澒」猶「澒濛」也,「澒濛」疊韻,「澒澒」疊字,皆形況之辭,學者多見「傾」少見「澒」,因誤作「傾」耳。注言或作「鴻鴻」,此可見古本之作「澒澒」也。

「兩治四致。」注於「治」下云:「或作祭。」樾謹按:作「祭」者是也。「祭」者「際」之叚字,「兩際四致」即《淮南·原道篇》所謂「施四海」「際天地」也,上際天、下際地,是謂「兩際」;東西南北各至其極,是謂「四致」。

「東方者,萬物立止焉。」樾謹按:「止」乃「基址」之「址」。陸注曰:「止猶值也。」未得其義。

《泰録篇》:「百化隨而變,終始從而豫。」注曰:「豫,暇豫也。」樾謹按:「豫」亦變也。《荀子・儒效篇》：「仲尼將爲司寇，魯之鬻牛馬者不豫賈。」《淮南子・覽冥篇》：「黄帝治天下，市不豫賈。」《史記・循吏傳》：「子産爲相，市不豫賈。」凡言「不豫賈」者，皆謂不變其價值也，而解者多以「凡事豫則立」之「豫」説之，殊失其解。王氏引之作《經義述聞》，於《周官・司市》注「使定物賈，防誑豫也」始正其誤，然但云「豫猶誑也」，而不知「豫」有變義，由未讀此文也，故知古書不厭多讀矣。

《世兵篇》：「水激則旱，矢激則遠。」樾謹按：《文選・鵩鳥賦》「矢激則旱兮」，李善注引《鶡冠子》作「悍」，且曰「悍與旱同」，則知今本《鶡冠子》作「旱」者非是。

「遲速有命，必中三五。」樾謹按：《文選》注引作「遲速止息，必中參伍」。

「合散消息，孰識其時？」樾謹按：《文選》注引作「同合消散，孰識其時」。

「衆人域域，迫於嗜欲。」樾謹按：《文選》注作「衆人惑惑」。然陸注曰：「域域，淺狹之貌。」則其所據本自作「域域」。

《備知篇》：「唯無如是，時有所至而求，時有所至而辭。」陸注：「『唯無如是』句，曰無其時命。」此未達古語也。「無」乃語辭，「唯無如是」者，「唯如是」也。古書多有此二字，或作「唯毋」，「毋」與「無」通也；或作「雖無」，「雖」與「唯」亦通也。《管子・立政九敗篇》曰：「人君唯無好全生。」又曰：「人君唯無聽私議自貴。」此用「唯無」二字也。《墨子・尚賢中篇》：「古者聖王，唯毋得賢人而使之。」又曰：「賢臣唯毋得明君而事之。」此用「唯毋」爲「唯無」也。《非樂上篇》曰：「今王公大人雖無造爲樂器，以爲事乎國家。」此以「雖無」爲「唯無」也。王氏念孫《讀書雜志》所引甚詳，不具録。

《學問篇》：「表術裏原，雖淺不窮；中虛外博，雖博必虛。」注曰：「術如術業之術，原如原道之原。」樾謹按：此曲説也。疑《鶡冠子》原文本作「表衜裏厚，雖淺不窮」。《説文》有「衜」字，此則叚爲「淺」字，言其外雖似淺而其中實厚，則雖淺而不窮也，與下「中虛外博，雖博必虛」相對成義。上句用「衜」字，下句用「淺」字，上叚字下正字，古書多有此例。今作「表術裏原」，皆以形似而誤。

《天權篇》：「合膊同根，命曰宇宙。」注曰：「二者相須而立，故曰合膊。」樾謹按：陸氏説「合膊」之義甚爲無理，「膊」乃「膞」字之誤，「膞」又「端」之叚字也。膞從專聲，端從耑聲，兩音相近，故得相通。《大玄・玄文篇》「福則有膞，禍則有形之謂直」，「膞」亦「端」之叚字也，説詳《諸子平議》。此云「合端同根」，謂上之端則合，而下之根則同也。

「昔行不知所知往，而求者則必惑。」樾謹按：「昔行」言「夜行」也。《穀梁・莊七年》「辛卯昔」,《釋文》曰:「昔,夜也。」陸注但以昔之亡羊者説之,未達「昔」字之義。

「夫蔽象鬲塞之人,未敗而崩,未死而禽。」樾謹按:「象」乃「蒙」字之誤,上文云「周平弗見之謂蔽」,又曰「蒙故知能與其所聞見俱盡,鬲故奠務行事與其任力俱終,塞故四發上統而不續」,此即承上文而言。

「故先王之服師術者呼往發蒙。」注曰:「迷者不反,呼之使勿往也。」樾謹按:注義迂曲,「往」疑「狂」字之誤,狂者呼之,蒙者發之,語意正相當也。

《能天篇》:「成敗兆也,非而長也。」注曰:「而,汝也。」樾謹按:「而」當爲「能」,古字通用。「成敗兆也,非能長也」,與上文「自然形也,不可改也;奇偶數也,不可增減也」文義一律,下文「地弗能立,地弗能安;天弗能生,天弗能成」皆承此而言。

讀《鹽鐵論》 曲園雜纂第二十一

《本議篇》：「内空府庫之藏，外乏執備之用。」樾謹按：「執」字無義，疑必有誤。

「縱然被堅執鋭，有北面復匈奴之志，又欲罷鹽鐵均輸。」樾謹按：此有脱誤，大夫之意蓋責文學縱不能被堅執鋭報復匈奴，而又欲罷鹽鐵均輸也。

「憂邊用，損武略。」樾謹按：「憂」字無義，疑必有誤。

「是以盤庚萃居，舜藏黄金。」樾謹按：《尚書·盤庚下篇》：「盤庚既遷，奠厥攸居。」又曰：「今我民用，蕩析離居。」又曰：「鞠人謀人之保居。」「盤庚萃居」殆即此義，「萃居」正對「離居」爲文也。「盤庚遷都」事與「舜藏黄金」並言者，蓋漢世經師之説，皆謂盤庚去奢行儉也。《後漢書·文苑傳》杜篤《論都賦》：「盤庚去奢，行儉于亳。」李賢注引《帝王世紀》曰：「盤庚以耿在河北，迫近山川，自祖辛以來奢淫不絶，盤庚乃南渡徙都于亳。」《尚書正義》引鄭注意亦略同，蓋《尚書》家舊説矣。

《力耕篇》：「美玉珊瑚出於昆山，珠璣犀象出於桂林，此距漢萬有餘里。計耕桑之功、資財之費，是一物而售百倍其價一也，一揾而中萬鍾之粟也。」樾謹按：「其價一也」四字文有錯誤。「其價」當作「之價」，屬上句讀。「一也」二字衍文，蓋即下句「一揾」之誤而衍者。其本文云「是一物而售百倍之價，一揾而中萬鍾之粟也」，兩句相對。

「自京師東西南北，歷山川，經郡國，諸殷富大都，無非街衢五通，商賈之所臻、萬物之所殖者。」樾謹按：「臻」字無義，乃「湊」字之誤，《園池篇》「四方並臻」同。

「長沮、桀溺，無百金之積；蹠蹻之徒，無猗頓之富。」樾謹按：下二句義不可通，疑「蹠蹻」當作「跋蹻」，《莊子・天下篇》曰：「使後世之墨者多以裘褐爲衣，以跋蹻爲服，日夜不休，以自苦爲極。」按《説文》：「屩，草履也。」古書多以「蹻」爲之。《史記・平原君虞卿傳》「躡蹻擔簦」，《漢書・卜式傳》「布衣草蹻而牧羊」，皆即「屩」字。以跋蹻爲服，蓋賤者之服也。長沮、桀溺，取耦耕之義，言農夫無百金之積；跋蹻之徒則取微賤執役之義，言其終歲勞苦而無猗頓之富也。上文云「上士取諸人，中士勞其形」，長沮、桀溺與跋蹻之徒，正所謂「勞其形」者，明不如商賈之追利乘羨爲「上士取諸人」也。乃因「跋蹻」字他書罕見，改爲「蹠蹻」，不特於義不安，且與上文不合矣。《復古篇》曰：「負荷之商不知猗頓之富。」與此語意相近。

《錯幣篇》：「往古幣衆財通而民樂，其後稍去舊幣，更行白金龜龍民多巧新幣。」樾謹按：「民多巧」三字衍文。

「夫鑄僞金錢以有法，而錢之善惡無增損於政。」樾謹按：錢之善惡豈得謂於政無增損乎？「於政」二字疑衍文。「鑄僞金錢以有法」，「以」讀爲「已」，言鑄僞金錢已有重法，而錢之善惡仍如故，見其無益也。《漢書・食貨志》曰：「盜鑄金錢罪皆死，而吏民之犯者不可勝數。」即此義矣。

《後古篇》：「此用麋鬻之時。」樾謹按：「麋」當作「縻」，麋從米聲，縻從麻聲，古不通用也。《刺復篇》「甲士麋敝」同。

《非鞅篇》：「《春秋》曰：『末言介，祭仲亡也。』」樾謹按：「介」當作「爾」，蓋古字作「尒」，故誤爲「介」也。此本桓十五年《公羊傳》文，傳曰：「秋七月，鄭伯突入于櫟。櫟者何？鄭之邑。曷爲不言入于鄭？末言爾。曷爲末言爾？祭仲亡矣。」即此文所引也。

「猶食毒肉，愉飽而罹其咎也。」樾謹按：「愉」讀爲「偷」，古字通也。《淮南子・説林篇》曰：「狗彘不擇甂甌而食，偷肥其體而顧近其死。」與此「偷飽」義同。

「誠心動於内，忘患之禍發於外。」樾謹按：「禍」字當在「患之」二字之上。

《未通篇》：「大抵逋流皆在大家。」樾謹按：下云「細民不堪，流亡遠去」，然則大家固不流亡也，此云「逋流皆在大家」，義不可通。「逋流」或當作「逋賦」，蓋大家所逋負，吏不敢責，而責之細民，遂至流亡矣。

「上下交議而頌聲作。」樾謹按：「議」字無義，疑當作「讓」。《鹽鐵・取下篇》云「上下交讓而天下平」。

《地廣篇》：「夫賤不周知，貧不妨行。」樾謹按：「周」字乃「害」字之誤。不害，猶不妨也。

「故惟仁者能處約樂貧。」樾謹按：「貧」衍字也。「能處約樂」，語本《論語》，增一「貧」字即非其旨。

《毁學篇》：「苟非其人，簞食豆羹，猶爲賴民也。」樾謹按：「賴」讀爲「厲」，「厲民」語本《孟子》，古「厲」「賴」通用。《論語・子張篇》「未信則以爲厲己也」，鄭注曰：「厲讀爲賴。」此「賴民」之讀爲「厲民」，猶彼「厲己」之讀爲「賴己」矣。

「鴻鵠驊騮且同侣，况跛牂燕雀之屬乎？」樾謹按：「且」下當有「不」字。

「商鞅困於彭池，吴起之伏王尸，願被布褐而處窮鄙之蒿廬。」樾謹按：以上下文法例之，則「蒿廬」下當有「不可得也」四字。

「及其因於囹圄，車制於雲陽之市。」樾謹按：「制」乃「裂」字之誤。

《褒賢篇》：「齊、魯儒墨薦紳之徒，肆其長衣，長衣官之也，負孔氏之禮器《詩》《書》，委質爲臣。」樾謹按：「長衣官之也」五字無義，當爲衍文。

《相刺篇》：「故非君子莫治小人，非小人無以養君子，當不耕織爲匹夫匹婦也。」樾謹按：「當不」應作「不當」。

「言直而行之枉，道是而情非。」樾謹按：「之」衍字。

《遵道篇》：「諸卿都大府曰久矣。」樾謹按：此「曰」字乃「日月」之「日」，「諸卿」者，大夫以稱丞相史也。「都」之義爲居，《漢書·東方朔傳》注曰：「都，居也。」「大府」即謂丞相府，言諸卿居丞相府爲日久矣，故下云「通先古，明當世」也。

「殷周因修而昌〔一〕。」樾謹按：「修」當作「循」，「因」「循」二字同義，「因」與「修」則不倫矣。古書「修」「循」二字往往互誤，説詳王氏《讀書雜志》。

「文學不足與權當世，亦無負累之殃也。」樾謹按：「負累之殃」義不可通，「之」乃「蒙」字之

〔一〕 昌，原訛「亡」，據《鹽鐵論》改。

誤，下《論誹篇》曰：「此獨誰爲負其累而蒙其殃乎？」即承此而言，可知此文當作「負累蒙殃」也。

《論誹篇》：「稱往古而言訾當世，賤所見而貴所聞。」樾謹按：「言」字衍文，即「訾」字之誤而衍者。

《孝養篇》：「有賢子者當路於世者，高堂邃宇，安車大馬，衣輕煖，食甘毳；無厭者褐衣皮冠，躬居陋巷，有旦無暮。」樾謹按：「有賢子者」句衍「者」字，「有賢子當路於世者」八字爲一句。「無厭者」衍「厭」字，「無」者對上「有賢子」句爲文，言無賢子當路於世也。

「故禮菲而養豐，非孝也；涼困而以養，非孝也。」樾謹按：「涼困」不知何義，疑當作「京困」，字之誤也。大困曰「京」。《管子・輕重丁篇》有「新成困京」者，二家正以「困京」連文。此作「京困」猶彼云「困京」也，蓋承「禮菲養豐」而言，謂其禮苟菲，則雖有困京之饒不足爲養也。疑本作「京困以養，非孝也」，涉上句而衍「而」字。

《刺議篇》：「孔子曰：『雖不吾以，吾其與聞諸侯。』」樾謹按：「侯」衍字，《論語》作「吾其與聞之」，此作「諸」，義同。

《利議篇》：「諸生莫有能安集國中，懷臧之來遠方，使邊境無寇虜之災，租税盡爲諸生除之，何況鹽鐵均輸乎？」樾謹按：「莫」字衍文，此乃反言也。言諸生誠有能安集懷來，使邊竟無災，則雖國家之租稅亦可爲諸生除之，豈鹽鐵均輸而不可除乎？讀者不達其語意，以爲丞相史必當譏誚諸生，故臆增「莫」字，而文義轉不可通矣。又按：「懷臧之來遠方」六字無義，疑「臧之」二字衍文，「懷來遠方」與「安集國中」相對成文。

《後刑篇》：「家之有鉏子，器皿不居，況鉏民乎？」樾謹按：兩「鉏」字無義，皆「鉬」字之誤，「鉬」讀爲「惡」。上文云「人君不畜惡民」，此「惡民」二字之證，上用正字，此用叚字耳。言家有惡子，則器皿必不能存矣，況國之惡民乎？故宜以刑正之。

《水旱篇》：「故循行於內，聲聞於外。」樾謹按：「循」字當作「修」，言修其行於內，而其聲聞於外也。此「修」字誤爲「循」，與《遵道篇》「循」誤爲「修」可互證。

「貧民或木耕、手耨、土耰、啖食。」樾謹按：「啖」當作「淡」，謂不食鹽也。木耕、手耨、土耰，以無農器故，由不得鼓鑄也；淡食以無鹽故，由不得煮鹽也。皆明鹽鐵之害。

《備胡篇》：「辟鋒鋭而牧罷極。」樾謹按：「牧」字無義，乃「收」字之誤，言匈奴見漢兵鋒鋭則避去，見漢兵罷極則起而收之也。

「或侵侮士卒，與之爲市，并力兼作，使之不以理。故也士卒失職，而老母妻子感恨也。」樾謹按：「故」下衍「也」字，「故士卒失職」五字連讀，「失職」猶云「失所」。《管子·明法解》曰：「孤寡老弱，不失其職。」《漢書·武帝紀》曰：「有冤失職，使者以聞。」《宣紀》曰：「其加賜鰥寡孤獨高年帛，毋令失職。」蓋漢時常語，上文云「舉失職者」，謂察其失所者也。

《執務篇》：「吏皆廉正，故以奉職。」樾謹按：「故」乃「敬」字之誤。

《能言篇》：「夫坐言不行，則牧童兼烏獲之力，逢須苞堯舜之德。」樾謹按：「逢須」未知何謂，舊説以爲「逢蒙」，殆非也。「牧童」對「烏獲」言，是至無力者；「逢須」對「堯舜」言，必是至無知者。「須」疑即「歸妹以須」之「須」，陸績讀爲「嬬」，云「妾也」，「須」與「童」正對文成義。「逢」字未詳。又按：《説文·皿部》：「櫝盨，負戴器也。」盨從須聲，義得相通。「櫝」字，《玉篇》音公楝切，云「小栝也」。「逢」與「櫝」音近，「逢須」或即「櫝盨」，殆以器喻人，若言斗筲之比乎？

「兼此二者，君子也；無一者，烏獲、逢須也。」樾謹按：上文「逢須」與「牧童」對，不與「烏獲」對，此「烏獲」當作「牧童」。

「同牀旃席，侍御滿側者。」樾謹按：「同牀」無義，當作「匡牀」。《淮南子·主術篇》曰：「匡牀蒻席。」

「刑人者若刈菅芳。」樾謹按：芳，香也。「若刈菅芳」於義難通，「芳」疑「茅」字之誤。《詩·東門之池篇》釋文曰：「茅已漚爲菅。」故得連言之。

《擊之篇》：「若不恤人之急，不計其難，獘持以窮無用之地。」樾謹按：「持」當作「恃」，「獘」下脱「所」字，本作「獘所恃以窮無用之地」。《論菑篇》曰：「又安能忍殺其赤子以事無用，罷獘所恃而達瀛海乎？」與此意同。

《伐功篇》：「其後匈奴稍强，蠶食諸侯，故破走月支氏。」樾謹按：「支」字衍文也。《漢書·韋玄成傳》：「及漢興，冒頓始彊，破東胡，禽月氏。」師古曰：「氏讀曰支。」此作「月支氏」者，殆因讀者以「氏」當讀「支」旁注「支」字，遂誤衍耳。

《險固篇》：「故鼂倡有介，狐貉不能禽。」樾謹按：「倡」字無義，乃「瑁」字之誤，「瑁」即瑇瑁也。《異物志》云：「瑇瑁如鼂，生南海中，大者如籧篨，背上有鱗。」是瑇瑁與鼂相似，故以「鼂瑁」連文。

《論勇篇》：「故義之服無義，疾於原馬良弓。」樾謹按：「原」當作「騵」，《爾雅·釋畜》：「駵馬白腹曰騵。」《禮·檀弓篇》：「周人尚赤，戎事乘騵。」此云「騵馬」，猶周之遺語也。《淮南·主術篇》亦云「騎騵馬而服騊駼。」

《論功篇》：「《春秋傳》曰：『桓公之與戎狐，驅之爾。』」樾謹按：「狐」乃「狄」字之誤。莊三十年《公羊傳》曰：「《春秋》敵者言戰，桓公之與戎狄，驅之爾。」

「晋取郊沛。」樾謹按：《昭二十三年》「晋人圍郊」，無「取沛」事。《公羊傳》：「郊者何？天子之邑也。曷爲不繫于周？不與伐天子也。」何休注曰：「與侵柳同義。」按：《宣元年》「晋趙穿帥師侵柳」，《公羊傳》與此同。然則「晋取郊沛」疑當作「晋取郊柳」。

《刑德篇》：「執轡非其人，則馬奔馳；執軸非其人，則舩覆傷。昔吴使宰嚭持軸而破其舩，秦使趙高執轡而覆其車。」樾謹按：兩「軸」字皆當作「舳」，《方言》曰：「船後曰舳。」注曰：「今江東呼柁爲舳。」

讀《潛夫論》　曲園雜纂第二十二

《讚學篇》：「士欲宣其義，必先讀其智。」樾謹按：《詩・牆有茨篇》：「不可讀也。」毛傳曰：「讀，抽也。」《方言》曰：「抽，讀也。」蓋「讀」與「抽」聲近而義通，「讀其智」即「抽其智」，謂士欲宣明其義，必先抽引其智也。《群書治要》改作「必先讀其書」，此不達其義而臆改，不可從也。

「箕子陳六極，國風歌北門，故所謂不憂貧也。豈好貧而弗之憂邪？蓋志有所專，昭其重也。」樾謹按：「箕子陳六極，國風歌北門」，非不憂貧之謂。「故所謂不憂貧也」當作「何故謂不憂貧也」，蓋承上文引孔子「君子憂道不憂貧」句而言。「箕子陳六極，國風歌北門」，古人未嘗不以貧爲憂，何故而言憂道不憂貧邪？乃反言以起下文，今作「故所謂」，則於義不可通矣。

「或以喪亂朞其年歲。」樾謹按：「朞」與「綦」通，《荀子・王霸篇》：「目欲綦色，耳欲綦聲。」楊倞注曰：「綦，極也。」字亦通作「期」。《議兵篇》：「已綦三年，然後民可信也。」《宥坐篇》：「朞三年而百姓往矣。」兩篇文義正同，是「朞」與「期」通也。「或以喪亂朞其年歲」，言窮極其年歲也。汪氏繼培箋云「朞，疑稽之誤」，非是。

「水師泛軸，解維則溺，自托舟楫，坐濟江河。」汪箋云：「軸當作舳，謂舳艫也。」《說文》云：「漢律名船方長爲舳艫。」樾謹按：如此則舳即舟楫矣，軸當仍讀車軸之本字，蓋車軸不可以濟水，故一解其維即沈溺也。

《務本篇》：「入學則不亂，得義則忠孝。」樾謹按：上云「民富乃可教，學正乃得義」，此承上文而言，當作「可教則不亂」。古「學」字作「斆」，故「教」「學」字相近易誤，「教」誤作「學」，因臆改爲「入學」耳。

「故衰闇之世，本末之人，未必賢不肖也，禍福之所，下有脱字。勢不得無然耳。」樾謹按：「人」字乃「失」字之誤，「賢」字乃「皆」字之誤。言衰闇之世，本末之所以失者，未必皆不肖之故，乃爲禍福所迫，不得不然也。

《論榮篇》：「夫令譽從我興，而二命自天降之。」樾謹按：上文云「寵位不足以尊我，而卑賤不足以卑己」，然則「二命」即謂此二者也。下云「故君子未必富貴，小人未必貧賤」，「富貴」「貧賤」，此即天所降之「二命」。汪氏不本上下文爲說，而泛舉《援神契》之「遭命」「隨命」以説此「二命」，失之。

「中堂生負苞。」樾謹按：「中堂」當作「中唐」。《詩·防有鵲巢篇》「中唐有甓」，傳曰：「中，中庭也。唐，堂塗也。」此即用其語。「負」當作「萯」，《説文·艸部》：「萯，王萯也。」「苞，艸也。南陽以爲麤履。」萯、苞二草。下文「山野生蘭芷」，蘭、芷亦二草也。汪箋引王君説云：「苞當爲芻，《爾雅》曰『萯王芻』是也，古者多云『負芻』。」按《爾雅·釋草》「菉王芻」，不云「萯王芻」，王説殊誤。至《春秋》有「曹伯負芻」，《史記》有「楚王負芻」，《孟子》云「昔沈猶有負芻之禍」，趙注云：「時有作亂者曰負芻。」則「負芻」自是人名，不可以説此也。

《賢難篇》：「虞舜之所以放殛，子胥之所以被誅。」樾謹按：虞舜放殛，即指蒼梧之崩，其意謂舜德衰，爲禹所放，故遠狩蒼梧而死，即劉知幾疑經惑古之見也，《史通》所引「囚堯偃朱」諸説，皆出汲冢。乃王符已有此言，則此説相傳，漢世已有之矣。汪箋引「完廩浚井」以證放殛事，恐非其旨。

「或爵侯伯，或位公卿，尹據天官，柬在帝心。」樾謹按：「尹據天官」句，「尹」字無義，疑「尸」字之誤。《書序》「康王既尸天子，遂誥諸侯」，此用「尸」字，即本《書序》文也。《明闇篇》「尹其職而策不出於己」，「尹」字亦當作「尸」。

《明闇篇》：「隔損疏賤而信趙高。」樾謹按：「損」字無義，汪箋改作「捐」。然「隔」之與「捐」義亦不倫，疑當作「限」，「隔」「限」二字文義相屬。《思賢篇》曰「限隔九州」，此云「隔限」，彼云「限隔」，其義一也，「限」與「損」字形微似，因而致誤。

「陳湯殺郅支，而匡衡捄其功。」樾謹按：「捄」字無義，汪箋據《群書治要》改作「挍」字，義亦迂曲。疑本是「佼」字，《淮南子·覽冥篇》：「鳳凰之翔，至德也。雷霆不作，風雨不興，川谷不澹，草木不摇，而燕雀佼之，以爲不能與之争於宇宙之間。」「佼」蓋輕慢之意。上文云：「赤螭青虬之游冀州也，蛇鱓輕之，以爲不能與之争於江海之中。」一云「輕之」，一云「佼之」，是「佼」與「輕」同，「佼其功」即「輕其功」也。「挍」乃「佼」之誤，「捄」又「挍」之誤耳。

《考績篇》：「皆當考治以効實，爲王休者也。」樾謹按：此言自守相令長至三公，皆當考績以効實而進退之，賢則任用，不賢則罷斥。「王休」二字借用「五行王相休囚」之説，亦因上文言「三公典和陰陽」，故即從陰陽五行爲説也。《淮南子·地形篇》「木壯，水老，火生，金囚，土死」，無「王休」之文。《大玄·玄數篇》：「五行用事者王，王所生相，故王廢，勝王囚，王所勝死。」其文有「王」無「休」。然《論衡·難歲篇》云「立春，艮王、震相、巽胎、離没、坤死、兑囚、乾廢、坎休」，則東漢時固已有此説。自王而相、而胎、而没、而死、而囚、而廢、而休，故此文即用

「王休」二字以寓進賢退不肖之意。汪箋引《詩》「對揚王休」釋之，未得其義。《相列篇》「五色之見，王廢有時」，彼云「王廢」，此云「王休」，其義一也。

「夫聖人爲天口，賢人爲聖譯。」樾謹按：《説文・言部》：「譯，傳譯四夷之言者。」天無言，而聖人代之言，故曰爲天口；聖人之言，人不易曉，而賢者爲通其指趣，故曰爲聖譯。《周禮・序官》「象胥」疏曰〔一〕：「譯即易，謂换易言語，使相解也。」「譯」字不誤，汪箋云「疑當作鐸」，非是。

《思賢篇》：「是故養壽之士，先病服藥；養世之君，先亂任賢，是以身常安而國永永也。」汪箋云：「兩『永』字有誤，程本作『國脈永』，疑非是。」樾謹按：上「永」字不誤，下「永」字乃「𥝌」之誤。𥝌，古文「保」字，見《説文》。「身常安而國永保」，兩文相對。

「人君求賢，下應以鄙，與直不以枉。」樾謹按：「與」讀爲「舉」，古字通用。《周官・師氏職》「王舉則從」，故書「舉」爲「與」，是其證也。「與直」即「舉直」也。「不」字乃「下」字之誤，「以」字上又脱「應」字，當作「與直下應以枉」，與上句「求賢下應以鄙」相對成義。

〔一〕 禮，原訛「易」，據《周禮注疏》改。

「己不引真，受猥官之。」樾謹按：「引」字乃「別」字之誤，「己不別真，受猥官之」與上文説「治疾」曰「己不識真，合而服之」文義一律。「受猥官之」四字亦疑有誤，但莫可訂正耳。又按：上文「己不識真」句衍「而」字，當從王説删。

「令結怨於下民，縣罪於惡積過既成，豈有不顛隕者哉？」樾謹按：「縣罪於」下脱二字，當與上「結怨於下民」相對成文，「惡」下脱「既」字，「惡既積、過既成」亦相對成文。

《潛歎篇》：「已又定矣，還至讒如臣妾之飾僞言而作辭也，則君王失已心，而人物喪我體矣。」汪箋云：「『如』，疑當作『妬』，屬上讀。」樾謹按：作「妬」是也，屬上讀非也。「還」乃「遝」字之誤，《方言》《廣雅》竝曰：「遝，及也。」「遝至」猶云「及至」，蓋承上言「好之與惡」「鹿之與馬」，本屬易辨。已又先有定見，及至讒妬之臣妾飾言，則又爲之奪也。自「遝至」至「辭也」十四字作一句讀，不當於「妬」字絶句。

「人君内秉伐賢之斧，權噬賢之狗，而外招賢。」樾謹按：「權」字無義，疑當作「嚾」。《廣韻・二十九換》云：「喚，呼也。嚾，上同。」然則「嚾」即「喚」字，猶云「呼噬賢之狗」耳。

《浮侈篇》：「油潰入海，連淮逆河。」樾謹按：「油潰」疑當作「潰油」，傳寫誤倒也。油，水名，《説文・水部》云：「油，水。出武陵孱陵西，東南入江。」「潰」即《西都賦》「潰渭洞河」

之「潰」。章懷《後漢書》注引《倉頡篇》曰：「潰，傍決也。」潰油入海，蓋從油水入江，而由江入海也。大木之所出多在楚蜀，運木者必取道荊襄。《江表傳》稱劉備爲荊州牧，「立營油口」，此即古油水故道。謂之「油口」，則其爲往來之所經歷可知。「潰油」倒作「油潰」，遂失其意。汪箋云「油當作漕」，非也。

《實貢篇》：「是故求馬問馬，求驢問驢，求鷹問鷹，求駹問駹。」樾謹按：「鷹」字不倫，「駹」則仍即馬之一種。上既言「馬」，不應下又言「駹」，疑皆字之誤。「鷹」當作「雞」，「雞」誤爲「瘫」，因改爲「鷹」矣；「駹」當作「尨」，謂犬也，涉上「驢」字而加「馬」旁耳。求馬問馬，求驢問驢，馬、驢一類也；求雞問雞，求尨問尨，雞、犬一類也。

《述赦篇》：「有司奏事，又俗以赦前之微過，妨今日之顯舉。」汪箋曰：「『俗』疑『欲』。」樾謹按：作「欲」是也，惟「欲」上當補「不」字，蓋赦前之事不得復奏，故不欲以赦前之微過，妨今日之顯舉也，無「不」字則義不可通。

《三式篇》：「且夫列侯皆國大臣也，雖身在外，而心在王室，宜助聰明，與智賢愚以佐天子。」樾謹按：「愚」字衍文也，「與」讀爲「舉」，古字通用，言宜舉智賢之人以佐天子也。下文云「當循王制，皆使貢士」，可證其義。

《愛日篇》：「法令霧而役賦繁，則希民困於吏政，仕者窮於典禮。」樾謹按：「希民」二字無義，疑當作「布衣」，以「布衣」與「仕者」對舉。猶《慎微篇》云「人君聞此可以悚思，布衣聞此可以改容」，以「布衣」與「人君」對舉也。《慎微篇》又云：「由此言之，有希人君，其行一也。」汪箋云：「『有希』當作『布衣』，漢碑『布』作『𢁉』，與此相似。」然則此篇「布」字亦因作「𢁉」而誤作「希」可知矣。「衣」與「民」下半亦微似。

《斷訟篇》：「故先慎己喉舌，以元示民。」汪箋本如此，其説云：「『喉』舊作『唯』，『元』當爲『玄德』之『玄』。」樾謹按：「唯」作「喉」是也，讀「元」爲「玄」則非是。汪又引《荀子》「上周密則下疑玄」，如此又讀「玄」爲「眩」，與前説歧異，而義益不通矣。汪所據者元刻本，而《漢魏叢書》本作「以示小民」。今鄂局本從之，文義明白，不必徇元本之譌，曲爲之説。

《勸將篇》：「將帥以定令之群。」樾謹按：「定令」無義，當作「守令」。下文引《孫子》曰：「將者，民之司命，而國家安危之主也。是故諸有寇之郡太守令長，不可以不曉兵。」又曰：「是故選諸有兵之長吏，宜踔躒豪厚，越取幽奇，材明權變，任將帥者。」然則此篇所謂「勸將」，即指郡縣之守令而言，非命將出師之謂也。汪箋以《管子》「朝定令於百吏」説之，未得其旨。

《邊議篇》：「草食散亂，未有都督。」汪箋云：「『草食』疑當爲『草舍』。」樾謹按：此説非也。「草食」當爲「草創」，「創」字缺其半，因誤爲「食」耳。《實邊篇》云「前羌始叛，草創新起」，是其明證。

《實邊篇》：「詔書法令，二十萬口，邊郡十萬，歲舉孝廉一人；員除世舉廉吏一人。」汪箋曰：「『詔書』以下文有脱誤。」樾謹按：依文詮解，亦自可通。《後漢書·丁鴻傳》：「自今郡國率二十萬口，歲舉孝廉一人。」又《和帝紀》：「令緣邊郡口十萬以上，歲舉孝廉一人。」是漢制舉孝廉，内地與邊地不同，此文則合并言之。「詔書法令，二十萬口」，此以内地言也；「邊郡十萬」，此以邊地言也。其下云「歲舉孝廉一人」，則合内地、邊地而言也。如分别言之，當云「詔書法令，郡國二十萬口，歲舉孝廉一人；邊郡十萬口，歲舉孝廉一人」，則文義自明矣。「員除世」句，「世」乃「三十」二字之誤，「除」疑當爲「際」。《淮南·原道篇》「高不可際」，注曰：「際，至也。」「際」與「至」一聲之轉，以際爲至，蓋漢人語。「員際三十舉廉吏一人」，言滿三十員則舉一廉吏也。下文云「廉吏世舉一人」，「世」亦當爲「三十」。

《交際篇》：「龐勛、勃貂一旦見收，亦立爲義報，況累舊乎？」汪箋云：「『龐勛』未詳，疑『竪須』之誤，即『竪頭須』，晋文公守藏者也。」樾謹按：「龐勛」「竪須」，字形絶遠，何得致誤？「龐勛」疑即「龐涓」，「涓」字闕壞，止存左旁，遂誤爲「勛」耳。龐涓與孫臏同學，及既事魏爲將軍，忌孫臏，乃以法刖而黥之，後卒爲孫臏射死，與寺人勃貂皆反復小人。此言「一旦見收，亦爲義報」，故下文言「桀之狗可使吠堯，跖之客可使刺由」，明以「桀狗」「跖客」喻此兩人，則此兩人皆非良士可知矣。

《德化篇》：「有傷賢之政，則賢多横夭。」樾謹按：「賢多横夭」當作「民多横夭」，汪箋引王先生説已訂正矣。惟「傷賢之政」義似不通，上文「傷明之政」「傷聰之政」，汪箋既引《漢·五行志》以説之，則此「傷賢」疑當作「傷睿」，故云「民多横夭」，即「六極」所謂「凶短折」也，凶短折爲思不睿之罰，故知「傷賢」當作「傷睿」矣。

《五德志篇》：「故略依《易繫》，記伏羲以來，以遺後賢，雖多未必獲正然罕，可以浮游博觀，共求厥真。」樾謹按：「然罕」二字絶句，言此義爲世所罕聞也。篇中所陳，與太史公《五帝紀》《三代世表》絶異，太史公曰：「余讀諜記，黄帝以來皆有年數。稽其曆譜諜終始五德之傳，古文咸不同，乖異。」然則當時原有異同，今依《潛夫》説，則舜無娶曾祖姑之嫌，而稷、契皆非堯弟，故自舜始舉之，於事理爲近也。此義在東漢時已爲罕聞，故列之於後，以張其説。

伏羲木德　帝嚳　棄
神農火德　堯

軒轅土德　　舜
少皞金德　　禹
顓頊水德　　契

《叙録篇》：「傷俗陵遲，遂遠聖述。」汪箋云：「『述』字誤。」樾謹按：「述」讀爲「術」，《詩·日月篇》「報我不述」，《釋文》曰：「『述』本亦作『術』。」「述」「術」古通用，非誤也。

讀《論衡》　曲園雜纂第二十三

《逢遇篇》：「馬圄之説無方，而野人説之；子貢之説有義，野人不聽。」樾謹案：《吕氏春秋·必己篇》：「孔子行道而息，馬逸，食人之稼，野人取其馬。子貢請往説之，畢辭，野人不聽。有鄙人始事孔子者曰：『請往説之。』」《淮南子·人間篇》載此事，則以爲「子貢往説之，卑辭而不能得也。孔子乃使馬圉往説之」。此云「馬圄」即「馬圉」也，蓋用《淮南子》。然《文選·演連珠》「東野有不釋之辯」，注引《吕氏春秋》：「孔子行於東野，馬逸，食野人稼，野人留其馬。子貢説而請之，野人終不聽。於是鄙人馬圉乃復往説。」與今本《吕氏春秋》絶異，且今本《吕氏春秋》及《淮南子》均無「東野」二字，而士衡之文明言「東野有不釋之辯」，則疑唐以前《吕氏春秋》自與今本殊也。

「昔周人有仕數不遇，年老白首，涕泣於塗者。人或問之：『何爲泣乎？』對曰：『吾仕數不遇，自傷年老失時，是以泣也。』人曰：『仕奈何不一遇也？』對曰：『吾年少之時學爲文，文德成就，始欲仕宦，人君好用老。用老主亡，後主又用武，吾更爲武，武主又亡。少主始立，好用少年，吾年又老，是以未嘗一遇。』」樾謹按：此與顔駟事相似，《文選・思玄賦》：「尉厖眉而郎潛兮，逮三葉而遘武。」注引《漢武故事》曰：「顔駟，不知何許人。漢文帝時爲郎，至武帝嘗輦過郎署，見駟厖眉皓髮。上問曰：『叟何時爲郎？何其老也？』荅曰：『臣文帝時爲郎，文帝好文，而臣好武。至景帝好美，而臣貌醜。陛下即位，好少，而臣已老。是以三世不遇，故老於郎署。』」疑古相傳有此説，顔駟事亦出依托也。

《命義篇》：「天施氣而衆星布精，天所施氣，衆星之氣在其中矣。人稟氣而生，含氣而長，得貴則貴，得賤則賤，貴或秩有高下，富或貲有多少，皆星位尊卑小大之所授也。」樾謹按：《抱朴子・辨問篇》引《玉鈐》云：「人之吉凶修短，於結胎受氣之日，皆上得列宿之精。其值聖宿則聖，值賢宿則賢，值文宿則文，值武宿則武，值貴宿則貴，值富宿則富，直賤宿則賤，值貧宿則貧，值壽宿則壽，值僊宿則僊。」與此文大旨相近，即後世星命之學所權輿也。

「《月令》曰：『是月也，雷將發聲，有不戒其容者，生子不備，必有太凶。』」樾謹按：《月令》「必有凶災」，此云「大凶」，文異而義不殊。《月令》「不戒其容止」，鄭云：「容止猶動静。」以「動」訓「容」，以「止」訓「静」，字各一義，「容」猶「動」也。《説文・手部》：「搈，動搈也。」「容」與

「搈」通，故訓動。此云「不戒其容」，則是「容儀」之「容」矣。

《無形篇》：「人禀元氣於天，各受壽夭之命，以立長短之形，猶陶者用土爲簋廉，冶者用銅爲柈杅矣。」樾謹按：「廉」字無義，必「廡」字之誤。「廡」讀爲「甒」，《禮記·禮器篇》：「君尊瓦甒。」注曰：「瓦甒五斗。」古字每以「廡」爲之。《儀禮·既夕禮》注：「古文『甒』皆作『廡』。」是其證也。「廡」「廉」形似，因而致誤。

「《禮》曰：『水潦降，不獻魚鼈。』何則？雨水暴下，蟲虵變化，化爲魚鼈。離本真暫變之蟲，臣子謹慎，故不敢獻。」樾謹按：《曲禮篇》「水潦降，不獻魚鼈」，注曰：「不饒多也。」《正義》曰：「天降下水潦，魚鼈難得，故注云『不饒多』。或解以爲水潦降下，魚鼈豐足，不饒益其多。」是禮家止此二義。《論衡》所説，又成一義，亦必漢儒舊説也。

《率性篇》：「《詩》曰：『彼姝者子，何以與之？』傳言譬猶練絲，染之藍則青，染之丹則赤。」樾謹按：《本性》篇文與此同，毛傳無此説，所引傳必三家説也。

「賜不受命而貨殖焉，賜本不受天之富命，所加貨財積聚，爲世富人者，得貨殖之術也。」樾謹按：何晏《論語集解》「不受命」有二説：一謂「賜不受教命，唯貨財是殖」，一謂「雖非天命而偶富」。其後一説即本此也。

《初稟篇》：「光禄大夫劉琨，前爲弘農太守，虎渡河，光武皇帝曰：『偶適自然，非或使之也。』」樾謹按：《後漢書·儒林·劉昆傳》：「詔問昆曰：『前在江陵，反風滅火，後守弘農，虎北渡河，行何德政而致是事？』昆對曰：『偶然耳。』左右皆笑其質訥。帝歎曰：『此迺長者之言也。』顧命書之策。」此誤以昆對光武語爲光武之言，蓋傳聞之失也，當以史爲正。

《本性篇》：「羊舌食我初生之時，叔姬視之，及堂，聞其啼聲而還，曰：『其聲，豺狼之聲也。』」樾謹按：昭三年《左傳》正義曰：「《世譜》云：『羊舌氏，晋之公族也。』羊舌，其所食邑名。唯言晋之公族，不知出何公也。」今以此文證之，叔向之母姬姓，然則羊舌氏非晋公族。

《書虚篇》：「傳書言吴王夫差殺伍子胥，煑之於鑊，乃以鴟夷橐投之於江。」樾謹按：子胥之死，《左傳》止曰「使賜之屬鏤以死」。《國語》始言「使取申胥之尸，盛以鴟夷，而投之於江」，然上文但言「吴王還自伐齊，乃訊申胥曰」云云，并不載賜劍之事。賈誼《新書·耳痺篇》：「伍子胥見事之不可爲也，何籠而自投水。」則又以爲自投於水矣。是子胥之死，言人人殊，而鑊煮之説惟見此書，疑傳聞過實也。

「傳書言聶政爲嚴翁仲刺殺韓王，此虚也。夫聶政之時，韓列侯也。列侯之三年，聶政刺韓相俠累。十二年，列侯卒。與聶政殺俠累相去十七年。而言聶政刺死韓王，短書小傳竟虚不可信也。」樾謹按：《國策》言「聶政刺韓傀，兼中烈侯」，《史記・韓世家》：「烈侯三年，聶政殺韓相俠累。烈侯十三年卒，子文侯立。文侯卒，子哀侯立。哀侯六年，韓嚴弑其君。」是烈侯不見弑，哀侯固見弑也。據《刺客傳》，又以聶政事在哀侯時，且聶政之刺，乃嚴仲子使之，豈即所謂「韓嚴弑其君」者乎？然則《國策》所載，自是當時之實，但誤以哀侯爲烈侯耳。

《感虛篇》：「傳書言魯襄公與韓戰，戰酣，日暮，公援戈而麾之，日爲之反三舍。」樾謹按：《淮南子・覽冥篇》：「魯陽公與韓搆難，戰酣，日暮，援戈而撝之，日爲之退三舍。」高注曰：「魯陽，楚之縣公。」《漢書・地理志》「南陽郡魯陽」師古曰：「即《淮南》所云『與韓戰，日反三舍』者也。」然則魯陽非魯也。《國語・楚語》「惠王以梁與魯陽文子」，韋昭注曰：「文子，平王之孫，司馬子期子魯陽公也。」《墨子・耕柱篇》「子墨子謂魯陽文君曰」，「魯陽文君」即魯陽文子，與韓戰者未知即此人否。要非魯之襄公也。

《道虛篇》：「世或言東方朔亦道人也，姓金氏，字曼倩，變易姓名，游宦漢朝。」樾謹按：《洞冥記》云：「東方朔，字曼倩。父張夷，字少平，妻田氏女。夷年二百歲，顔如童子。朔生三日而田氏死，時景帝三年也。鄰母拾而養之。」據此則朔又姓張也。蓋皆非實事，故傳聞各異。《風俗通・正失篇》云：「俗言東方朔太白星精。」太白者，金星也。此或姓金氏之説所本乎？

《儒增篇》：「傳言秦滅周，周之九鼎入於秦。按本事，周赧王之時，秦昭王使將軍摎攻王赧，王赧惶懼奔秦，頓首受罪，盡獻其邑三十六、口三萬。秦受其獻，還王赧。王赧卒，秦王取九鼎寶器矣。若此者，九鼎在秦也。始皇二十八年，北遊至琅琊，還過彭城，齊戒禱祠，欲出周鼎，使千人没泗水中，求弗能得。案時，昭王之後，三世得始皇帝，秦無危亂之禍，鼎宜不亡，亡時殆在周。傳言『王赧奔秦，秦取九鼎』，或時誤也。傳又言『宋大丘社亡，鼎没水中彭城下，其後二十九年，秦并天下』，若此者，鼎未入秦也。其亡，從周去矣。」樾謹按：《史記・年表》「宋大丘社亡」，在周顯王之三十三年，則秦惠文王之二年也。後此二十年，爲惠文王之後九年，張儀欲伐韓，尚有「周自知不救，九鼎寶器必出」之言，安得已亡於周顯王之三十三年也？即如《漢書・郊祀志》之説，謂社亡於顯王四十三年，至惠文王後九年，亦十二年矣。愚嘗謂秦取九鼎，著於《周本紀》；九鼎入秦，著於《秦本紀》，乃史公之實録。《封禪書》又云「或曰宋太丘社亡，而鼎没於泗水彭城下」，此方士新垣平輩之妄説也。九鼎自在秦，而後世不見者，燬於咸陽三月之火也。秦所求泗水之鼎、漢所出汾陰之鼎，均非禹鼎。此言「鼎未入秦」，失其實矣。又按：周考王二年，封其弟桓公於河南，是爲西周君。桓公卒，威公立。威公卒，惠公立，復封其少子於鞏，是爲東周君。而周天子自在成周，至赧王立，自成周遷於王城，王城即河南也，於是始與西周君共居。及秦昭襄王五十一年，秦使將軍摎攻西周，西周君自歸於秦，頓首受罪，盡獻其邑，此西周君也，非赧王也。合《史記》周、秦兩紀觀之，事迹甚明，此言「王赧惶懼奔秦」，亦失其實。

《問孔篇》：「蘧伯玉使人於孔子，孔子曰：『夫子何爲乎？』對曰：『夫子欲寡其過而未能也。』使者出，孔子曰：『使乎！使乎！』非之也。説《論語》者曰：『非之者，非其代人謙也。』」樾謹按：《集解》引陳説以爲「善之」，陳乃魏人。而此云「非之」，則漢儒舊説也。今皆宗陳説，而漢儒舊説固不知矣。又按：「非之也」三字即是説《論語》者之説，下又引「説《論語》者」云云，則申説其故也。下文云：「不明其過，而徒云『使乎使乎』！」又云：「孔子之言『使乎』，何其約也？」又云：「使孔子爲伯玉諱，宜默而已。揚言曰『使乎！使乎！』時人皆知孔子之非也。出言如此，何益於諱？」然則仲任所據，自同今本，止「使乎使乎」四字，無「非之也」三字。近時翟氏灝作《四書考異》，疑其所據正文有此三字，非也。

《非韓篇》：「段干木闔門不出，魏文敬之，表式其閭。秦軍聞之，卒不攻魏。使魏無干木，秦兵入境，境土危亡。」樾謹按：《史記·老子傳》云：「老子之子名宗，宗爲魏將，封於段干。」《集解》曰：「此云『封於段干』，『段干』應是魏邑名也。」而《魏世家》有「段干木」「段干子」，《田完世家》有「段干明」，疑此三人是姓「段干」也，本蓋因邑爲姓。《風俗通·氏姓》注云「姓段名干木」，恐或失之矣。今據此文云「使魏無干木」，則亦以爲「段」姓、「干木」名，漢人舊説固如此也。

《説日篇》：「儒者或以旦暮日出入爲近，日中爲遠；或以日中爲近，日出入爲遠。其以日出入爲近、日中爲遠者，見日出入時大，日中時小也。察物近則大，遠則小，故日出入爲近，日中爲遠也。其以日出入爲遠、日中時爲近者，見日中時温，日出入時寒也，夫火光近人則温，遠人則寒，故以日中爲近、日出入爲遠也。二論各有所見，故是非曲直未有所定，如實論之，日中近而日出入遠。日中，去人近，故温；日出入，遠，故寒。然則日中時日小，其出入時大者，日中光明，故小；其出入時光暗，故大。猶晝日察火光小，夜察之火光大也。」樾謹按：此論甚精，且以鐙火爲喻，遠視甚大，近視之轉小矣。《列子·湯問篇》載兩小兒論日遠近，孔子不能答，此可以解之。

《荅佞篇》：「《文王官人法》曰：推其往行，以揆其來言；聽其來言，以省其往行。」樾謹按：今《大戴禮·文王官人篇》：「王曰：『太師！女推其往言，以揆其來行；聽其來言，以省往行。』」與此不同，盧辨注引孔子曰：「始吾於人，聽其言而信其行。今吾於人，聽其言而觀其行。」然則無論來與往，皆以言揆行，不以行揆言，此所引或有誤也。

《量知篇》：「素者，空也。空虚無德，飡人之禄，故曰『素飡』。無道藝之業，不曉政治，默坐朝廷，不能言事，與尸無異，故曰『尸位』。」樾謹按：「素飡尸位」之語，至今猶爲恒言，而實本於「素飡尸禄」之古語。《文選・潘安仁〈關中詩〉》注引薛君《韓詩章句》曰：「何謂素餐？素者，質也。人但有質朴而無治民之材，名曰素餐。尸禄者，頗有所知，善惡不言，默然苟欲得禄而已，譬如尸焉。」是古有「素餐尸禄」之語。《後漢・梁冀傳論》「永言終制，未解尸官之尤」，注曰：「尸官猶尸禄。」「尸禄」二字即本《韓詩》，然變「禄」言「官」，「官」即「位」矣。此言「素飡尸位」，當是漢人常語。至東晋古文出，乃有「太康尸位」之文。然僞傳訓「尸」爲「主」，義又有别。

《明雩篇》：「曾晳對孔子言其志曰：『暮春者，春服既成，冠者五六人，童子六七人，浴乎沂，風乎舞雩，詠而歸。』孔子曰：『吾與點也。』魯設雩祭於沂水之上。暮者，晚也。春謂四月也。春服既成，謂四月之服成也。」又曰：「周之四月，正歲二月也。」樾謹按：包注以暮春爲季春三月，自是建辰之月。《周頌・臣工篇》「維暮之春」，鄭箋謂「周之季春」。於夏爲孟春，則以爲建寅之月。而此乃以爲建卯之月，在夏正爲仲春，不得爲暮；在周正爲孟夏，并不得言春。

雖漢人舊説，不敢從也。桓五年《左傳》云：「啓蟄而郊，龍見而雩。」杜注：「龍見，建巳之月。」《禮記·月令篇》：「仲夏之月，乃命百縣雩祀。」鄭注曰：「雩之正當以四月，凡周之秋三月之中而旱，亦脩雩禮以求雨，因著正雩，此月失之矣。」然則正雩當在建巳之月，而午、未、申三月不雨，亦得行雩禮，若卯月，非雩祭時也。《左傳》言「啓蟄而郊」，此乃改爲「啓蟄而雩」，未知其説。

《恢國篇》：「光武將五千人，王莽遣二公將三萬人，戰于昆陽。」樾謹按：「二公」者：王莽大司徒王尋、大司空王邑也。袁宏《後漢紀》載此事，亦屢言「二公」，殆由東漢時侈言光武昆陽之戰，以爲美談，人所熟習，故於尋邑止言「二公」，不舉其名也。

《論死篇》：「孔子葬母於防，既而雨甚至，防墓崩。孔子聞之，泫然流涕曰：『古者不脩墓。』遂不復脩。」樾謹按：《禮記》鄭注於「防墓崩」下注云：「言所以遲者，脩之而來。」是謂門人已脩訖也。《正義》引庾蔚之説解「防墓崩」爲「防守其墓，備擬其崩」，則是墓並不崩。而如《論衡》之言，則又崩而不脩。三説乖異，自以鄭義爲安。

《死僞篇》：「晉惠公改葬太子申生。秋，其僕狐突適下國，遇太子，趨登僕車而告之曰：『夷吾無禮，余得請於帝矣。』」樾謹按：《左傳》曰：「太子使登僕。」杜注曰：「狐突本爲申生御，故復使登車爲僕。」是狐突登太子之車也，此文所云則是太子登狐突之車也。下云「許之，遂不見」，則似以「太子登狐突之車」爲是，若「狐突登太子之車」，則其象既没，突將焉在乎？疑《左傳》之文有誤，王仲任所見與今本殊也。

《調時篇》：「一日之中分爲十二時，平旦寅，日出卯也。」樾謹按：《日知録》有「古無一日十二時」之説，未及引此文，顧氏之博猶有所遺。

《辨祟篇》：「故書列七卜。」樾謹按：《洪範篇》「凡七卜五占用二衍忒」，鄭讀「卜五占用」爲句，「二衍忒」爲句；王肅讀「卜五」爲句，「占用二」爲句，「衍忒」爲句。兩讀不同，並見《正義》。若依此文，則又以「七卜」二字連讀，當云「凡七卜句，五占用句，二衍忒句」，是亦漢世異説也。

《祀義篇》：「宋公鮑之身有疾。祝曰夜姑，掌將事於厲者。厲鬼杖楲而與之言曰：『何而粢盛之不膏也？何而芻犧之不肥碩也〔一〕？何而珪璧之不中度量也？而罪歟？其鮑之罪歟？』」樾謹按：此事見《墨子·明鬼下篇》，「夜姑」《墨子》作「祏觀辜」，字書無「祏」字，未詳

〔一〕「之」下原衍一「之」字，據《論衡》删。

也。「厲鬼杖楖而與之言曰」，《墨子》作「袾子杖揖出與言曰〔一〕」，「揖」字不知何義。余作《諸子平議》，疑「杖揖」當作「揖杖」，引《尚書大傳》「八十者杖於朝，見君揖杖」爲證。今觀此文，乃知「揖」爲「楫」字之誤。此作「楖」，彼作「楫」，一字也。然「楫」爲「舟楫」字，施之於此亦非所宜，仍當闕疑。又按：如《墨子》所載，則舉楫而槀之者，袾子也。「袾」即「祝」之異文，是鬼神假手祝史以殺之，非能自殺之也。王仲任殆未見《墨子》之文，不然則更足爲鬼神手不能擊之證，何不即此以曉難者乎？

《案書篇》：「韓非著書，李斯采以言事；楊子雲作《太玄》，侯鋪子隨而宣之。非、斯同門，雲、鋪共朝。」樾謹按〔二〕：「侯鋪」即「侯芭」，「芭」與「鋪」一聲之轉也。世知「侯芭」，不知「侯鋪」，故表而出之。

〔一〕 揖，原訛「楫」，據蔡啓盛《校勘記》改。
〔二〕 按，原缺，據本書体例補。

讀《中論》　曲園雜纂第二十四

《治學篇》：「故學者如登山焉，動而益高；如寤寐焉，久而愈足。故所由來，則杳然其遠。」樾謹按：「故所由來」當作「考所由來」，「考」字作「攷」，因誤爲「故」耳。《考僞篇》曰「考其所由來」，可證此文之誤。

「小子勉之，斯可謂師人矣。」樾謹按：「師人」無義，當作「人師」，「謂」古與「爲」通，「可謂人師」，即可爲人師。淺人不知「謂」之當讀作「爲」，因倒「人師」爲「師人」，以成其義耳。

「志者，學之師也。才者，學之徒也。」樾謹按：「志」不得云「學之師」，「師」乃「帥」字之誤。《孟子》曰「夫志，氣之帥也」，此語即本《孟子》。有志然後可學，故志爲學之主帥，而才特其徒役也，非以師徒爲喻。

「述千載之上，若共一時。論殊俗之類，若與同室。」樾謹按：「共」字亦當作「與」，乃字之誤。「若與一時」「若與同室」，兩文一律。

《法象篇》：「禍敗之由也，則有媟慢以爲階。」樾謹按：「有」字衍文也。「禍敗之由也，則媟慢以爲階」，猶《繫辭傳》曰：「亂之所生也，則言語以爲階。」

「《書》曰：慎始而敬，終以不困。」樾謹按：「終」下當更有「終」字。《左傳》衛太叔文子引《書》曰：「慎始而敬終，終以不困。」是其證也。僞《古文尚書》襲其語曰：「慎厥初，惟其終，終以不困。」亦有兩「終」字。

「昔晉惠公以慢端而無嗣。」樾謹按：「端」乃「瑞」字之誤。僖十一年《左傳》：「天王使召武公、内史過賜晉侯命，受玉惰。過歸，告王曰：『晉侯其無後乎？王賜之命，而惰於受瑞，先自弃也已，其何繼之有？』」「慢瑞」即謂「惰於受瑞」也。

《脩本篇》：「夫行異乎言，言之錯也，無周乎智。言異乎行，行之錯也，有傷於仁。是故君子務以行前言也。」樾謹按：「周」當作「害」，篆書相似而誤。此謂行異於言則可，言異於行則不可，故一則曰「無害乎智」，一則曰「有傷於仁」，而承之曰「君子務以行前言也」，即先行其言之意。「害」篆書作「周」，與「周」相似，故誤。

「夫珠之含礫，瑾之挾瑕，斯其性與？良工爲之，以純其性，若夫素然。」樾謹按：「夫素」疑當作「太素」，《列子·天瑞篇》曰：「大素者，質之始也。」

「乘扁舟而濟者，其身也安。粹大道而動者，其業也美。」樾謹按：《漢書·貨殖傳》「范蠡乃乘扁舟浮江湖」，注引孟康曰：「特舟也。」特舟則不可以爲安，且與上文「優者取多焉」之旨不合矣。疑古稱「扁舟」有兩義：范蠡「扁舟」當讀爲「偏」，《後漢書·隗囂傳》「乘偏舟於五湖」，字正作「偏」是也；若此文「扁舟」則當讀爲「編」，言編列衆舟以濟，若「諸侯維舟、大夫方舟」之類。

「不要而遘，不徵而盛，四時嘿而成，不言而信，德配乎天地，功侔乎四時。」樾謹按：「四時嘿而成」句，文義不倫，疑當作「不行而成」，「行」誤爲「時」，涉下文而誤；「不」爲「四」，乃又加「嘿」字以成義耳。

「然行善而不獲福猶多，爲惡而不得禍猶少，總夫二者，豈可舍多而從少也？」樾謹按：「行善」句衍「不」字，蓋謂世之亂也，行善者不獲福，爲惡者不得禍。然究而言之，則行善獲福者猶多，爲惡不得禍者猶少，故不可舍多而從少也，涉下句而誤衍「不」字，義不可通。

《虛道篇》：「衛人誦其德，爲賦《淇澳》，且曰睿聖。」樾謹按：「且」乃「目」字之誤。

《貴驗篇》：「謗言也皆緣類而作，倚事而興，加其似者也。」樾謹按：「皆」字乃「者」字之誤。

「事，自名也；聲，自呼也；貌，自眩也；物，自處也；人，自官也。」樾謹按：「眩」當作「炫」，乃炫燿之謂，非眩惑之義，方與上下句一律。

「故善釣者不易淵而殉魚，君子不降席而追道。」樾謹按：「易」字無義，疑「叏」字之誤。《說文・又部》：「叏，入水有所取也。」學者罕見「叏」，故誤爲「易」字。

《貴言篇》：「若夫父慈子孝，姑愛婦順，兄友弟恭，夫敬妻聽，朋友必信，師長必教，則有司日月慮知乎州閭矣。」樾謹按：「知」衍字，「慮」讀爲「攄」。司馬相如《封禪文》「攄之無窮」，此「攄」字義與彼同，言上文所陳「父慈子孝」諸事，則有司固已日月攄之州閭矣。《周官》州長諸職所謂「屬民讀灋」，即此事也。後人不知「慮」爲「攄」之叚字，不得其解，因下文有「達其知慮」句，妄加「知」字，殊失之矣。

《藝紀篇》：「故賓玉之山，土木必潤；盛德之士，文藝必衆。」樾謹按：「賓」乃「寶」字之誤。

「存乎六藝者，著其末節也。謂夫陳籩豆，置尊俎，執羽籥，擊鍾磬，升降趨翔，屈伸俯仰之數也。」樾謹按：「著」衍文，蓋即上「者」字之誤而衍也。

《覈辯篇》：「故孔子曰：『小人毁訾以爲辯，絞急以爲智，不遜以爲勇。』」樾謹按：《論語》

「惡徼以爲知者」,《釋文》出「徼以」云:「鄭本作『絞』。」此云「絞急以爲智」,義與鄭同。

《智行篇》:「或曰俱謂賢者耳何?乃以聖人論之。」樾謹按:「俱」乃「但」字之誤。

「召忽仗節死難,人臣之美義也,仲尼比爲匹夫匹婦之爲諒矣。」樾謹按:《論語集解》引王肅曰:「管仲、召忽之於公子糾,君臣之義未正成,故死之未足深嘉,不死未足多非。死事既難,亦在於過厚,故仲尼但美管仲之功,亦不言召忽不當死也。」然皇侃義疏引或云:「召忽投河而死,故云溝瀆。」則《論語》舊説自有以匹夫匹婦爲指召忽者。《後漢書·應劭傳》亦云:「昔召忽親死子糾之難,而孔子曰『經於溝瀆,人莫之知』。」蓋古人所貴者,於事有濟,而不在乎一死。以一死邀名,乃戰國俠士之風,而非聖人之中道也。

「微子介於石,不終日。」樾謹按:此《豫》六二爻辭。自來言《易》家未有以「微子」言者,《集解》引干寶亦止引「周公聞齊魯之政」「辛有見被髮而祭」二事。徐氏所云殆漢儒言《易》之佚説,宜表出之。下云「君子以微子爲上,箕子次之,比干爲下」,然則《論語》所列三仁,先後之間自有微旨,亦可補《論語》注所未備。

《考僞篇》:「故内關之疾,疾之中夭,而扁鵲之所甚惡也,以盧醫不能别,而遘之者不能攻也。」樾謹按:「扁鵲」二字與「遘之者」三字當互易,文本云「故内關之疾,疾之中夭,而遘之者之所甚惡也，以盧醫不能別，而扁鵲不能攻也」，如此則文義明順。然「疾之中夭」四字，尚疑有誤。

「孔子曰『不患人之不己知』者，雖語我曰『吾爲善』，吾不信之矣。」樾謹按：此與《論語》文別。「孔子曰」下衍「不」字，本作「患人之不己知者，雖語我曰『吾爲善』，吾不信矣」。蓋其人惟以人不己知爲患，則其爲善固不誠也。淺人據《論語》妄加「不」字，則二語不相連屬矣。

「問者曰：齊豹之殺人以爲己名，故仲尼惡而『盜』之。今爲名者，豈有殺之罪邪？」樾謹按：「豈有殺之罪邪」句，「殺」下脱「人」字。

「《春秋》之中，其殺人者不爲少，然而不『盜』不已。」樾謹按：「然而不盜不已」句有脱誤。以文義論，當作「然而不書『盜』」，言春秋殺人者雖多，不以「盜」書，以見爲名者之罪浮於殺人者也。下云：「夫爲名者，使眞僞相冒，是非易位，而民有所化，此邦家之大災也。殺人者，一人之害也，安可相比也？」是其義。

《譴交篇》：「自王公至於列士，莫不成正畏相。厥職有恭，不敢自暇自逸。」樾謹按：《尚書·酒誥篇》：「自成湯咸至于帝乙，成王畏相。惟御事厥棐有恭，不敢自暇自逸。」即此文所本。《書》作「成王畏相」，此作「成正畏相」；《書》作「厥棐有恭」，此作「厥職有恭」，自來考今古文異同者所未及也。

「不勤乎四職者，謂之窮民，役諸圜土。」樾謹按：《周官・大司寇》「以圜土聚教罷民」，又曰「以肺石達窮民」，然則「役諸圜土」者罷民，而非窮民也。此文謂之「窮民」，乃「罷民」之誤。

「五比爲閭，使之相憂。」樾謹按：《周官・大司徒職》作「使之相受」，然「憂」字義亦通也。

「以歲時登其大夫，察其衆寡。」樾謹按：「大夫」當作「夫家」，《周官・鄉大夫職》曰「以歲時登其夫家之衆寡」，即此文所本也。《民數篇》曰：「户口漏於國版，夫家脱於聯伍。」亦用《周官》「夫家」字可證。

「知富貴可以從衆爲也，知名譽可以虚譁獲也。」樾謹按：「從衆」疑當作「徒衆」，「虚譁」疑當作「虚華」，皆字之誤。

「莫不相商以得人，自矜以下士。」樾謹按：「相商」無義，當作「相高」。

《夭壽篇》：「若夫求名之徒，殘疾厥體，昌厄危戮，以徇其名，則曾參不爲也。」樾謹按：「厄」當作「犯」。

「天雖欲福仁，亦不能以手臂引人而亡之。」舊校云：「『仁』，一作『人』。」樾謹按：作「人」是也。「亡之」疑當作「與之」，「與」作「与」，故誤爲「亡」。

《亡國篇》：「酒醴也如滫滌。」樾謹按：《荀子・勸學篇》「其漸之滫」，楊注曰：「滫，溺也。」《淮南子・人間篇》「及漸之於滫」，高注曰：「滫，臭汁也。」此用「滫」字正合，惟「滌」字似非所用。《周官・司烜氏》注：「司農曰：『明齍，謂以明水滫滌粢盛黍稷。』」雖亦「滫滌」連文，然施之此則義正反矣。「滌」疑「溲」字之誤，《國語・晋語》「少溲於豕牢而得文王」，韋注：「溲，便也。」「滫溲」連文，猶言便溺耳。

讀《抱朴子》　曲園雜纂第二十五

《暢玄篇》："因兆類而爲有，沌潛寂而爲無。"樾謹按：《爾雅·釋訓》："沌沌，亂也。"此用"沌"字爲無義，疑當作"託"，字形相似而誤也。

"紆鸞龍之翼於細分之伍，養浩然之氣於蓬蓽之中。"樾謹按："細分"二字無義，"細"疑"鮋"字之誤，"分"疑"鮒"字之誤。外篇《任命篇》曰"鮋鰕踊悦於泥濘"，此云"鮋鮒"，即彼云"鮋鰕"，"鮒"即"鰕"也。《爾雅·釋魚》："鮒，鰕。"疏曰："鮒魚一名鰕。"

《論僊篇》："班秋不能削瓦石爲芒鍼，歐冶不能鑄鉛錫爲干將。"樾謹按："秋"字誤，宋葉大慶《考古質疑》引作"班輸"。

"枝離爲柳，秦女爲石。"樾謹按：據此則以"柳生左肘"爲"楊柳"之"柳"，晉人舊解固然矣。

"及見武皇帝試左慈等，令斷穀近一月。"樾謹按：淮安丁氏刻《曹子建集》采此文，"試"下有「閉」字。

「乃知天下之事，不可盡知，而以臆斷之可任也。」樾謹按：淮安丁氏刻《曹集》采此文，「可任也」作「不可任也」。然古人「也」「邪」通用，此句讀「也」爲「邪」，則不必有「不」字矣。

「故不見鬼神，不見僊人，不可便謂世間無僊人也。」樾謹按：「不見鬼神」下當有「不可便謂世間無鬼神也」一句。

「彭生托形於玄豕。」樾謹按：《左傳》云「見大豕」，《齊世家》止云「見彘」，均無「玄」字，此云「玄豕」未詳。「玄」或「立」字之誤，《左》《史》並有「立」字，《法苑珠林・六道篇》云：「齊殺彭生，立豕爲祟。」

「此所謂以分寸之瑕棄盈尺之夜光，以蟻鼻之劍捐無價之淳鈞。」樾謹按：此言良玉、寶劍不可以微疵棄之也。「蟻鼻之劍」義不可通，「劍」疑「刮」字之誤。《説文・刀部》：「刮，缺也。」言蟻鼻之微缺無損乎淳鈞之寶劍也，如此方與上句一律。

《對俗篇》：「勢可以總攝羅、酆。」樾謹按：據此則「閻羅」之名、「酆都」之説晋世已有之。

《金丹篇》：「夫金丹之爲物，燒之愈久，變化愈妙。黄金入火，百鍊不消，埋之畢天不朽。服此二藥，鍊人身體，故能令人不老不死。」樾謹按：「夫金丹之爲物」，本作「夫丹之爲物」，蓋金者，丹砂；金者，黄金，故云「二藥」。下文云：「丹砂，燒之成水銀，積變又還成丹砂。」即此所云「燒之愈久，變化愈妙」也。

「燒之愈久」二句止言「丹」，「黄金入火」云云方説「金」耳。金與丹分而言之。丹者，丹砂；

《至理篇》：「胡巫活絶氣之蘇武。」樾謹按：《漢書·蘇武傳》：「引佩刀自刺。衛律驚，自抱持武，馳召毉。鑿地爲坎，置煴火，覆武其上，蹈其背以出血。武氣絶，半日復息。」然則此「巫」字疑「毉」字之壞，即「醫」字也。上言「越人」，下言「淳于」「華佗」，皆是醫而非巫，下云「此醫家之薄技猶能若是」，可知其不言巫矣。

《微旨篇》：「比之琴瑟，不可以了絃求五音也。」樾謹按：「了」字無義，疑「孑」字之誤。《漢書·高惠高后文功臣表》「靡有孑遺」，注曰：「孑然獨立貌。」孑絃，猶言獨絃也。

「大者奪紀，紀者，三百日也。」樾謹按：《尚書·畢命篇》「既歷三紀」，傳曰：「十二年曰紀。」枚傳亦出魏晉間，而説「紀」與此不同。

「大急之極，隱於車軾。」樾謹按：字書無「軾」字，必「軾」字之誤，「軾」與「極」爲韻。

《塞難篇》：「衆生無不遂之類，而項楊無春彫之悲矣。」樾謹按：《自叙篇》亦云「項子有含穗之歎，楊烏有夙折之哀」，「項子」未知何人，疑「顔子」之誤。

《釋滯篇》：「撮壤土不足以滅其峻，挹勺水不足以削其廣，一世不過有數僊人，何能有損人物之鞅掌乎？」樾謹按：《北山篇》毛傳：「鞅掌，失容也。」箋云：「言促遽也。」如此文則「鞅掌」當爲緐多之意，與傳、箋均異。又《辯問篇》「其鞅掌罔極」，與《西京賦》云「泱漭無疆〔一〕」、《鵩鳥賦》云「坱圠無垠〔二〕」，文法相似。「鞅掌」或亦「泱漭」「坱圠」之類形況之辭，本無定義也。《勤求篇》：「方策既山積於儒門，而内書亦鞅掌於術家。」可悟《抱朴》用「鞅掌」之義，亦可爲説《詩》者備一解。

《道意篇》：「吴大帝時，蜀中有李阿者，穴居不食，傳世見之，號爲『八百歲公』。後一旦忽失去，不知所在。後有一人，姓李名寛，到吴而蜀語，能祝水治病頗愈，於是遠近翕然，謂寛爲李阿，因共呼之爲『李八百』，而實非也。」樾謹按：《宋史・陳從信傳》：「有李八百者，自言八百歲，從信事之甚謹，冀傳其術，竟無所得。」又《魏漢津傳》：「自言師事唐人李八百，授以丹鼎之術。」則宋時猶有所謂「李八百」者，然大約皆李寛之流也。

〔一〕 泱，原訛「決」，據蔡啓盛《校勘記》改，下同。

〔二〕 坱，原訛「块」，據《漢書・賈誼傳》所録《鵩鳥賦》改，下同。

「昔汝南有人於田中設繩罥，以捕麏而去，猶念取之不事，其上有鮑魚者，乃以一頭置罥中而去。本主來，於罥中得鮑魚，怪之以爲神。」樾謹按：此文有脱誤。《風俗通》載此事云：「汝南鮦陽有於田得麏者，其主未往取也。商車十餘乘經澤中行，望見此麏著繩，因持去，念其不事，持一鮑魚置其處。有頃，其主往，不見所得麏，反見鮑魚。澤中非人道路，怪其如是，大以爲神。」

「遂千里來就石人治病，初但鷄肋，後用牛羊。」樾謹按：「鷄肋」當是「鷄豚」之誤。

《僊藥篇》：「又玉脂芝，生於有玉之山，常居縣危之處，玉膏流出，萬年已上，則凝而成芝，有似鳥獸之形，色無常采，率多似山玄水蒼玉也。」樾謹按：《玉藻篇》：「公侯佩山玄玉，大夫佩水蒼玉。」注曰：「玉有山玄、水蒼者，視之文色所似也。」《正義》曰：「玉色似山之玄而雜有文，似水之蒼而雜有文。」然則「山玄」「水蒼」初非一色，此玉芝殆亦或玄或蒼者歟？

「風生獸似豹，青色，大如貍，生於南海大林中。張網取之，積薪數車以燒之，薪盡而此獸在灰中不燃，其毛不燋，斫刺不入，打之如皮囊，以鐵鎚鍛其數千下乃死，死而張其口以向風，須臾便活而起走，以石上菖蒲塞鼻即死。取其腦以和菊花服之，盡十斤，得五百歲也。」樾謹按：《玉篇·犬部》：「狐猈獸，有尾，小打即死，因風更生。」《廣韻·一東》：「狐猈，狀如猿，逢人則叩頭，小打便死，得風還活，出《異物志》。」二書所言「小打即死」，與此云「鐵鎚鍛數千下乃死」者不同，意《抱朴》亦止就書籍所載言之，未必親見也。「鐵鎚」句疑脱「頭」字，言鍛其頭數千下也。

《辯問篇》：「《玉鈐》云：『主命原由人之吉凶修短，於結胎受氣之日，皆上得列宿之精，其值聖宿則聖，值賢宿則賢，值文宿則文，值武宿則武，值貴宿則貴，值富宿則富，值賤宿則賤，值貧宿則貧，值壽宿則壽，值僊宿則僊。』」樾謹按：世之談星命者，大率以唐張果之説爲祖，今所傳有《果老問答》一書是也。以此篇觀之，則古有此説矣。

「海上之女逐酷臭之夫。」樾謹按：《吕氏春秋·遇合篇》：「人有大臭者，其親戚兄弟妻妾知識，無能與居者。自苦而居海上。海上人有説其臭者，晝夜隨之而弗能去。」此所云即此事，而以爲「海上之女」，未知别有所據歟？或其所見《吕覽》與今異也。

《極言篇》：「又安期先生者，賣藥於海邊，瑯玡人傳世見之，計已千年。秦始皇請與語，三日三夜。其言高，其旨遠，博而有證。始皇異之，乃賜之金璧，可直數千萬。安期受而置之於阜鄉亭，以赤玉舄一量爲報。」樾謹按：東坡《安期生詩》引云：「安期生，世知爲仙者也。然太史公曰：『蒯通善齊人安期生，生嘗以策干項羽，羽不能用，羽欲封此兩人，兩人終不肎受，亡去。』予每讀此，未嘗不廢書而歎。嗟乎！仙者非斯人而誰爲之？故意戰國之士，如魯連、虞卿，皆得道者歟？」以上並東坡説。今以此篇觀之，則安期又嘗見秦始皇矣。蓋安期初意固思用世者，故秦皇、項藉皆得見之，東坡之言是也。因其後傳爲仙去，故道家附會其説如此。

《雜應篇》：「老子真形，從黄童百二十人，左有十二青龍，右有二十六白虎，前有二十四朱雀，後有七十二玄武。前道十二窮奇，後從三十六辟邪。」樾謹按：「窮奇」有三説：《左傳》「少皞氏有不才子，謂之窮奇」，杜預注：「其行窮，其好奇。」一説也。《淮南子·地形篇》：「窮奇，廣莫風之所生也。」高誘注以爲「天神」之名。二説也。《山海經·西山經》：「邽山，其上有獸焉，其狀如牛，蝟毛，名曰窮奇，音如獋狗，是食人。」《神異經·西北荒經》：「西北有獸焉，狀似虎，有翼能飛，知人言語。聞人鬭，輒食直者；聞人忠信，輒食其鼻；聞人惡逆不善，輒殺獸往饋之。名曰窮奇。」三説也。此與「青龍」「白虎」等物相次，則亦獸名，不知何取此惡獸而以爲前導乎？

《黄白篇》：「雲雨霜雪，皆天地之氣，而以藥作之，與真無異也。」樾謹按：《列子·周穆王篇》：「老成子學幻於尹文先生，用尹文先生之言，深思三月，遂能存亡自在，憣校四時；冬起雷，夏造冰。」然則起雷、造冰，皆幻術也，且亦《列子》之寓言，未必實有其事。《後漢書·張楷傳》：「性好道術，能作五里霧。時關西人裴優亦能爲三里霧。」《魏書·西域·悦般傳》：「其國有大術者，能作霖雨、狂風、大雪。」是霧雨風雲有能爲之者，要亦術士之爲，人間固不恒有也。而《抱朴》乃言「雲雨霜雪，以藥作之，與真無異」，且《抱朴》此言，因人不信黄金之可作，故以此曉之。然則以藥作雲雨霜，信在當時固人所共見而共信者歟？《唐書·明崇儼傳》：「盛夏，帝思雪，崇儼坐頃取進，自云往陰山取之。」此必亦以藥作之者。今西人飲饌喜用雪，能以藥作雪供飲饌，不知古固有之。西法之出於中法，此亦其一端也。

《逸民篇》：「魏武帝亦刑罰嚴峻，果於殺戮，乃心欲用乎孔明，明自陳不樂出身。武帝謝遣之曰：『義不使高世之士，辱於汙君之朝也。』」樾謹按：此孔明非諸葛武侯也，乃胡昭之字耳。《三國·魏志·管寧傳》附載：「潁川胡昭，字孔明，始避地冀州，亦辭袁紹之命，遁還鄉里。太祖爲司空丞相，頻加禮辟。昭往應命，既至，自陳一介野生，無軍國之用，歸誠求去。太祖曰：『人各有志，出去異趣，勉卒雅尚，義不相屈。』昭乃轉居陸渾山中，躬耕樂道，以經籍自娱。」此篇所云，即其人也。《譏惑篇》云：「如中州有鍾元常、胡孔明、張芝、索靖，各一邦之妙。」則其人又以善書著名。庚肩吾《書品》「胡昭孔明」列上之下。張彦遠《法書要録》云：「潁川鍾繇，同郡胡昭，二子俱學於德昇，而胡書肥、鍾書瘦。」《晉·荀勗傳》：「立書博士，置弟子教習，以鍾、胡爲法。」然則胡昭在魏晉間其名固卓犖在人口者，故《抱朴》但舉其字也。若今人則不知者多矣，故詳説之。

《君道篇》：「除惡犬以遭酒酗之患。」樾謹按：「酗」乃「酸」字之誤。《韓非子·外儲説》：「宋人有酤酒者，然不售，酒酸。問長者楊倩，倩曰：『汝狗猛邪？』」此所用即其事。

「尊事老叟，以敦孝弟之行。」樾謹按：蔡邕《獨斷》：「『五更』或爲『叟』，『叟』老稱，與『三老』同義也。」此言「尊事老叟」，即謂「三老五叟」，用蔡説。

《用刑篇》：「唐虞之盛，象天用刑。」樾謹按：《虞書》「象以典刑」，馬融以爲「但有其象，無其人也」。僞孔傳則訓「象」爲「法」，云「法用常刑，用不越法」，二説均無法天之義。至蔡傳出，乃始云「象，如天之垂象以示人」，而《抱朴子》已云「象天用刑」，後人之義，固有與古闇合者歟？

《名實篇》：「鉛鋒充太阿之寶，犬羊佻虎狼之資矣。」「佻」字下舊有注曰：「勑高切，獨行貌。」樾謹按：《詩·大東篇》「佻佻公子」，毛傳：「佻佻，獨行貌。」然施之於此，則有未安。《爾雅·釋言》：「佻，偷也。」此「佻」字當訓「偷」，言以犬羊而偷冒虎狼之資也。下文云「觀彼佻竊，若草芥也」，《疾謬篇》「或因變故，佻竊榮貴」，《刺驕篇》「或佻竊虛名」，並以「佻竊」連文，可證此文「佻」字之義。又《疾謬篇》云「或因時運以佻榮位」，義亦同此。

《疾謬篇》：「辯給者借鍒以刺瞂。」樾謹按：《說文·金部》：「鍒，鐵之耎也。」然則此文「鍒」字必是叚音[一]，其字當爲「矛」，《玉篇·矛部》「𥍢」爲「矛」古文。

《譏惑篇》：「顔生整儀於宵浴。」樾謹按：王伯厚《困學紀聞》引《劉子·謹獨篇》「顔回不以夜浴改容」，云「未詳所出」，而不知《抱朴》已有此語。

《守堉篇》：「野馬六月而後息。」樾謹按：《莊子·逍遥遊篇》：「野馬也，塵埃也，生物之以息相吹也。」郭注曰：「此皆鵬之所馮以飛者耳。」然則野馬，鵬之所馮以扶摇者。鵬之徙南溟也，以六月息，則野馬亦可云「以六月息」矣，故云「野馬六月而後息」，此「野馬」字正代「鵬」字用。不然，則野馬特遊氣耳，何六月息之有？

「牛缺以載珍致寇。」樾謹按：《吕氏春秋·必己篇》：「牛缺居上地，大儒也。下之邯鄲，遇盗於耦沙之中。盗求其橐中之載，則與之；求其車馬，則與之；求其衣被，則與之。」《列

[一] 叚，原訛「段」，據蔡啓盛《校勘記》改。

子·説符篇》：「牛缺者，止地之大儒也。下之邯鄲，遇盜於耦沙之中，盡取其衣裘車牛。」兩書皆載此事，文有詳略，而皆不言「載珍」之事，此《抱朴》以意增成其説也。《安貧篇》又曰：「牛缺以載寶灰糜。」牛缺橐中之載，不知何物。千載之後，《抱朴子》侈之爲珍爲寶，安得起耦沙之盜而問之？聊書以爲笑焉。

《仁明篇》：「門人共論仁明之先後，各具所見，乃以諮余。余告之曰：『三光垂象者，乾也；厚載無窮者，坤也。乾有仁而兼明，坤有仁而無明，卑高之數，不亦邈乎！』」樾謹按：《抱朴》之意，以仁可以力爲，而明必由天授，故謂明居仁上。篇末又雜引「孔子曰『聰明神武』，不云『聰仁』」；『昔者明王之治天下』，不曰『仁王』」；《春秋》傳『明德惟馨』，不云『仁德』」；《書》云『元首明哉』，不曰『仁哉』」，以證明其意，要皆曲説也。《抱朴》固非經，生於經義，所得殊淺。其實「明」不得先「仁」，在《論語》固有明證，何也？孔子論令尹子文、陳文子，皆曰：「未知，焉得仁？」則「知」淺而「仁」深，「知」卑而「仁」高，大可見矣。《釋文》曰：「知，鄭音智。」《漢書·人表》引此語，師古注曰：「智者雖能利物，猶不及仁者所濟遠也。」師古此義，必是康成舊説。《抱朴》不知此旨，故以「明」居「仁」之上，殊非正論。豈當時何晏之《集解》已行，學者已不知有鄭義乎？

《文行篇》：「或曰德行者本也，文章者末也。」樾謹按：此下並與《尚博篇》複。

《詰鮑篇》：「且案周典九土之記，及漢氏地理之書，天下女數多於男焉。」樾謹按：《漢書・地理志》所言女數男數，即述《周禮・職方氏》之文，至所載元始二年户口之數，則不分男女，未詳《抱朴》所據。

讀《文中子》　曲園雜纂第二十六

《王道篇》：「漢之統天下也，其除殘穢，與民更始，而興其視聽乎？」樾謹按：興猶動也、發也，義見《考工記·弓人》注。「興其視聽」，謂發動民之耳目也。阮逸注曰：「變民耳目，使知有王道興。」疑注文「興」字誤衍，本作「變民耳目，使知有王道」，蓋「興」有發動之義，故以「變」字釋之。《禮記·檀弓》注：「變，動也。」是「變」與「興」義同也。後人不知阮注「變」字即釋「興」字之意，而於「王道」下竄入「興」字。興以王道言，則不得云「興其視聽」矣。

「子曰：化至九變，王道其明乎？」阮注曰：「變，變於道也。孔子曰『三年有成』，九成二十七年。」樾謹按：「化至九變」，本作「化至九成」，故注引《論語》「三年有成」，而以「九成二十七年」釋之也。今作「九變」者，蓋涉下文「樂至九變」而誤，不知下文曰「故樂至九變，而淳氣洽矣」，此自以樂言，下文又曰「夫樂，象成者也」，正見樂之九變象化之九成，不得以「樂」言「九變」、并「化」亦言「九變」也。因正文誤爲「九變」，遂於注首妄增「變，變於道也」五字，以從既誤之正文，而於「九成二十七年」之文不合矣，是宜據注訂正，并以正注文之誤。

「子之家，六經畢備，朝服祭器不假，曰：『三綱五常自可出也。』」樾謹按：「自可出也」文不成義，本作「所自出也」，「所自」二字傳寫誤倒，又因草書相似，誤「所」爲「可」耳。下文曰「大哉神乎所自出也」，與此正同。

《天地篇》：「玄齡志而密。」注曰：「志精而用密。」樾謹按：「志而密」，本作「精而密」，故注以「志精而用密」釋之，謂精以志言，密以用言也，猶上文「收也曠而肅〔一〕」，注曰：「薛收體曠而志肅。」謂曠以體言，肅以志言也。今作「玄齡志而密」，則亦可云「收也曠而志」矣〔二〕，於義難通，蓋即涉注文而誤。

「子居家，雖孩孺必狎。」樾謹按：孩孺乃人所易狎者，「必狎」疑「不狎」之誤，人所易狎而不狎，所以爲難也。今作「必狎」，蓋涉下文「其使人也，雖童僕必斂容」而誤。阮注云「不威」，則其所據本已誤作「必狎」矣。

〔一〕 肅，原訛「達」，據《文中子》改。
〔二〕 曠而志，疑當作「體而肅」。

「吾視千載而下，未有若仲尼焉。」樾謹按：此本作「吾視千載已上，聖人在下者，未有若仲尼焉」，與上文「吾視千載已上，聖人在上者，未有若周公焉」兩文一律，仲尼與周公雖時有先後，然以《文中子》視之，則皆在上不在下也，下文云「千載而下，有申周公之事者，吾不得而見也；千載而下，有紹宣尼之業者，吾不得而讓也」，然則周公、仲尼均在千載以上明矣，文有奪誤，所宜訂正。

《問易篇》：「常曰：『心迹固殊乎？』子曰：『自汝觀之則殊也，而適造者不知其殊也。』」注曰：「適造，謂我適至於道。」樾謹按：「適造」無義，「造」疑「道」字之誤。阮注以「適至於道」釋之，是其所據本正作「適道」也。

「薛收曰：『古人作元命，其能至乎？』子曰：『至矣。』」樾謹按：《尚書·吕刑篇》「自作元命」，薛收所謂「作元命」者本此，上云「非聖人孰能至之哉」，故薛收問若古人所稱「自作元命」者其能至乎？阮注曰「《元命包》，《易》書也」，非是。

「名實相生，利用相成，是非相明，去就相安也。」樾謹按：「利用」，疑「利害」之誤，「名實」「利害」「是非」「去就」，皆兩字相對。彼時書法猶存，隸體「害」或作「富」，因誤爲「用」。阮注曰：「利在有用，用則成利。」其所據本已誤矣。

《禮樂篇》：「子曰：『吾於禮樂，正失而已。』」樾謹按：「正失」，本作「正文」。阮注曰：「正禮樂沿革之文而已。」是其所據本作「正文」也。蓋《文中子》自言於禮樂不過考正其文云爾，不敢當制作之任也。若曰「正失」，則即是制作矣。

「古之有道者，内不失真而外不殊俗。」阮注曰：「知道，可與適道者也。不失真，可與立者也。不殊俗，可與權者也。」樾謹按：以阮注證之，則正文當作「古之知道者」。

「或曰：『禮豈爲我輩設哉？』子不答，既而謂薛收曰：『斯人也，旁行而不流矣，安知教意哉！』」樾謹按：「旁行而不流」，乃《周易》説聖人之德如此，韓康伯所謂「應變旁通而不流淫也」，孔穎達曰：「言聖人之德，應變旁行，无不被及，而不有流移淫過。」此豈阮藉之徒所及哉？如阮藉之徒，正孔穎達所謂「不應變化，非理而動，則爲流淫」者，《文中子》何爲以此許之？疑《文中子》原文本作「斯人也，旁行而流矣」，蓋借《易》語而反用之。後人習於《周易》之文，遂誤衍「不」字。

「有坐而得者，有坐而不得者；有行而至者，有不行而至者。」樾謹按：「有不行而至者」，當作「有行而不至者」，與上文「有坐而不得者」相對成文。阮注曰：「坐之、行之，一也，而有得、有不得，有至、有不至。此言人性差殊，各由所習，遂相遠也。」以阮注證之，則正文無「不行而至」之意明矣。

「子曰：君子不受虛譽，不祈妄福，不避死義。」樾謹按：「死義」，當作「義死」。言死固當避，以義而死則君子不避也。「義死」與上句「妄福」對文。妄福者，妄而得福；義死者，義而致死。今作「死義」，於文不可通矣。

「或問嚴光、樊英名隱。子曰：『古之避言人也。』」樾謹按：下文問東方朔，子曰：「人隱者也。」又曰：「仲長子光，天隱者也。」「名隱」，與「天隱」「人隱」一例，皆當是《文中子》評論之辭，不當爲或人問語。疑本作：「或問嚴光、樊英，子曰：『古之避言人也，名隱。』」蓋既以「避言人」斷之，而又定其爲「名隱」也。傳寫脱「名隱」二字，而誤補之於「或問嚴光、樊英」句下耳。

《述史篇》：「董常曰：『《元經》之帝元魏，何也？』子曰：『亂離斯瘼，吾誰適歸？天地有奉，生民有庇，即吾君也。且居先王之國，受先王之道，予先王之民矣，謂之何哉？』」阮注曰：「『予』，文中子自謂。言予自晋陽穆公已來事魏，故曰『先王之民』。」樾謹按：此阮據誤本爲注也。「予」當作「子」，言元魏入主中國，其所居者先王之國，其所受者先王之道，其所子者先王之民，故不得不帝之也。三句本一氣相屬，誤作「予」字，文義不屬矣。

「二帝三王，可與憂矣。」阮注曰：「堯禪舜，舜禪禹，天下共樂矣。湯伐桀，武王伐紂，天下共憂矣。」據此則本文當作「二帝三王，可與憂樂矣」，蓋言二帝可與樂，三王可與憂也。今奪「樂」字，於文不備。且上文云「可與共樂未可以共憂，可與共憂未可與共樂，吾未見可與共憂樂者也」，本以「憂樂」對言，此文不當專言「憂」也。

「文中子曰：『天下有道，聖人藏焉；天下無道，聖人彰焉。』董常曰：『願聞其說。』子曰：『反一無跡，庸非藏乎？因貳以濟，能無彰乎？』」注曰：「貳，異端也。異端乖於大義，我則闢之爾。如尼父因史法之貳，作《春秋》以濟之；孟子因邪說之貳，舉仁義以濟之；文中子因亂華之貳，尊《元經》以濟之。蓋有爲之典也。」樾謹按：阮說美矣，然非《文中子》之意。「因貳以濟」，本《周易·繫辭傳》之文，《釋文》曰：「因貳，音二。鄭云當爲弍。」《集解》引虞翻曰：「二謂乾與坤也。」韓康伯注曰：「貳則失得也。」是虞、韓之注與鄭讀同，皆爲「一二」之「二」，自唐以前，固無異說。《文中子》以「反一無跡」「因貳以濟」相對成文，則「貳」亦讀爲「二」可知矣，不當如阮注云云也。

《魏相篇》：「謂陳思王善讓也，能汙其迹，可謂遠刑名矣。」阮注曰：「求小責，免大患，是遠刑也。」樾謹按：《莊子·養生主篇》：「爲善無近名，爲惡無近刑。」郭注曰：「忘善惡而居中，任萬物之自爲，悶然與至當爲一，故刑名遠己而全理在身也。」《文中子》之謂陳思王，正用

《莊子》之意，阮注未得。

「賈瓊曰：『中山吴欽，天下之孝者也。其處家也，父兄欣欣然；其行事也，父兄焦然若無所據。』」樾謹按：子弟行事，而使父兄焦然若無所據，尚得謂之孝哉？此必有誤，疑「事」字衍文，本作「其處家也，父兄欣欣然；其行也，父兄焦然若無所據」。「行」者對「處家」而言，謂行而出外不處家也，故父兄焦然若無所據也。下文「子曰：『吾黨之孝者異於是，其處家也，父母晏然；其行事也，父兄恬然若無所思』」，「事」字亦衍文，蓋吴欽之孝，其處家父兄欣然，不處家父兄焦然，尚未能使父兄相忘於形跡之閒；若吾黨之孝，則處家晏然，不處家恬然，無往不有以安親之心，故行與處一也。誤衍「事」字，失其義矣。

「聞謗而怒者，讒之由也；見譽而喜者，佞之媒也。」樾謹按：「由」乃「繇」之叚字。《説文・口部》：「囮，譯也。率鳥者繫生鳥以來之，名曰囮。或作繇。」《玉篇》：「囮，鳥媒也。繇，同上。」《廣韻》：「囮，鳥媒。繇，上同。」並以囮、繇爲一字。《廣雅・釋言》：「囮，繇也。」則以爲二字。據其字，一從化聲，一從䌛聲，義同而言異，《廣雅》得之。古書「繇」字或以「游」爲之，《文選・潘岳〈射雉賦〉》：「恐吾游之晏起，慮原禽之罕至。」徐爰注：「游，雉媒名，江淮閒謂之游。」此以游爲繇也。或以「由」爲之，唐吕温有《由鹿賦》是也。《文中子》之意，亦是叚「由」爲

「醟」，故以「讒之由」「佞之媒」相對爲文。阮注不釋「由」字，殆止以爲由來之義，而古義亡矣。

「問則對，不問則述，竊比我於仲舒。」樾謹按：此用《論語》文法，疑當作「竊比於我仲舒」。

「無諾責，無財怨，無專利，無苟説，無伐善，無棄人，無畜憾。」樾謹按：此七「無」者，惟「無財怨」句難解。阮注曰：「不以財使人怨。」增成其義，非塙詁也。疑本作「無怨財」，《荀子·哀公篇》：「富有天下而無怨財。」楊倞注曰：「怨讀爲蘊。言雖富有天下，而無蘊畜私財也。」此云「無怨財」，正本《荀子》之文，亦猶「無諾責」本《禮記》、「無伐善」本《論語》也。學者不達「怨」字之義，到其文爲「財怨」，而義不可通矣。

「薛收問：『聖人與天地如何？』子曰：『天生之，地長之，聖人成之，故天地立而易行乎其中矣。』薛收問『易』，子曰：『天地之中非他也，人也。』收退而歎曰：『乃今知人事修，天地之理得矣。』」樾謹按：薛收問聖人與天地，子告之以「天生之，地長之，聖人成之」，其義已足，不應忽言及「易」，「故天地立而易行乎其中矣」一句，疑當在「天地之中非他也，人也」之下，因兩章相次，故寫者亂之耳。

《立命篇》：「命之立也，其稱人事乎？」樾謹按：此「稱」字乃「稱物平施」之「稱」，言適與人事相稱也。下文云「無遠近高深而不應也，無洪纖曲直而不當也」，「應」與「當」正相稱之義。

阮注曰「因人而稱」，似失其旨。

「薛收曰：『敢問地祇？』子曰：『至哉，百物生焉，萬類形焉，示之以民，斯其義也。』」阮注曰：「古祇字，示旁作民。」樾謹按：古無「祇」字，阮説非《文中子》本意也。蓋隸書苟簡，從氏、從民往往相亂，如「昏」字本從「氏」省〔一〕，而唐人《五經文字》云「緣廟諱，偏旁準式省從氏」，則以昏字從「民」爲正矣。阮注謂「古祇字，示旁作民」，蓋亦此類。

〔一〕氏，原訛「氐」，據《説文·日部》改。

俞樾全集

汪少華 王華寶 — 主編

曲園雜纂

貳

（清）俞樾 — 著

顧莉丹 — 整理

鳳凰出版社

改吳　曲園雜纂第二十七

宋吳曾，字虎臣，著《能改齋漫録》，以類相從，考證頗爲詳明，然疏舛之處亦或不免。其齋名「能改」，殆亦有未及改者乎？余姑爲改定焉。

人君葬地爲山陵

漢以來，人君所葬之地爲山陵，如高祖之長陵是已。然呂不韋説秦昭王太子曰：「王之春秋高，一日山陵崩，太子用事。」注云：「山陵，喻尊高也。崩，死也。」然則以葬地爲山陵久矣。出《戰國策》。

改曰：「山陵崩」之語亦見《趙策》，左師觸讋説趙太后曰：「一旦山陵崩，長安君何以自托於趙？」是固當時常語，蓋諱言死，故文其辭曰「山陵崩」，非以山陵爲葬地也。吳氏乃引以證葬地，誤矣。然葬地稱陵，於古亦有可考。《漢書・地里志》「河東郡襄陵」，師古注曰：「晉襄公之陵，因以名縣。」又「陳留郡襄邑」，師古曰：「圈稱云『本承匡襄陵鄉也』，宋襄公所葬，故曰襄陵。」則疑人君所葬稱陵，自春秋之世已然矣。

焚香始于漢

李相之《賢己集》，謂焚香之始，云本《佛圖澄傳》：「襄國城塹，水源暴竭，石勒問澄，澄曰：『今當勑龍取水。』乃至故泉源上，坐繩牀，燒安息香，咒數百言，水大至。」予按：《江表傳》：「有道士于吉來吴會，立精舍，燒香，讀道書，制作符水以療病。」又按：《漢武帝故事》亦云：「昆邪王殺休屠王，以其衆來降，得其金人之神，置之甘泉宫，金人皆長丈餘，其祭不用牛羊，惟燒香禮拜。」然則焚香自漢已然矣。

改曰：《禮·郊特牲》云：「周人尚臭……蕭合黍稷，臭陽達於墻屋，故既奠，然後焫蕭合羶薌。」鄭注曰：「蕭，薌蒿也。染以脂，合黍稷燒之。羶當爲馨，聲之誤也。」然則焫蕭合馨香，即燒香之權輿；後世焚香以降神，自是周人尚臭之遺意。《周官·大宗伯》職「以禋祀祀昊天上帝」，鄭注曰：「禋之言煙。周人尚臭，煙，氣之臭聞者。」休屠之金人本以祭天，《漢書·霍去病傳》所謂「獲休屠祭天金人」是也，燒香禮拜或即禋祀之制乎？

歌辭曰曲

自昔歌辭或謂之曲，未見其始。《琴書》曰：「蔡邕嘉平初入青谿，訪鬼谷先生所居。山有五曲，一曲製一弄。三年曲成，出示馬融，甚異之。」然漢蘇武詩云「幸有絃歌曲，可以喻中懷」，則音韻稱曲其來久矣。又按：《韓詩章句》：「有章曲曰歌，無章曲曰謠。」

改曰：《國語·周語》「瞽獻典」，韋昭注：「典，樂曲也。」明道本作「瞽獻曲」，注云：「曲，樂曲也。」襄十四年《左傳》疏引《國語》「瞽陳曲」，并引韋注云「瞽陳樂曲，獻之於王」，與今本文字有異，而是「曲」非「典」，則可證明道本之善。歌辭曰曲，蓋古語也。宋玉對楚王問曰：「是其曲彌高，其和彌寡。」曲之名久矣，豈始見蘇武之詩？

印名璽

蔡邕《獨斷》云：「璽，印也，信也。天子璽，白玉，螭虎紐。古者尊卑共之。」《春秋·襄公二十九年左傳》〔一〕：「季武子取卞，使公冶問璽書，追而與之。」杜預曰：「璽，印也。」《月令》曰「固封璽」。季武子使公冶問璽書，此諸侯、大夫印皆稱璽也。漢衛宏云：「秦以前，民皆以金玉爲印，唯其所好。自秦以來，唯天子之印獨稱璽，又以玉，群臣莫敢用也。」按：《周禮·掌節》「貨賄用璽節」，鄭康成曰：「今之印章也。」則周時印已名璽，但上下通用。以上並見《左傳》疏。今宏以爲天子獨稱璽，何哉？

改曰：衛宏言「自秦以來，唯天子獨稱璽」，則非不知秦以前上下通稱璽也，吴氏此言殆失指矣。然宏之説實亦有未盡。《漢書·百官表》云諸侯王「金璽盭綬」，師古注引《漢舊儀》云：「諸侯王黄金璽，橐佗紐，文曰『某王之璽』。」然則漢制諸侯王亦稱璽，但有金玉之别耳。《漢書·匈奴傳》「賜以冠帶衣裳，黄金璽盭綬」，蓋以諸侯王待之也。而宏謂「秦以來，天子獨稱璽」，則其於漢制未盡矣。

〔一〕　襄公，原脱，據《能改齋漫録》卷一補。

經典無騎字

《春秋左氏傳·昭公二十五年》：「左師展將以公乘馬而歸。」宋劉炫謂「此騎馬之漸也[一]」。予按：古者服牛乘馬，馬以駕車，不單騎也。至六國之時，始有單騎，蘇秦所謂「車千乘、騎萬匹」是也。《曲禮》云「前有車騎」，《禮記》乃漢世書耳，經典並無「騎」字。

改曰：此皆本《左傳正義》之説。按《周官·大司馬》職「師帥執提」，鄭司農云：「提謂馬上鼓，有曲木提持鼓立馬髦上者，故謂之提。」後鄭不易其説，則亦以先鄭説爲然也。賈公彦疏云：「先鄭蓋據當時已有單騎，舉以況周。其實周時皆乘車，無輕騎法也。」是賈公彦之意與孔穎達同，並謂古不單騎。然太公《六韜》有《戰車》《戰騎》《戰步》三篇，王伯厚謂其書出於周末，愚謂戰之有車、有騎、有步，古必兼而用之。徒兵明見《左氏傳》，苟不信古有騎戰，亦將謂古無步戰乎？《詩》云「古公亶父，來朝走馬」，程大昌《雍録》曰：「古皆乘車，今曰走馬，恐此時或已變乘爲騎。」《説文》：「騎，跨馬也。」段氏玉裁引「趙旃以其良馬二，濟其兄與叔父」證古有單

[一] 騎馬，原訛「單騎」，據《春秋左傳正義》卷五一、《能改齋漫録》卷一改。

騎，尤爲明白矣。

行事舉例

今朝廷行事，有法所不載者必舉例，然自南朝已然矣。江夷右僕射，主上欲用其領詹事，語王准之：「近所道事，卿已得例未？」准之曰：「謝琰右僕射領詹事。琰即謝公之子，恐夷非其例。」事遂不行。改曰：《宋書》《南史》江夷、王准之傳均不載此事，吴氏稱引不著所出，非著述之體也。至事須比例，從古如此。漢光和六年《白石神君碑》云：「光和四年，三公守民蓋高等，始爲無極山詣大常求法食。相、縣以白石神君道德灼然，乃具載本末上尚書，求依無極爲比，即見聽許。」此援無極山爲白石神君比例，可見漢制已有然也。《荀子·王制篇》曰：「其有法者以法行，無法者以類舉。」「類」即是「例」，楊倞注曰：「類謂比類。」又注《勸學篇》曰：「類，謂禮法所無，觸類而長，猶律條之比附。」

女稱娥

唐樂府有《憶秦娥》。「娥」字見《史記・齊悼惠王傳》：「王大后有愛女曰修成君，修成君有女名娥。」後漢順帝乳母宋娥。又《史記・外戚世家》：「武帝時幸夫人尹婕妤。邢夫人，衆人謂之娙娥。」

改曰：女之稱「娥」，自當以堯女「娥皇」爲始。《説文・女部》：「娥，帝堯之女、舜妻娥皇字也。」

婦女稱姐

婦女以「姐」爲稱。《説文》曰：「媎字或作姐。」古字假借也。子也切。近世多以女兄爲「姐」，蓋尊之也。按魏繁欽《與文帝牋》曰：「自左騏、史妠，謇姐名倡。」李善注云：「其史妠、謇姐，蓋亦當時之樂人。」以是知婦人之稱姐，漢魏已然矣。

正曰：《説文・女部》：「姐，蜀謂母曰姐，淮南謂之社。」是「姐」之本義蜀謂母也。至魏時樂人稱姐，又別一義。宋時尚沿此稱，《夷堅志》所載有「散樂林小姐」「建康倡女楊小姐」，皆是也。今俗以爲仕宦家女之稱，又一變矣。若女兄之稱，是「姊」非「姐」，形聲俱别，何得混而一之？又《説文》别有「媎」篆，云「嬌也」，初非與「姐」爲一字。乃云《説文》「媎」字或作「姐」，豈吴氏所見與今本異乎？

先輩之稱

李肇《國史補》并《唐摭言》以舉子互相推稱則曰「先輩」，蓋前輩之義也。然《南齊書·劉懷珍傳》曰「此數子皆宿將舊動，與太祖比肩爲方伯，年位高下，或爲先輩，而薦誠君側」云云，乃知「先輩」之稱南朝以來有矣。

改曰：《詩·采薇篇》鄭箋云：「西伯將遣戍役，先與之期以采薇之時；今薇生矣，先輩可以行也。」「先輩」字始見此。

開元錢

世所傳《青瑣集·楊妃别傳》，以爲開元錢乃明皇所鑄，上有甲痕，乃貴妃掐迹。殊不知唐

《談賓録》云：「武德中，廢五銖錢，行『開元通寶』錢，此四字及書皆歐陽詢之所爲。初進樣，文德皇后掐一痕，因鑄之。」然則《楊妃别傳》云爾者，其謬可知也。按：《考異》云「時竇后已崩，文德后未立」，今皆不取。

改曰：開元錢有甲痕，必謂是宫壺所爲，真謬説也。余并以爲此非甲痕，乃半月形也。余所見古錢，有星月文者，有日月文者，所作月文皆象半月之形，作☽。開元錢止作月文，無星、日文，世遂疑爲指甲之痕矣。

曲逆音去遇

宋景文：謂「漢陳平封曲逆侯，今學者讀『曲逆』作『去遇』，不作本音，何邪？」余按：孔經父云：「陳平封曲逆侯，《漢書》元無音。」《文選》載陸士衡《高祖功臣頌》「曲逆宏達，好謀能斷」，注：「曲，區遇反。逆音遇。」然則景文竟忘《文選》注邪？

改曰：徧考《史記》《漢書》，無音「曲逆」爲「去遇」者，《文選》李善注亦不爲「曲逆」作音，不知孔經父所據何本也，而反譏景文之忘《選》注，過矣。《玉篇》《廣韻》於「曲逆」亦無異音。考

《漢書・地理志》中山國有「曲逆縣」，下引張晏曰〔一〕：「濡水於城北曲而西流，故曰曲逆。」以是言之，曲者曲折之謂，逆者逆流之謂，其當讀如本字明矣。然則何以有「去遇」之音？曰《史》《漢》自有地名曲遇者，而非此曲逆也。曲逆縣名，屬中山國；曲遇聚名，屬河南郡之中牟縣。按《史記・曹相國世家》：「西擊秦將楊熊軍於曲遇。」《索隱》曰：「曲，丘禹反。遇，牛凶反。」正義曰：「曲，丘羽反。遇，牛恭反。司馬彪《郡國志》云『中牟有曲遇聚』。按：中牟，鄭州縣也。」以《索隱》《正義》之說考之，則「曲遇」二字均不從本讀，後人誤以此「曲遇」爲即「曲逆」，於是「曲」字從丘羽反讀作「去」，而「逆」字即讀作「遇」，不知「曲遇」之「遇」固讀牛凶反也，兩失之矣。或問「遇」字何以有牛凶、牛恭之音？曰：此不足異，乃古音也。「遇」字從禺得聲，考從禺得聲之字，《廣韻・三鍾》收入魚容切者四：一顒〔二〕、一髃、一鰅、一喁，然則「遇」有牛凶、牛恭之音，又何怪邪？

〔一〕「下」下當有「注」字。

〔二〕顒，原作「廟諱」，據《廣韻》改。

顰青蛾

杜子美《一百五夜對月》詩「想像顰青蛾」，蓋蛾眉也。世所傳本多作「娥」，非是。

改曰：作「娥」者古本，作「蛾」者俗本也。《毛詩》「螓首蛾眉」本皆叚字，《說文·頁部》：「頳，好貌。從頁，争聲。《詩》所謂『頳首』。」則知「螓首」古作「頳首」，鄭箋以「蜻蜻」說之，已非古義矣。至「蛾眉」，毛、鄭皆無説，實則「娥」之叚字。《方言》：「娥，好也。秦晉之閒好而輕者謂之娥。」《大招》「娥眉曼只」、枚乘《七發》「皓齒娥眉」、張衡《思玄賦》「嫮眼娥眉」、陸士衡詩「美目揚玉澤，娥眉象翠翰」，字並作「娥」不作「蛾」，然則老杜詩亦必是「顰青娥」也。

喻氏姓

《芸閣姓苑》云：「喻氏出汝南，其先帝顓頊之苗裔，周文王之裔緒。《左傳》鄭公子渝彌爲周司徒，後立別族爲渝氏，歷秦、漢至景帝，皇后諱志，字阿渝。中元二年避諱，改水爲口，因爲喻氏。」《南昌姓苑》云：「東晉有喻歸，撰《西河記》三卷。」

改曰：宣三年《左傳》「鄭文公又娶於蘇，生子瑕，子俞彌」，其字作「俞」不作「渝」。漢景帝六年，皇后薄氏廢，七年立皇后王氏，史不詳其名字，然漢時遼西郡有臨渝縣，未嘗改名，則「避諱改渝爲喻」之説不足據也。《隋書・經籍志》：「《西河記》二卷，記張重華事，晋時御史喻歸撰。」《晋書・張重華傳》康獻皇后遣御史俞歸進重華爲涼州牧，則「俞」與「喻」本是一姓。余疑俞氏本出鄭公子俞彌，其後不知以何時又别爲喻氏；而喻氏之先，不知其先由「俞」加「口」，轉謂由「渝」改「水」爲「口」，遂改《左傳》「俞彌」作「渝彌」以實其姓之所自出，譜諜家之言大率然矣。

麗人行

梁沈約有《麗人賦》，略曰：「狹斜才女，銅街麗人。亭亭似月，嬿婉如春。」故杜子美有《麗人行》。

改曰：杜詩《麗人行》乃三月三日事，此自本王無功東皋子《三月三日賦》，云「傾兩京之貴族，聚三都之麗人」，非本沈休文《麗人賦》也。

笑林

祕閣有古《笑林》十卷。晋孫楚《笑賦》曰：「信天下之笑林，調謔之具觀。」《笑林》本此。改曰：《新唐書·藝文志》小説家類有邯鄲淳《笑林》三卷、何自然《笑林》三卷。此所云「古《笑林》十卷」，不詳作者姓名，未知即此兩家之書否。《唐志》又有《會昌解頤》四卷，殆亦《笑林》之類，豈并此而成十卷邪？

白雲司職

胡武平宿《賀晏元獻轉刑部侍郎啓》云：「紫詔疏恩，白雲登秩。」孫逖作《裴敦復刑部尚書制》云：「俾踐白雲之司。」按：《左氏傳》郯子曰：「黄帝以雲紀，故爲雲師而雲名。」杜注云〔一〕：「黄帝受命有雲瑞，故以雲紀事。」春官爲青雲，夏官爲縉雲，秋官爲白雲，冬官爲黑雲，

〔一〕 杜，原訛「林」，據《春秋左傳正義》改。

中官爲黄雲。

改曰：昭十七年《左傳》杜注曰：「黄帝受命有雲瑞，故以雲紀事。百官、師長皆以雲爲名號，縉雲氏蓋其一官也。」正義曰：「雲爲官名，更無所出，唯《文十八年傳》云『縉雲氏有不才子』，疑是黄帝時官，故云『縉雲氏蓋其一官也』。」是《左傳》注、疏並無雲官之名。《史記·五帝紀》集解引應劭曰：「黄帝受命有雲瑞，故以雲紀事也。春官爲青雲，夏官爲縉雲，秋官爲白雲，冬官爲黑雲。」吴氏不此之引，反引杜注〔一〕，失之矣。

兩山排闥送青來

荆公詩云：「一水護田將緑繞，兩山排闥送青來。」蓋本五代沈彬詩「地限一水巡城轉，天約群山附郭來」，彬又本唐許渾「山形朝闕去，河勢抱關來」。

改曰：此失荆公意也。按：《漁隱叢話》曰：「《石林詩話》云『荆公詩用法甚嚴，尤精於對偶，嘗云：「用漢人語，止可以漢人語對，若參以異代語，便不相類。」如『一水護田將緑繞，兩山

〔一〕杜，原訛「林」，據《春秋左傳正義》改。

排闥送青來』，皆漢人語也。」然則荆公此聯，自取「護田」「排闥」，以《漢書》對《漢書》，豈襲用沈彬句調哉？

辨豪州字誤

洪慶善辨韓退之《徐泗豪三州節度掌書記廳石記》云：「豪，今誤作濠。《唐·地理志》云：『濠，初作豪。』元和三年，刺史崔公表請其事，由是改爲『濠』，取水名也。退之作《記》在貞元十五年，尚爲『豪』，諸本作『濠』誤矣。」以上皆洪説。予按：杜佑《通典》：「濠州，春秋末鍾離子之國。至晉，僑置徐州。安帝時，置鍾離郡。宋齊因之，兼置徐州，梁因之。北齊改爲西楚州，隋改曰濠州。因濠水爲名。濠，音豪。煬帝復置鍾離郡。唐武德八年爲濠州，或爲鍾離郡。」然則據佑所言，初不見「豪」字，兼亦不本於唐，自隋改曰「濠州」矣。以此知韓文作「濠」爲是，而所以致洪之辨者，《地理志》之失耳。

改曰：《廣韻·六豪》於「豪」字注云：「亦州名，屬九江郡，古鍾離國，與吴争桑而滅。隋改爲州。」「濠」字注云：「城濠，又水名。」不言州名，則不得因杜佑所言不見「豪」字而謂無「豪州」之名也。考《元和郡縣志》於「濠州」下云：「『濠』字中間誤去『水』，元和三年字又加『水』。」

退之作《記》在字未加「水」之前，則則與《地理志》合，杜佑《通典》失載「中間去『水』」一語耳。自以作「豪」爲是。

東坡以魏鄭公學縱横之術

東坡作《諫論》，以魏鄭公以蘇、張之辯，而爲諫諍之術。且云：「鄭公其初實學縱横之術，其所以與蘇、張異者，心正也。」世或以東坡之論爲不然。予後讀《舊唐書·魏公傳》云「見天下漸亂，尤屬意縱横之説」，乃知魏公少學縱横無疑。

改曰：東坡無《諫論》，此老泉之説也。《嘉祐集》有《諫論》二篇，其上篇云：「吾觀昔之臣，言必從，理必濟，莫如唐魏鄭公，其初實學縱横之説，此所謂得其術者歟？噫！龍逢、比干不獲稱良臣，無蘇秦、張儀之術也；蘇秦、張儀不免爲游説，無龍逢、比干之心也。是以龍逢、比干，吾取其心，不取其術；蘇秦、張儀，吾取其術，不取其心，以爲諫法。」吴氏此條誤以老泉爲東坡，考之不審也。

説項　曲園雜纂第二十八

宋項安世著《項氏家説》，乃其讀經史時條記所得，積以成編者也。余讀其書，偶有所得，輒得説之。

上六，振恒凶

《説文》云孟氏《易》「振」作「榰」，云「柱砥也」。此陸氏《釋文》所不載也。

説曰：許書所載《周易》異文不載於《釋文》者多矣，非止此一事也。《心部》「忼」下引《易》「忼龍有悔」，《釋文》不載「忼」字。《黑部》「黷」下引《易》「再三黷」，《釋文》不載「黷」字。《馬部》「驙」下引《易》「乘馬驙如」，《釋文》不載「驙」字。《丌部》「顨」下曰「此《易·顨卦》『爲長女、爲風』者」，《釋文》不載「顨」字。《牛部》「犕」下引《易》「犕牛乘馬」，《釋文》不載「犕」字。《壺部》「壹」下引《易》「天地壹壺」，《釋文》不載「壹壺」字。惟《艸部》「蘼」下引《易》「百穀草木蘼於地」，《角部》「觰」下引《易》「其牛觰」，《宀部》「寷」下引《易》「寷其屋」，䍜字、觰字、寷字，並見《釋文》。

八卦本字

按《説文》「益」字從水從皿，以水注皿故謂之益，以此推之，坎卦「☵」即「水」字也。初作八卦之時，乾、坤、坎、離、震、兑、艮、巽，必皆以三畫爲字。今「巛」尚爲「坤」、「☵」尚爲「水」，餘可知矣。

説曰：謂水字即象坎卦之形，可也；謂坎卦☵即水字，不可也。《説文》「水」篆象衆水並流，中有微陽之氣，是以陰包陽，正與坎象相近，故横作之，即有似乎坎卦。若謂坎卦☵即水字，則坎爲水，是「水爲水」矣，理不可通也。古之製字，「水」與坎卦似，「火」與離卦似，詳《第一樓叢書》中，今不具説。至「巛」爲古「坤」字，此説可信。愚嘗謂古「乾」字作⺄，象陽氣也；「水」篆中之⺄亦象陽氣，是其義也。古「坤」字作「巛」，象萬物之陳列也。《説文·土部》「地，萬物所陳列也」，是其義也。後人以「⺄」「巛」兩字與「甽」「川」篆文相近，於是「⺄」字加「倝」聲作「乾」、「巛」字變而从土从申作「坤」。「坤」行而「巛」尚存，「乾」行而「⺄」遂廢。《説文》隸「乾」篆於《乙部》，則已不識「乚」字矣。

三苗族系

《左氏春秋傳·昭公九年》周人以姜戎咎晉，言曰：「先王居檮杌于四裔……故允姓之姦居于瓜州。」杜注謂允姓即姜戎之别。瓜州，三危之地。按此則姜戎者，三苗之後也。《襄公十四年》：「戎子曰：『我姜戎，四岳之裔也。』」按：姜姓實出太岳，則三苗又四岳之後。《文公十八年》，史克謂三苗爲「縉雲氏不才子」。《隱十一年》杜注言：「太岳，神農之後。堯，四岳也。」則縉雲氏又神農之後也。蓋神農氏子孫仕于黄帝爲縉雲氏，仕于堯爲四岳；四岳之子孫受封於南方者爲三苗，三苗之子孫長于西方者爲姜戎。

説曰：《尚書》「竄三苗于三危」，《史記集解》引馬融注曰：「三苗，國名也。縉雲氏之後爲諸侯，蓋饕餮也〔一〕。」與此説合，而高誘注《淮南子·修務篇》曰：「三苗，蓋謂帝鴻氏之裔子渾敦，少昊氏之裔子窮奇，縉雲氏之裔子饕餮。三族之苗裔；故謂之三苗。」則三苗又非一族矣。

〔一〕「縉雲氏」以下爲《正義》引孔安國語。

至姜戎之與三苗殆又各别，據姜戎子自言「我姜戎，四岳之裔也」，考舜竄三苗在帝堯殂落之前，此後「月正元日，格于文祖，詢于四岳」，四岳猶在朝也，豈其裔已遠竄三危乎？姜戎既爲四岳之裔，則非三苗之後可知矣。《昭九年》杜注曰：「允姓，陰戎之祖，與三苗俱放三危者。瓜州，今敦煌。」是杜注亦不言姜戎是三苗之後，但謂其同放三危，此亦以意言之，無他證。總之，姜戎既四岳之裔，必無與三苗同放之理，特以瓜州在敦煌，而據《水經》則三危山亦在敦煌，故比而同之。其實《漢・地理志》《續漢書・郡國志》「敦煌郡」「敦煌縣」下，皆不言有三危山。《史記集解》載鄭康成説引《地記》曰「三危山，在鳥鼠之西南，南當岷山」〔一〕。《太平御覽・地部》引《河圖括地象》曰：「三危山，在鳥鼠之西南，與汶山相接。」《漢・地理志》隴西郡首陽：「《禹貢》：鳥鼠同穴山在西南。」三危既在鳥鼠西南，則在隴西而非敦煌，與瓜州絶遠矣。「允姓之姦居于瓜州」，與「三苗」風馬牛也，安得云姜戎是三苗之後乎？

〔一〕史記集解，疑當爲「尚書正義」。

曰貞曰悔

人但知内卦爲貞、外卦爲悔，不知其何説也。蓋占家以内卦爲用事，謂問者之來意也；外卦爲直事，謂禍福之決也。來意方發，專一之主，故謂之貞；外卦既成，禍福始定，故有悔焉。蓋卦有「元」「亨」「利」「貞」，故取「貞」字爲主；爻有「吉」「凶」「悔」「吝」，故取「悔」字爲決也。

説曰：貞者事之幹，則以名内卦，猶可説也；「吉」「凶」「悔」「吝」，既分而爲四，何獨取「悔」字以名外卦乎？《説文・卜部》〔一〕：「𠧩，《易》卦之上體也。《商書》：『曰貞曰𠧩。』从卜每聲。」則壁中古文字本作「𠧩」，今作「悔」者非其本文。既非「悔吝」之「悔」，何取曲爲之説？《説文・屮部》：「每，艸盛上出也。」外卦居卦之上體，故從卜從每，「每」取上出之義，此或一説乎？

〔一〕 文，原訛「部」，據蔡啓盛《校勘記》改。

六月庚午朏

書之紀日者，必以曆數先之，如朔、朏、生明、死魄之類。然四代之書惟周爲然，又每書必異辭，如朏者，月之微明，即月三日也，曰朏足矣，又謂之「哉生明」；生明足矣，又謂之「旁死魄」，與死魄之日相鄰，即生明也。蓋一事而三變其文，周之俗尚文如此。

說曰：《康誥》「惟三月載生魄」，《釋文》引馬云：「魄，朏也。謂月三日始生兆朏名曰魄。」是「朏」與「載生魄」同日而異其名。至「載生明」，僞古文語，不足信；「旁死魄」，則非即朏也。考《說文》「魄」當作「霸」，今以《尚書》及《漢志》所載《武成篇》及《周書·世俘篇》考之，有云「旁死霸」者，有云「既死霸」者，有云「旁生霸」者，有云「既旁生霸」者，各紀其日，初非異日而同辭。惟解「霸」字，其說不同。劉歆《三統曆》曰：「死霸，朔也；生霸，望也。」孟康《漢書注》曰：「月二日以往，月魄死，故言死魄。魄，月質也。」此因《漢書》本用《三統曆》文，又以經典多借用「魄」字，故創爲「月質」之說，僞古文遂有「哉生明」以配「哉生魄」。僞孔傳解「哉生魄」曰「月十六日，明消而魄生」，與馬、許古義相違。本朝諸儒亦無能折衷其說，惟江艮庭氏注《尚書》力主古義。今依江說推之：「哉生霸」者初生明也，明生爲「生霸」，則明盡爲「死霸」，乃晦日也，故朔日爲「既死霸」，「既死霸」之次日爲「旁死霸」，謂月徧體皆暗也。明盡則復生，故旁死霸之次日爲「哉生霸」，自是至望日爲「既生霸」，次日爲「旁生霸」，又次日爲「既旁生霸」。孔晁注《周書》曰「旁，廣大，月大時也」，是其義也。項氏此條未備，又非古義，余别有説。

《詩》中「思」字

思，語辭也。用之句末如「不可求思」「不可泳思」「不可度思」「天惟顯思」，用之句首如「思齊大任」「思媚周姜」「思文后稷」「思樂泮水」，皆語辭也。説者必以爲「思慮」之「思」，則過矣。

説曰：此説是也，惜其未及「思無邪」句。按：《駉篇》首章「思無疆，思馬斯臧」，次章「思無期，思馬斯才」，三章「思無斁，思馬斯作」，四章「思無邪，思馬斯徂」，八「思」字並語辭，毛公無傳，鄭以「思遵伯禽之法」説之，失其旨矣。《論語·爲政篇》引「思無邪」句，包注曰「歸於正」，止釋「無邪」二字，不釋「思」字。邢疏曰：「『思無邪』者，此《詩》之一言，《魯頌·駉篇》文也。《詩》之爲體，論功頌德，止僻防邪，大抵皆歸於正，故此一句可以當之也。」亦止釋「無邪」，不及「思」字，得古義矣。

言采其蝱

《説文》：「莔，貝母。」治目眩、項直不得反顧，故許穆夫人思歸不得，作詩曰「言采其莔」。

説曰：毛傳雖有治疾之説，然不言治何疾，乃以「項直不得反顧」曲爲之説，迂矣。考「貝母」亦名「貝父」，見《廣雅》，是此草有父母之名。「言采其蝱」，或以借寓父母之邦乎？《本草》：「貝母，一名勤母。」許穆夫人以「勤母」寓意，亦猶曾子之感懷於「益母」也。古人托物見意往往如此，不必以治疾爲説。

下武

古語皆以「下」爲後。《吕刑》曰「遏絶苗民，無世在下」，言其後無子孫也；「自作元命，配享在下」「今天相民，作配在下」，言其子孫世享于後也。然則「下武」謂其後踵武相接云爾，意者周人之方言歟？

説曰：訓「武」爲繼、訓「下」爲後，傳、箋固云爾，項氏此説未爲創獲也。愚則謂「下武」對「文王在上」而言。按：《文王之什》十篇，陸德明曰：「《文王》至《靈臺》八篇，是文王之《大雅》；《下武》至《文王有聲》二篇，是武王之《大雅》。」然則《下武》篇乃武王《大雅》第一篇，故與文王《大雅》弟一篇對文成義。「下武」猶言武王在下也，上下猶言前後，前有文王而後無武王，則周家王業不成。故曰「下武維周」，言有文王在上，又有武王在下，始得成其爲周也。

王制

《王制》之言爵禄，取于《孟子》；其言巡狩，取于《虞書》；其言歲三田及大司徒、大司馬、大司空三官，則皆取于《公羊氏》；其言諸侯朝聘之節，則取于《左氏》。蓋文帝合漢初今文博士之傳，斟酌增損，共爲一書，將以興王制、致太平者，其説自應與古文諸書不合。鄭康成無策以通之，强爲之説，曰「此殷制也」，豈非遁辭？

説曰：漢文帝所作《王制》，有《本制》《兵制》《服制》篇，則非今《王制》也。愚謂《王制》者，孔氏之遺書，七十子後學者所記也。王者孰謂？謂素王也。孔子生衰周，不得位，乃托魯史成《春秋》，立素王之法。意必斟酌損益，先定規條，門弟子與聞緒論，私相纂述而成此篇。公羊師説以爲「《春秋》變周之文，從殷之質」，然則鄭君注《王制》往往以爲殷制，當必有所受之。孔子與顔淵論爲邦，曰：「行夏之時，乘殷之輅，服周之冕，樂則韶舞。」此亦是立素王之法，兼法四代，舉一以例其餘。顏子命世大才，使其得位，必能推而行之也。讀《王制》者，當以此意觀之。豈獨《王制》？《周禮》亦然。愚嘗謂《周禮》一書，乃周衰有志之士，損益古今，自成一家之書，欲立一代之法者也。雖非必皆出于孔氏，要自孔子作《春秋》，立素王之法，有以開其端矣。

衛青霍去病

凡青、去病之出，上輒以精兵大衆與之，且爲之度地而移軍，其他老將皆故減其兵、左其道，使不得立功，以曲成青、去病之賞。蓋人主之所欲富貴，無不可者。李廣父子區區用其材力，與造化者争勝負之命，不可哀哉！

説曰：此以一時論也。考《晋書·涼武昭王李暠傳》曰：「武昭王諱暠，隴西成紀人。姓李氏，漢前將軍廣之十六世孫也。廣曾祖仲翔，漢初爲將軍，討叛羌于素昌，素昌即狄道也。衆寡不敵，死之。仲翔子伯考奔喪，因葬于狄道之東川，遂家焉，世爲西州右姓。」《唐書·高祖本紀》云：「其先隴西狄道人，涼武昭王暠七代孫也。」然則自廣十六世至暠，又七世至唐高祖矣，視衛、霍區區一時之富貴，何如也？又《宋書·索虜傳》云：「索頭虜姓託跋氏，其先漢將李陵後也。陵降匈奴，有數百千種，各立名號，索頭其一也。」據此，元魏亦李陵之裔，然考之《魏書》，不得其說。

招魂

《招魂》曰：帝告巫陽曰：「有人在下，我欲輔之。魂魄離散，汝筮予之。」此四句帝命也。巫陽對曰：「掌夢上帝，其命難從。」此二句巫陽對也。「若必筮予之，恐後之」，此二句又帝命也。「謝不能」此三字又巫陽對也。「復用巫陽焉」，此一句又帝命也。此章舊注不通，故爲正之。

說曰：舊注誠有未安，而如項氏此説又煩碎甚矣。愚謂「掌夢」二字，舊注未是，此乃巫陽自述其所職掌也。《列子・周穆王篇》注曰：「神之所交謂之夢。」上帝欲使巫陽筮予之，巫陽以爲精神交接之事本己所職掌，無取乎筮，故曰「上帝其命難從」；又申言之曰「若必筮予之，恐後謝之，不能復用」，言「必筮而予之」，則後人惟以筮爲事，將謝去巫陽而不能復用也。下云「巫陽焉乃下招曰」，七字爲句，説本王氏引之《經傳釋詞》。「焉乃」猶言「於是」，《遠遊篇》曰「焉乃逝以徘徊」，《列子・周穆王篇》曰「焉迺觀日之所入」，此皆古人「焉乃」二字連文之證。

同年兄弟

進士稱「同年兄弟」，初謂起于唐世。按：應劭《風俗通》言：後漢人伍世公與段遼叔同歲，及守廣漢，先舉其子；後守南陽，又以與蔡伯起同歲，先舉其弟，皆謂同時孝廉，則科目之有同年尚矣。

説曰：項氏此説未備。夫漢世同年之誼，正史固載之矣。《後漢書・李固傳》附其子燮傳曰：「潁川甄邵諂附梁冀，爲鄴令。有同歲生得罪於冀，亡奔邵，邵僞納而陰以告冀，冀即捕殺之。邵當遷爲郡守，會母亡，邵埋尸於馬屋，先受封，然後發喪。邵還至洛陽，燮行塗遇之，使卒投車於溝中，笞捶亂下，大署帛於其背曰：『諂貴賣友，貪官埋母。』乃具表其狀。邵遂廢錮終身。」夫邵賣其同歲生，至與埋母，同爲清議所不容，則其時同年之重可見。又《三國・魏志・武帝紀》：「韓遂請與公相見，公與遂父同歲孝廉，又與遂同時儕輩，於是交馬語移時。」此亦漢世有同年之證。漢《敦煌長史武斑碑》云「河間高陽史恢等追憶昔日同歲郎署」云云，又《孝廉柳敏碑》亦云「縣長同歲犍爲趙臺公，憤然念素帛之義，爲君立碑」。漢碑多門生故吏所立，此二碑獨爲同歲所立，亦足徵同年之誼由來古矣。

正毛　曲園雜纂第二十九

宋毛居正作《六經正誤》，蓋就當時監本校正其誤，於經學不爲無功，然宋時小學久晦，毛氏之説亦不能無誤，故又從而正之。

《周易・泰卦》彖辭「内陽而外陰」，初九注「三陽同志」，六五注「陰陽交通」，又曰「陰陽配合」，並誤作「陽」。案：「陽」字从阜从昜；昜音陽，日氣也，从旦从勿；阜今作阝。「陽」音賜，古「賜」字也，从阝从難易之「易」。《爾雅》：「陽，予也。」

正曰：陰陽字自合作「陽」，而漢隸苟簡，有作「陽」者，《韓勑碑》「三陽吐圖」是也。相沿至入經典，毛氏正之是矣。惟以「陽」爲古「賜」字，則未知所出。《説文》初無「陽」字，其引《爾雅》爲證，大謬。《爾雅・釋詁》：「台、朕、賚、畀、卜、陽，予也。」郭璞注引《魯詩》曰：「陽如之何？」又曰：「今巴濮之人自呼『阿陽』。」則「陽，予也」之「予」乃「予我」之「予」，非「賜予」之「予」，安得改其字作「陽」而以爲古「賜」字乎？陸氏《釋文》曰「陽音陽」，則字之是「陽」非「陽」

明白無疑，使從毛氏之説，與郭注、陸音均不合矣。

《噬嗑》象辭：「先王以明罰勑法。」監本誤作「敕」，舊作「勑」，紹興府注疏本、建安余氏本皆作「勑」。陸德明《釋文》：「勑法，恥力反。」云：「此俗字也。《字林》作『敕』。鄭云『勑猶理也』，一云整也。」案《釋文條例》，《易》以王弼注本爲主，特書而專音，是王本用此字。雖引《字林》作「敕」，《字林》乃晋人所著字書，非諸家《易》文。又引鄭康成解「勑」爲理、爲整，是漢以來作「勑」字也。《條例》又云：「來旁作力，俗以爲『約勑』字，《説文》以爲『勑倈』之字。如此之類，改便驚俗，但不可不知爾。」然陸氏但知从來从力爲『勑勑』字，而不知『約勑』之「勑」本不從「來」。蓋「勑勑」字从「往來」之「來」，音力代反；「約勑」字从來从力，音敕。來从兩入，音棘；往來之來从兩人，音萊。來隸變爲束，又音刺，重兩束爲棗，並兩束爲棘。自漢以下，誤以「來」爲「來」，故東方朔謂「兩來爲棗」，其舛久矣。故《易》「勑法」、《書》「勑天」只當依元本，不容改也。「敕」字雖見於《史記》，亦是从「束」，非从「約束」之「束」也。从「攵」者，「力」之變也，「敕」出於「勑」，「勑」非俗字也。

正曰：《説文・力部》：「勑，勞也。从力來聲。」無戒敕義。《支部》：「敕，戒也。从支束聲。」則爲「戒敕」之本字。朿聲而讀「恥力切」者，音之轉也，亦猶「裘」之與「箕」爲韻，由幽部轉之部也。經典相承，往往叚「勑」爲「敕」，故陸氏辨之曰「俗以爲『約勑』字，《説文》以爲『勑勑』字」，明非本字也，可謂明白甚矣。毛氏乃創異説，謂「勑勑」字力旁从來，來从二人；「約勑」字力旁从來，來从二入。「勑」字不見於《説文》，其所从之「來」亦不見於《説文》，毛氏云「隸變作朿」，然「朿」字《説文》作「𣎴」，故隸作「朿」，初未大變，其體非从木从二入也。古無「來」字，又安有从來之「勑」字？可謂鄉壁虚造矣。《説文・攴部》别有「敕」字：「擊馬也。从攴朿聲。」此與「戒敕」字别，且不从力，亦無可牽混。

九二：「枯楊生稊。」作「梯」誤。案：「梯」字从木从弟，稚也，木根再生稚條也，音題。又他兮反，階梯也。从禾者亦音題，稊稗之稊，《孟子》「五穀不熟，不如稊稗」是也。

正曰：陸德明《周易音義》：「稊，徒稽反。楊之秀也。」鄭作「荑」，是自有《周易》但有「稊」「荑」二文之異，無作「梯」者也。《説文・木部》：「梯，木階也。」無「稚也」之訓。《廣韻・十二齊》「梯」下止引《説文》「木階也」，無他説。「稊」下引《易》曰「枯楊生稊」，稊，楊之秀也。則知唐宋《易經》固皆作「稊」而不作「梯」矣。惟《夏小正》「正月柳稊」、《文選・謝靈運〈從游京口〉

詩》注、《藝文類聚》卷八十九，並引作「梯」，此當是大戴之異文，不可以改《易經》之定本。或曰：《説文》無「梯」字，奈何曰「依《説文》當作『稊』」，何以明之？《廣韻》「稊」下云「或作梯」，則知「梯」者「稊」之俗省字，其訓楊秀者，「稊」之別義也。

《離卦》象辭：「明兩作。」「兩」字中从二入，从人誤。从，古「兩」字。

正曰：謂「『兩』字从二入」，是也。謂「二入古『兩』字」，則非，《説文・入部》：「从，二入也。兩从此，闕。」「兩」从二入，非二入即「兩」。

九三：「不鼓缶而歌。」「鼓」从攴，攴音扑，普卜反，擊也。从攴者，鼓擊之鼓；从皮者，鍾鼓之鼓。

正曰：謂鼓擊之鼓从攴，是也；謂鍾鼓之鼓从皮，則俗字也。《説文・鼓部》：「鼓，郭也。从壴支，象其手擊之也。」《攴部》：「鼓，擊鼓也。从攴从壴，壴亦聲。」是「鍾鼓」之「鼓」从支，「鼓擊」之「鼓」从攴，無从「皮」之「皷」字。又按：「鼓」「鼓」二篆，分別甚微，其説从支云「象其手擊之也」，則與「攴」何異？竊疑「鼓」「鼓」實一字也。以《周官・鼓人》文證之，曰：「以雷鼓鼓神祀，以靈鼓鼓社祭，以路鼓鼓鬼亨，以鼖鼓鼓軍事，以鼛鼓鼓役事，以晉鼓鼓金奏。」上「鼓」字，鼓也；下「鼓」字，鼓之也。《釋文》並不言有異文異讀。《舞師》之職與《鼓人》相連，其文曰：「掌教兵舞，帥而舞山川之祭祀；教帗舞，帥而舞社稷之祭祀；教羽舞，帥而舞四方之祭祀。教皇舞，帥而舞旱暵之事。」上「舞」字，舞也；下「舞」字，舞之也。若「鼓」字有異文異讀，豈「舞」字亦有異文異讀乎？凡一字而虛實兩用者，不可勝數。「衣」謂之「衣」，「衣之」亦爲「衣」；「冠」謂之「冠」，「冠之」亦爲「冠」。然則「鼓」謂之「鼓」，「鼓之」亦爲「鼓」，亦若是而已矣。始而別異其音，繼并別異其字，皆後世章句之儒爲之也。

《夬卦》象辭：「居德則忌。」「忌」作「忌」，誤。「禁忌」之「忌」字，从「戊己」之「己」、从心，本音記，語已辭也，《詩》「叔善射忌」是也，借爲「禁忌」字，非从「終已」之「已」也。从「終已」之「已」者，字作「忌」，音異，古「异」字也。

正曰：此條有二誤焉。《説文·心部》：「忌，憎惡也。」因憎惡而禁忌，事本相因，則禁忌亦其本義也。至「叔善射忌」之「忌」，乃語辭而無實義，箋云「讀如『彼己之子』之『己』」。考「彼己之子」，《曹風》作「彼其之子」，《禮·表記》作「彼記之子」，而《大雅》「往近王舅」箋亦云「聲如

『彼記之子』之『記』」。蓋語辭初無一定，「忌」「己」「記」「其」「近」皆可通用。而乃以爲「忌」之本義，語已之辭何取而从心乎？其誤一也。至「終已」之「已」，即「辰巳」之「巳」。《説文》曰：「巳，已也。四月陽氣已出，陰氣已藏，萬物見，成文章，故巳爲蛇，象形。」《釋名・釋天》曰：「巳，已也，陽氣畢布已也。」《史記・律書》曰：「巳者，言陽氣之已盡也。」諸書並以「已」訓「巳」，亦猶「蒙者蒙也」「剥者剥也」之例，實一字也。若《尚書》「异哉」之「异」，其上从㠯，即隸書「㠯」字，初非从「終已」之「已」。《説文・収部》：「异，舉也。从収㠯聲。」並無古文，乃臆造一从心从「終已」之「已」之字以爲「异」之古文，則并「异」字而誤之，其誤二也。

《小過》九四注：「不爲貴主。」作「責」誤。

正曰：九四注曰：「雖體陽爻而不居其位，不爲責主，故得无咎也。」正義曰：「居小過之世，小人有過差之行，須大德之人防使无過。今九四雖體陽爻而不居其位，不防之責，責不在己，故得无咎。」以文義求之，「責」字不誤，言九三不居其位，無防人之責，故曰「不爲責主」。毛氏不察，改爲「貴主」，轉失之矣。

《下繫》「雜而不越」注：「爻䌛之辭。」作「繇」誤。「繇」與「由」同；「䌛」从卜从繇，音宙，卦下辭也。

正曰：謂「爻繇」之「繇」音「宙」，是也；謂从卜从繇作「䌛」，非也。《説文・竹部》：「籀，讀書也。从竹擂聲。《春秋傳》曰『卜籀』云。」是「爻繇」字本當作「籀」，「繇」乃假借字。《漢書・文帝紀》師古注曰：「繇音丈救反，本作籀。籀，書也，謂讀卜詞。」斯説得之。因經典相承，假「繇」作「籀」，漢、晋經師恐學者不曉，仍讀本字，故遇「爻繇」字輒作「卜」字於其旁以識別之，其後沿訛遂成「䌛」字，字書所無，不可不正。

《説卦》「震爲旉」，誤。「旉」从甫从方，非从亩也。

正曰：謂「从甫」是也，謂「从方」非也。依《説文》當从甫从寸作「尃」，今「傅」「博」等字「尃」在右旁者均不誤。惟「敷」字「尃」在左旁，則誤爲「敷」。

《尚書・皋陶謨》「孔壬」注：「甚佞。」作「侫」誤。「佞」字从仁从女，非从妄也。佞，古倿字。

正曰：説「倭」字是也，謂「倭，古倢字」則非。古無「倭」字。

《益稷》：「俟以明之。」作「侯」誤。「侯」从人从工从矢。

正曰：《説文・矢部》：「侯〔一〕，从人，从厂象張布，矢在其下。」初不從「工」。

《甘誓》：「天用勦絶具命。」作「勦」誤。「勦絶」之「勦」从巢从刀，音子六反，截也，非从力也。从力者音尺交反，攬取也，《曲禮》「毋勦説」也。

正曰：《説文》無从刀之「勦」字，「勦絶」之「勦」字本作「劋」。《説文・刀部》：「劋，絶也，从刀喿聲。」引《書》「天用劋絶其命」，然則今作「勦」者，叚字也，非誤字也。《曲禮》「勦説」之「勦」亦是叚字。《説文・力部》：「勦，勞也。」昭九年《左傳》〔二〕：「安用速成？其以勦民也。」此是本義，無攬取之義。《廣雅・釋詁》：「摷，取也。」《一切經音義》引《通俗文》曰：「浮取曰摷，

〔一〕 侯，《説文・矢部》本作「矦」。

〔二〕 九，原訛「元」，據《春秋左傳》改。

沈取曰撈。」疑「勦説」之「勦」當如此作。

《多士》：「予惟時其遷居西爾。」作「西」誤。「襾」音亞，非「東西」之「西」。正曰：「西」字篆本作㢴，隸變作「西」，亦或作「襾」，其中或直或曲，似可無拘，謂「襾音亞」誤也。漢魏以下字體苟簡，「惡」字或書作「悪」，陸德明所譏「『惡』上安『西』者」是也。《玉篇·心部》「惡」下有「悪」字，曰「同上，俗」。安得以「襾」爲「亞」字乎？

《毛詩·谷風》：「涇以渭濁，湜湜其沚。」箋云：「涇水以有渭，故見渭濁。」《正義》曰：「言涇水以有渭水清，故見涇水濁，以興舊室以有新昏美，故見舊室惡。」又曰：「此以涇濁喻舊室，以渭清喻新昏。」又曰：「涇水言以有渭，故人見謂己濁，猶婦人言以有新昏，故君子見謂己惡也。定本『涇水以有渭，故見其濁』。《漢書·溝洫志》：『涇水一碩，其泥數斗。』潘岳《西征賦》『清渭濁涇』是也。」觀此，則箋所謂「故見渭濁」當作「故見其濁」，作「渭」字誤明矣。然《釋文》乃作「渭」字，云：「舊本如此，作『謂』者後人改耳。」陸德明與孔穎達同時，獨不知定本作「其」字邪？

正曰：《正義》本當作「涇水以有渭，故見謂濁」，疏中所云「見謂己濁」「見謂己惡」，兩「謂」字即箋中「謂」字也。箋中「謂濁」誤作「渭濁」，則與疏義不合矣。定本作「其濁」，「其」者指涇水而言，非指渭水而言，字雖有異，義實無殊。毛氏不知箋中「渭濁」之誤，故欲改從「其濁」，若知箋文本作「見謂濁」，則可以無此説矣。惟《釋文》之説爲不可解，疑《釋文》「渭」「謂」字當互易云：「故見謂濁，舊本如此，一本『謂』作『渭』，後人改耳。」如此則定本、《正義》、《釋文》三者一義也。

《載馳》注：「廾至偏高之丘。」作「升」誤，《説文》「廾」字从斗从十，廾十則斗，今作「升」非，从千也。

正曰：《説文・斗部》：「斗，十升也。象形，有柄。」「廾，十龠也。从斗，亦象形。」無「从十」之説。

《椒聊》注：「一捄之實。」作「梂」誤。

正曰：「捄」「梂」二字，《説文》均有之。《手部》：「捄，盛土於梩中也。一曰擾也。」《木部》：「梂，櫟實。一曰鑿首。」施之於此，均非其字。《艸部》：「莍，茮、樧實，裹如表者。从艸求聲。」此箋所用正此字也。正義曰：「捄，謂椒之房，裹實者也。」引《釋木》曰：「椒、樧醜，莍。」按：《爾雅》作「莍」，乃其正字。《詩》作「捄」，亦作「梂」，皆其叚字。必謂「捄」是而「梂」非，多見其未達矣。

《十月之交》：「山冢崒崩。」作「冢」誤。「冢」从冃从豕，豕音觸，冃莫老反；非从冖也，冖音冪。

正曰：冢不从冖，亦不从冃，乃从勹也。《説文·勹部》：「冢，高墳也。从勹豕聲。」不覩《説文》而言小學，宜其多舛矣。

《鴛鴦》注：「休，休息也。」作「伏」誤。休，从人从草木之木，虛尤反，休息也。伏，从人从芝朮之朮，吁句反，與「煦」同，伏養也。

正曰：休息、休養，有何異義？乃謂「休息」字从木，「休養」字从朮，誤矣。古無从人从朮之字，不知所自來。

《民勞》：「王欲玉女。」作「玊」誤。「玊」字，點在下畫旁者，魚欲反，「金玉」之「玉」也。點在中畫旁者，音粟，又音嗅，「玊工」，又「朽玊」也。音粟者亦姓，漢有公玊帶。

正曰：「玉」字本止作「王」，後人因與「帝王」字無別，故加點其旁以別之。又因別有粟、嗅二音，故又高其點以別之。郭氏《佩觿》曰：「『玉』有欣救、魚録、息足、相逐四翻，俗別爲『玊』。」斯言允矣，無事過爲分別也。近段氏玉裁注《説文》，改「琱」篆爲「玊」，斯爲大謬。

《維清》注：「周家得天下之吉祥。」作「吉」誤。「吉凶」之「吉」从士从口，非从土也。「吉」上从土，音確。

正曰：古無「吉」字。

《禮記·曲禮上》：「二名不偏諱。」「偏」作「徧」，誤。「偏」與「遍」通。謂二字爲名，同用則諱之，若兩字各隨處用之，不於彼於此一一皆諱之，所謂「不偏諱」也。

正曰：「偏」者對「全」而言，言二字爲名，全舉之則不可，偏舉之則可也。夫子之母名「徵在」，此全舉之也；言「在」不稱「徵」，言「徵」不稱「在」，此偏舉之也。《唐律》「奏事犯諱」條：

「二名偏犯，不坐。」此律即本於《禮》經。犯其一字謂之偏犯，則避其一字謂之偏諱矣。「偏犯不坐」，即「二名不偏諱」，毛説非也，别詳《禮記平議》。

《檀弓上》：「尼父因其字以爲之謚。」「其」作「且」，誤。

正曰：經、注中言「且」字者多矣。段氏玉裁曰：「《説文》：『且，薦也。』凡承藉於下曰且。冠而字，祗有一字耳。必五十而後以伯仲，故下一字所以承藉伯仲也。言『伯某』『仲某』是稱其字，言『某甫』是稱其且字。」此説甚明，而自宋以來多不達此義，凡遇「且」字往往改爲「其」字。《儀禮·鄉飲酒禮》注：「同姓則以伯仲别之，又同則以且字别之。」《士喪禮》注：「『某甫』，且字也。」各本多誤「且」爲「其」。《檀弓》此注、《哀十六年左傳》疏，又誤「且」爲「目」，古義之晦久矣，於毛氏何譏？然毛氏於《雜記》「『某甫』，且字也」云「且作旦，誤」，又似知「且」字之不誤者，何失於此而得於彼歟？

《周禮·太宰》之職「眡滌濯」，作「眂」誤。《説文》：「眂，从目从氏聲。」無「眡」字。《玉篇》誤以「眡」爲古「視」字，以「眂」字音支，今《周禮》亦誤書爲「眡」，不敢改也。

正曰：《説文・目部》：「眡，眡皃，从目氏聲。」《見部》「視」下有重文「眎」，曰「古文視」，又重文「眡」，曰「亦古文視」。然則《説文》明有「眡」字，《玉篇》本之《説文》，未嘗誤也。毛氏但見《目部》有「眡」字，而未考《見部》「視」下有重文「眡」字，故反以《玉篇》爲誤矣。

《周禮釋文・大司徒》〔一〕：「『貉』依字作『貈』。」「貈」當作「貉」，《考工記》「貈」字同。

正曰：《説文・豸部》：「貈，似狐，善睡，从豸舟聲。《論語》曰：『狐貈之厚以居。』」「貉，北方豸種，从豸各聲。孔子曰：『貉之爲言惡也。』」是許君以「貈」爲「狐貈」字，以「貉」爲「蠻貉」字，二字不同，故陸氏於《大司徒》「貉」字正之曰「依字作『貈』」，乃從《説文》也。《玉篇》：「貈，何各切，似狐也。」「貉，莫格切，蠻貉也。」此依許書爲説。又於「貉」下云「亦與貈同」，則以《論語》「狐貈」字今作「貉」耳。毛謂「貈當作貉」，未詳所出。《説文》《玉篇》均無「貉」字，《廣韻・十二蟹》「獬」下云：「《字林》《字樣》俱作『解廌』，《廣雅》作『貉豸』。」然則「貉」乃俗「解」字，非「貈」字也。

〔一〕　周禮，原訛「尚書」，「大司徒」乃《周禮》之職。

《掌戮》「髡」作「髠」，誤。「髡鬄」之「髡」从兀，不从几也。从几者音鞠。

正曰：音鞠之「髠」當从九，此字見《玉篇》，云：「髠，九六切，亂髮也。」毛云从「几」，或傳刻之誤。

《左傳·隱七年》：「不賴盟矣。」「賴」作「頼」，誤。「賴」从束从負，負从側人从貝；不从頁也。《説文》作「賴」，从刺从貝，刺音辣諧聲，貝義不通，亦誤。當作「賴」，从束从負，束而負之，人所賴也。

正曰：作「頼」固非，謂「从束从負」亦非也，自當从《説文》从貝刺聲。「賴」之本義，《説文》曰「贏也」，故字从貝。毛氏知依賴之義，不知其本義，宜以从貝爲不通矣。

《桓元年》：「帶裳幅舄。」「帶」作「带」，誤。

正曰：「帶」乃《説文》正體，「带」乃漢隸之變，毛氏是「帶」而非「带」，失之倒矣。

《僖二年》：「保於逆旅。」作「旅」誤。「旅」从方从夂从人，不从衣。

正曰：作「旅」固非，謂从方从夂从人則亦誤矣。《説文》「旅」在《㫃部》，其上之「㫃」乃一字，非从方从夂也；其下乃「从」字，非「人」字也。又「族」字亦在《㫃部》，毛氏於《襄元年》謂「族字从方从人」，誤與此同。惟《昭十三年》説「旆」字曰「从㫃从市，㫃音偃」，則又不誤。得於彼而失於此，亦不可解也。

《昭七年》：「曰我先君共王。」「曰」作「日」，誤。

正曰：《正義》曰：「日謂往日也。嬰齊與魯盟于蜀，事在成二年共王之初，共王即望魯朝，故言往日我先君共王引領北望也。」然則《正義》本自是「日」字，毛謂其誤，未詳。惟以文義論，則不特「日」字誤，即「曰」字亦誤，當作「自」字，説詳《群經平議》。

《昭二十七年》：「中廄尹。」作「廏」誤。「廄」从旡，旡，古「既」字；不从殳也。

正曰：《説文・广部》：「廏，馬舍也。从广𣪘聲。」《殳部》：「𣪘，揉屈也。从殳从㿝。㿝，古文叀字。『廏』字从此。」然則「廏」乃《説文》正體，「廄」乃俗字。毛説倒矣。

《公羊傳·莊六年》：「其讓乎我奈何？」作「柰」誤。「奈何」之「奈」字，从大从示，不从木。从木者，「李柰」之「柰」也。

正曰：《説文》無「奈」字，古止作「柰」。《玉篇》曰：「柰，那賴切，果名。又柰何也。」《廣雅·釋言》：「柰，那也。」「柰」之訓那，蓋發聲之辭，止取其音，無取其義。《尚書·召誥》「曷其柰何弗敬」，《禮記·曲禮》「柰何去社稷也」，字並作「柰」。經典初無「奈」字，漢人作隸率多詭異，變文爲「奈」，以别於「李柰」字。《廣韻·十四泰》云：「奈，那也。本亦作『柰』。」既作「奈」以從俗，又著其本作「柰」以存古。如毛氏之説，將改經典之「柰」悉作「奈」字矣。

《穀梁·僖二十七年》注：「夫三人行。」「夫」作「我」，誤。

正曰：注引「我三人行，必有我師」，乃《論語》文也。《論語》舊本原有「我」字，《釋文》曰：「我三人行，一本無『我』字。」然則陸所據本有「我」字矣。何晏集解曰：「言我三人行，本無賢愚，擇善從之，不善改之，故無常師。」然則何所據本亦有「我」字矣。范注引作「我三人行」，自是古本如此。毛氏蓋知有今本，不知有古本也。

《襄二十九年》注：「許夷狄者，不一而足。」「一」當作「壹」。謂不齊壹而足也。《漢書》引此傳作「壹」，姑存之不敢改也。

正曰：此本《公羊傳》「不一而足」，謂不以一事之善而遂盡許之也。《漢書》作「壹」，其義仍當爲「一」。毛謂「不齊壹而足」，於義未明。

評袁　曲園雜纂第三十

宋袁文，字質甫，著《甕牖閒評》，其書久佚。國朝從《永樂大典》中輯爲八卷，經史詩文皆有論辨。余尋繹之餘，偶有異同，輒復評之。

「𩂣」字，從天從雲省，故《易》曰「雲上于天，𩂣」，「𩂣」字不從而也。今人作「需」字乃從而，蓋篆文「天」字與「而」字相類，後之作字者失于較量，各從其便書之，其誤甚矣。

評曰：此李陽冰之異説也。《説文·雨部》：「需，䇓也。遇雨不進止䇓也。從雨而聲。」臣鉉等案：「李陽冰據《易》『雲上於天』，云當從天，然諸本皆從而，無有從天者。」是陽冰之説大徐所不從，陽冰特疑「而」非聲，故爲此異説。顧亭林謂「需」從而聲者，讀而爲如；段懋堂謂需從雨從而，會意，非形聲。二説未知孰是。然自古經師相傳《易經·需卦》無作「𩂣」者，果如其説，「山下出泉，蒙」，字當作「㝥」；「山下有火，賁」，字當作「炭」乎？

《匡謬正俗》以「溺」爲「休」，「休」乃是沈溺字。溺又音而灼切，其水不能勝鴻毛，蓋弱水也。夫「弱水」「弱」字，《尚書》只作「弱」字，不知後加水點者又何據也？

評曰：《説文·水部》：「溺，水，自張掖删丹西至酒泉合黎，餘波入于流沙。從水弱聲。」是「溺」乃「弱水」之本字，《尚書》作「弱」者，省不從水耳。陸德明釋文曰：「弱，本或作溺。」則知古原有從水作「溺」之本也。

《匡謬正俗》載《武成》「往伐歸獸」，「獸」字作「嘼」，且云：「《字林》『嘼』字音火救切，人之所養也。若武王歸鹿華山之陽，放虎桃林之野，即可言『歸獸』；既是牛馬，當依『嘼』字本音讀之，不得作『獸』字一邊便謂古文省簡，即呼爲『獸』也。」如此則古本原作「嘼」字，想因唐明皇改爲今本《尚書》時，未究「嘼」字之義而增益之也。今其下亦云「本或作嘼，許救切」，益知古本作「嘼」字無疑矣。

評曰：《爾雅》有《釋獸》《釋畜》兩篇，陸德明於《釋畜》下云：「許又反，本又作『嘼』，音同。《字林》云『嘼，犍也』，《説文》云『嘼，牲也』，經典並作『畜』字。《釋獸》《釋畜》二篇俱釋獸而異其名者，『畜』是畜養之名，『獸』是毛蟲總號，故《釋畜》唯論馬、牛、羊、雞、犬，《釋獸》通説百獸之名。」以陸説證之，則《書序》誠宜作「歸嘼」，乃求之《説文》，竊有疑焉。今《説文》云：「嘼，犍也。象耳、頭、足厹地之形。」「獸，守備者。從嘼從犬。」陸德明則以「犍也」之訓屬之《字林》，而以《説文》爲訓「牲」是許君説解，傳寫有異，未必可據，而其字之「象耳、頭、足厹地之形」，則固可信也。「嘼」字止取象形，畜養之意不見；而「獸」訓守備，字又從犬，則其爲人之所畜者無疑，世豈有養虎豹以自衛者乎？故竊疑「嘼」乃毛蟲之總名，而「獸」則是畜養之物。《爾雅》「嘼」「獸」之義乃正相反，蓋《爾雅》訓詁之書，每從今義以曉學者，而不必盡合古義。如《説文》「禽，走獸總名」，而《爾雅》云「二足而羽謂之禽」，則非古義也。《書序》「獸」字當是古本如此，《魏都賦》「武人歸獸而去戰」，張載注云：「《尚書》曰『往伐歸獸』。」晉人所見《書序》是「獸」非「嘼」，然則未可輕改矣。

今人作文下字能用古者則爲有據，雖古人亦然。《詩》云「有狐綏綏」，蓋本塗山人歌云「綏綏白狐，九尾龐龐」，此禹娶塗山時歌，詩人乃用其「綏綏」二字也。

評曰：《齊風・南山篇》亦云「雄狐綏綏」，《玉篇》作「雄狐夂夂」，云「行遲皃」，則知「綏綏」乃「夂夂」之叚字也。《漢書・禮樂志》「赤蛟綏綏」義亦當同。

世有「孃惜細兒」之語。《陟岵》之詩云：「陟彼屺兮，瞻望母兮。母曰：『嗟！予季行役。』」季，少子也。母以少子行役，其心眷眷然而形之語言如此。此正所謂「孃惜細兒」者，不獨今人爲然，古亦有之。

評曰：朱文公《集傳》云：「季，少子也。尤憐愛少子者，婦人之情也。」與袁意正同。袁與朱同時人，作此書時當未見朱傳也。然古義實不如此。據《毛詩·陟岵》三章，章六句，則「母曰『嗟！予季』」五字爲句，「行役夙夜無寐」六字爲句，三章並同。首章「子」「已」「止」爲韻，次章「季」「寐」「棄」爲韻，三章「弟」「偕」「死」爲韻，變「子」言「季」者，變文以協韻耳。

「理」「李」二字古通用。《左氏傳》中用「行李」字或作「理」，初無異義。李濟翁《資暇録》辨《左傳》「行李」作「行孛」，謂「孛」字乃古「使」字，其理爲甚當。王觀國《學林》乃云：「古文字多矣，濟翁不言『孛』字出何書，未可遽爾泛舉而改作。」余謂濟翁所説「孛」字蓋出于《玉篇》《山字部》中載之爲甚詳。觀國作《學林》多引《廣韻》《玉篇》以爲證，獨不知「孛」字，何也？

評曰：王氏不知「孛」字見《玉篇》，誠爲失考，然不信李濟翁説則不可以爲非也。《玉篇》不甚可據，即如《山部》所載「岕，古族字」「峕，古會字」，皆不知所本，其以「孛」爲古「使」字，亦若是而已矣。又有「㞬」「𡴯」二字，云「今作『危』」，則皆以爲古「危」字也，其説云「人在山上」，據《説文》「人在山上」乃「岺」字也。《玉篇》亦自有「岺」字，云「許延切，人在山上」，然則「㞬」「𡴯」二字與「岺」何別，而以爲古「危」字乎？

「衙」，許慎《説文》音語，無他音。《楚詞》云「道飛廉之衙衙」，亦音語，以是知「衙」字後作牙音者，其出于唐人改「牙」爲「衙」字之故歟？《左氏傳》「晉侯及秦師戰于彭衙」，「衙」字亦當音語矣，而陸德明不音者，蓋德明唐人，見當時呼爲「牙」字，不知前代只音「語」而失于稽考也。

評曰：此由不達古音，故有此等議論也。「衙」與「語」並從吾聲，「衙」之音語固矣，古「牙」字音亦如「吾」。《太玄·夷》次四曰「夷其牙，或飫之徒」，《毅》上九曰「豨毅其牙，發以張弧」。楊子雲《徐州箴》曰：「事猶細微，不慮不圖。禍在丘山，本在萌牙。」又《豫州箴》曰：「陪臣執命，不慮不圖。王室淩遲，喪其爪牙。」是「牙」字古音如「吾」也，故「衙」之讀爲「牙」，猶讀爲「語」也，在古音本無不合，至後世則「語」與「牙」截然不同。執後世之音以繩古音，而疑義滋多矣。

泠倫，古之能樂人也，因《詩・簡兮》序曰「衛之賢者，仕于伶官」。「泠」字改爲「伶」字，後世遂以「泠」爲「伶」，其誤已久矣。而《左氏傳》云「泠人也」乃是，其注又云「樂官，依字作伶」，其誤亦又甚焉。

評曰：《説文・水部》：「泠，水，出丹陽宛陵，西北入江。」《人部》：「伶，弄也。」則「伶人」之「伶」自以從人爲正，其作「泠」者假字耳。《吕氏春秋・古樂篇》「昔黄帝令伶倫作爲律」，二字並從人，此爲正字。《説苑・修文篇》作「泠倫」，則「泠」字從水；《漢書・古今人表》作「泠淪」，則二字並從水；《漢書・律曆志》作「泠綸」，則「綸」字又從糸。古書多假借，不可泥其文也。

《字書》：「孥，乃都切，妻子也。」「帑，它囧切，金帛所藏舍也。」此二字初不相干，因《毛詩・常棣篇》「樂爾妻帑」借用此「帑」字，故《左傳》「宣子使臾駢送其帑」及「爾以帑免」，《史記》「向使二世除去收帑汙穢之罪」，《漢書》「盡除收帑相坐律」，皆借用「帑」字，而《廣韻》《玉篇》見諸書如此，遂並以「帑」字亦音乃都切矣。

評曰：古有「帑」字，無「孥」字。《説文・巾部》：「帑，金幣所藏也。從巾奴聲。」夫既從奴聲，則不當讀它囧切，孫愐音乃都切，此「帑」字之本音也。惟其義則以「金幣所藏」爲本義，《毛詩》《左傳》所有「帑」字皆其別義也。凡人金幣所藏，必藏於内，而妻子亦居於内，故其義得相通。或疑「妻帑」之「帑」乃「奴」之假字，然古所謂奴婢皆罪人也，何取此義而以目其妻子乎？「孥」者後出字，所以別於金幣所藏之「帑」；帑音它囧切者，又以別於妻子之「孥」。其實古止作「帑」，有二義，無異字、無異音也。

《左氏傳》載「逄丑父」，「逄」字陸德明無音，《千姓編》乃歸在「逢」字門下，與「逢蒙」同，如此當讀作「龐」字，德明失音也。而《孟子》「逢蒙」，「逢」字亦與《左氏傳》同，《孟子音》又云「逄，從夆，下江切」，以此知不獨德明失音，而二經皆當從「夆」，皆誤從「夅」矣。

評曰：古有「逢」字，無「逄」字，《玉篇》猶然，《廣韻》乃始於《三鍾》收「逢」字、《四江》收「逄」字，云「姓也，出北海」。《左傳》齊有逢丑父，此《千姓編》之所本也。今按：逢蒙事見他書者，《史記·龜筴傳》云：「羿名善射，不如雄渠蠭門。」《荀子·王霸篇》曰：「羿、蠭門者，善服射者也。」《吕氏春秋·具備篇》云：「今有羿、蠭蒙、繁弱於此而無弦，則必不能中也。」是「逢蒙」之「逢」古書往往作「蠭」，則其字之當作「逢」而不當作「逄」可知矣。《漢書·藝文志》「《逢門射法》二篇」，師古曰：「即逢蒙。」蓋自古相承如此，凡「逢蒙」「逢丑父」以及「逢伯陵」「逢公」皆如此作。自孫奭作《孟子音義》誤作「逄」，朱文公《集注》從之，遂不可復正矣。

項梁既追章邯，邯兵益盛，項梁使使趣田榮共擊之，榮曰：「楚殺田假，趙殺田角、田閒，乃發兵。」梁曰：「田假與國之王，窮來歸我，不忍殺。」此《漢書·項籍傳》所載也。至《田儋傳》則載楚懷王曰：「田假與國之王，窮而歸我，殺之不誼。」一傳以爲項梁，一傳以爲楚懷王，未知孰是。

評曰：《史記·項羽本紀》《田儋列傳》固如是，班孟堅各因原文，無所考正耳。

顏師古解《漢書》「庸奴其夫」謂：「不恃賴其夫，視之若庸夫。」考《史記·張耳傳》云：「外黄富人女甚美，嫁庸奴，亡其夫，去抵父客。」然則「庸奴」乃是人名，非鄙視之如庸奴也。

評曰：《史記》「嫁庸奴，亡其夫，去抵父客」，本作「嫁庸奴，其夫亡，去抵父客」，乃言此女既嫁而鄙視其夫如庸奴，故亡去而抵父客也。徐廣注於「亡其夫」下曰：「一云其夫亡也。」此乃校勘語，非注釋語。蓋其所見本「亡」字有在「其夫」二字下者，故云然。若從此本，則與《漢書》正合矣。

《漢書》李延年侍上起舞，歌曰：「北方有佳人，絶世而獨立。一顧傾人城，再顧傾人國。寧不知傾國與傾城，佳人難再得。」注云：「非不吝惜城與國，但以佳人難得，愛悦之深，不覺傾覆。」余謂此説非也。所謂「傾城」與「傾國」者，蓋一城一國之人皆傾心而愛悦之，非謂佳人解傾人城、傾人國也。若果解傾人城、傾人國，武帝雖甚昏蒙，其敢求之耶？

評曰：「傾城」二字，本於《詩》之「哲婦傾城」，自當作「傾覆」解。觀其歌有「寧不知」三字作轉語，正見佳人難得，雖傾覆其國城而亦不惜也。若止云「一城一國之人傾心而愛悦之」，則下二句無味矣。

孔子弟子琴張，琴牢也。子張乃姓顓孫，名師。紹興中大學試「仁天之尊爵」賦，取上第一人、第二人，皆以琴張爲子張。第一人云「琴張難與，終懷干禄之疑」，第二人云「笑琴張難與並爲，徒懷干禄」，而試官與舉人皆不悟，抑何鹵莽至此耶？

評曰：昭二十年《左傳》「琴張聞宗魯死，將往弔之」，賈逵、鄭衆皆以爲子張，見《正義》。

《孟子·盡心篇》「琴張」，趙注曰：「琴張，子張也。子張之爲人，踸踔譎詭，《論語》曰『師也辟』，故不能純善而稱狂也。又善鼓琴，號曰琴張。」然則琴張之爲子張，漢人舊説固然，至《家語·七十二弟子解》乃有「琴牢，衛人，字子開，一字子張」之説。《家語》僞書，固不足據，杜預本以注《左傳》，非古義也。南宋之初，朱注未行，學者於《孟子》猶讀趙注，故猶知琴張之即子張，試官與舉人都無異議。袁氏著述之家，乃并趙注而忘之何歟？

「獘」字下從大，其從廾者俗書也，然世皆通用爲「弊」字。「葵」字下從大，其從廾者俗書也，然世皆通用爲「葬」字。「獘」字下從大，其從廾者俗書也，然世皆通用爲「獘」字。

評曰：宋人不精小學，故所説似是而非，今以《説文》正之，「獘」「獘」二字下皆從犬，犬誤爲大，因變爲廾矣。「葬」字從茻、從死、從一，其下之廾與其上之廾合成茻字，作廾猶近之，作大則非矣。

世言「葷腥」，「葷」非素食也，而字乃從草，則又非腥羶比矣。蘇東坡作「剖桃核得硫黄」之説，云「自是斷葷血」，乃復用此「葷」字，不知何故。

評曰：「葷」「腥」二字，字各一義。「葷」則葱薤之屬，「腥」則牛羊之屬也。《説文・艸部》〔一〕：「葷，臭菜也。」此是正字。《儀禮・士相見禮》「膳葷」，注曰：「辛物，葱薤之屬。」《禮記・玉藻篇》「膳於君有葷桃茢」，注曰：「薑及辛菜也。」並依本字作「葷」。《士相見篇》「古文『葷』作『薰』」〔二〕，則是叚字。《文選・養生論》「薰辛害目」，字亦作「薰」，此東坡所本也。《儀禮》疏曰：「鄭注《論語》作『焄』，義亦通。」則字又可作「焄」矣。

《匡謬正俗》解「果」字云：「果然，飽貌。」夫果然乃獸名，黄太史帖云「腹猶果然」，以腹大故耳，然不可止云飽貌也。

評曰：「腹猶果然」出《莊子・逍遥遊篇》，曰：「適莽蒼者三湌而反，腹猶果然。」釋文曰：「果，徐如字，又苦火反。」衆家皆云飽貌，則飽貌之訓本《莊子》義，不得以爲非也。「果然」之爲獸名，又別一義，必以獸名解《莊子》之「果然」，則《文選・非有先生論》之「率然高舉」，亦將以

〔一〕 艸，原訛「草」，據《説文解字》改。
〔二〕 「古」上當有「注」字。

「常山蛇名」解之乎？

朝鷄者，鳴得絶早，蓋以警入朝之人，故謂之朝鷄。晁以道詩乃云「鷄鳴本候海潮信，不爲金門上馬時」，如此則當爲「潮汐」之「潮」，未知何據。

評曰：《神異經·東荒經》云：「扶桑山有玉鷄，玉鷄鳴則金鷄鳴，金鷄鳴則石鷄鳴，石鷄鳴則天下之鷄悉鳴，潮水應之矣。」此晁詩所本。

東坡作《吕公著除司空制》云「仁莫大于求舊」。《書》：「人惟求舊。」恐非「仁」字，殆傳寫之誤耳。

評曰：「人惟求舊」雖《尚書》文，然云「人莫大于求舊」，義不可通，此殆非誤也。《論語·先進篇》：「閔子騫曰：『仍舊貫。』」釋文曰：「魯讀『仍』爲『仁』。」楊雄《將作大匠箴》曰：「或爲長府，而閔子不仁。」用《魯論》也。東坡云「仁莫大于求舊」，或亦「仁舊貫」之義，用之司空正合。

秦始皇初即位，漢高祖以是年生；梁武帝殺東昏侯、覆齊祚，而侯景亦以是年生。陰極陽生，陽極陰生之理豈不信耶？

評曰：以漢祖爲生於始皇即位之初，此未考也。《史記·高帝紀》皇甫謐曰「以秦昭王五十一年生」，昭王終五十六年，加孝文一年、莊襄三年，共十年也。則至始皇即位之年，高祖已十一歲矣，《秦本紀》以莊襄王爲四年者，誤。余别有辨，見《弟一樓叢書》。《始皇本紀》始皇生於昭王四十八年，則始皇長高祖才三歲耳，安得謂始皇即位而漢高於是年生也？

通李　曲園雜纂第三十一

元李冶，字仁卿，撰《古今黈》，於載籍疑義一一辨别，頗極精審。其以「黈」名書，蓋取塞聰專思之義。夫考論古今，不取其通而取其塞，何也？余讀其書，偶有所見，從而疏通之，是曰通李。

卦有六爻：初、二、三、四、五、上也。卦有六德：剛、柔、仁、義、陽、陰也。自下而上以之相配，則初爻剛、二爻柔、三爻仁、四爻義、五爻陽、六爻陰也。只以「乾」一卦推之，便盡此理。

通曰：陰陽合而後爲天道，仁義合而後爲人道，剛柔合而後爲地道。若以六德分配六爻，則初、二兩爻合爲地道，三、四兩爻合爲人道，五、上兩爻合爲天道。六爻之中，天道一、人道一、地道一，無所謂「兼三才而兩之」矣。愚易其説曰：初、二地也，遇九爲剛，遇六爲柔；三、四人也，遇九爲仁，遇六爲義；五、上天也，遇九爲陽，遇六爲陰。六十四卦中，惟「既濟」一卦爲得其正，初九剛、六二柔、九三仁、六四義、九五陽、上六陰，故曰「既濟，定也」。

孔安國《尚書序》曰：「伏羲、神農、黄帝之書謂之三墳，少昊、顓頊、高辛、唐、虞之書謂之五典。」是以三墳當三皇，五典當五帝也。司馬遷乃云：「黄帝崩，葬橋山，其孫昌意之子高陽立，是爲帝顓頊。」顓頊崩，帝嚳立。帝嚳崩，帝摯立。帝摯崩，帝堯立。帝堯崩，帝舜立。是黄帝後殊無名少昊者也，則諸書何爲備數以爲五帝乎？蓋玄囂即少昊氏，而司馬遷謬誤不載録耳。司馬遷又謂「玄囂是爲青陽，降居江水」，此又妄也，當是昌意先降江水，後降若水。司馬遷既不以玄囂爲少昊，謬謂青陽降江水、昌意降若水也。

通曰：孔安國《序》乃魏晋人僞作，不足信。司馬遷嘗從安國問，使孔安國以少昊列五帝之首，則司馬遷作《五帝紀》豈得削少昊而不録哉？諸書言少昊者，莫先於《左傳》，而《左傳》亦晚出之書，劉歆竄益，未足據。依《大戴記·五帝德》《帝繫篇》，言五帝皆首黄帝而不及少昊，然則少昊不列於五帝明矣。愚謂少昊者，黄帝之子玄囂也。玄囂亦曰青陽，皇甫謐及宋衷皆云「玄囂，青陽，即少昊」，其説是也。《史記》言「青陽降居江水」，《索隱》曰：「降，下也。言帝子爲諸侯降居江水。」是少昊以黄帝子分封於外。《索隱》又曰「江水、若水皆在蜀，則其封國」，蓋近西陲，故有金天氏之名，西方乃金方也。《御覽》引《帝王世紀》云：「少昊帝，名摯，字青陽。」即圖讖所謂「白帝朱宣」者也，夫曰「白帝」，其在西方可知。然則何以有帝名？

曰古書之稱帝者多矣。《山海經・海内南經》曰：「蒼梧之山，帝舜葬其陽，帝丹朱葬其陰。」又《海内北經》曰：「帝堯臺、帝嚳臺、帝丹朱臺、帝舜臺，各二臺，在崑崙東北。」夫丹朱可帝，何玄囂之不可帝乎？

「喓喓草蟲，趯趯阜螽」，注云：「興也。喓喓，聲也。草蟲，常羊也。趯趯，躍也。阜螽，蠜也。」李子曰：草蟲，正言草中蟲耳。阜螽，即蝗類。草蟲喓喓而鳴，阜螽躍而從之，蓋以類相求也。説者既以草蟲爲螽，又以螽爲蝗，又雜以常羊、負蠜、蠜、螣、蝗子之屬，卒無定名。師説相承，五經大抵如此，學者止可以意求之。膠者不卓，不膠則卓矣。

通曰：以此説經，失之易矣。《爾雅・釋蟲》特爲「草蟲」作釋，此豈得但言「草中蟲」乎？惟《爾雅》之名，愚嘗以爲有誤。其文曰「阜螽，蠜」，「草蟲，負蠜」。夫「阜螽」既謂之「蠜」，而「草蟲」又謂之「負蠜」，「負」之與「阜」聲又相亂，誠有如李子所云「無定名」者。疑《爾雅》本作「草蟲，常羊。阜螽，蠜」。毛公解《詩》即本《爾雅》之文，因傳寫脱「常羊」字，而「阜」字又聲誤作「負」，校者遂刪下「螽」字，爲「草蟲」立「負蠜」之名；又以「阜螽」不可無釋，乃又於其上加「阜螽，蠜」三字，使「草蟲」與「阜螽」同被「蠜」名，或非其舊也。

「氓之蚩蚩」，毛以「蚩蚩」爲「敦厚之貌」，此殊害義。考其詩，皆指言奔誘棄背之事也，夫其人也又豈有敦厚者哉？按字書「蚩，蟲名」亦輕侮也，則「蚩蚩」者乃薄賤婾淫之態，非敦樸謹厚之容也。

通曰：毛義是也。使當其抱布來謀之始，即知其薄賤婾淫，則自當絕勿與通矣，又安得有「秋以爲期」之約哉？《釋名・釋姿容》曰：「蚩，癡也。」《後漢書・劉盆子傳》「兒大黠，宗室無蚩者」，「蚩」對「黠」言，則「蚩」自是敦厚之貌。

《詩・大明》「會朝清明」，毛云：「會，甲者。」非訓「會」爲「甲」，以「會朝」爲「會甲」也，謂共會于甲子之朝也。疏謂「甲子之朝」則誠是，而云「會值」，則與毛傳悖矣。

通曰：疏訓「會」爲「值」，誠非毛意。李子以「會甲」爲「共會於甲子之朝」，則亦不辭矣。毛傳「會，甲也」，此毛不破字，即訓詁以明假借之例，蓋讀「會」爲「甲」也，「會」「甲」雙聲，故得通用，「會朝」猶云甲朝。《楚辭・哀郢篇》「甲之鼂吾以行」，王逸注曰：「甲，日也。鼂，旦也。屈原放出郢門，心痛而思，始去，正以甲日之旦而行。鼂，一作晁。」洪興祖補注云：「鼂、晁並讀爲朝暮之朝。馮衍賦云『甲子之朝兮，汨吾西征』，注曰：『君子舉事尚早，故以朝言也』。」毛傳之意，以《騷》證之而始明。「甲朝」者，猶屈子所云「甲之朝」，馮賦所云「甲子之朝」耳。《詩》叚「會」爲「甲」，亦猶《騷》叚「鼂」爲「朝」。古書多叚借，後人往往不得其説也。

《國語》：楚觀射父云：「百姓、千品、萬官、億醜、兆民、經入、畡數以奉之。」又鄭史伯云：「合十數以訓百體，出千品，具萬方，計億事，材兆物，收經入，行姟極。」韋昭注云：「計，算也。材，裁也。賈、唐説皆以萬萬爲億，鄭後司農云『十萬曰億，十億曰兆』，從古數也。經，常也。姟，備也。數極於姟，萬萬兆曰姟。自十等至千品、萬方，轉相生，故有億事、兆物。王收其常入，舉九垓之數也。」李子曰：以定名論數，宜從古率；以攷數論數，宜從今率。今率必盈萬萬，而古率祇以十之而已。十之者，一進位也，是其循前後之名則順，而其爲數則局促而易窮。謂「盈萬萬」者，所進之位又有二等：一則萬之後、億之前，四進位而一改名；一則凡億之後，須八進位而一改名，是其于前後之名或若參差不齊，而其爲數則廣大，而爲用則不可以遽窮焉。韋昭注前已著賈、唐之説，後雖復引鄭司農古數之語，昭之意實用賈、唐説耳，乃復云「萬萬兆曰姟」，則是于古今之數俱不得其説。宜曰「萬萬兆曰經，萬萬經曰姟」，則得其正矣。

通曰：李子嘗爲《測圓海鏡》，固精於算學者，然此所説古率、今率，而以韋注爲非，則似失之。《詩·伐檀篇》「何取禾三百億兮」，傳曰：「萬萬曰億。」箋云：「十萬曰億。」是毛用今率，鄭用古率。古今之異自億而始。古率自十而百、而千、而萬、而億、而兆、而經、而晐，皆進一位易一名。今率則自十至萬進一位易一名，自億至姟進四位易一名，其爲用自較古率爲廣矣，所以進四位易一名者，自億以下十、百、千、萬，本止四位，故自億以上即以十、百、千、萬四者累之而爲位也。韋昭謂「萬萬兆曰姟」，萬萬兆即萬經也，其數不誤。李子謂萬之後、億之前四進位一改名，億之後八進位一改名，於是易之曰「萬萬經曰姟」。然有四進位而改者，有八進位而改者，不特參差難考，且恐亦無是理也。今以古今兩數備列於後，明韋昭之不誤，而折李子之説焉。

古數

十一十　十十百　十百千　十千萬

十萬億　十億兆　十兆經　十經晐

今數

十一十　十十百　十百千　十千萬

十萬　百萬　千萬　萬萬億

十億　百億　千億　萬億兆

十兆　百兆　千兆　萬兆經

十經　百經　千經　萬經晐

子曰：「麻冕，禮也；今也純，儉。吾從衆。」孔穎達曰：「麻冕，緇布冠也。古者績麻三十升布以爲之。純，絲也。絲易成，故從儉。」按：鄭注「喪服」云：「布八十縷爲升。」升三十計爲縷二千四百，此布之極細者也。古以此布爲冕，故謂之麻冕。當孔子之時，其冕務爲純質儉約而已，所用之布不必如古。孔子尚純儉，故違古而從衆也。穎達以純爲絲，不知別有所出否。

通曰：李子此説最爲疏陋。按：《説文・糸部》：「純，絲也。」即引《論語》「今也純儉」，是「純」之訓絲乃其本義。《儀禮・士冠禮》「純衣」注：「絲衣也。」「純」之訓絲，《禮經》具有明文，乃不知所出何也。又《論語》此注乃孔安國語也，李子以爲孔穎達語，抑何草草如此邪？

奎十六星在西方，天之武庫也，一曰天豕，亦曰封豕，主以兵禁暴，又主溝瀆，其象與圖書文章等全不相干。

通曰：《孝經援神契》曰：「奎主文章，倉頡效象。」然則「奎主文章」其説亦古矣。《漢書》注「準音拙」，今韻中「準」字亦兩音，果兩音俱通，《漢書》注自當並出，而單發拙音，是亦好異之蔽也。

通曰：《漢書・高帝紀》「高祖爲人，隆準而龍顔」，服虔曰：「準音拙。」應劭曰：「隆，高也。準，頰權準也。」李斐曰：「準，鼻也。」文穎曰：「音準的之準。」晋灼曰：「李説、文音是也。」師古曰：「『頰權頔』字，豈當借『準』爲之？服音、應説皆失之。」然則「準」字本有二説：從服音、應説，則「準」者「頔」之叚字，頰權頔也，其音當讀拙；從李説、文音，則「準」者鼻也，其音當讀準的之準。兩音兩義判然不同，李子所説未盡其義。今治《漢書》者，皆從李説以爲鼻，而或從服音讀拙，此大謬也。《玉篇・頁部》：「頔，之力切。漢高祖隆頔龍顔。」疑古本《漢書》自有作「頔」者，服音、應説必有所本，師古非之，殆未審也。

劉歆説《三統曆術》，配合《易》與《春秋》，此所謂「言及于數」，吾無取焉。《易》有卦有爻，其二篇之策，當期之日，猶得以强論之；夫所謂《春秋》者，屬辭比事之書，與數學了不相干，而亦何爲妄取曆算，一一而偶之哉？

通曰：此謬論也。孔子贊《易》，明有「二篇之策，當期之日」之説，則曆家推合《易》數，不得以爲妄也。然不用《易》數，未始不可以成曆，則治曆不及《易》猶之可也。至於《春秋》，實載二百四十年之事，劉氏治曆，從唐虞三代以及春秋，而迄於光武中興、改元建武，一一推算，此治曆之不得不然。李子非之，吾不知其説矣。

師古曰：「最，亦凡也。」此説不通。下連言「大將軍凡七出」，則「最」不得爲凡。最者，功最之最，言功之最大者也。上文曰「詔青尚平陽主，與主合葬，起冢象盧山云」，師古于此「云」字下發注，又以「最」字獨爲一句，恐不合班固意。愚以爲「云」字當下屬，不當上屬，「云最」者，云功之最大者也，故前「最」最大將軍，後「最」最票騎將軍。

通曰：李子以「云最」二字連讀，殆不辭矣。史中用「最」字者有二例，皆見《史記・絳侯周勃世家》，其云「攻槐里、好畤，最」「擊趙賁、内史保於咸陽，最」「攻曲逆最」，諸「最」字皆上屬爲義，如淳曰「於將率之中功爲最」是也。又云：「最從高帝，得相國一人、丞相二人、將軍二千石各三人；别破軍二、下城三、定郡五、縣七十九，得丞相、大將各一人。」此「最」字屬下爲義，《索隱》曰：「最，都凡也。謂總舉其從高祖攻戰克獲之數也。」今此文「最」字上無所屬，自當屬下爲總舉之辭，不得以功之最大釋之。

《晉·天文志》《荆州占》載妖星凡二十一。其「十九曰長庚，如一匹帛著天，見則兵起」。《詩·大東》云：「東有啓明，西有長庚。」毛傳曰：「日旦出，謂明星爲啓明；日既入，謂明星爲長庚。」毛不謂長庚爲妖星，然則長庚自有二星也。

通曰：妖星弟十九之「長庚」疑「長星」之誤。《晉書·孝武帝紀》云：「末年，長星見，帝心甚惡之，於華林園舉酒祝之曰：『長星，勸汝一杯酒，自古何有萬歲天子邪！』」此即妖星中之長星，蓋以其形如一匹帛故名，而書傳多言「長庚」，罕言「長星」，因誤爲「長庚」矣。

僕射職主僕御、弓矢之事，故稱「僕射」。「射」舊音夜。楊倞注《荀子》云「射干，藥名」，且引陶弘景注《本草》云：「射干花白莖長，如射人之執干。」倞既引陶説如此，而音「射干」之「射」復從夜音。據「射人」之「射」自當音麝，而「射干」復從夜音者，當是「射御」之「射」或音麝、或音夜，兩俱得通，但今世俗流傳止從麝音耳。若「僕射」與「射干」，猶是從舊俗呼之爲夜音也。

通曰：「射」與「夜」古音本同，故惟「射御」之「射」經典皆作「射」，無作他字者。其餘人名、地名、官名、草名，則既無一定之義，於是古書或作「射」、或作「夜」，亦無一定之字。《文六年左傳》「晋狐射姑出奔狄」，《公羊》文同，而《穀梁》則作「狐夜姑」；《昭二十五年左傳》「申夜姑」，《釋文》云：「夜，本或作射。」是人名或作「射」、或作「夜」，無定字也。《後漢書・陳寵傳》：「夫冬至之節，陽氣始萌，故十一月有蘭、射干、芸、荔之應。」注引《易通卦驗》曰：「十一月，廣莫風至，則有蘭、夜干生。」是草名或作「射」、或作「夜」，無定字也。推之官名之「僕射」、山名之「藐姑射」，古書必亦或作「射」、或作「夜」，無一定之字。後世音讀既殊，見其字之或作「射」、或作「夜」也，遂有兩存其讀者。《莊子・逍遥遊篇》「藐姑射」，陸德明釋文云：「射，徐音夜，又食亦反。」此兩存其讀也。亦有竟讀爲「夜」，以别於「射御」之「射」者。《列子・黄帝篇》「列姑射」，殷敬順釋文云：「射音夜。」此竟讀爲「夜」也。然則「僕射」之「射」竟讀爲「夜」，亦若是而已矣。

《吕氏春秋》：「荆有佽飛，得寶劍於于越。」高誘注曰：「吴邑也。」《荀子・勸學篇》：「于越夷貉之子，生而同聲，長而異俗。」楊倞注曰：「于越，猶言吴越。」且引高誘爲據。予按《春秋・定公五年》「於越入吴」，杜預注曰：「於，發聲也。」吕氏及荀卿子所言「于越」，正指「於越」，「于」「於」二字音聲小別，義理無殊，自不得以「于」爲一國、「越」爲一國也。今高誘乃以「于越」爲吴邑，楊倞又以「于越」爲兩國，何陋如之？市本《荀子》書又以「于」字作「干」，魚魯虚虎之舛，晚生後進，何所適從？

通曰：此沿師古之誤也。《漢書·貨殖傳》：「辟猶戎翟之與干越，不相入矣。」師古所據本作「于越」，故注曰：「于，發語聲也。于越猶句吴耳。」其實《漢書》本文自作「干越」，乃「干戈」之「干」，孟康注曰：「干越，南方越名。」《文選·吴都賦》「包括干越」〔一〕，李善注引《漢書》正作「干越」，又引《音義》曰：「干，南方越名也。」《太平御覽·州郡部》引此亦作「干越」，又引韋昭注曰：「干越，今餘干縣，越之別名。」則其字之是「干」非「于」尤爲明白。古書言「干越」者甚多，《墨子·兼愛篇》「以利荆楚干越」、《莊子·刻意篇》「夫有干越之劍者」，並「干越」連文，學者習見《春秋》之「於越」，罕聞諸子書之「干越」，故多沿師古之訛。元初市本《荀子》書尚有作「干越」者，正是古本相傳如此。李子乃以不誤爲誤，陋矣。近王懷祖先生《讀書雜志》始詳辨之，惟「干」之爲吴、爲越，則有兩説。高誘、楊倞並以「干」爲吴，《莊子·刻意篇》釋文云：「干，

〔一〕「賦」下原衍「注」字，據《文選》删。

吴也。吴越出善劍也。吴有谿名干谿，越有山名若邪，並出善鐵，鑄爲名劍也。」則以「干谿」證「干」之爲吴。而孟康以「干越」爲南方越名，韋昭又以餘干縣證「干」之爲越。愚按：《説文·邑部》：「邗，國也，今屬臨淮。从邑干聲。一曰邗本屬吴。」疑此即古干國。干谿、餘干兩説，並未得也。

相如《上林賦》曰：「丹水更其南，紫淵徑其北。終始灞滻，出入涇渭。酆鎬潦潏，紆餘逶迤，經營乎其内。蕩蕩乎八川分流，相背而異態。然後灝溔潢漾，安翔徐回。翯乎滈滈，東注太湖，衍溢陂池。」李善曰：「太湖在吴縣，《尚書》所謂震澤也。」沈存中駁之曰：「按八水皆入大河，如何得入震澤？」渭上老人蕭公復爲辨云：「此自賦客誇大之辭，固非法度之言，安可以圖經地志責其物産所生成、山川所終始哉？」李子曰：文人誇誕固其常態，然要不可以悖理。存中以正譏之，而蕭公以權直之，吾見直者之私而譏者之公也。

通曰：蕭公之言固非，而沈存中所譏亦未得相如之意，乃爲注者所誤耳。夫賦家誇誕，固所不免，然何至使秦中之水曲折行數千里而入震澤哉？且《上林賦》言「盧橘夏熟」，已爲左太沖所譏，謂「生非其壤」，若使《上林賦》以此八水爲皆歸太湖，則謬誤尤甚，太沖何不并譏之，以見己所作《三都賦》山川城邑稽之地圖之美乎！按賦中「東注太湖」句，師古注《漢書·相如傳》、李善注《文選》並引郭璞曰：「太湖在吴縣，《尚書》所謂『震澤』也。」裴駰注《史記》無説，而張守節《正義》則云「在蘇州西南」。竊謂相如本意必不如此。《説文》：「湖，大陂也。」《風俗通》曰：「湖者，言流瀆四面所猥也。」「陂者，繁也，言因下鍾水以繁利萬物也。」《廣雅》：「湖，池也。」是湖爲衆流所歸，與陂、池同類。此文云「東注太湖，衍溢陂池」，「陂池」非一定之地名，則「湖」亦非震澤可知矣。「太湖」當本作「大湖」，「大湖」猶言大陂也。學者習聞太湖，罕見大湖，於是改「大」爲「太」，而注家遂以震澤實之。使相如之文貽譏千古，注者之罪也。《文選·風賦》「緣泰山之阿」，五臣本作「太山」，蓋亦是「大」字之誤，泛言山之大者，非必岱宗也。宋玉楚人，爲楚王賦風，何取於東魯之泰山而言之乎？後人見「大山」輒以爲太山，見「大湖」輒以爲太湖，皆失古人之意者也。又上文有云「徑乎桂林之中」，《漢書》如淳注曰：「桂樹之林也。」並不實指何地。《文選》注引《南海經》曰：「桂林八樹在番禺東。」則視「震澤」更遠矣。

東坡《跋晁補之所藏與可畫竹》云：「莊子世無有，誰知此疑神。」四注本載東坡自説云：「予少時見前輩皆不敢輕改書，故蜀本大字書皆善本。莊子曰『用志不分，乃疑于神』，此與

《易》『陰疑于陽，必戰』、《禮》『使人疑汝于夫子』同。」今四方本皆作「凝」。治曰：四注所援東坡之説，吾恐非蘇子之言也。莊子所謂「用志不分，乃凝于神」，正如《繫辭》所謂「精義入神，以致用也」。今東坡以爲與「陰疑于陽」「使人疑汝于夫子」同，殆非也。「陰疑于陽」，乃見疑于陽；「使人疑汝于夫子」，乃見疑于人。此「用志不分」，亦見疑于神乎？

通曰：蜀本不誤，東坡所解亦極得其義，而李子妄譏之，由不達古訓故也。「疑」之言「擬」也。《漢書・食貨志》「遠方之能疑者」、《何武王嘉師丹傳贊》「疑於親戚」，師古注並曰「疑讀曰擬」。是古字「疑」與「擬」通。「陰疑于陽」，言陰擬于陽也；「疑汝于夫子」，言擬汝于夫子也。此云「用志不紛，乃疑于神」，言擬于神也，猶言如神也。《列子・黄帝篇》：「孔子顧謂弟子曰：『用志不分，乃疑於神。其痀僂丈人之謂乎？』」張湛注曰：「意專則與神相似。」此説得之。李子以「疑信」之「疑」説之，宜不得其解也。《管子・形勢篇》「無廣者疑神」，即可證此「疑」字之義。又《兵法篇》「盡而不意，故能疑神」，今本作「故不能疑神」，蓋亦淺人不達「疑」字之義而妄增「不」字也。

曲園雜纂第三十二

議郎

明郎瑛仁寶作《七修類稾》，莆田周方叔《卮林》中曾摘其失，題曰《議郎》，然止記里鼓及嵇叔夜二事耳。余讀其書，亦有所摘，姑循其名，亦以《議郎》題篇。

六十甲子

六十甲子之納音，各書所論不同。《輟耕録》所載《瑞桂堂》之説，深爲痛快，蓋以金、木、水、火、土之音而明之也，但辭欠明白，今增解其義以誌於左。夫一六爲水、二七爲火、三八爲木、四九爲金，五十爲土。然五行之中，惟金、木有自然之音，而水、火、土必相假而成音。水遇土激則有音，故五與十土之數也，乃爲水音；火入水沃沸而有音，故一六水之數也，乃爲火音；土經火煆而有音，故二七火之數也，乃爲土音。又支干之數：甲巳子午九、乙庚丑未八、丙辛寅申七、丁壬卯酉六、戊癸辰戌五、己亥則四也，是以甲與子皆九數，乙與丑皆八數，總計四字通得三十有四，除却三十成數，其四乃金也，故甲子、乙丑納音爲金。丙與寅皆七數，丁、卯皆六數，總計四字通得二十有六，除却二十成數，六乃水數也，火以水爲音，故丙寅、丁卯納音爲火。戊辰、己巳，其數二十有三，三乃木數也，故納音爲木。庚午、辛未，其數三十有二，二乃火數也，土以火爲音，故庚午、辛未納音爲土。甲申、乙酉，其數三十，十乃土數也，水以土爲音，故甲申、乙酉納音爲水。五行各舉一條〔二〕，餘皆以此例也。

議曰：此説非也。金、木從其本數，而水則從土數，火則從水數，土則從火數，於例參差不齊。且火入水則息矣，又何音之可言？於理尤不合也。愚嘗得一説：先列大衍用數四十九，以榦枝數甲巳子午九、乙庚丑未八、丙辛寅申七、丁壬卯酉六、戊癸辰戌五、己亥四除之，其除之而不盡，再以五數除之。餘一，屬水生木，是爲木；餘二，屬火生土，是爲土；餘三，屬木生火，是爲火；餘四，屬金生水，是爲水；餘五，屬土生金，是爲金。如此則五行一例，無參差不齊之弊，於理於數皆自然而不勉强也。甲與子皆九，乙與丑皆八，四字共三十四，以此除四十九數餘十五，以五除之餘五，屬土生金，故甲子、乙丑爲金。丙與寅皆七數，丁與卯皆六數，四

〔二〕行，原訛「音」，據《七修類稿》卷一改。

字共二十六，以此除四十九數餘二十三，以五除之餘三，屬木生火，故丙寅、丁卯爲火。戊與辰皆五，己四巳九，四字共二十三，以此除四十九數餘二十六，以五除之餘一，屬水生木，故戊辰、己巳爲木。庚八午九，辛七未八，四字共二十二，以此除四十九數餘二十七，以五除之餘二，屬火生土，故庚午、辛未爲土。甲九申七，乙八酉六，四字共三十，以此除四十九數餘十九，以五除之餘四，屬金生水，故甲申、乙酉爲水。餘視此。

鐵樹開花

予友烏鎮王天雨濟，爲橫州州判，嘗云橫之馴象衛指揮殷貫家有盆樹一株，高可三四尺，幹葉皆紫黑色，葉小類石楠，質理細厚。問於主人，曰：「此鐵樹也。每遇丁卯年，則花開四瓣，紫白色，如瑞香，較少圓耳。一開累月不凋，嗅之有草氣。吾父生時花，今復二次矣。」

議曰：褚人穫《堅瓠集》云：「星家年月支干，謂之六十花甲子者，以鐵樹開花得名，此樹必遇甲子年方開花結實。《碧里雜存》載正德中，湖州王雨舟濟云於書中曾睹此説，後官橫州別駕，親見此樹在一指揮人家圃中，其人言：『洪武十七年、正統九年、弘治十七年，三開花矣。

今當於嘉靖四十三年再花。』信書中所載不誣。按：鐵樹即紅豆樹，我郡東禪寺中有之。天啓甲子開否，無從考究。康熙二十三年甲子，其花盛開，結實纍纍。」以上並褚説。余按：此與郎氏所説實一事也，惟以爲「甲子」不以爲「丁卯」，其所紀洪武、正統、弘治、嘉靖及國朝康熙諸年，則皆「甲子」而非「丁卯」，歷歷有據，當不致訛。褚氏得之紀載，而郎氏則親聞王濟之言，不知何以轉失其實。且王濟之字，郎氏以爲「天雨」，褚氏以爲「雨舟」，疑亦「雨舟」是而「天雨」非也。然則「甲子」是而「丁卯」非，亦從可知矣。余於同治甲子元旦有詩云「欣逢鐵樹開花歲，應是銀河洗甲年」，嗣見《七修類稿》改去之，未免爲郎氏所誤也。

易時

唐德宗因暮秋微寒，謂侍臣曰：「九月衣衫二月袍，與時不同，欲遷一月。」群臣李吉甫等皆云：「聖人上順天時，下盡物理，請降旨。」惟李程特以爲《月令》玄宗所定，恐不可易，遂止。

議曰：《唐書·藝文志》：《御刊定禮記月令》一卷，注云：「集賢院學士李林甫、陳希烈、徐安貞，直學士劉光謙、齊光乂、陸善經，修撰官史玄晏，待制官梁令瓚等注解，自第五易爲第一。」今《開成石經》猶在，其《小戴禮記》即以《御删定禮記月令》居第一，章句頗有點竄，如「孟春之月，日在營室，昏參中，旦尾中」，則改爲「正月之節，日在虚，昏昴中，曉壁中，斗建寅位之初」，各月前數句皆然；每孟月，其數幾之後加「其性某」「其事某」二語；而仲、季月則「其日某某」等句皆删去；又加入「立春」「雨水」等二十四節，與古本不同，皆明皇所定也，郎氏竟不知有此事。

列子論天

列子曰：「人終日在天中行止。」注曰：「自地以上皆天。」予意此句似有礙也。人本在地上，但登高之極方是天中，故《抱樸子》曰：「自地以上四十里，則乘剛氣而行。」此説方通。

議曰：按《列子·天瑞篇》：「天，積氣耳，亡處亡氣。若屈申呼吸，終日在天中行止，奈何憂崩墜乎？」《列子》此説於理最精，張注即衍説其理耳。楊倞注《荀子·不苟篇》，引「或曰天無實形，地之上空虚者盡皆天也」，亦是此理。天既是氣，則有氣處即是天，特離地愈遠，其氣轉勁，故謂之剛氣。不得謂剛氣方是天也。

天師印

自道陵傳下者，則玉印一枚，其文乃「陽平治都功印」雲篆也。至弘治間，朝廷恐其隨身有失，另碾一顆賜之。

議曰：按宋吴曾《能改齋漫録》云：「南劍尤溪林績，仁宗時爲吉州安福令。時有張嗣宗者，挾妖術作符籙，自稱漢師君三十三代孫，率其徒自龍虎山至。績視其印文，曰：『嘻！乃賊物耳。昔張道陵再傳至魯，以鬼道教民，自號師君，遂據漢川垂三十年，方敗于曹操，而歸陽平關，此印所以有「陽平治都公」之文。今有道之世，詎容妖賊苗裔公肆誣罔以害吾治邪！』于是收治之，聞于朝，毁印，而江左妖學遂息。」據此則天師玉印在北宋時已毁，何以明時尚有此印邪？其印文又有「都公」「都功」之異，余疑印毁之後，其子孫又私爲之。「都公」改作「都功」者，「公」「功」音同，由其家世口傳因而致誤也。而明時又有另碾之印，然則今世所傳真人印，其爲何印，更不可問矣。

十八重地獄

《龍舒經》云：「眼所見之處，耳所聞之處，鼻所嗅之處，舌所味之處，身所觸之處，意所思之處，謂之六根畍。色、聲、香、味、觸、法所在，謂之六塵畍。眼識色處謂之眼識畍，耳聞聲處謂之耳識畍，并鼻識畍、舌識畍、身識畍、意識畍，謂之六識畍，總謂之十八畍。」夫十八畍，即十八重也。佛氏以心即是佛，妄行爲業，皆目前者也。今六根、六塵、六識不得其所，即地獄耳。世所謂十八重地獄，非此而何？

議曰：郎氏於梵典未深究，所説「十八重地獄」殊爲附會。且地獄之説亦無一定。據《長阿含經》，大地獄其數總八：一想、二黑繩、三堆壓、四叫喚、五大叫喚、六燒炙、七大燒炙、八無閒。八大地獄各有十六小地獄，曰：黑沙地獄、沸屎地獄、鐵釘地獄、飢地獄、渴地獄、一銅鍑地獄、多銅鍑地獄、石磨地獄、膿血地獄、量火地獄、灰河地獄、鐵丸地獄、斤斧地獄、豺狼地獄、劍樹地獄、寒冰地獄。又《新婆沙論》與此略同，惟改「想地獄」爲「等活地獄」、「堆壓」爲「衆合」、「叫喚」爲「嘷叫」、「燒炙」爲「熱」、「大燒炙」爲「極熱」，而十六小地獄則云：「一大地獄各有四增：一塘煨增、二屍糞增、三鋒刃增、四烈河增，并本地獄以爲十七。」據此二説，則大地獄

八、小地獄十六，無所謂十八地獄也。而《三法度論經》則云：「地獄有三：一熱、二寒、三邊。熱地獄者，即包前八大地獄在内。寒地獄亦有八：一頞浮陀、二泥賴浮陀、三阿吒吒、四阿波波、五嘔喉、六鬱波羅、七波頭摩、八分陀利。邊地獄有三：一山間、二水間、三曠野。」據此則又成十九地獄，不止十八矣。惟《問地獄經》云：「十八王者，即主領十八地獄：一迦延，典泥犂；二屈遵，典刀山；三沸進壽，典沸沙；四沸屎，典沸屎；五迦世，典黑耳；六𡸁嵯，典火車；七湯謂，典鑊湯；八鐵迦然，典鐵牀；九惡生，典𡸁山；十寒冰，經闕王名；十一毗迦，典剥皮；十二遥頭，典畜生；十三提薄，典刀兵；十四夷大，典鐵磨；十五悦頭，典冰地獄；十六鐵笧，經闕王名；十七名身，典蛆蟲；十八觀身，典洋銅。」此則十八地獄與世所傳合，郎氏但知有此，因以「十八盼」説之，不足據也。

飛來峰

杭飛來峰，兩山之最秀者，其名因晉咸和元年西天僧慧理登山歎曰：「此是中天竺靈鷲之小峰，不知何年飛來？」至今名之。記憶《説郛》中不知何書所載以爲越王時飛來，不知何據也。

議曰：按：《越絶書》：「龜山者，一曰怪山。怪山者，往古一夜自來，民怪之，故謂怪山。」《水經注·漸江水篇》：「又北逕山陰縣西，西門外百餘步有怪山。本琅邪郡之東武縣山也，飛來徙此，壓殺數百家。《吴越春秋》稱怪山者，東武海中山也，一名自來山，百姓怪之，號曰怪山。」郎氏所謂「越王時飛來」者，殆即指此，然非西湖之飛來峰也。

伊尹六就湯

《孟子》曰：「五就湯、五就桀者，伊尹也。」五就之事固不可考，苟以輌書爲實録，則於湯不止五就，其實六也。蓋伊尹之就桀者，湯進之也，則是先就湯、後就桀，反復者五，然後相湯而伐之，此則其六就也。若言五就湯，則四就桀矣。孟子皆云「五」者，蓋不言其終竟伐桀之一就耳。

議曰：此未達古人語意也。《素問·三部九候論》：「天地之至數，始於一，終於九焉。」是以古人之辭，凡至少者則以「一」言之，如「一鉤金」「一杯水」是也；至多者則以「九」言之，如「叛者九國」「反者九起」是也。自一至九，五居其中，故古人之辭舉其中數則曰「五」，如《左傳》「不可以五稔」「五大不在邊」「五細不在庭」之類是也。「五就湯、五就桀」意亦如此。胡應麟

《少室山房筆叢》云：「明聖人去就不常，非定以爲五也。」此最得古人語意。乃趙氏注《孟子》云：「伊尹爲湯見貢於桀，桀不用而歸湯，湯復貢之〔一〕，如此者五。」則已泥於其辭矣，郎氏因有此説，并爲圖以明之，所謂癡人説夢也。

營丘太守丞印

此印蓋隋以上者。「營」字不從㠯，漢晋印文多借用。㐀字難識。按《漢志》「營陵」注：「或曰營丘。」豈漢人忌「丘」字之文有相背之形，而借用「兵」字去其脚爲「丘」耶？據印，則《漢書》「營陵」「或曰」者是也。

議曰：此印大有可疑。考營陵屬北海郡，乃縣也，非郡也，安得有太守邪？不特印文與六書不合爲可疑矣。

〔一〕湯，原無，據《孟子正義》卷二四補。

訂胡　曲園雜纂第三十三

青浦胡鳴玉著《訂譌雜録》，余讀其書，有未合者，復訂正之。

策名委質

《左·僖二十三年》狐突曰：「策名、委質，貳乃辟也。」杜元凱注：「名書於所臣之策，屈膝而君事之，則不可以貳。辟，罪也。」陸德明《釋文》云：「質，如字。」俗以《曲禮》有「童子委摯而退」之文，又以臣子有「出疆載質」之説，讀作「策名委贄」，非。

訂曰：陸德明依杜注作音義，故如字；孔穎達依杜注作疏，故有「質，形體也」之説。其實杜注非古義也。《史記索隱》引服注云：「古者始仕，必先書其名於策，委死之質於君，然後爲臣，示必死節於其君也。」據服氏注，似讀「質」爲「贄」。《荀子·大略篇》：「錯質之臣不息雞豚。」楊倞注曰：「質，讀爲贄，古字通。」是「質」「贄」本通用字，所謂「死之質」者，以雉言也。始仕必是爲士，士之贄以雉，雉必用死。《白虎通·瑞贄篇》曰：「士以雉爲贄者，取其不可誘之以食，懾之以威，必死不可生畜。士行威介，守節死義，不當移轉也。」此正服氏所謂「委死之質於君，示必死節」之義。《晉語》處沙蠶曰：「臣委質於翟之鼓，未委質於晉之鼓也。臣聞之，委質爲臣，無有二心。委質而策死，古之法也。」韋昭注曰：「質，贄也。言委質於君，書名於策，示必死也。」此與服義同，而竟訓「質」爲「贄」，與楊倞注《荀子》破「質」爲「贄」皆是古讀古義。杜預好自立異，不從舊説，漫云「屈膝而君事之」，語意未明；孔疏曲從之，非也。胡氏此論，殆知有杜注不知有古義矣。

何居

「何居」，音基，語助也。《記·檀弓》：「何居乎？吾未之前聞。」《莊子·齊物論》：「何居乎？形固可使如槁木，心固可使如死灰乎？」惟《記·郊特牲》「二日伐鼓，何居」當如字讀。

訂曰：《郊特牲篇》鄭注曰：「居讀爲姬，語之助也。何居，怪之也。」是鄭注明以爲語助。胡氏乃云「當如字讀」，據陳澔集注曰「其義何所處乎」，是陳澔讀「居」爲「居處」之「居」。胡云「如字」則從陳而不從鄭，大非古義矣。

又按：《禮記》此文疑有錯誤。據《正義》曰：「『二日伐鼓何姬？』『姬』是語助之詞也。」《記》文作「居」，疏乃作「姬」，疑孔穎達所據《記》文作「何姬」。鄭注則曰：「姬讀爲居，語之助也。何居，怪之也。」蓋既破「姬」爲「居」，因即從所破之字而釋之曰「何居，怪之也」，此鄭注之恒例也。後人以鄭注改《記》文，又以已改之《記》文改鄭注，幸孔疏未改，猶可考見本字。

踉蹡

昌黎《贈張籍》詩：「君來好呼出，踉蹡越門限。」踉蹡，行不正貌。踉音亮，蹡去聲，二字與平聲義不同。俗以亂走爲踉蹌，讀「郎倉」，非行走急遽。應曰「狼竄」，《野客叢書・以物性喻人》云「言其亂走則曰狼竄」是也。

訂曰：「踉蹡」即「踉蹌」，乃疊韻字，形況之言，初無定音，亦無定義。《文選・射雉賦》：「褰微罟以長眺，已踉蹡而徐來。」注曰：「踉蹡，乍行乍止，不迅疾之貌。」夫云「徐來」，則其不迅疾可知。至昌黎詩云「踉蹡越門限」，門限而至於越，不得謂之不迅疾矣。潘賦、韓詩同此二字而義已有異，則後人承用爲亂走之詞，亦不得以爲誤也。且即以「蹌」字言之，《儀禮・聘禮篇》：「衆介北面蹌焉。」鄭注曰：「容貌舒揚。」《曲禮篇》：「天子穆穆，諸侯皇皇，大夫濟濟，士蹌蹌，庶人僬僬。」鄭注曰：「尊者體盤，卑者體蹙。」正義曰：「尊者體盤，穆穆皇皇；卑者體蹙，蹌蹌僬僬是也。」是同一「蹌」字，《儀禮》之「蹌焉」爲舒，《曲禮》之「蹌蹌」爲蹙。然則潘賦之「踉蹡」爲徐，韓詩之「踉蹡」爲疾，又何不可乎？《野客叢書》「狼竄」之説望文生義，至爲膚淺，亦猶《孟子》之「狼疾」即是「狼藉」，而後儒必爲之説曰「狼善顧，疾則不能」。蓋古語亡而古訓晦，於是異説滋多矣。

古人字止一言

《容齋隨筆》舉古人字止一言者，如陳勝字涉、項籍字羽、朱雲字游、爰盎字絲之類。玉訂曰：古人之字本止一言，無二言也。《儀禮・士冠禮》曰：「伯某甫，仲、叔、季惟其所當。」注曰：「伯、仲、叔、季，長幼之稱；甫，是丈夫之美稱。」然則字止一言，因一言不便於稱，故加「甫」字以足之，又配「伯」「仲」「叔」「季」以言之耳。又有加「子」字者，「子」亦丈夫之美稱，

案：古人字止一言者甚多，即如四書中管仲、曾晳之類皆是[一]。

[一] 晳，原訛「晢」。

與稱「甫」同也。即如顏淵、閔子騫、冉伯牛、仲弓，淵則止稱其字，子騫則加「子」字，伯牛、仲弓則配「伯」「仲」言之，淵、騫、牛、弓非一字乎！古者幼名、冠字、死謚皆止一字，間有不止一字者，非其常也。一字不便於稱，則各有所配。名則以「哉」字、「也」字足之，如「垂哉」「益哉」「柴也」「參也」之類；戰國時又有名下繫以「子」字者，如田蚡稱「蚡子」、魏冉稱「冉子」是也。謚則亦繫以「子」，如「文子」、「武子」之類，猶字之稱「某甫」也；或繫以「伯」「仲」，如「武伯」「敬叔」之類，猶字之稱「伯某」「仲某」也。雖有緐稱，而所以爲名、爲字、爲謚者，止此一言。古人記載猶識此意，故往往止稱字某，後人不達古制，乃反以爲異矣。

繇辭

「繇」音宙，占辭也。《廣韻》注曰：「卦兆辭也。」《佩觿集》曰：「繇，从䍃从卜从系。與『繇』字有辨。經史多誤，《梓人》因讀爲『爻』音而不知其非。」此字《左傳》最多，如「且其繇曰」之類，陸德明並音「直救反」。又《漢·文紀》：「卜之，兆得大横，占曰：大横庚庚。」注：「李奇曰：庚庚，其繇文也。占謂其繇文也。」師古曰：「繇音丈救反，本作籀。籀，書也，謂讀卜詞。」潘岳《西征賦》：「既定鼎於郟鄏，遂鑽龜而啓繇。平失道而來遷，緊二國而是祐。」昌黎《南山詩》：「或如龜坼兆，或若卦分繇。或前横若剥，或後斷若姤。」《杕杜》末章傳曰：「且卜且筮，相襲並作，合言於繇而皆曰近矣。」今之習《詩經》者，莫不讀爲「合言於爻」也。

訂曰：謂「繇」當讀如「宙」，此説是也。經典諸「卦繇」字陸德明並音「直救反」，稍知音讀者皆當不誤，不必廣引潘賦、韓詩而始知也。至其字則仍當作「繇」。《説文》《玉篇》均無「䌛」字，徧觀經典，「卦繇」字無作「䌛」者，即胡氏所引《文選》《昌黎集》亦未見有作「䌛」之本也。師古曰「本作籀」，此説最是。蓋「卦繇」字本當作「籀」，《説文・竹部》：「籀，讀書也。从竹擂聲。《春秋傳》曰『卜籀』云。」是經典所有「卦繇」字皆「籀」之叚字，故字雖作「繇」而音仍從「籀」也。經師遇此字，恐人不察而誤讀爲「皋繇」之「繇」，乃於字旁作「卜」字以識别之，遂成「䌛」字矣。《干禄字書》已收「䌛」字，小學之不明，自唐而已然，《佩觿》從之，疑誤千古，是不可不辨。

恣睢睢陽

「暴戾恣睢」之「睢」音「誨」；「睢陽」「睢水」之「睢」音「雖」，又音「揮」，仰目也，《莊子・寓言篇》「而睢睢而盱盱，而誰與居」。三音，爲字則一，竝從目從隹音皆，與「關雎」之「雎」從且從隹音追不同。今人不知分别，「恣睢」「睢陽」等槩誤讀「疽」音。

訂曰：《史記·伯夷列傳》「暴戾恣睢」，《索隱》曰：「鄒誕生恣音資，睢音千餘反。劉氏恣音如字，睢音休季反。」則「恣睢」之「睢」不止一音，非必音「誨」也。《左傳·成十五年》「出舍於睢上」，《釋文》音「雖」，而《山海經·中山經》曰「荆山之首曰景山，睢水出焉」，郭璞注曰：「睢音癰疽之疽。」則「睢水」音「疽」，又晋人舊讀矣。夫字音之或異，由師讀之不同，此固非可一概而論；至字形則固有定，無容臆造。考之古書，無一從隹音皆得聲之字，乃以「恣睢」「睢陽」「睢睢」三字並從音皆之佳，則誤甚矣。《説文·隹部》有「睢」字，从隹且聲，此「關睢」之「睢」也；《目部》有「睢」字，从目隹聲，此「恣睢」之「睢」，亦「睢睢」之「睢」也。《伯夷傳》「恣睢」，正義曰：「睢，仰白目，怒貌也。」《莊子》「睢睢盱盱」，郭注曰：「跋扈之貌。」《西京賦》「睢盱拔扈」，注引《字林》曰：「睢，仰目也。盱，張目也。」《説文·目部》：「睢，仰目也。」是「恣睢」與「睢睢」並可從目部之「睢」也。至「睢水」「睢陽」字，若從「雖」音，則當作目部之「睢」；若從「疽」音，則當作隹部之「睢」。總之無從音「皆」之佳之字。

不宣

《野客叢書》云：「《漫録》謂《文選·楊修〈答臨淄侯牋〉》末云：『造次不能宣備。』書尾用

「不宣」語起此。僕觀漢高祖初定天下，諸侯王上疏，末云：「大王功德著，於後世不宣，昧死再拜。」此正「不宣」語之所從出也。案：此則《東軒筆録》謂宋人書問「自尊與卑曰不具，以卑上尊曰不備，朋友交馳曰不宣」，强爲分別，其説非是。

訂曰：書尾用「不宣」語自本楊修牋，《漢書》語則有別。按：《高帝紀》諸侯上疏曰：「先時，秦爲亡道，天下誅之。大王先得秦王，定關中，於天下功最多。存亡定危，救敗繼絶，以安萬民，功盛德厚。又加惠於諸侯王有功德者，使得立社稷。地分已定，而位號比擬，無上下之分，大王功德之著，於後世不宣。昧死再拜上皇帝尊號。」師古曰：「言位號不殊，則功德之著明者不宣於後世也。」然則「不宣」二字連上成義，非書尾用「不宣」者比也。且如師古注，則「大王功德之著」絶句，「於後世不宣」五字爲句，《野客叢書》失其讀矣。其下云「昧死再拜上皇帝尊號」九字，亦是疏中語，此「不宣」二字非在書尾也。徒見其有「不宣」二字，輒取以爲説，不察其上下文義，抑何鹵莽之甚！胡氏從之，斯爲疏矣。

元

今人詩題誤寫「元韻」作「原韻」，雖號作家，往往不免。《日知録》云：「元者，本也。本官曰元官，本籍曰元籍，本來曰元來，唐宋人多此語。後人以『原』字代之，不知何解。原者，再也。《易》『原筮』，《周禮·馬質》《禮記·月令》『原蠶』，《文王世子》『末有原』，《漢》『原廟』，皆作『再』字解，與本來之義全不相同。」玉按：古人詩文，本來義無一作「原」者，偶閲杜詩，拈出一二處爲證：「鬢毛元自白，淚點向來垂。」「渚柳元幽僻，邨花不掃除。」

訂曰：此襲《日知録》之誤也。顧氏著書最爲精審，而此條則未免疏舛。《説文·灥部》：「厵，水泉本也。重文省作原。」是「原」之字義爲水泉本，訓「本來」者正其本義也。《禮記·孔子閒居篇》「必達於禮樂之原」，鄭注曰：「原猶本也。」原之訓本，於經有徵。且《漢書·元帝紀》注引晋灼曰：「原，本也。始祖之廟，故曰本也。」顧氏但據師古注爲説，不知晋灼與師古異義，「原廟」之「原」在《漢書》已有兩説矣。

何恙不已

《容齋隨筆》云：「公孫弘爲丞相，以病歸印，上報曰：『君不幸罹霜露之疾，何恙不已？』顔師古注：『恙，憂也。何憂於疾不止也。』《禮部韻略》訓『恙』字亦曰『憂也』，初無訓病之義。」玉案：《石奮傳》「萬石君尚無恙」，注：「恙，憂病也。」《賈誼傳》「令此六七公者皆無恙」，注云：「言無憂病也。」《國策》「歲亦無恙邪」，注亦曰：「恙，憂也。」二字見處甚多，無一作病字解者。

訂曰：《説文》：「恙，憂也。」「恙」之本義誠當訓「憂」。然憂與病義相近，故鄭注《樂記》云：「病猶憂也。」「恙」之本義爲「憂」，引申則有病義，師古注《漢書》最明此例。《公孫弘傳》「何恙不已」言何憂不已也，此用其本義也，故直以「憂」釋之。至《石奮傳》《賈誼傳》之言「無恙」，則自是無病，不得但作無憂解，故皆以「憂病」釋之。言病兼言憂者，明病義從憂義來，此其引申義也。唐人注書猶得訓詁之法，非宋以後所能及。胡氏既兩引《石奮》《賈誼傳》注，則明有「病」字，何云「無一作病字解」乎？《太平御覽》引《風俗通》云：「恙，病也。凡人相見及通書問皆曰『無恙』。」此漢人舊説，何不援引及之？

《日知録》小箋　曲園雜纂第三十四

顧氏《日知録》體大物博，余未能涉其藩籬也。然自十九歲時始讀此書，即妄有箋識，積有數十條，補苴罅漏，不能成書，姑鈔撮爲一編，以皆小小者，故曰「小箋」。

帝王名號

商之王，著號不著名，而名之見於經者二：天乙之名履、辛之名受是也。

按：《尚書・立政篇》「其在受德暋」，枚傳曰：「受德，紂字。帝乙愛焉，爲作善字。」則是紂名而受德字也。《西伯戡黎篇》枚傳曰：「受，紂也。音相亂。」則又以爲受即是紂矣。同出枚傳，而前後歧異。《逸周書・克殷篇》亦云「殷末孫受德」，則知紂一人自有三稱：紂，名也；受德，字也；辛者，其十干之號也。

大原

「薄伐玁允，至于大原」，毛、鄭皆不詳其地。其以爲今太原陽曲縣者，始於朱子，愚未敢信也。古之言「大原」者多矣，若此詩，則必先求涇陽所在，而後大原可得而明也。《漢書·地理志》：「安定郡有涇陽縣。」《後漢書·靈帝紀》注：「涇陽縣屬安定，在原州。」《郡縣志》：「原州平涼縣，本漢涇陽縣地。」然則大原當即今之平涼，而後魏立爲原州，亦取古大原之名爾。計周人之禦玁允，必在涇、原之間。若晉陽之太原，在大河之東，距周京千五百里，豈有寇從西來，兵乃東出者乎？

按：《史記·匈奴傳》：「韓信降匈奴，因引兵南踰句注，攻太原，至晉陽下。」按：所謂「太原」即太原郡也，馬邑、平城皆屬雁門郡，則漢時匈奴固由鴈門而至太原矣。「文帝幸太原」，亦即於此，安在周時獫允不能至晉陽乎？

大夫稱子

春秋時，大夫雖僭稱「子」，而不敢稱於其君之前。何以知之？以衛孔悝之鼎銘知之，曰

「獻公乃命成叔」，曰「乃考文叔」。成叔，孔成子烝鉏也；文叔，孔文子圉也。「叔」而不「子」，是君前不敢「子」也。

按：以《檀弓》所載「貞惠文子」事觀之，則大夫之謚稱「子」自本其君之命。

列國官名

春秋時列國官名，若晉之中行，宋之門尹，鄭之馬師，秦之不更、庶長，皆他國所無，而楚尤多，有莫敖、令尹、司馬、太宰、少宰、御士、左史、右領、右尹、連尹、鍼尹、寢尹、工尹、卜尹、芋尹、藍尹、沈尹、清尹、莠尹、囂尹、陵尹、郊尹、樂尹、宮廄尹、監馬尹、揚豚尹、武城尹，其官名大抵異於他國。

按：漢初，曹參爲執帛，韓信爲連敖，皆楚官名。

去兵

古之言兵，非今日之兵，謂五兵也。《周禮·司右》「五兵」注引《司馬法》曰「弓矢圍，殳矛守，戈戟助」是也。「詰爾戎兵」，詰此兵也；「踊躍用兵」，用此兵也；「無以鑄兵」，鑄此兵也。秦漢以下始謂執兵之人爲「兵」，而五經無此語。

按：《左傳·隱四年》「諸侯之師敗鄭徒兵」，《昭十四年》「楚子使然丹簡上國之兵於宗丘」，則謂執兵者爲「兵」，春秋已然矣，非始秦漢之後。

梁惠王

《史記·魏世家》：「襄王元年，與諸侯會徐州，相王也，追尊父惠王爲王。」而《孟子》書其對惠王無不稱之爲王，則非追尊之辭明矣。杜預《左傳集解後序》言：「古書《紀年篇》：惠王三十六年改元，從一年始；至十六年而稱『惠成王卒』。疑《史記》誤分惠成之世以爲後王年也。哀王二十三年乃卒，故特不稱謚，謂之『今王』。」今按：惠王即位三十六年稱王改元，又十六年卒，而子襄王立，即《紀年》所謂「今王」，無哀王也。「襄」「哀」字相近，《史記》分爲二人，誤耳。

按：《史記》注引荀勗之説已及之，而《索隱》則云：「孔衍叙《魏語》亦有哀王，蓋《紀年》之作失哀王之代，故分襄王之年爲惠王後元，即以襄王之年包哀王之代。」

《魏世家》：「襄王五年，予秦河西之地。七年，魏盡入上郡於秦。」今按：《孟子》書惠王自言「西喪地於秦七百里」，乃悟《史記》所書襄王之年，即惠王之「後五年」「後七年」也，以《孟子》證之而自明者也。

按：非特此也。據《史記》，惠王三十六年無被楚兵之事；至襄王六年，「楚敗我襄陵」，此即惠王所謂「南辱於楚」者，《史記》誤以惠王之後六年爲襄王六年也[一]。

費惠公

在子思時，滑國之費其亡久矣，疑即季氏之後，而僭稱公者。

按：《史記·六國年表》：「魯悼公元年，三家勝[二]，魯如小侯。」此季氏得稱費君之證。

又按：《年表》：「齊宣公四十八年，取魯郕。」郕即成也，在春秋爲叔孫氏邑，是叔孫之地

[一] 今本《史記·魏世家》作「〔襄王〕十二年，楚敗我襄陵」。

[二] 家，今本《史記》作「桓」。

亡屬齊矣。

孟子字樣

《唐書》言：「邠州，故作『豳』。開元十三年以字類『幽』，故爲『邠』。」今惟《孟子》書用「邠」字。

按：《説文》：「邠，周太王國，從邑分聲。」則「邠」自是古字。

員缺

「員缺」之名，自晋時已有之，《晋書·王藴傳》：「遷尚書吏部郎，每一官缺，求者十輩。」《魏書·元脩義傳》：「遷吏部尚書，時上黨郡缺守，中散大夫高居求之。」至唐趙憬《審官六議》，遂有「人少闕多」「人多闕少」之語。

按：《史記·孟荀列傳》：「齊尚修列大夫之缺，而荀卿三爲祭酒焉。」是戰國時已有「缺」之名。《漢書·韓安國傳》「梁内史缺」、《賈捐之傳》「京兆尹缺」、《薛宣傳》「司隸缺」、《朱博傳》

「九卿缺」、《翟方進傳》「丞相官缺」、《嚴延年傳》「左馮翊缺」、《王莽傳》「縣宰缺者數年」。「缺」之名見於《史》《漢》者不可枚舉，顧氏此條未深考也。

又按：《史記·平原君傳》：「毛遂曰：願君即以遂備員而行矣。」「員」之名亦起於戰國。

驛傳

古人以三十里爲一舍。《左傳》：「楚子入鄭，退三十里而許之平。」注以爲「退一舍」。而《詩》言「我服既成，于三十里」，《周禮·遺人》「三十里有宿，宿有路室」。然則漢人之驛馬三十里一置，有自來矣。

按：《詩·六月篇》毛傳：「師行三十里。」是三十里以師行言，若吉行則五十里，《荀子·大略篇》「吉行五十」是也。《管子·揆度篇》「萬乘之國，中而立市，東西南北度五百里」，其下云「十日出境」，此日行五十里之一證也。其上文「百乘之國，東西南北度五十里」，當作「度百五十里」，故云「三日出境」；「千乘之國，東西南北度百五十里」，當作「度二百五十里」，故云「五日出境」：皆是日行五十里，辨見《諸子平議》。

又按：《周官·遺人職》：「凡國野之道，十里有廬，廬有飲食；三十里有宿，宿有路室，路室有委；五十里有市，市有候館，候館有積。」亦可證日行五十里。顧氏止舉「三十里有宿」一句爲證，非也。

橋梁

《五代史》：「王周爲義武節度使。定州橋壞，覆民租車，周曰：『橋梁不修，刺史過也。』乃償民粟，爲治其橋。」此又當今有司之所媿也。

按：《前漢·薛宣傳》：「宣子惠爲彭城令，宣從臨淮遷至陳留，過其縣，橋梁、郵亭不修，宣心知惠不能。」蓋古人入境而知吏治之善否，必於此乎在矣。

水利

夫子之稱禹也曰「盡力乎溝洫」，自乾時著於齊人，枯濟徵於王莽。古之通津巨瀆，今日多爲細流；而中原之田，夏旱秋潦，年年告病矣。

按：《史記·白起傳》「取韓安邑以東，到乾河」，注引郭璞曰：「今河東聞喜縣東北有乾河口，因名乾河里，但有故溝處，無復水也。」此亦乾時之比。

周末風俗

《春秋》終於敬王三十九年庚申之歲。又十四年，爲貞定王元年癸酉之歲，魯哀公出奔，二年，卒於有山氏，《左傳》於是終焉。又六十五年，威烈王二十三年戊寅之歲，初命晋大夫魏斯、趙籍、韓虔爲諸侯。又一十七年，安王十六年乙未之歲，初命齊大夫田和爲諸侯。又五十二年，顯王三十五年丁亥之歲，六國以次稱王，蘇秦爲從長。自此之後，事乃可得而紀。自《左傳》之終至此，凡一百三十三年，史文闕軼，考古者爲之茫昧。

按：此百三十餘年，其略見于太史公《六國年表》：觀「韓昭侯六年，伐東周，取陵觀、廩丘」，而知諸侯之無天子也；觀「趙襄子元年，封伯魯子周爲代成君〔一〕」，而知諸侯之得專封也；觀「秦簡公七年，初租禾」「孝公十四年，初爲賦」，而什一之法變矣；觀「秦厲公十四年，晋

〔一〕周，原訛「固」，據《史記·六國年表》改。

人、楚人來賂」，而聘問之禮壞矣；觀「秦簡公元年，初令吏帶劍」，而揖讓之容廢矣；觀「秦孝公八年，與魏戰，斬首七千」，而首功多矣；觀「秦靈公八年，以君主妻河」，而禮俗變矣。此春秋所以爲戰國也。

奴僕

《漢書·霍光傳》任宣言大將軍時，「百官已下但事馮子都、王子方等」。又曰：「初，光愛幸監奴馮子都等，常與計事。及顯寡居，與子都亂。」夫以出入殿門、進止不失尺寸之人，而溺情女子、小人，遂至於此。

按：史稱張安世「身衣弋綈，夫人自紡績」，而猶有「家童七百人」。至其元孫放，「奴從者支屬並乘權勢爲暴虐，至求吏妻不得，殺其夫，或恚一人，妄殺其親屬」；本傳所載有奴康、大奴駿等，計當時之横恣亦不下霍氏矣。

分居

唐姚崇遺令，以「達官身後，子孫失蔭，多至貧寒，斗尺之間，參商是競」，欲放陸生之意，「預爲分定，將以絶其後争」。嗚呼，此衰世之意也。

按：古者命士以上，父子皆異宫。父子且然，則兄弟異居可知。《詩》云「豈伊異人，兄弟具來」，《禮》云「若非所獻，則不敢以入宗子之門」，以此見古人未嘗不分居。蓋分居者，義之主於有别也；分居而仍有無相通者，仁之主於有恩也。顧氏此論，意在敦俗，而轉非中庸之道。

追尊子弟

古人但有追尊其父兄，無尊其子弟者。惟秦文公太子卒，賜謚竫公；唐代宗追謚其弟故齊王倓爲承天皇帝。

按：此條未免挂漏。秦太子謚爲公者，不獨竫公，又有哀公之太子夷公，特未知其父哀公所賜謚歟？抑或其子惠公所追尊也？至唐代則尤多，高宗謚其太子弘爲孝敬皇帝，妃謚哀皇后；玄宗謚其兄憲爲讓皇帝，妃謚恭皇后；德宗謚其兄琮爲奉天皇帝，妃謚恭應皇后。諸王傳中以「皇帝」稱者并倓而四。

喪禮

《南史》孔秀之遺令曰：「世俗以僕妾直靈助哭，當懸喪主不能淳至，欲以多聲相亂。魂而有靈，吾當笑之。」

按：漢文帝遺詔「毋發人男女哭臨宫殿」，是漢時已有此風。

像設

宋玉《招魂》始有「像設君室」之文，尸禮廢而像事興，蓋在戰國之時矣。

按：《招魂》云「像設君室，静閑安些」，王逸注曰：「像，法也。言乃爲君造設第室，法像舊廬，所在之處，清静寬閑而安樂也。」然則「像設君室」是言像其舊廬而爲室，似不得爲畫像之證。《太平御覽》七十九引《抱朴子》曰：「黄帝既仙去，其臣有左徹者，削木爲黄帝之像，帥諸侯朝奉之。」此設象之始。

陵

古王者之葬，稱墓而已。《史記·趙世家》「肅侯十五年，起壽陵」，《秦本紀》「惠文王葬公陵，悼武王葬永陵，孝文王葬壽陵」，始有稱陵者。至漢則無帝不稱陵矣。

按：《漢書·地理志》「河東郡襄陵」〔一〕，師古曰：「晋襄公之陵，因以名縣。」又「陳留郡襄邑」，師古曰：「圈稱云本承匡襄陵鄉也。宋襄公所葬，故曰襄陵。秦始皇以承匡卑濕，故徙縣於襄陵，名曰襄邑。」然則春秋之世已有陵名。

墓祭

古人之於墓，但有奔喪、去國二事。《記》曰：「奔喪者不及殯，先之墓，北面坐，哭盡哀。」

〔一〕 理，原訛「里」，據蔡啓盛《校勘記》改。

又曰：「去國，則哭於墓而後行。」是古人之至墓，皆有哭泣哀傷之事。而祭者，吉禮也，無舍廟而之墓者也。

按：《成陽靈臺碑》：「慶都仙没，蓋葬於兹，名曰靈臺，上立黄屋，堯所奉祠。」似乎古有祭墓之禮。然此由後人附會，未必可據。

漢人以宗廟之禮移於陵墓，有人臣而告事於陵者，有上冢而會故人及郡邑之官者，有上冢而大官爲之供具者，有贈謚而賜之於墓者，有人主而臨人臣之墓者，有庶民而祭古賢之墓者。所列各事，文緐不録。

按：《張安世傳》：「兄賀爲掖庭令，而宣帝以皇曾孫收養掖庭，及宣帝即位，賀已死，上追思賀恩，欲封其冢爲恩德侯。」是并以茅土之典施之於冢矣。

晋東海王越柩爲石勒所焚，妃裵氏渡江，欲招魂葬越。博士傅純曰：「聖人制禮，以事緣情，設冢槨以藏形，而事之以凶；立廟祧以安神，而奉之以吉。送形而往，迎精而還。此墓廟之大分，形神之異制也。至於室廟、寢廟，祊祭非一處，所以廣求神之道而獨不祭於墓，明非神之所處也。今亂形神之别，錯廟墓之宜，違禮失義，莫大於此。」

按：招魂而葬，固非古禮，然謂墓非神之所處，亦恐不然。孔子之論鬼神也，曰：「骨肉斃於下，陰爲野土，其氣發揚於上，爲昭明，焄蒿悽愴。」是明言墓有鬼神，此墓祭之禮所以不能廢歟？

火葬

漏澤園之設，起於蔡京，不可以其人而廢其法。

按：《後漢書・桓帝紀》：「詔：京師死者相枕，若無親屬，可於官壖地葬之，表識姓名，爲設祠祭。」然則掩骼埋胔，古人有行之者矣。

又按：《清波雜誌》：「蔡京死於潭州，以青布裹屍，藁葬漏澤園。」權奸有一事之善，而即以身獲其報，視爲法自斃者何如也？

非三公不得稱公

孔融告高密縣爲鄭玄特立一鄉，曰「鄭公鄉」，以爲「公者，仁德之正號，不必三事大夫」。此是曲說，據其所引，皆史失其名之「公」；而「太史公」，又父子之辭也。

按：《漢書》胡建與其走卒言亦稱「公」，知古人不以稱公爲重。「鄭公鄉」之名，亦「于公祠」「欒公社」之比耳。

《漢書·田叔傳》「學黄老術於樂鉅公」，師古曰：「姓樂，名鉅。公者，老人之稱。」又《曹參傳》「攻秦監公軍」，師古曰：「公者，時人尊稱之耳。」

《漢書·藝文志》有《杜文公》五篇，注：「六國時。」又《黄公》四篇，注：「名疵，秦博士。」又《毛公》九篇，注：「趙人，與公孫龍等並游平原君家。」

後元年

漢文帝後元年，景帝中元年、後元年，當時只是改爲元年，後人追紀之爲「中」、爲「後」耳。

按：《史記·衛世家》：「出公輒自齊復歸立。」「出公後元年，賞從亡者。」「後元年」之稱始此。出公「二十一年卒」，所謂二十一年者，從後元年數之也。

史書人同姓名

《史記》：漢高帝時有兩韓信，則别之曰「韓王信」。《漢書》：王莽時有兩劉歆，則别之曰

「國師劉歆」。其法本於《左傳》,《襄公二十五年》有兩賈舉,則别之曰「侍人賈舉」。

按:秦漢章奏多不署姓,然有同官同名者,則以姓别之,《霍光傳》「臣勝」「臣夏侯勝」、「臣雋舍」「臣虞舍」是也。

引《書》用意

《書·泰誓》:「受有億兆夷人,離心離德;予有亂臣十八,同心同德。」《左傳》引之則曰:「《太誓》所謂『商兆民離,周十人同。』」

按:今《泰誓》乃僞書,不足據。然《管子·法禁篇》引《太誓》曰:「紂有臣億萬人,亦有億萬之心。武王有臣三千而一心。」則經文詳而傳所引略,誠如顧説,惟《泰誓》必不稱武王之謚,《管子》所引已非原文矣。

《後漢書·郅惲傳》:「孟軻以彊其君之所不能爲忠,量其君之所不能爲賊。」亦用其意。《晉書》劉寔《崇議論》引孔子曰:「能以禮讓爲國,則不難也。」又《庾衮傳》引孔子曰:「不教而戰,是謂棄之。」並引經用意之證。

古人不忌重韻

初唐詩最爲嚴整，而盧照鄰《長安古意》「别有豪華稱將相」，又云「專權判不容蕭相」，今人謂必字同而義異者方可重用，若此詩之二「相」字，固無異義也。

按：《昌黎集·晚秋郾城夜會聯句》云「五鼎調勺藥」，又云「仍祈卻老藥」，後人謂「勺藥」之「藥」音略，與下「藥」字音義不同，無嫌重押。愚按：《相如傳》「勺藥之和具」，師古注曰：「勺藥，藥草名，其根主和五臟，又辟惡氣，故合之蘭桂五味以助諸食。讀賦之士不得其意，妄爲音訓，以誤後學。」據此，則「勺藥」之「藥」仍當讀如本字，而昌黎亦押重韻也。

陸機文誤

陸機《漢高帝功臣頌》：「侯公伏軾，皇媪來歸。」乃不考史書之誤。《本紀》：「五年，即皇帝位於氾水之陽，追尊先媪爲昭靈夫人。」則其先亡可知。侯公説羽，羽乃與漢約，中分天下，九月歸太公、吕后，並無皇媪。

按：侯公説羽，羽歸太公、吕后，其事甚著。陸機即不知高帝母先亡，然亦不應舍太公不言而專言皇媪之來歸也。余疑「皇媪」者，皇謂太上皇，媪謂吕后，猶鄒陽《上吴王書》「六齊望於惠后」，所謂「惠后」者，惠謂惠帝，后謂吕后，古人不以爲嫌也。然則陸文自不誤，讀陸文者誤耳。

《急就篇》

漢魏以後，童子皆讀史游《急就篇》。自唐以下，其學漸微。

按：《隋書·經籍志》又有《急就章》一卷，崔浩撰；《急就章》三卷，豆盧氏撰。

六國獨燕無後

陳、項兵起，立六國後，而孫心王楚，儋王齊，咎王魏，已而歇王趙，成王韓，惟燕人乃立韓廣，豈王喜之後無一人與？不然，燕人之哀太子丹，豈下於懷王而忍忘之也？蓋燕宗之不振久矣。烏呼！楚用其宗，而立懷王者楚也。燕用非其宗，而立韓廣者燕也。然則晉無公族而六卿分，秦無子弟而閻樂弑，魏削藩王而陳留篡於司馬，宋卑宗子而二帝辱於金人，皆是道矣。

按：《漢書·婁敬傳》：「陛下雖都關中，實少人，北近胡寇，東有六國彊族，一日有變，陛下亦未得安枕而卧也。臣願陛下徙齊諸田，楚昭、屈、景，燕、趙、韓、魏後，實關中。」據此，則燕固有後，且在漢初尚爲彊族也。顧氏此論，特爲勝國發耳。

秦始皇未滅二國

《衛世家》言「二世元年，廢衛君角爲庶人」，是始皇時衛未嘗亡也。《越世家》言「越以此散，諸族子争立，或爲王，或爲君，濱于江南海上，服朝于楚」，漢興，有東海王摇、閩越王無諸之屬，是越未嘗亡也。《西南夷傳》又言「秦滅諸侯，惟楚苗裔尚有滇王」。然則謂秦滅五等而立郡縣，亦舉其大勢然耳。

按：滇之爲國始于莊蹻，乃楚莊王之裔也，其旁勞深、靡莫之國皆滇同姓。然則楚雖滅而遺種尚多，所謂「百足之蟲，至死不僵」者也。

秦滅蜀而漢尚有蜀王。又朝鮮王滿，燕人，自始燕時略屬真番、朝鮮，但未知其爲燕之苗裔否？

圖

宋時登科録必書某縣、某鄉、某里人。《蕭山縣志》曰：「改鄉爲都，改里爲圖，自元始。」《嘉定縣志》曰：「圖即里也。以每里册籍首列一圖，故名曰圖。」今俗省作「啚」，謝少連作《歙志》，乃曰：「啚音鄙。《左傳》『都鄙有章』，即其立名之始。」其説鑿矣。

按：《史記・龜策傳》：「乃使吏案籍視圖，水上漁者五十五家，上流之廬，名曰豫且。」然則「圖」之所起遠矣。

姓

《水經注》：「漢武帝元鼎四年，幸雒陽，巡省豫州，觀於周室，邈而無祀。詢問耆老，乃得孽子嘉，封爲周子南君，以奉周祀。按《汲冢古文》謂衛將軍文子爲子南彌牟，其後有子南勁。《紀年》：『勁朝于魏。後惠成王如衛，命子南爲侯。』秦并六國，衛最後滅。疑嘉是衛後，故氏子南而稱君也。」據此，嘉本氏子南，武帝即以其氏命之爲爵。而《漢書・恩澤侯表》竟作「姬嘉」，則没其氏而書其姓矣。

按：此乃《漢書》注臣瓚之説，而師古則云：「子南，其封邑之號，以爲周後，故總言『周子南君』。瓚説非也。」愚謂「子南」是氏當從瓚説，「周子南君」猶盧綰稱「東胡盧王」，「王」其爵也，「盧」其姓也，「東胡」其所封也。「周子南君」者，蓋封爲周君而并其氏稱之耳。顧氏謂「即以其氏命之爲爵」，恐不然也。

顔氏

顔魯公作家廟碑云：「其先出於顓頊之孫祝融。融孫安爲曹姓，其裔邾武公，名夷甫，字顔。子友，别封郳，爲小邾子，遂以顔爲氏。」按：《左傳·襄十九年》：「齊侯娶于魯，曰顔懿姬，其姪鬷聲姬。」注曰：「顔、鬷皆姬母姓。」則顔之爲姬姓，爲魯族，審矣。其出於邾之説，本自圈稱、葛洪，蓋徒見《公羊》於邾有顔公之稱，而不考之於《左氏》也。

按：杜注云：「顔、鬷皆二姬母姓，因以爲號。」然則「顔懿姬」猶《漢書》所云「孫翁主」「紀翁主」也。若以顔氏爲姬姓，則母女同姓矣，顧氏此條殆誤會杜注也。

仲氏

《漢濟陰太守孟郁修堯廟碑》云「惟序仲氏，祖統所出，本繼於姬周之遺苗。天生仲山甫，翼佐中興，宣、平功遂，受封于齊」云云。漢時仲氏自謂仲山甫之後，而今則以爲子路之後，求爲五經博士矣。然《春秋》之以仲氏者不一，而仲山甫未嘗封齊，則漢人之祖山甫未必是，而今人之祖子路未必非也。

按：《通志·氏族略》「周太王之子虞仲，支孫仲山甫」，是仲山甫乃虞仲之裔也，證以《堯廟碑》所謂「周之遺苗」，頗合。

冒姓

吕平以太后姊長姁子侯，此冒母姓之始。《史記·灌夫傳》：「父張孟，爲潁陰侯嬰舍人，故蒙灌氏爲姓。」此冒主姓之始。

按：衛青本姓鄭，父鄭季與衛媪通而生青，遂冒衛姓，此又是冒其假父之姓者。

兩姓

《漢書·百官表》：「建昭三年七月戊辰，衛尉李延壽爲御史大夫，一姓繁。」

按：《漢書》棘蒲侯陳武亦云柴武，其子陳奇亦云柴奇，師古以爲有二姓，是漢人二姓者不止李延壽也。

自稱字

《漢書》注，張晏曰：「匡衡少時字鼎。世所傳衡與貢禹書，上言『衡敬報』，下言『匡鼎白』。」此自稱字之始也。

按：《後漢書·鄭康成傳》云汝南應劭自贊曰「故太山太守應仲遠北面稱弟子」，此漢人自稱字之一證。

兩名

古人兩名見於經傳者，如晉文侯名仇，而《書》云「父義和」。楚靈王名圍，而《春秋》書「弑其君虔」。趙簡子名鞅，而鐵之戰自稱「志父」。南宫敬叔名説，一名緺；字容，又字括。

按：《史記·魏世家》「文侯都」，《年表》作「斯」；《楚世家》「哀王猶」，《年表》作「郝」；《景帝紀》「蕭何孫係」，《功臣侯表》作「嘉」，徐廣亦疑其人有二名也。

以姓取名

古人取名，連姓爲義者絶少，近代人命名，如「陳王道」「張四維」「吕調陽」「馬負圖」之類，榜目一出，此等姓名幾居其半，不知始自何年。

按：《晉書》解系字少連，解結字叔連，名字似皆從姓取義。

以父名子

《左傳·成十六年》「潘尫之黨」，潘尫之子名黨也。《襄二十三年》「申鮮虞之傳摯」，申鮮虞之子名傳摯也。

按：漢邛成太后名〔一〕，亦以父爵稱之。

以夫名妻

《左傳·昭元年》「武王邑姜」，《漢書·杜欽傳》「皇太后女弟司馬君力」，《南齊書》「周盤龍愛妾杜氏，上送金釵鑷二十枚，手勅曰『餉周公阿杜』」。

按：《漢書·燕刺王旦傳》「蓋長公主」，張晏注云：「爲蓋侯妻也。」亦是以夫名妻。

〔一〕后，原缺，據《漢書·外戚傳上》補。

排行

兄弟二名而用其一字者，世謂之「排行」，如德宗、德文，義符、義真之類。起自晋末，漢人所未有也。

按：兄弟排行，東漢人已有之，然往往不在名而在字。如丁鴻字孝公，弟字仲公；范滂字孟博，弟字仲博；董卓字仲穎[一]，弟字叔穎是也。至孔僖二子曰長彦、季彦，則固名而非字矣。《南史》南津校尉江子一，弟子四、子五，是又以數爲排行者。

單名以偏旁爲排行，始見於劉琦、劉琮，此後應璩、應瑒，衛瓘、衛玠之流，踵之而出矣。

按：《後漢書·荀淑傳》「兄子昱字伯條，曇字元智」，則固在劉琦、劉琮之前矣。又《賈彪傳》「賈氏三虎，偉節最怒」，然則彪之兄弟雖名不見於史，亦必「虎」字偏旁者也。若姜肱字伯淮，二弟仲海、季江，兄弟皆以「水」旁字爲字，是亦排行特非名耳。

[一] 穎，原訛「潁」，據蔡啓盛《校勘記》改。下「穎」字同。

今人兄弟行次稱一爲「大」，不知始自何時。漢淮南厲王常謂上「大兄」，孝文帝行非第一也。

按：《後漢·耿弇傳》：「今大耿兵少於彼。」注：「耿弇，況之長子，故呼爲『大耿』。」此漢人以行一爲「大」之證。又漢武帝呼太后微時金王孫女曰「大姊」，按景帝王皇后初嫁金王孫，生一女，後入太子宫，生三女一男，則后所生以金王孫女爲最長，故武帝呼爲「大姊」，此以行一爲「大」可證于西漢者也。《孫叔敖碑陰》列孫氏宗族，云：「世伯子有六男一女，大子字長都；孝伯子亦有六男一女，大子字惠明。」可知以行一爲「大」由來久矣。

字同其名

名、字相同，起於晉、宋之閒。史之所載，晉安帝諱德宗、字德宗，恭帝諱德文、字德文，會稽王道子字道子，殷仲文字仲文，宋蔡興宗字興宗，齊顔見遠字見遠。

按：孔子弟子公冶長字子長、漆雕開字子開，然則字同其名者，春秋時已有之矣。

上下通稱

《漢書·霍光傳》「鴞數鳴殿前樹上」，師古曰：「古者室屋高大，則通呼爲殿，非止天子宫中。」

按：《史記·平原君傳》躄者請曰：「君之後宫臨而笑臣。」是後宫之稱亦通乎人臣也。

今人以皇族稱「宗室」，考之於古不盡然，凡人之同宗者，即相謂曰「宗室」。

按：《史記·齊世家》「立明爲太子」，謂崔杼之子明也；《趙世家》：「簡子乃廢太子伯魯，而以毋恤爲太子。」則雖「太子」之尊稱，亦君臣同之。

杞梁妻

《説苑》曰：「杞梁、華舟進鬬，殺二十七人而死。其妻聞之而哭，城爲之阤，而隅爲之崩。」《列女傳》曰：「杞梁之妻乃枕其夫之屍，於城下而哭，十日而城爲之崩。」言崩城者，始自二書。

按：《曹子建集·黄初六年令》曰：「杞妻哭梁，山爲之崩。」則又不言崩城而言崩山，亦一異聞也。

李廣射石

《後周書·李遠傳》：「嘗校獵於莎栅，見石於叢薄中，以爲伏兔而射之，鏃入寸餘〔一〕。就而視之，乃石也。太祖賜書曰：『昔李將軍親有此事，公今復爾，可謂世載其德。雖熊渠之名，不能獨羨其美〔二〕。』」李廣、熊渠二事併用。

按：《曹子建集·黄初六年令》曰：「昔雄渠、李廣，武發石開。」亦以二事並用。在周太祖前，惟「熊渠」作「雄渠」爲異。

〔一〕鏃，《周書》作「鏃」。
〔二〕羨，《周書》作「擅」。

名以同事而章

《孟子》：「禹、稷當平世，三過其門而不入。」此禹事也，而稷亦因之受名。「華周、杞梁之妻，善哭其夫，而變國俗」，此杞梁妻事也，而華周妻亦因之受名。

按：《吕氏春秋》：「孔丘、墨翟晝日諷誦，夜親見文王、周公旦而問焉。」因孔子而及墨翟，因周公而及文王。

人以相類而誤

《吕氏春秋》：「箕子窮於商，范蠡流乎江。」范蠡未嘗流江，必「伍員」之誤也。

按：《吕覽》此二句見《悔過篇》，而《離謂篇》又云：「范蠡、子胥以此流。」以范蠡、子胥並言，則知此句非誤也。蓋范蠡事本有異辭，賈子《新書·耳痺篇》亦云「范蠡負石而蹈五湖」。

柳宗元《晉問》云：「魏絳之言〔一〕：『近寶則公室乃貧。』」誤「魏絳」爲「韓獻子」，亦以相類而誤。

《史記》

《趙世家》：「趙簡子除三年之喪，期而已。」此因《左傳》「降於喪食」之文而誤爲之解，本無其事。

按：《趙世家》「晉定公卒，而簡子除三年之喪，期而已」，是君喪，非親喪也。史公當日必有所本，觀其下又書「趙襄子元年，越圍吴，襄子降喪食，使楚隆問吴王」，是史公原未嘗誤讀《左傳》也。

韓王信説漢王語，乃淮陰侯韓信語也，以同姓名而誤。

〔一〕絳，原訛「絳」，據蔡啓盛《校勘記》改。

按：《史記·高帝紀》〔一〕：「韓信説漢王曰：『項羽王諸侯之有功者〔二〕，而王獨居南鄭，是遷也。軍吏士卒皆山東之人也，日夜跂而望歸，及其鋒而用之，可以有大功。天下已定，人皆自寧，不可復用。不如決策東鄉，争權天下。』」此數語亦見《韓王信傳》，而《淮陰侯傳》初無是言也，故徐廣於《高帝紀》注之曰：「韓王信，非淮陰侯信。」至班固作《漢書》，誤以「韓信」爲淮陰侯，因增入蕭何追信事，而以此數語爲淮陰之言矣，乃于《韓王信傳》仍載此數語，是一言而屬之兩人，班固之誤也，顧氏反以《史記》爲誤，何哉？

《漢書》

《食貨志》單穆公諫景王鑄大錢，本之《周語》。「王弗聽，卒鑄大錢」，此廢輕作重，不利於民之事。班氏乃續之曰「以勸農，贍不足，百姓蒙利焉」，失其指矣。

按：此論孟康已發之。師古曰：「單旗雖有此言，王終自鑄錢，果有便，故百姓蒙其利

〔一〕紀，原訛「記」，據《史記》改。

〔二〕侯，《史記·高祖本紀》作「將」。

也。」然則班氏必別有所據，非不解《國語》。

荀悦《漢紀》

「杜陵陳遂，字長子。上微時，與遊戲博弈，數負遂。上即位，稍見進用，至太原太守，乃賜遂璽書曰：『制詔太原太守：官尊禄重，可以償遂博負矣。妻君寧時在旁，知狀。』遂乃上書謝恩曰：『事在元平元年赦前。』其見厚如此。」《漢書》以「負遂」爲「負進」，又曰「可以償博進矣」。「進」乃悼皇考之名，宣帝不應用之。荀《紀》爲長。

按：《漢書・陳遵傳》：「祖父遂，字長子，宣帝微時與有故，相隨博弈，數負進。」師古曰：「進者，會禮之財也，謂博所賭也，解在《高紀》。一説進，勝也，帝博而勝，故遂有所負。」此二説解「進」字不同，而要之遂負帝也，非帝負遂也，故璽書云「官尊禄厚，可以償博進矣。妻君寧時在旁，知狀」，蓋戲爲索債之辭，故引君寧爲證見，非空言也；遂謝曰「事在元平元年赦令前」，明其已更赦令，雖有宿負，當蒙恩免也。荀悦《漢紀》乃云帝「數負遂」，此與《漢書》正相矛盾。夫遂負帝，則可引赦令以自解；帝負遂，而遂引赦令以解，則失尊卑之分矣。此事仍以《漢書》爲長。若「進」字犯史皇孫諱，師古注已釋之矣。

元康三年三月詔曰：「蓋聞象有罪，而舜封之有庳，骨肉之親放而不誅，其封故昌邑王賀爲海昏侯。」《漢書》作「骨肉之恩，粲而不殊」，文義難曉。荀《紀》爲長。原注：《漢書》「粲而不殊」當作「⿱杀米而不誅」。《説文》：「⿱杀米，⿰米悉⿱杀米〔一〕，散之也。」

按：《昌邑王傳》作「析而不殊」，師古曰：「析，分也。殊，絶也。」此注甚明，蓋謂骨肉之親，雖至分析，不當殊絶。顧氏謂《宣紀》「粲」字當作「⿱杀米」，據《説文》「⿱杀米，散之」義，則「⿱杀米」與「析」義可相通，而「粲」字之誤無疑。荀《紀》作「放而不誅」，其義又别，不可從也。

史文衍字

《漢書・吴王濞傳》「吴有鄣郡銅山」，誤多一「豫」字。《後漢書・光武紀》「以前密令卓茂爲太傅」，誤多一「高」字。《黨錮傳》「黄令毛欽操兵到門」，誤多一「外」字。

按：《漢書・李廣利傳》：「康居聞漢已破宛，出郁成王與桀，上官桀也。桀令四騎士縛守詣大將軍。」按：李廣利止爲貳師將軍，不爲大將軍也，「將」字亦衍文，蓋言「詣大軍」耳，以上文

〔一〕⿰米悉，原訛「⿰扌悉」，據《説文・米部》改。

「去大軍二百里」證之益明。如淳曰：「時多別將，故謂貳師爲大將軍。」此曲爲之説。

《新唐書》

《列傳》出宋子京之手，簡而不明。如《太宗長孫后傳》：「安業之罪，萬死無赦，然不慈于妾，天下知之。」改曰：「安業罪死無赦，然向遇妾不以慈，户知之。」意雖不異，而「户知之」三字殊不成文。

按：《史記·淮陰侯傳》：「大王當王關中，民咸知之。」《漢書》作「關中民户知之」，師古曰：「言家家皆知。」然則子京雖好奇，而亦有所本，未可輕議也。

《馬總傳》：「長慶初，劉總上幽鎮地，詔總徙天平。而召總還，將大用之。會總卒，穆宗以鄆人附賴總，復詔還鎮。」上云「詔總徙天平」，劉總也；下云「召總還」，馬總也；又云「會總卒」，劉總也；又云「鄆人附賴總」，馬總也。此於人之賓主、字之繁省皆有所不當。當云「詔徙天平」而去「總」字，其下則云「會劉總卒」，於文無加而義明矣。

按：《傳》有附見他人而與本傳人名同者，宜於附見之人加姓別之，雖屢見，不可去姓。

《漢書・彭宣傳》：「宣罷數歲，諫大夫鮑宣數薦宣。會元壽元年正月朔日食，鮑宣復上言，乃召宣爲光禄大夫。」此其例也。

《金史》

幽蘭之謚，承麟謚之曰「哀宗」，息州行省謚之曰「昭宗」，史從「哀宗」爲定。而《食貨志》末及《百官志》復有「義宗」之稱，不知何人所上。

按：《大金國志》亦稱「義宗」，注云：「宿州有僭位者謚曰『莊』，故官僑于宋者私謚曰『閔』。天下士夫咸以『義宗』謚，蓋取《左氏》『君死社稷』之義。」據此，則又有「莊宗」「閔宗」之稱。

《元史》

《元史》列傳八卷「速不台」、九卷「雪不台」，一人作兩傳。十八卷「完者都」、十九卷「完者拔都」，亦一人作兩傳。

按：《直脱兒傳》既附其從子忽刺出，而又有《忽刺出傳》；《杭忽思傳》既附其子阿塔赤，而又有《阿答出傳》，亦重出也。蓋元人之名最易混淆，如「伯顔」有九，「脱歡」有十三，「脱脱」有十五，秉筆者習於名字之雷同，而不及細核其家世事跡，遂成此謬。

《漢書》注

《哀帝紀》「非赦令也，皆蠲除之」，猶《成帝紀》言「其吏也，遷二等」，同一文法，蓋赦令不可復反，故但此一事不蠲除也。

按：師古駁如淳之注而用瓚説，已得此旨。其於《李尋傳》注云：「惟赦令不改，餘皆除之。」尤爲明曉。

《萬石君傳》「内史坐車中自如，固當」者，反言之也，言貴而驕人，當如此乎？

按：師古注曰：「此深責之也。言内史貴人，正固當爾。」然則師古非不知此爲反言也。

《嚴助傳》：「臣聞道路言，閩越王弟甲弑而殺之。」即下文所云「會閩越王弟餘善，殺王以降」者也。當淮南王上書之時，不知其名，故謂之「甲」，猶云「某甲」耳。師古曰「甲者，閩越王弟之名」，非。

按：淮南王書云：「臣聞道路言，閩越王弟甲弑而殺之，甲以誅死。」是在淮南上書之時，甲已誅死矣。其下乃云：「是時漢兵遂出踰嶺，適會閩越王弟餘善殺王以降，漢兵罷。」據此則甲與餘善自是兩人。顧氏謂甲即餘善，則既已誅死，又何以降漢乎？蓋甲死之後，其國復立王，而又爲餘善所弒也。亭林讀書最爲精審，而竟忘有「甲以誅死」一句，甚矣讀書之難也！

史書之文中有誤字，要當旁證以求其是，不必曲爲之説。如此《傳》謂《楊雄傳》《解嘲篇》「欲談者宛舌而固聲」，「固」乃「同」字之誤。「東方朔割名於細君」，「名」乃「炙」字之誤。有《文選》可證，而必欲訓之爲「固」、爲「名」，此小顔之癖也。

按：《文選・楊子幼〈報孫會宗書〉》「凛然皆有節概」，其義甚明，《漢書》作「漂然」，當亦字之誤也。師古以「高遠」釋之，亦「割名」之比。

又按：師古注《漢書》亦有據他書改正者。《谷永傳》「楚莊忍絶丹姬」，師古曰：「丹姬是楚文王姬。《谷永集》『丹』字作『夏』，是也。」

王女棄歸

罷官不許到京師

按：目録二十八卷末有此兩條，今軼。考《前漢書·衡山王賜傳》：「長男爽爲太子，次女無采。無采嫁，棄歸，與客姦。」師古曰：「爲夫所棄而歸也。」「王女棄歸」當引此。《後漢書·蘇不韋傳》附《蘇章傳》：「漢法，免罷守令，自非詔徵，不得妄到京師。」「罷官不許到京師」當引此。又有「納女」一條，未詳所指。

徙戎

天授三年，左補闕薛謙光上疏曰：「臣聞戎夏不雜，自古所誡；蠻貊無信，易動難安。故斥居塞外，不邇中國。前史所稱，其來久矣。」

按：《漢書·西域傳》「温宿國」，師古曰：「今雍州醴泉縣北有温宿領，本因漢時得温宿國人，令居此地田牧，因以爲名。」又《地理志》「上郡龜兹縣」，師古曰：「龜兹國人來附者處之此，故以名云。」華夏雜居，權輿於此。

圖讖

《史記・趙世家》：「扁鵲言秦穆公寤而述上帝之言，公孫支書而藏之，秦讖於是出矣。」《秦本紀》：「燕人盧生使入海還，以鬼神事，因奏録圖書，曰：『亡秦者胡也。』」然則讖記之興，實始於秦人。

按：惠文王時，有新生嬰兒曰「秦且王」，見《始皇本紀》。

太一

「太一」之名，不知始於何時。《史記・天官書》：「中宫天極星，其一明者爲太一常居。」《封禪書》：「亳人謬忌奏祠大一方曰：『天神貴者太一，太一佐曰五帝。』」

按：宋玉《高唐賦》有云「醮諸神，禮太一」，則太一之祀，戰國已有之矣。

古今神祠

《史記·封禪書》言秦雍旁有百數十祠，而陳寶尤著，「其神或歲不至，或歲數來，來常以夜，光輝若流星」。又云：「雍菅廟有杜主。杜主，故周之右將軍，其在秦中，最小鬼之神者。」自西京以下，而秦時所奉之神絶無影響。

按：《漢書·郊祀志》劉向言陳寶祠，「自秦文公至今七百餘歲矣，漢興世世常來。高祖時五來，文帝二十六來，武帝七十五來，宣帝二十五來，初元元年以來亦二十來」。然則陳寶之神在漢世猶著也。

山東

古所謂「山東」者，華山以東。《管子》言：「楚者，山東之强國也。」《史記》引賈生言：「秦并兼諸侯山東三十餘郡。」《後漢》陳元言：「陛下不當都山東。」蓋自函谷關以東總謂之「山東」。唐人則以太行山之東爲「山東」，杜牧謂「山東之地，禹畫九土曰冀州」是也。

按：《史記·晋世家》「晋兵先下山東，而以原封趙衰」，是所謂「山東」者亦太行山之東也。

泰山立石

嶽頂無字碑，世傳爲秦始皇立。取《史記》反復讀之，知爲漢武帝所立也。《史記·秦始皇本紀》云「刻所立石」，是秦石有文字之證，今李斯碑是也；《封禪書》云「乃令人上石立之泰山顛」，不言刻石，是漢石無文字之證，今碑是也。

按：《後漢書·張純傳》「上元封舊儀，及刻石文」，則漢武未始不刻石。

又按：應劭《漢官儀》曰：「馬伯弟登大山，見石二枚。其一是武帝時石，用五車載，不能上，因置山下，號曰『五車石』；其一是紀號石，刻文字，紀功德，立壇上。」此亦漢石有文字之明證。

元

元者，本也。後人以「原」字代之，不知何解。原者，再也。《易》「原筮」，《周禮·馬質》《禮記・月令》「原蠶」，《文王世子》「末有原」，《漢》「原廟」之「原」，皆作「再」字解，與本來之義全不相同。

按：《禮記・孔子閒居篇》「必達於禮樂之原」，鄭注曰：「原猶本也。」然則「原」之訓「本」於經有徵。且《漢書・元帝紀》「原廟」，晋灼曰：「原，本也。始祖之廟，故曰本也。」是「原廟」之解，晋灼與師古不同，在漢書已有兩説矣。

魁

今人所奉魁星，不知始自何年。以奎爲文章之府，故立廟祀之；乃不能像奎，而改「奎」爲「魁」。宜乎今之應試而獲中者皆不識字之人與？

按：《史記・天官書》《漢書・天文志》無「奎主文章」之説，惟《孝經援神契》云「奎主文章，倉頡效象」，緯書之言不足深據。《後漢書・蘇竟傳》云「奎爲毒螫，主武庫兵」，然則移「魁」之祀以祀「奎」，亦未爲允當歟？

又按：今之祀魁星，因文昌而類及之也。斗魁戴筐六星曰文昌宫，祀文昌而因祀斗魁，亦自有理；特肖字之形爲「鬼舉足而起其斗」[一]，則可笑耳。

其見於經者，《書·胤征》之「殲厥渠魁」，《曲禮》之「不爲魁，主人能，則執兵而陪其後」。然則「五魁」之名豈佳語哉？近時人好以「魁」命名，古人以「魁」命名者絶少。《左傳》有「鄺魁壘」「盧蒲就魁」，《吕氏春秋》齊王殺燕將「張魁」。

按：「殲厥渠魁」，僞古文語，不足據。古書惟楊子《大玄》喜用「魁」字：《中·次七》曰「火魁頤」，《周·次三》曰「吉凶之魁」，《積·次七》曰「魁而顔而」，《玄告篇》曰「神之魁也」，范望注並訓爲「藏」。《文選·東京賦》「仰不覩炎帝、帝魁之美」，薛綜注：「帝魁，神農名。」則以「魁」命名亦古矣。

[一] 特，原訛「持」，據蔡啓盛《校勘記》改。

苓子 曲園雜纂第三十五

内性章第一

内其性，則是延也；外其性，則是脩也。跌踼以爲尸，趑趄以爲賓，是昌而已矣。道與德孰與謀？仁與義孰與求？君子無内無外，執翼循期，不遠之以爲名，不近之以爲利。裕我乎天地，天地乎我裕。

廓乎庸，動者也；闟乎謨，静者也。動而勝，静而勝，有動静於内焉爾。周乎以爲舟，則有受矣；壯乎以爲牀，則有藏矣。金其户，木其室，龍入而蛇出；木其户，金其室，蛇入而龍出。故有閒於無閒，不如無閒於閒。

德放乎賊，賊放乎德，德之與賊，一出而一入；道放乎盜，盜放乎道，道之與盜，一往而一來。右手麾之，左手以爲招。治盜乎盜，在治之者，故君子病其内瑩也。習習乎其所不習，乘乘乎其所不乘。楚昧齊貞，則賊化而盜死。

習億以爲無，習一以爲有。其班以咫，其新故萬里也。宿與生有際，磷與厚無會。無會而有際，神乎其閒矣。

充虛章第二

充虛之機，其寄於運乎？躔非之理，其存於方乎？太上無方，其次無方有方，其次有方，其次有方無方，其下無方，又其下無方而舞方。

制天下者，不制天下者也。君子不以禮而禮，不以樂而樂，不以化而化。大哉化乎！萬物争争，執性類情。漢氏之閟也，可謂累奇矣，如其禮，如其禮。唐氏之愉也，可謂夷鳴矣，如其樂，如其樂。宋氏之寢也，可謂蟲守矣，如其化，如其化。

怒仁非仁，怒智非智。不怒仁，故仁餘人；不怒智，故智餘事。牆外之陶陶，室中之皋皋，衽席之瞿瞿，胡簋之荼荼，遂乎遂者也。遂乎遂，踊退。

緈之而不營，神乎緈者也。矢之而不制，聖乎矢者也。君子貴矢而賤緈。雖然，天下有道，矢而不緈；天下無道，緈而不矢。

知節章第三

知節者，其知道乎？周天下之情，有圉者也；給天下之欲，有潰者也。天地有宛和，帝王有宛治，通萬物之形容，則知其贅也。贅人者病，贅我者死。知節曰英，有節曰雄。

抎柔之不折，彊午之不支，藐倪之不牧，衆犍之不乘。故方乎外者，不争之争也；方乎内者，不御之御也。甲讐俾德，則衆以爲資。是以聖人秉越權戎，責知誅率。

運方而爲圓，運矢而爲丸，不死其龍者也。天下之人而皆以心戰，則無胄矣。自黄曆之上，至於玄穴之下，焉往而非周？周者一以曼之，死於晦而生於朔，故龍在其心，謂之大順。

敬乎不警，就乎不集，難其一也。小人行於雪，衆人行於月。行於雪有迹也，行於月有景也。石行無迹，冥行無景。卻實而前榮，初碩而極鋭，得盈於其匱，雖萬猶届與？

天下章第四

天下之營營，由弗外也。環而宫之，故有甲乙。陳而肴之，故有否臧。秦越之不能，非不能也。君子不罪戈而罪鼓，虚唐之馳午焉者寡矣。崇蓋於衢，又揚精焉奚？

接真之爲使，鶩采之爲鄰，吾不知其動也。奚正饒於時，不如嗇於事。嗇於事可浹也，饒於時不可挾也。知神則與富，知人則無親，夫孰知受之爲累？仇故則失成，仇新則罔繼，夫孰知棄之爲資？故聖人憫其禄、憂其穀。

周心者不可德也，方容者不可試也，襲膚者不可因也。由表以測裏，堯舜猶難。諸君子觀城於墉，觀宫於室。執室中之猱，而驅城外之狸，故物無晻。

挈乎正以從人謂之流，挈乎奇以從人謂之放。倚正於奇，所以勝心也；振奇於正，所以勝志也。襲義而動，攘仁而息，是故有列利已。

君子章第五

君子之氣迥以達，故不疚焉。夫疚也者，疚於心也。毋錮氣之路，毋扃氣之庭。闢其户，行其庭，勿介之而已矣。孰介之？執氏之子介之，穴氏之子介之。執氏之子，此乎其彼者也；穴氏之子，表乎其裏者也。夫彼不可以爲此，而表不足見裏也。二子劬乎哉！曰迥矣，曰達矣，不迥不達之聖者也。

生於無生者，無生於生之謂也。得忽之爲咸失，是之爲溢。能崇於聚，而後能崇於散。有散也無聚也，是謂諒時； 有聚也無散也，是謂平物。

究人之所不究，窮於施者也； 就人之所不就，窮於取者也。 夫物奚存？存乎壽。 物則未知其爲幪與？爲軜與？求其遂得，其退與？爲收而已矣。 勿損其時，無益大益。

天有離，地有坎，所以爲春休。 天有坎，地有離，所以爲秋息。 蕩春秋之委，以和養中黄，持神者也，則不可以介中而越外。 是故治國者養黎，治身者養倪。

有萬章第六

息之有萬也，而不能以十，有僂之者矣。 忽乎而不見，妙乎而不聞。 土，其所外應； 木，其所内招。 延延者貫之以止其開闔之幾，不可以振羽以交乎南北之衢，表之曰游息之紀。

夫不病者所以病，病也循表以測裏，黄帝其難諸！ 勿宛而已矣。 五氣襲乎五府，而有主客焉； 六氣乘乎六宫，而有父子焉。 得之以章章，失之以瀁瀁。 輕者生之，重者死之，是謂滕方。

榦之弗永也，吾有以永之矣。 一往而一來，奚亢焉？ 榦去而榮存，猶弗落也。 玉，其所以榦以求； 石，其榦山之子以之。 以榦榦者爲主，而以榦爲客，弗之子以之。

天之與人相益也，人之與天相損也； 道之於德相濟也，德之與道相賊也。 小國之矛，大國之疇。小人門其門，大人户其户。相累者一，而累於累者百；相襲者百，而襲於襲者萬。夫孰知損益之由邪？蓋盈、蓋虚，蓋成、蓋毁。

天地章第七

人行於地，地行於天，天行於虚。故有沈焉，而後有浮。沈生於浮，下其上者與？浮生於沈，上其下者與？夫天地有窮，而日月星辰無窮。億載而天地死，則日月星辰生；億載而天地生，則日月星辰死。生日月星辰以生天地，神乎神！

南至以爲元，猶東行而數趾始也。萬日不可斷以一日，萬水不可劃以一水。循極以求其端，而極無端也。隨其極以爲端，斯得矣。天以爲元，地不以爲元；地以爲元，人不以爲元；人以爲元，天地不以爲元。日翔中而下策，有軼之者矣。故觀九歲之朔晦，大月五九，小月四八，而合與不合見焉。夫策無他，必依於日。目日而命元，循時而建朔。

方圓之爲數也，婁内者與？夫不明乎葛，矩之爲環，猶外格也。密不如疏，疏不如匿。能匿乎一，然後可以極無極。夫方有極，而圓無極，故以葛爲臬。

盈寸之物而窮天地之形，微顯之本也。有牟而微，有牟而顯。顯者顯之，微者微之。目之所不至者，或罕矣。受直無奇，鑿方無恒。不顯其微，而微其顯，可以盡泰山於秋豪之内。蘊氣以爲精，會精以爲星，品生之所丁也。歷舍循宫，故有正有隅；依神襲鬼，故有衝有合。東、南、西皆貴男也，北爲貴女。膺之者貴，越之者賤，用之者哲，彭之者愚。執后之輿，以爲元壹。

兵出於術，入於道，行於規，止於矩。隆背以爲膺，削髀而置股，其雄歟？是故五而散之，客不得闔；聚而一之，客不得闢。制長莫如短，制遠莫如近，故所操者咫而千人棄矢。

古者章第八

古者任其世，不世其任。食天之食，履天之職，事天之事。億匠而一制，曰帝矣；萬軌而一放，曰王矣。蔑之制，蔑之放，宅爾邦，復爾侯。無抎也，無新故之争，無蘖梠之形。至於後世，萬區爲疇。一夫屋之，億夫傭之。闢則莒哉，闔則芒哉！一闢一闔，血糜其郊。是故古者傭於天，後世傭於人。傭於天者曠以怡，傭於人者昵以戚。

𥫗之而弗有也，如弗𥫗而已矣。酌盈以循新，酌虚以循故，變酌以循時，雖四海之外奚弗𥫗焉？磷磷於得喪，祝祝於文言，丘丘於步舞，弊弊於來如。𥫗人乎？人𥫗乎？

匯之而就，則匯之；弗就，弗匯也。釐之而平，則釐之；弗平，弗釐也。匯乎其所不匯，釐乎其所不釐，亂矣。不履也，奚其禮？不效也，奚其教？不化也，奚其爲？故君子不爲也。

醻人以所逸，逸之而勞之；醻人以所安，安之而危之。故生生者内揠也。揠諸内必耘諸外，泥塗乎其膚，丹漆乎其衷，雖有戎，得而墉諸？

今之人猶古之人乎？牟飲食異，牟居處異。世世而鼓之，方方而舞之。夫婦可以爲規，聖人不能以爲矩。異夫人之所以頤也，或青或黄。采之水之，采之火之。黄帝不能名，伊尹不能和。海茁而蔓，中刳華液，啜天地，將以是爲突泄與？

仁知章第九

習恒，仁也；就益，知也。夫仁所以父人，夫知所以母物。父仁，王之萌；母物，霸之魄。以仁以義而翼，然後毘天下而無幾。抏大者不將，抏小者不蓋。

疇之不疇也，無氓哉！土乎爾，毛乎爾，有來曹曹。疇其疇而食其食，抱籍者履而諏，則曰傭我乎，予我直。疇之之直，灑於疇之直。賓疇之，斯疇之；賓我疇，官我庾。夫如是，奚而帖？

有介人者，有鳩人者。介人者，生乎兹，長乎兹，儔有保，曹有受。鳩人者，灕然而至于一旦者也。寇之興，使介人。吾諸使鳩人，吾諸曰：鳩人哉！雖然，鳩人難鳩之其人也。鳩之而不鳩之，非其人也。翔於國，鬩於廛，攘於塗。夫以鳩人之食食介人，以鳩人之率率介人，吾未見介人之不如鳩人也，焉用鳩人？

久矣，夫天下之患黄也！夫患黄有道，勿宛之而已矣。始喜之，終怒之。弗喜之，弗弱也；弗怒之，弗强也。弗弱者黑死，弗强者黄死。折枝以爲臂，偃輔以爲腹，羽金以爲尻。奪我而不辭，予我而不資，方軌而貫止。

野之子訟於邑，堂之子曰：「余不瞭，問於幄之子。」幄之子曰：「余不瞭，啓籥而視諸策，『石之石之，繇之繇之』。」野之子之辭，爰而從堂之子；堂之子之辭，爰而從幄之子；幄之子之辭，爰而從策；如策而登其辭，野之子至死而不知。訟乎訟乎？繡訟續訟。

牧羊者勿知羊，牧牛者勿知牛，知之斯殺之矣。收而爲撓，抗而爲擿，勿客勿親，則長牧而不佚。聖人不與風謀塵，而與雨謀塵。知昭昭之病，而求冥冥之醫，故與物大順。

有日章第十

有日之圖，有歲之圖，有身之圖。圖身不歲，圖歲不日。充終於始，我擊磬而人聞鐘乎？小人執足，大人執會。商商乎其章，我待旦者與？猶莫也。

飾外易，飾内難。習是而不可勝，習非而不可爲。雖大人猶病諸萬物，生於斯，耗於斯。十男之家可以毋畜犬，十女之家可以毋畜狸。其疇其疇，小言喻大。

十人而舞於室，室駴；百人而舞於鄉，鄉駭；千人而舞於國，國駴。夫君子何樂乎天下之駴我也？獨立於朝者，主不疑；獨行於世者，人不忌。無究而成宗，無軌而成約。君子之於天下也，契習蠡常，賤朋而貴友。

餫諸塗，乞諸室，以爲歷人也。今日四之，明日五之，又明日六之，則少五而亡四，庸詎知夫四牛而六彘也？彘之瘠不如魚之腴，酌誠而不膚，斟意而不旅。飽義者乎？飽粟者乎？

瑩乎心之朔也，勿資其所操，勿侮其所旅。渾其介而領其萌，千載猶明日也。目生於心而心死，耳生於心而心狂，人之患莫大乎心目而心耳。聖人不然，不以前枯襲後華，不以内耀奪外闇。

小繁露　曲園雜纂第三十六

世閒極小之事，極俗之言，而皆有所出。古曰「在昔」，昔曰「先民」，豈可忽哉？人特習焉而不察耳。余涉獵之餘，隨筆紀録，成此一編，用程氏《演繁露》之意，題曰《小繁露》。

三十三天

《法苑珠林・諸天部》云：「《婆沙論》中說，天有三十二種，欲界有十，色界有十八，無色界有四。」然則天止三十二，無三十六也。三十六天者，乃欲界十天中第六天之名，特三十二天中之一天耳。今人輒稱上有三十三天，殊非其實。

霍閃

今人以電爲「霍閃」。按：《夷堅志》「神游西湖」一條云：此書余未見其全者，卷帙恐不足據，而每條必有題目，故書之以便檢閲。「一急脚走報云：『速去！速去！』俄霹靂霍閃，震動天地。」是宋語已然矣。

雷公電母

《元史·輿服志》云：「雷公旗，畫神人犬首鬼形，白擁項，朱犢鼻，黄帶，右手持斧，左手持鑿，運連鼓於火中。電母旗，畫神人爲女子形，纁衣，朱裳，白袴，兩手運光。」是今神廟塑電公、電母所本也。

托塔天王

《元史·輿服志》：「東、西、南、北天王旗，並繪神人，武士冠，衣金甲，緋裲襠，右手執戟，左手奉塔，履石。」今世俗有「托塔天王」之説，亦有所本。

五百羅漢

《法苑珠林・宿障部・奢彌跋謗佛緣》云：「過去九十一劫，有一婆羅門名延如達，好學廣博，常教五百豪族童子，今五百羅漢是。」又《佛被木槍刺脚緣》云：「爾時第二賈客五百衆者，則今五百羅漢是。」按：今佛寺中每有「五百羅漢」，求之梵書，其説不一，尚不止此二事。蓋佛既累次轉生，此五百人者亦累次轉生，故所見非一也。

觀音男像

古觀音本男像。趙甌北《陔餘叢考》引《夷堅志》董性母、徐熙載母二事，證宋元閒已爲女像。余按：《夷堅志》「觀音救目疾」一條云：「淳熙五年，饒、信二州都巡檢羅生一婢曰『大喜』，目障交蔽，久不見物。一日夢一僧授以甌，婢飲之，便覺目瞳瞭然。問曰：『大師是何處僧？』僧曰：『不須問我，我聞汝聲音之苦，誓心相救。』語罷，失其所之。羅後以告王秀才羅時寓王宅，曰：『是吾家觀音也。』」據此，則宋時觀音猶未皆爲女像。

地府十王

《夷堅志》「俞一郎放生」條：「俞一郎被病，爲二鬼卒拽出，及一門樓，使者導入，望殿上十人列坐，著王者之服。問爲何所，曰：『地府十王也。』」「地府十王」之説至今猶然。《夷堅志》又載：「忠州酆都縣五里外有酆都觀，其山曰盤龍山，即道家所稱『北極地獄』之所。舊傳王、陰二真君自此仙去。」王、陰二君，則今人不復知之矣。

皮場大王

《夷堅志》「張小娘子」條云：「秀州外科張生，其妻遇神人，自稱皮場大王，授以《癰疽異方》一册。」又載葉生事云：「皮場廟在臨安西湖者，其威靈不減汴都。」按：皮場大王廟，今蘇杭皆有之，其神姓張名森，事蹟詳《西湖游覽志》。

住宅土地

《夷堅志》「史省幹」條云：「一叟烏幘白衣，揖於庭間。史趨下謝之曰：『翁爲何人？』曰：『予乃住宅土地神也。』」按：今人奉住宅土地，宋已然矣。

萬回哥哥

明田汝成《西湖游覽志》云：「宋時，杭城以臘日祀萬回哥哥。其像蓬頭笑面，身著緑衣，左手擎鼓，右手執棒。云是和合之神，祀之可使人在萬里外亦能回家，故曰萬回。」今杭人不復祀，亦不復知。余嘗爲譜《木蘭花慢》一闋，以識舊俗。或曰今杭人猶祀和合之神即其神也。後讀《太平廣記·異僧部》引《談賓録》及《兩京記》云：「萬迴師，閿鄉人也，俗姓張氏。兄戍彼于安西，音問隔絶，父母日夕涕泣。迴曰：『詳思我兄所要者衣裘、糗糧、巾履之屬，請悉備焉，某將往之。』忽一日，朝齎所備而往。夕返其家，告父母曰：『兄平善矣。』視之，乃兄迹也。弘農抵安西，蓋萬餘里，以其萬里迴，故號曰『萬迴』也。先是，玄奘法師向佛國取經，見佛龕題柱曰『菩薩萬迴謫向閿鄉地教化』。奘師馳驛至閿鄉縣，問：『此有萬迴師無？』令呼之，萬迴至。

奘師禮之，施三衣瓶鉢而去。後則天追入内，語事多驗。儀形瓌偉，善於飲啖。景龍中時出入，士庶貴賤競來禮拜。萬迴披錦袍，或笑罵，或擊鼓，然後隨事爲驗。」據此則所謂「萬回哥哥」者，即此人也。「萬迴」之號，既符擊鼓之狀，又肖宋時所祀，是此張萬迴無疑；而今俗所奉和合之神，即此亦可考其緣起也。

三教

唐大曆六年，三教道場文首佛、次道、次孔子，此即今「三教堂」之始。又元劉大彬《茅山志》載《三聖碑》云：「有唐寶曆二年〔一〕，歲次丙午，八月庚戌，上清玄都大洞三景弟子、正議大夫、使持節潤州諸軍事、潤州刺史兼御史大夫、充浙西都團練觀察處置等使、上柱國、贊皇縣開國男、食三百户、賜紫金魚袋李德裕，上爲九廟聖王，次爲七世先靈，下爲一切含識，於茅山崇元觀南敬造老君殿院及造老子、孔子、尹真人像，皆按史籍遺文，庶垂不朽。謹記。」據此，則唐時又有此「三聖」之説；雖稱「三聖」，然止是儒教、道教也。

〔一〕 二，原作「三」，據《茅山志》改。

顔子母妻

《元史·祭祀志》：「元統二年，改封顔子考曲阜侯爲杞國公，謚文裕；妣齊姜氏爲杞國夫人，謚端獻；夫人戴氏兖國夫人，謚貞素。」按：顔子母、妻姓氏，世罕知者，當時必有所本，故特表出之。戴爲宋公族，是顔子母齊女、妻宋女。

天師印

《七修類稿》云：「自道陵傳下者，玉印一枚，其文乃『陽平治都功印』，雲篆也。至弘治間，朝廷恐其隨身有失，另碾一顆賜之。」按：天師之印，宋時嘗爲安福令林績所毁，今所存者已疑其非漢印；乃明時又有此碾賜之印，則更不可知矣。

五通神

宋項安世《項氏家説》曰：「按《澧陽志》：五通神，出屈原《九歌》。今澧之巫祝，呼其父曰非太一，其子曰雲霄五郎、山魈五郎，即東皇太一、雲中君、山鬼之號也。」按：屈子之歌有九，非可附會爲五通神。然楚鬼越機，相沿有自，亦不得以巫祝之稱爲非也。且據此知五通之神宋世已盛。或謂明太祖祀其陣亡之兵，使之五人爲伍，以享血食，此不足辨矣。

十二生肖

十二生肖相傳古矣。《法苑珠林》引《大集經》云：「東方海中有瑠璃山，有一毒蛇、一馬、一羊，修聲聞慈。南方海中有玻瓈山，有一獼猴、一鷄、一犬，修聲聞慈。西方海中有銀山，有一豬、一鼠、一牛，修聲聞慈。北方海中有金山，有一獅子、一兔、一龍，修聲聞慈。一日一夜，常令一獸游行教化。七月一日，鼠初游行，以聲聞乘教化一切鼠身，令離惡業，勸修善事。如是次第，至十二日，鼠復還行。」按：此蓋因中國本有十二生肖之説，而彼教從而附會之也。惟有獅子無虎，與舊稍異。原注云：「獅子，此方名虎。」則固以獅子當虎也。自來考十二生肖者，皆未及此。

那吒

那吒太子，乃毗沙門天王子，見《開天傳信記》，當出梵書。《夷堅志》載程法師事云：「值黑物如鍾，從林間直出，知爲石精，遂持那吒火球咒，俄而見火球自身出，與黑塊相擊。」據此，則道家有「那吒火球咒」，或又出道經也。

替僧

張爾歧《蒿庵閒話》云：「明朝凡皇太子、諸王生，率剃度幼童一人爲僧，名曰『替僧』。神宗皇帝替僧名志善，見《張江陵集》。」按：世俗盲詞往往有代皇帝出家之和尚，横行無忌，據此乃真有之。

死者須公牒移送

《夷堅志》載王東卿事云：「陳茂英爲長興尉，夢王寅東卿來訪，言流落已久，不能得歸，可爲作一方便。陳寤而思之，不相聞七八年，豈非死於此乎？博詢邑吏，一小胥云：『頃歲，有福州王上舍偶得病死，其親戚來火化尸柩，收骨歸矣。』陳謂東卿已歸骨，而魂魄尚留滯，殆城社之神拘録之耳。於是用尉司公牒，牒城隍、社廟、關津、河渡主者，令不得阻截，王上舍神魂得還福州長溪祖先墳墓。焚牒後三夕，夢王告辭曰：『得君文移乃遂歸計。』」按：此事今尚有之。紀文達《閱微草堂筆記》載客死伊犂者，必得將軍文牒，鬼乃得歸。紀初不信，言於將軍而止之，其後鬼夜哭，乃復其舊。余舅氏姚平泉先生官上虞教諭時亦有此事，余曾見其牒文稿也。

紙錢

《法苑珠林・懸旛篇》述曰：「黄色象金，鬼神冥道，將爲金用。故解祠之時，翦白紙錢，鬼得銀錢用；翦黄紙錢，得金錢用。」據此，則今世所行金箔、銀箔，其來久矣。

扶箕

《夷堅志》「沈承務紫姑」一條云：「紫姑，仙之名，古所未有，至唐乃稍見之。世但以箕插筆，使兩人扶之，或書字於沙中。」按：此即今之扶箕也，或作「扶乩」，非是。

疏頭

王符《潛夫論·浮侈篇》云：「或裁好繒，作爲疏頭，令工采畫，雇人書祝，虛飾巧言，欲邀多福。」按：今人書祝詞焚於神前，謂之「疏頭」，漢人已有此風矣。

左門神右户尉

《夷堅志》「張鱲魚」一條云：「使黄衣反其家取錢，良久，負二千至，曰：『初時，左門神見拒，而右户尉爲我通報。故得之。』」然則宋時已如今之畫神於門矣。

以他牲代太牢

《舊五代史》：周顯德二年秋八月，兵部尚書張昭上言：「今月十二日，伏蒙宸慈召對，面奉聖旨，每年祭祀，多用太牢，念其耕稼之勞，更備犧牲之用，比諸豢養，特可愍傷，令臣等討故事，可以他牲代否。」按：此詔雖當時不能用，然亦見殺牛之事其時已甚重矣。

三呼萬歲

「三呼萬歲」見《元史·禮樂志·元正受朝儀》，通贊贊曰「山呼」，曰「山呼」，曰「再山呼」。注曰：「凡傳『山呼』，控鶴呼譟應和曰『萬歲』。傳『再山呼』，應曰『萬萬歲。』」按：《新唐書·禮樂志》：「元正冬至，受群臣朝賀，在位者皆再拜，舞蹈，三稱『萬歲』。」是唐制固有然矣。

跪左膝

金、元有跪左膝禮。《金史·禮志·本國拜儀》：「金之拜制，先袖手，微俯身〔一〕，稍復卻，跪左膝，左右搖肘，若舞蹈狀。如此者四跪，復以手按右膝，單跪左膝而成禮。」《元史·禮樂志·元正受朝儀》，亦有通贊贊曰「跪左膝」之文。今制有一膝跪，疑即金、元之遺俗也。

〔一〕俯，原訛「附」，據《金史·禮志八》改。

邀喝

邀喝，見《金史·儀衛志》：「百官儀從。正一品邀喝四人，正二品邀喝三人〔一〕。」按：今制官府出有喝道者，俗謂「吆喝」，當作此「邀」字。又按：宋鄭克《折獄龜鑑》：「王罕大卿知潭州時，有老嫗病狂，數邀知州訴事，言無倫理，卻之則又悖詈。但命徼者屏逐而已。」疑「邀喝」之「邀」本當作「徼」，即所謂徼者也。《後漢·臧宫傳》注：「每鄉有游徼，掌循禁姦盜。」後世徼者，疑即古游徼之遺。大官出，而游徼爲之先驅清道，亦亭公負弩之例也。

仵作

仵作，宋已有之。《折獄龜鑑》云：「有人因行商回，見妻爲人所殺而失其首，不勝捶楚，自誣殺妻。府從事獨疑之，乃追封内仵作行人，令供近日與人安厝去處。」

〔一〕三，原訛「二」，據《金史·儀衛志下》改。

剃頭辮髮

剃頭辮髮，金人已然。宋湯璹《建炎德安守禦録》：「建炎二年十二月二十八日，有北來一項群賊數萬人，皆剃頭辮髮，作金人裝束。」

咨劄

歐陽公《歸田録》：「凡群臣百司上殿奏事，兩制以上非時有所奏陳，皆用劄子。中書樞密院事，有不降宣敕者，亦用劄子，與兩府自相往來亦然。若百司申中書皆用狀，惟學士院用咨報，其實如劄子。」按：宋時劄子多是奏事之文，然兩府自相往來亦用劄子，則又平行矣。今部院劄子皆是下行，此古今之異。惟平行用咨，則尚是唐宋學士院之遺。

日行三百里

宋呂陶《静德集·乞别給致仕敕狀》云：「臣契勘上件致仕敕命，馬遞條限日三百里。」

場屋分東西

《夷堅志》載吴康登科事云：「將就類試，乃捐錢百千，結同舉句龍渙爲助。迨入類場，則兩人分坐東西廂。是歲紹興丙子，場屋嚴肅，不得相往來。」是宋時場屋亦分東西而不得往來，已稱嚴肅，則宋時場規寬於今日也。

試賦韻脚

試賦以八字爲韻脚，唐制也。《能改齋漫録》云：「開元二年，王邱員外知貢舉，試旗賦，始有八字韻脚，所謂『風日雲野，軍國清肅』。」見僞蜀馮鑑所記《文體指要》。八字中四字仄、四字平，今尚循用之。

謄録

《能改齋漫録》：「取士，至仁宗朝，始有糊名考校之律。其後袁州人李夷賓上言，請別加謄録，因箸爲令。」謄録始於李夷賓之言，世罕知者。

進士先召見始賜第

歐陽公《歸田録》：「真宗好文，雖以文辭取士，然必視其器識。每御崇政賜進士及第，必召其高第三四人並列於庭，更察其形神磊落者，始賜第一人及第。」今制，進士殿試，前十名先引見，次日乃傳臚，正與宋制合。

主司先進五人

《雲溪友議》云：「文宗元年，詔禮部高侍郎鍇，復司貢籍，主司先進五人一詩，最佳者則李肱也。」按：今制，會試未出榜先進呈十本，與此制合。

鈎卷

《夷堅志》「黄五官人」條云：「同院建昌教授包履常得其論卷，欲寘之待補小榜，令鈎前後兩場草卷參讀。」按：今官府有所取視，謂之曰「弔」，「弔」字無義，當用此「釣」字。

輪盤傳食

《夷堅志》「楊戩館客」條云：「楊戩貴盛時，嘗往鄭州上冢，挈家而西。其姬妾留京師者猶數十輩，中門、大門悉加扃鎖，但壁隙裝輪盤，傳致飲食。」按：今官署中多有此制。

標飾

《夷堅志》「因揭尊者」條云：「有雲游比丘，以所藏武洞清畫羅漢及中尊碑本售於人，龍興院僧師滿空囊易之。上官之才乃償其初贖之價，爲設標飾。」又「徐南陔請大仙」條：「有舊友能誦訣邀大仙，箕動，書曰『張紫微』。徐以張存時所書『冰壺』二大字從之求記，即揮數百言。徐寶玩不忍捨，喚工標飾。」按：今人以書畫付工裝潢名曰「裱」，依此二條，則當用「標」字也。

圖書

宋張耒《柯山集·楊克一圖書序》云〔一〕：「圖書之名，予不知其所起，蓋古所謂『璽』，用以爲信』者。克一既好之，其父補之愛之尤篤，能悉取古今印法，盡録其變，謂之《圖書譜》。」按：今人呼私印曰圖書，宋時已然矣。

大壹字小一字

今人以「壹」「貳」「參」「肆」等字爲大寫，「一」「二」「三」「四」等字爲小寫，此本乎古語也。《禮記》「節以壹惠」，鄭注：「壹，讀爲一。」正義云：「經文爲大『壹』之字，鄭恐是均同之理，故讀爲小『一』。」

〔一〕楊，原訛「湯」，據《柯山集》改。

脱字旁寫

唐開元二十六年所立《橋亭記》云：「散之則人獲一錢，鳩之則動以千計，請爲亭館，以壯橋池。故鄉老老白於吏，邑吏謀於府。」按：「人獲一錢」之「人」字失寫，旁注；「老」字疊寫。

敬寫

唐開元二十五年所立進法師塔，銘曰「沙門智祥敬寫」。今人或稱「敬書」，或稱「謹書」，本乎此。

詩文自注

漢王逸撰《楚詞章句》，并自作之《九思》而亦注之。此詩文自注之始。謝靈運《山居賦》亦自注。

詩集中附他人和作

齊謝朓《宣城集》五卷，宋樓炤刻，有王融和詩附載其中。

選古人詩加圈點

《四庫全書》收《放翁詩選前集》九卷，爲羅椅所選，有圈點。

以圈爲標眗

《太室石闕銘》前銘辭後官名，其上皆作〇。宋儒注四書，每章之首皆以一圈爲眗，亦有所本矣。

書畫論品

唐張懷瓘撰《書斷》，分「神」「妙」「能」三品。唐朱景玄撰《唐朝名書録》，分「神」「妙」

「能」「逸」四品。宋黄休復撰《益州名畫録》三卷，以「逸」「神」「能」「妙」四品分隸，則又移「逸」品居「神」品之前。

詞分小令、中調、長調

按：此始於《草堂詩餘》。其書凡四卷，不著編緝人姓名，蓋南宋人所作也。

《千字文》編號

明代《文淵閣書目》四卷，楊士奇撰，以《千字文》編號，自「天」字至「往」字凡二十號。

古帖釋文

唐張彦遠撰《法書要録》十卷，末附《二王帖》，釋文四百八十二條。按：此乃古帖有釋文之始，嗣後爲金石之學者皆有釋文矣。

念書

《太平廣記》引《纂異記》載張生事云：「帝乃令生朗念，傾耳聽之。念《萬章》問『舜往于田，號泣于旻天』云云。」是唐時讀書已稱「念書」矣。又《摭言》載顧非熊及第，詩人劉得仁賀詩云：「愚爲童稚時，已解念君詩。」

姜字體

明呂坤《實政録》「興復社學」條：「初入社學，先讀《三字經》《百家姓》《千字文》。有司先將此書令善書人寫姜字體刊布。蓋姜字雖喫力，而點畫分毫不苟。」按：「姜字體」不知何人作，今無復知有是體矣。

《太公家教》

宋項安世《項氏家説》曰：「古人教童子多用韻語，如今《蒙求》《千字文》《太公家教》《三字訓》之類，欲其易記也。」按：《太公家教》不知何人作，今亦無復知有是書矣。

丹

宋葉水心別集第十六卷後總載：吹臺鄉「一户田四百丹八畝」。又載：膺符鄉「四户共買穀四百丹九扛」。又建牙鄉「二十三户，共買穀二千四百九十三扛半，計七萬四千八百丹五貫」。按：所用「丹」字當用「單」字，殆宋時俗書從省也。

經帳

《夷堅志》「金鷄老人」條云：「趙師輶爲父謀葬地，有一道人持經帳爲某家售地。」按：今猶有此名。

生壙

《唐高延福墓誌》文云：「謀龜筮，相川原，經兆域，畚封墜，自爲安神之所。」按：此乃生壙之文。趙甌北《陔餘叢考》「生壙」條未及此。然高延福乃高力士義父，士大夫生壙固不宜援爲典則也。

開金坑

《夷堅志》「韓羽建墓」條云：「秦州人韓羽，置墳山於近郊。妻徐氏夢二人來曰：『來日開金坑，如見妾等，切不可怕，亦不可殺。』」按：作墳「開金坑」，今尚有此名，亦或謂之「開金井」。

題諱

唐貞元十五年《徐浩碑》，浩之次子峴書。石後題云：「表姪前河南府參軍張平叔題諱〔一〕。」今人作行述，必假藉顯達一人書「某人填諱」，似宜書「題諱」爲古。

〔一〕平叔，原訛「叔平」。據《徐浩碑》拓本乙。

凶器

《折獄龜鑑》「從事疑壻自誣」一條云：「某處豪家舉事，只言殂卻孏子，五更初墻頭舁過，凶器極輕似無物。」據此，則今人以棺爲「凶器」亦有所本矣。

凶身

《夷堅志》「薛湘潭」條云：「有富家女子，夜爲人戕於室，歷數月不獲凶身。」今人以殺人者爲「凶身」，亦古語。

化緣

僧道斂錢曰「化緣」，亦古語也。《夷堅志》「普光寺僧」條云：「普光寺行童元暉，近村王大子也。既作僧，爲街坊化緣。」

打齋飯

和尚打齋飯，宋時已有此風。《夷堅志》「阿徐入冥」條云：「問：『伯何事受苦？』曰：『我做行者時，緣化施主錢修造鐘樓，隱瞞入己；又將打回齋飯歸家，所以受罪。』」今人或易之曰「打盞飯」，轉失其語矣。

炒鬧

《夷堅志》「吴升九」條云：「鄰人曰：『婆兒子性氣惡，我留汝必遭炒鬧。』」

躲避

《夷堅志》「孝義坊土地」條云：「平江市人周翁，瘧疾不止，嘗聞人説瘧有鬼，可以出他處躲避。」

併疊

《夷堅志》「李興都監」條云：「遣妻子出陸，自臨安先行；興收拾併疊差晚，乘馬追路。」

妝扮

《元史・輿服志》：「諸樂藝人等服用，與庶人同。凡承應妝扮之物，不拘上例。」

安置

宋朱翌《猗覺寮雜記》載，某縣尉夜半擊令門求見，事末云：「夜已深，伏惟安置。」

把戲

《元史・禮樂志》：每歲二月十五日，於大明殿啓建白傘蓋佛事，謂之游皇城。其諸色隊仗内，有「祥和署掌雜把戲男女一百五十人」。

謉譁

《廣韻·十四賄》「都罪切」下有「謉」字，注云：「謉譁，謔言。」今俗云「鬼譁」，當作此。

磕頭

《夷堅志》「任道元」條云：「任深悼前非，磕頭謝罪。」

耍局

《酉陽雜俎》云：「小戲中，於耍局一枰，各布五子，角遲速，名蹙融。」按：「耍」乃俗字，據此則唐已有之矣。至「蹙融」之戲，疑即今兒童所謂「跳老虎」者也。

話霸

石孝友《惜奴嬌》詞云：「合下相逢，算鬼話、須沾惹。閒深裏、倣場話霸。」按：「倣」，疑

「做」字之誤。

吴中花園

《夷堅志》「胡園荔枝殼」條云：「吴人胡百能，言其族居姑蘇有名園，當春時，縱人游賞。」按：此即今蘇俗所謂「開園」也，宋時已有此風矣。

茶肆講書

《夷堅志》「班固入夢」條云：「吕德卿偕其友出嘉會門外茶肆中坐，見幅紙用緋帖，尾云『今晚講説《漢書》』。」是茶肆中説書，宋時已有此風。然所説乃班固《漢書》，則去今之説書者遠矣。

瞽目鬻筮

《北夢瑣言》：「扶風馬處謙病瞽，厥父俾其學《易》以求衣食。嘗於安陸鬻筮自給。」按：

今人有瞽子，每使學卜筮星命諸術，其風古矣。

剃工繳鼻

《夷堅志》「真如院藏神」條云：「童行金法静令剃工繳鼻，爲僧智全誤觸其首。刀中斷，不可出。恍惚閒見藏神至，舉手拔之，血少止，刀墜於側。」又記：「宇文子英尚書表弟李生亦繳耳被觸〔一〕，刀刃在中，困卧之際，夢土地神爲出之。」按：今之剃工亦工此技，非止繳鼻，甚且打眼。余頗畏之，不爲也。

手影戲

《夷堅志》「普照惠明」條云：「華亭縣普照寺僧惠明嘗遇手影戲，有人請之占頌，即把筆云：『三尺生綃作戲臺，全憑十指逞詼諧。有時明月燈窗下，一笑還從掌握來。』」按：此似今

〔一〕繳，原訛「徼」，據《夷堅支志庚》改。

之影戲而微有别。

陰騭

《夷堅志》「餘杭何押」條云：「我無復餘恨，如陰騭可憑，爲後人利多矣。」按：今人以有陰德爲「陰騭」，此二字見《尚書》。初不如此解，乃宋時已有此語，不知其所本也。

窩停

《夷堅志》「衢人李五郎」條云：「爲盜有求不愜，誣爲窩停主人。」即今所謂「窩家」也。

光錢　慥錢　沙毛錢

《夷堅志》「餘杭何押」條云：「吾免一人徒罪，則投一光錢於左筒；免一杖罪及諭解一訟，則投一糙錢於右筒。」按：錢有糙、光之分，今語猶然。又「南山獨騎郎君」條云：「天祐置百錢而退，呼回之曰：『中有沙毛錢五，請易之。』」「沙錢」「毛錢」，今亦有此語。

書房

《夷堅志》「陳如塤」條云：「一妹嫁遠鄉，嘗往其家，見一樓寬敞，施牀欲宿，妹曰：『此中多鬼，兄毋取禍，已灑掃書房延待矣。』」

更衣之室

《論衡·四諱篇》：「夫更衣之室，可謂臭矣。」是以如厠爲「更衣」，乃漢人古語。

發洪

《夷堅志》「宜興官人」條云：「明夜，天目山發洪，川流暴至。」按：發水謂之「發洪」，今語猶然。

橋堍

橋之稱「堍」，吾鄉俗語，他處人有不識其字者。吴文英《湖上清明薄游作西子妝詞》有云：「笑拈芳草不知名，乍凌波、斷橋西堍。」則古人固以入詞矣。

橋邊石獅子

《太平廣記・驍勇部》引《歙州圖經》〔一〕：「汪節有神力，入長安，行到東渭橋。橋邊有石獅子，其重千斤。節提獅子投之丈餘。」是橋兩旁有石獅，其制甚古。

雷峰白蛇

徐逢吉《清波小志》引《小窗日記》云：「宋時，法師鉢貯白蛇，覆於雷峰塔下。」按：世傳雷

〔一〕太平廣記，原訛「太平御覽」，據《太平廣記》卷一九二《驍勇二》改。

峰塔下有青、白二蛇。《西湖志》則云俗傳有青蛇、白魚之怪，亦不詳其見何書。此所引《小窗日記》，未知何人所作，疑宋時實有此事也。

奇藍香

《七修類稾》：「奇藍香出占城等國，志書皆書『奇南』二字，《星槎勝覽》書『棋楠』二字。昨見潘希曾使安南得其國之所賜書物，録之於稾，乃此『奇藍』二字。」

通草花

《夷堅志》「李大哥」條：「饒州天慶觀居民李小一，以制造通草花爲業。」

團摺扇

《嬾真子》：「紹興三年夏六月，明州阿育王山住持浄曇，以宸奎閣所藏仁宗御書詣行在。所獻有團摺扇三柄，皆有御書。」可知摺扇北宋時已盛行矣。

篰

《夷堅志》「王七六」條云：「市駔趙十三醉，以酒與妻，抗其喉殺之，納尸於篰内。」又「張氏煮蟹」條：「平江細民張氏，以煮蟹出售自給。紹興五年七月，買兩篰寘室中。夜聞鴨聲嘈嘈，審聽，正在篰内。」按：今盛物之器有名「篰」者，宋時已有之矣。

掩

《夷堅志》「張鎮撫幹」條：「十日前，遣一騶持信掩至德興，半塗覺肩重，日日頓增，殆不可負。既到張氏宅，納書於鎮父。啓掩，但鹿脯耳。」按：今無「掩」名，惟以大篚盛紙錢焚燒曰「掩子」，疑即此名之猶存者。

粉糰

蔣捷《小重山》詞：「粉糰粘不住，舊繁華。」按：「糰」，俗字。然白香山有《寒食過棗糰店》

詩，則亦古矣。今蘇州多有粉糰店。

搾麪餅

《北夢瑣言》：「王蜀時有趙雄武，能造大餅。每三斗麪搾一枚，大如數間屋，號趙大餅。」然則麪餅稱「搾」亦古語矣。

豬頭

《夷堅志》「周狗師」條：「崇陽縣村巫周狗師，最工致雨。其法以紙錢十數束，豬頭鷄鴨之供，夜詣湫洞有水源處，用大竹插紙錢入水，謂之刺泉。」按：今人祀神用豬頭，宋時已然。

鹹鴨卵

《夷堅志》「玉山陳和尚」條：「乾道九年，縣大旱，士民投詞於丁邑宰。宰招之祈雨，陳笑曰：『闔縣之人盡知齋戒，長官獨茹葷。』丁曰：『何以知我葷饌？』曰：『今已食鹹鴨卵，尚餘其半，見在庖内罩子裹。』」

鞋幫

《夷堅志》「余尉二夫人」條：「一婢因爲小兒烘鞋，火誤爇幫帛。」按：鞋面稱「幫」，今時猶然。

染物瑕頭

今人染物必綴小帛以爲記識，古謂之「瑕頭」。元李冶《敬齋古今黈》有「染物瑕頭」謎，云：「在染何曾染，無生得獨生。有人來解結，見姓自分明。」

疊子盤子

唐貞元十三年《濟瀆廟北海壇祭器碑》有「疊子五十隻、盤子五十隻」。按：今作「碟子」誤，當作「疊」。

椅子

亦見貞元十三年《濟瀆廟北海壇祭器碑》。按：碑又有「丈六牀兩張、連心牀一張」。是今人牀以「張」計，亦古語也。

炕

「炕」字見《魏書·儒林傳》：「游雅取陳奇所注《論語》《孝經》，焚於炕内。」然未知即今之炕否。元宇文懋昭《金志》云：「穿土爲牀，緼火其下，而寢食起居其上。」則即今之炕矣。《志》又云「家無大小，皆坐炕上」。宋汪水雲《湖山類稿·幽州會同館詩》云「收拾碎磚禅暖炕」，「炕」字始入詩。

不具　不備　不宣

宋魏泰《東軒筆録》：「自尊與卑曰『不具』，以卑上尊曰『不備』，朋友交馳曰『不宣』。」按：

今人猶循用之。

謹空

顏魯公帖：「廿九日，刑部尚書顏真卿狀上李太保大夫公閤下。」下書「謹空」。又一帖：「真卿頓首，和南澄師大德侍者。」後另書一行云「十日謹空」。按：今人書牘用此者寡。

萬萬千千

今人稱極多之數每曰「萬萬千千」。按：《論衡·自然篇》「天地安得萬萬千千手，並爲萬萬千千物乎？」是漢人已有此語。

奴顏婢膝

《抱朴子·交際篇》：「以嶽峙獨立者爲澁吝疏拙，以奴顏婢膝者爲曉解當世。」此四字亦古語。

紇梯紇榻

《雲溪友議》：唐崔涯《嘲妓》詩云[一]：「更著一雙皮屐子，紇梯紇榻出門前。」今俗亦有此語，但未知即此四字否。

不識瞎字

《嬾真子》云：「魯臧武仲名紇，孔子之父，鄹人。『紇』皆音恨發反，而世人多呼爲『核』。有一小説：唐蕭穎士輕薄，有同人誤呼武仲名，因曰：『汝紇字也不識。』或以爲『瞎字也不識』，誤矣。」按：「不識瞎字」今尚有此語，《嬾真子》説未知然否。余則疑唐人先有「不識瞎字」之俗語，因「瞎」「紇」音同，故蕭以此調不識「紇」字者，未可轉據以爲證也。

〔一〕涯，原訛「浩」，據《雲溪友議》卷中改。

熟不知禮

《夷堅志》「馬保義文談」條：「馬生未嘗讀書，僅耳剽《論語》句以爲談助。嘗詣王秬叔宅，望見即謝：『熟不知禮！』意謂托人情稔熟而失禮云〔一〕。」按：此語宋人以爲笑談，今則士大夫亦言之矣。

夜破襤衫

《廣韻・二十三談》「衫」下注云：「衣破襤衫。」按：今尚有此語。

白醭醭

《廣韻・三十小》「醭」下注云：「醭醭，面白。」今俗有「白醭醭」之語本此。

〔一〕 托，《夷堅三志辛》作「他」。

面部　部位

王符《潛夫論·相列篇》：「人之相法，或在面部，或在手足；或在行步，或在聲響。」又曰：「夫骨法爲禄相表，氣血爲吉凶候，部位爲年時。」是相法分部位，固古法也。

年大年小

今人相與叙年齒曰「大若干歲」「小若干歲」，亦古語也。《南史·范雲傳》：「雲本大武帝十三歲。」《後漢·逸民傳·龐公》注引《襄陽記》：「德操年小德公十歲。」

不能爲福而能爲禍

元李冶《敬齋古今黈》：「頃有一人，稍親要路，常于廣坐颺言曰：『吾之力薄，誠不能與人爲福；惟是朝夕議論之間，或能與人爲禍。』」乃知今人此語亦有所自。

鴉鴉

《夷堅志》「楊九巡」條：「楊慘然曰：『鴉鴉！』」注曰：「俗閒歎聲。」按：今尚有此聲，然莫知其當作「鴉」字矣。

甚處

《夷堅志》「朱五十秀才」條：「聞空中語曰：『往田頭收禾了。』又有問曰：『在甚處？』應曰：『章田也。』」按：俗語凡不知所在曰「甚處」，以至不知何人則曰「甚人」，不知何物則曰「甚物」。「甚」字至爲無義，而宋語已如此矣。他書或作「恁」，本書「張保義」條「如今大驚小怪作恁麼生」，亦是「恁」字。

怕

《論衡·四諱篇》：「孝者怕入刑辟。」以畏懼爲「怕」，漢語已然。

没

《朝野僉載》：唐左衛將軍權龍襃爲《喜雨》詩云：「暗去也没雨，明來也没雲。」是謂無爲「没」，唐人語已如此。

寣

《廣韻·十一没》呼骨切有「寣」字，注云：「睡一覺。」按：其音同「忽」。今人云「睡一忽」，當用此字。

你

「你」「我」，俗稱也，而亦見於正史。《隋書·李密傳》：「化及曰：『共你論相殺事，何須作書語？』」又《許善心傳》：「我好欲放你，敢如此不遜！」按：此字實即「爾」字。「爾」古作「尒」，變作「尔」，又加「人」旁也，其音亦一聲之轉。

恁　俺

宋湯璹《建炎德安守禦録》：「楊進寇德安，遣人至齊安門下，高聲呼：『城上人來打話！』問：『打甚話？』其人言：『恁也不出來共俺厮殺，我也打恁城不破，有招安官來，俺只待要些犒設受招安。』」按：此皆北人語，故北曲中多用之。

的親

《夷堅志》「羅山道人」條云：「善藏此方，雖他的親人亦不可傳。」按：「的親」字當如此作。今或書作「嫡親」，轉誤。

曾門　門子

唐《比丘尼惠源誌銘》：「大師諱惠源，俗姓蕭氏，南蘭陵人也，曾門梁孝明皇帝。」蓋以曾祖爲「曾門」。又《段行琛碑》：「高門平原忠武王孝先。」「曾門德濬。」稱高祖爲「高門」，曾祖爲

「曾門」。又曰「門子祥穎、仲子秀成」，「門子」，其長子也。

大王父

曾祖之稱，見唐《裴光庭碑》。

伯翁叔翁　伯婆叔婆　媳婦　外翁外婆

以上諸俗稱，並見宋慶元六年龔大雅《義井題記》。又按：「媳婦」之稱亦見《元史・裕宗徽仁裕聖皇后傳》：「后性孝謹，善事中宫，世祖每稱之爲賢德媳婦。」

外祖外孫

《公羊・僖五年》注：「禮，外孫初冠，有朝外祖之道。」

爹爹

彭元瑞《宋四六話》引陳世崇《隨隱漫録》云：「太子兩拜問安，又兩拜，云：『臣某職守東闈，恩承南面，近思問學，謹葺韋編。伏遇爹爹皇帝陛下，聖訓尊嚴，師資妙選。』云云。」蓋宋時宫闈中稱謂已如此，宜今民間皆沿習之也。

媽媽

《夷堅志》「霍秀才歸土」條云：「見去歲亡過所生媽媽在旁，指我泣曰：『此是陰府，汝何爲亦來？』」又「趙氏馨奴」條云：「辰巳間，宅門未開，鄰里呼問之，其男云：『鄰舍素諳我家事，須媽媽起來則可。』」是「媽媽」之稱，亦沿宋時俗稱也。

丈人丈母

《柳子厚集》有《與外舅楊憑書》云：「丈人以文律通流當世。」又曰：「丈人旦夕歸朝廷，復爲大僚。」又《祭楊憑文》云：「子壻以清酌庶羞之奠，昭告於丈人之靈。」又《子厚集》有《祭獨孤氏丈母文》，是唐人已稱妻父母爲「丈人」「丈母」也。

入舍女壻

今人稱贅壻曰「入舍女壻」，亦有所本。《夷堅志》「隗伯山」條云：「饒州市隗十〔一〕三名伯者，淳熙初年，蹟州門裏王小三家作入舍女壻。」

連襟

宋馬永卿《嬾真子》：「《爾雅》『兩壻相謂爲亞』，注云：『今江東人呼同門爲僚壻。』《嚴助傳》呼『友壻』，江北人呼『連袂』，又呼『連襟』。」今「連襟」之稱盛行，「連袂」則罕知之。

〔一〕 十，原訛「千」，據蔡啓盛《校勘記》改。

妻甥

《梁書·裴邃傳》:「其妻甥王篆之密啓高祖云:『裴邃多大言,有不臣之節。』」按:「妻甥」者,妻姊妹之子。

姨兄弟

古人於母姊妹之子相謂曰「姨兄弟」。《南史·梁韋叡傳》:「時叡内兄王憕姨弟杜惲,並有鄉里盛名。」又《北史·序傳》:「李炎之自誇文章,從姨兄常景笑而不許。」今人則混而稱之爲「表兄弟」,無「姨兄」「姨弟」之稱矣。

妹壻

《三輔決録》:「趙岐取馬續女宗姜爲妻,續兄子融,岐以妹壻之故,屈志於融。」

内弟　姨弟

唐《殷府君夫人碑》：「内弟曜卿、允南，姨弟劉璀，族弟寅[一]同賦詩，多擅警絶之句」。

叔丈人

任淵《黄山谷詩》注：「王慶源爲東坡叔丈人。」

表來孫　外弟舅

唐《新羅國石南山國師碑記》云：「國師法諱讓景，僧姓金氏[二]，元聖王之表來孫，憲康王之外弟舅[三]。」按：此二稱絶奇，中國所無也。

[一] 寅，原作「□」，據《全唐文》卷三四四補。

[二] 僧，《全唐文》卷九二三作「俗」。

[三] 弟，《全唐文》卷九二三作「庶」。

猶女

《唐摭言》云：「張峴妻，顔蕘舍人猶女。」今人但有「猶子」之稱，無「猶女」之稱。

猶孫

元微之《贈江部尚書李公墓志銘》：「夫人房氏，在太尉琯爲猶孫。」「猶孫」之稱，今亦無有。

姪男

《柳宗元集・祭六伯母文》自稱「姪男」。《干禄字書》，顔元孫撰，顔真卿書亦自稱「姪男」。

契兄

「契兄」見《陳龍川文集・與鄭景元提幹書》，云：「契兄試思之。」《與石應之書》云：「聞契兄與仲權召試。」

契姪

「契姪」見《陸子静集》，有《楊承奉墓碣》，末題：「契姪臨川陸某撰并書。」

年兄

宋馬永卿《嬾真子》云：「紹興六年夏，僕與年兄何元章會於錢唐江上。」

年弟

宋邕州通判鄧容，爲教授梁應龍撰《建學記》，自稱曰「年弟」。

舍弟

唐《臨高寺重修菁碑》「宣義郎前行懷州獲嘉縣主簿常允之撰」，次一行云「舍弟承奉郎前行商州參軍」，下有闕文。又次一行云「□弟文林郎吏部常選演之書」。蓋撰文者常允之下一行闕文當是篆額者姓名，而云「舍弟」，則常君之弟也。第三行「弟」上亦當是「舍」字，「舍弟」之稱見魏文帝《與鍾繇書》，由來已久，而此并用之勒石之文，則罕見。

父母官

王禹偁《小畜集·謫居感事詩》「萬家呼父母」，自注云：「民間呼令爲『父母官』。」

卑職

「卑職」之稱，宋時已有之。袁桷《清容集·修遼金宋史搜訪遺書條列事狀》云：「卑職生長南方，遼金舊事鮮所知聞。」

後學

唐大曆九年元次山《朝陽巖銘》後題云：「後學田山玉書石。」

財主

有錢者謂之「財主」。《夷堅志》「許家女郎」條：「尤溪民濮六亡賴，父遣詣市鋪，從財主爲役。」

郎中

醫者謂之「郎中」。《夷堅志》「杜郎中驢」條云：「杜涇郎中，河中府榮河縣上源村人也。世爲醫，貲業稍給。」按：村人而有「郎中」之稱，以其醫也。又「劉師道醫」一條云：「婦在旁，忽鼓掌笑曰：『劉郎中細審此病，不可醫也。』」然則醫稱「郎中」由來久矣，今南人多同此稱。

大夫

醫者又稱「大夫」。《夷堅志》「張二大夫」條云：「張二大夫者，京師醫家。」醫稱「大夫」，今北人多同此稱。

彫割業

高麗《静空大師碑》末有「彫割業僧臣暹律奉敕刻字」。「彫割業」，殆以鐫刻爲業也。見馮登府《石經閣文集》。

斗子

《夷堅志》「鍾離翁詩」條云：「淳熙十一年，溧陽倉斗子坐盜官米，黥配。」按：今各儒學有「門斗」之名。乾隆中舉弘博，有門斗持文書詣徵辟諸公，因謂之曰：「諸徵君博覽古今，亦知我『門斗』二字何解？」竟無以對。余謂生員皆有廩膳，故學中設有門斗，即宋時「斗子」之遺。

老爺

《三朝北盟會編》：「魚磨山寨軍亂，統領將佐王林、孟振、張衙推等殺其統領官馬老爺。」又《元史・董摶霄傳》：「我董老爺也。」是宋元時已有「老爺」之稱矣。

太太

胡應麟《甲乙賸言》〔一〕：「有一邊道轉御史中丞作《除夕》詩云：『幸喜荆妻稱太太，且斟柏酒樂陶陶。』蓋部民呼有司眷屬，惟中丞以上得呼『太太』，故幸而見之歌詠。」據此，則明時「太太」之稱猶有差等，不如近時之上下同之也。

奶奶

柳耆卿《玉女摇仙佩》詞：「願奶奶、蘭心蕙性，枕前言下，表余深意。」

小姐

趙甌北《陔餘叢考》云：「今南方搢紳家女多稱小姐，宋時則爲賤者之稱。」引錢惟演《玉堂

〔一〕 麟，原訛「鄰」，據《甲乙賸言》改。

逢辰録》記營王宮火起於茶酒，宮人韓小姐謀放火私奔；又引《夷堅志》「散樂林小姐」「建昌娼女楊小姐」兩事。余按《嬾真子》：「文樞密所居私第名東田，有小姬四人，謂之東田小籍。」疑「小姐」本是「小籍」，蓋貴家歌姬輩必有簿籍記録其年稚者，因有「小籍」之名。今作「小姐」，即「小籍」之聲轉耳。

姐姐

《夷堅志》「許家女郎」條云：「濮六見好女郎獨坐大樹下，問之，曰：『我非人，是鬼耳。』濮曰：『姐姐若是鬼，如何月下有影？』」

偏房

偏房者，妾也。《列女傳・晋趙衰妻》頌曰：「身雖尊貴，不妒偏房。」

阿小

唐《雁門郡解府墓志》：「嗣子忠信，次子少遷，次子少恭，次子少璘，次子少儀，次阿小。」「阿小」乃是最幼之子也。

小姨嬭

小姨嬭者，女僕之稱。《愛日廬叢鈔》：「陳福公在相位，營第甚庳，曰：『一兩世後，要使小姨嬭輩可以開闔。』」今蘇俗尚有此稱，但稱「姨」不稱「嬭」。余則疑「姨」者，「媄」字之聲誤也。《説文·女部》：「媄，女隸也。」《周禮》作「奚」。

家生子

唐《代國長公主碑》：「司農小兒亦准此，家生者不在此限。」

小底

《金史·百官志》：「奉御十六人，舊名入寢殿小底。奉職三十人，舊名不入寢殿小底。」按：此即今奴僕「小的」之稱所自始。其字當作「底」，不當作「的」。然以金制論，則「小底」者，固天子之私人，非士大夫家僕隸所得稱也。

管家

明吴時興《劾嚴嵩疏》：「俗呼文選郎萬宷爲文管家，武選職方郎祁祥爲武管家。」

長隨

葉盛《水東日記》：王振黨有「王長隨」「毛長隨」。

老家人

孟郊有《弔老家人春梅》詩。

婦人稱君

唐《殷府君夫人碑》額題「錢唐丞殷君夫人顔君之□」，顔魯公所書也。「之」下一字泐，當是「碑」字。

尼稱和上

「比丘尼」古亦稱「和上」。唐《比丘尼惠源誌銘》曰「大唐濟度寺故大德比丘尼惠源和上神空誌銘」，是尼亦稱「和上」也。《通俗編》引《廣異記》云：「大曆時，某寺尼令婢往市買餅，見朱自勸，問云：『汝和尚好否？』又云：『聞汝和尚未挾纊，今附絹二疋，與和尚作寒具。』婢承命，持絹授尼。」則唐時俗稱皆然，使今人稱之，必成笑端矣，亦見古今之異也。

韻雅　曲園雜纂第三十七

《廣韻》一書，爲韻學之祖，不特可以考見古音，而古言古義往往存焉。即近代方俗語言，亦或出於其中。余因刺取其不經見者，以類編纂，略如《爾雅》之例，名曰《韻雅》。雖然少所見則多所怪，安知余所謂不經見者博雅之士非所習見乎？又刺取亦不無遺漏，誠無足觀，姑備遺忘云爾。

釋天

寞，天也。六合清朗曰奝。日出曰暾。日光照曰昆。日旱熱曰晥。陰且日明曰暕。日夕昏曰轡。日暗曰曮。日中見絲曰㬎。日光謂之昤曨，謂之咈，謂之𥈢。日無光謂之暘，謂之暜，謂之曖曤，謂之曭㬒。月無光謂之朦朦。靁，雷也。靐靐、靇靇，雷聲也。震雷，霳。大雷，砏磤〔一〕。大風謂之颫，謂之飄，謂之颶。小風謂之颯，謂之颵。颴颶，暴風也。颴飄，狂風也。颬颰，熱風也。飍飍，大風也。涼風，飉。急風，颰。疾風，飌。小旋風，颮。飄颻、颼飀、颭颲，風貌也。風吹貌，颫。風動貌，颯。風聲，飀。雨聲，霫。小雨聲，霎。大雨謂之霈，謂之霔，謂之霫，謂之霰霎，謂之霪霪。小雨謂之溦溦，謂之霢霂，謂之霡，謂之霙，謂之雺，謂之潦。久雨謂之霖，謂之霪，謂之涔濱。霂，霖雨也。霈，美雨也。雨下曰霰，曰漾漾。雨而晝晴曰啓。雨下蟲曰䗂。雨雪雜曰霙。霊，雨也。霖，霰也。霽雲，霙。雲消，霏。雲覆日，霧。霍，雲狀。靉靆，雲貌。霉，露貌。礹礋，電光也。早霜寒曰霰。

釋地

墋，土也。窪，穴也。堝，窟也。高土曰墑。重累土曰堛壀。壏土曰垸。大阜曰墼。小阜曰陙。小隴曰堆垄。小堆阜曰隯。土田，塩。生田，畱。石地惡者，㕫。地土肥者，堉。菜畦謂之壏。耕畦謂之稷。鹽澤謂之皾。墼塊，土貌也。隊，道邊埤也。堚，池塘塍埂也。湫，洩

〔一〕 磤，原訛「礅」，據《宋本廣韻·上平·十八諄》改。

水竇也。衕，巷道也。大谷曰峆。谷空曰谽谺。穴之類曰𥨍。豰，塞外道也。伏，海中地也。田十二頃爲囩。三里爲升。垂瓎，垂棘。大崩，大别。

山足，峡。山側，岬。山道，嶠。曲者，岪。直者，嵿。卑而大者，𡾊。短而高者，崛。相連者，嶙峮。中絶者，巀。嶁嵳，山屈曲也。礹嵽，山連延也。嵰嶮，山不平也。峆岈，山深也。巗屼，山秃也。山阜突謂之𡿺。山左右有岸謂之厒。山旁穴謂之㟤。巖厓之下謂之磡，謂之敂。寮窠、崟厥、嵓巂、嵣峼、碳矶、崪屼、崟嵲、岩嵱〔一〕、岁崱、嵑嶭，山貌也。巆，山貌。峕，山貌。峸，山貌。嶜，山貌。嶼，山峯。巃，山峯。山屬。

泉出曰潗。水聚曰瀷。小水謂之涓，謂之渲，謂之瀅，謂之濈，謂之洴潎。小水相添益謂之澄。大水謂之洭，謂之灟，謂之瀴涬，謂之灪滃。水衝岸壞曰坍。水泛沙動曰瀢沱。潭濼，水動摇也。泂滰，水回旋也。潣，水流平也。濭潰，水流急也。滮滮、湃湃，水流急也。湎涎、滵汩、泌瀄，水流也。滔淡、瀽滔，水滿也。水乾曰涍。水溢曰潰渭。水清曰漻。水不净曰泱瀼。水無波曰淰。水波曰洊、曰潩。水聲曰滍，曰淑，曰湦，曰瀫，曰湖潡，曰湉。衆波聲曰濯洊。水文曰潗瀥。水紋聚曰蹜沺。水潛，汜。水出，淙。水所衝，漴。水涌，瀉瀑。峻波謂之

〔一〕 嵱，疑爲「峉」訛，同「峉」「嶨」。

淵。涸泉謂之㴴。水少謂之𢔶滴。水門謂之澮。所以遏水謂之𦝫膢。水中高土，洔。水涯枯土，氿。水邊大石，砮。以石遏水，砩。絶水渡，灓。壅水，㴜。按物水中曰搵抐。以物納水中曰𩃬。入水又出曰㬎。㵝，水貌。𤃩㵝，浮貌。㳅㳅，流貌。灩灩，風吹水貌。一水有三眼曰濮。二水曰沝。水屬。

釋人

頭圓，顐[一]。面圓，圝。大面謂之䫲頊[二]，謂之顤顝。長面謂之䩽頼、謂之䯤蹔。醜面謂之䩭䪉。面皺曰䤆醾。面柔曰覞䙺。面白曰䤩䤩。面有黑子曰䵹。頭不正曰頿頠。齒不正曰齷齰。身不正曰𠋮。足不正曰躚。大頭曰顝頁。搖頭曰䪼頷。頭向前曰傴僂。䩕䫰，出頭貌也。睍，私出頭視也。頭少髮曰頒顇。秃曰䫂顭。秃瘡曰㾪。白頭曰髡鬆。鬃鬆，髮貌也。剃髮謂之鬀。假髮髻謂之髲。婦人僞髻謂之髻髲。燒煙畫眉謂之䰈。江湘人謂額爲䫫。高鼻曰䶎。鼻塞曰齆。多涕曰齈。去涕曰欶，曰𪖰䶊。嚏曰嚏。鼻仰謂之齞䶑。唇垂謂之𠺕

[一] 顐，原訛「顐」，據《宋本廣韻·下平·二仙》改。

[二] 䫲，原訛「䪾」，據蔡啓盛《校勘記》改。

哆。脣急謂之言言。齒聲，齰。齒病，齬。齒曲生，齹。物在喉曰瘶瘦，曰痸瘦。歐吐曰欱。耳門曰頤，曰聕。耳垢，聹。耳聵，瞠。耳疾，聏。耳黑，聰。耳中聲曰聉，曰耺，曰瞅。聽纔聞曰聽。耳垂曰聑。目垂曰眐。大目曰盼。目有所察曰覭。轉目曰睕眈，曰矔眮。動目曰眴。目睫長曰䀹䀹。目無精曰矘瞵。目病曰睖睄，曰瞵睨。目赤曰矙瞡。睞瞱，目貌也。瞀瞌，視貌也。大視，矆。瞻視，眕。獨視，眐。竊視，瞍。恚視，瞲。不悅視曰眳睁。無畏視曰勉瞀。直視曰䁤盯。狂視曰瘖星〔一〕。視不明曰瞖矘。視不了曰僾俙。縣繩望曰揕。暫見曰覢覹。耳目不相信曰眲。閉目内思曰瞻。視誤謂之覷。言誤謂之論。哃嗐、傾顊〔二〕，大言也。嗼吼、謅謔、吣嚌、讋咮，多言也。呿咋，多聲也。言不節爲詖詾。言無度爲傾頣。言不止爲噎喰。言不了爲嘍嘌。戲言，謳。夢言，謊。惡言，諱訾。謔言，謉譁。怒言，謫謏。狂言，讝謊。强事言語謂之諑。訐人陰私謂之諳。聽音不敢言謂之諳。欺謾之言謂之懵怹。責怒之言謂之詬嘚。歎美之言謂之約誓。陰私小言謂之謅譢。哦哦，口鳴也。誑諏，喉聲。噈，吐氣聲。呋，應聲。囉唻，歌聲。坷，歎聲。䜭叚，笑聲。醅，醉聲。哤嘔，小兒言也。嘓唆，小兒相應

〔一〕視，《宋本廣韻·去聲·三十四嘯》作「病」。
〔二〕顊，原訛「鶡」，據《宋本廣韻·平聲·十九侯》改。

也。吧呀，小兒忿争也。嗁哴，小兒啼也。寐作聲曰㾮。寐中言語曰㾮。大呼用力曰歐。呵叱人曰嗟。不能言曰謳譳。言而不可解曰讕哰。言急謂之詸。行急謂之跡。言不正謂之譁誕，謂之謯諏。行不正謂之尷，謂之尲尬，謂之跉趶。踕踽，開足也。侳傢，開足行也。躩，大步也。邋遢，行也。趁趯，走也。跮踱，乍前乍卻也。踬踞，踏地用力也。趑趄、踧踖，不進也。疲行謂之蹇趧。企足而望謂之躝。𧺆，行貌。僪僪，行貌。趀，小兒行貌。不能行謂之𨁽。唏嚆，小人言也。俉傷，小人貌也。好貌，婠媛。惡貌，䁔䀡。美貌，娓奷。醜貌曰頋顧，曰艴艴，曰顩頰，曰矔睽。短貌，婢妣。短醜貌曰傉倈。笑貌曰歋，曰煦暯。善笑貌曰妗婆。好嗔貌曰惻惰。不達貌曰痴瘵。佯不知貌曰佁僤。癡貌曰皒恒，曰儓倈。輕薄貌曰姑侈。屈强貌曰㔜尢。矗急貌曰譊譟。健貌，眭盱。健而不德曰僬儸。貪貌，飲欣。貪者欲食曰㗊飲。肥貌曰脛膪，曰肶肣，曰休僆，曰腲腇。秃貌曰鬜鬜。可憎曰傑僯。作姿態曰㝳奈。手指文曰膈。手足指節之鳴者曰筋。大腹曰胍肫。股肉曰胱䏰。憴悏，不調也。佛儻，不當也。汀瀅，不遂志也。搆擩，不解事也。敓攰，不安也。讖嗕，不廉也。邋遢，不謹事也。傝㒓，不省事也。怟懱，不憂事也。歁干，不可知也。儳僞、猰犺，不仁也。䜌，迷惑不解理也。慏悜，意不盡也。堨容，不安也。慽愩，意不安也。傝㒓，不自安也。䙡，不安欲去也。剑利，使性人也。佒，詐僞人也〔一〕。忦慘，慳恪人也。伹，拙人也。醜骸，愚人也。惺憽，了慧人也。人有力曰劤勍，無力曰膦輭。小有財曰䝯賜。富有曰賱賰。貧曰贚。無聞見曰哄疑。多智慧曰欻。貪財曰賧賻。貪食曰饞餘。摟揪，取也。战敠，稱量也。買物先入值曰賻〔二〕。戲乞人物曰賏。兵奪人物曰斛斣。行無廉隅曰睡怨。性不端良曰婡婃。行惡曰俳偝。性狹曰愝惼。婉轉謂之擊拔。跳躍謂之趯趀。自强謂之憉悙。心不欲爲謂之懅拒。戀惜謂之婟嫪。無宜適謂之媣嫛。譟譟，惡也。懵㦬，慙也。懛剴，失志也。嫛瞀，無暇也。欧嘎，歎也。憏憹，悦也。饏，含怒也。暖，大笑也。覞，笑視也。噢咿，悲也。吏，不静也。傩傋，不媚也。傝㑃、毷氉，劣也。㼖，善美之稱也。㼖，功勤之名也。頑惡謂之豬豧。狼戾謂之忭愉。多詐謂之儯僭。愛觸忤人謂之傛僁。手相弄人謂之歋歈。呃呃，唾也。欥欥，笑也。勫勫，力作也。矙矙、瞎瞎，不可測也。懶懶，心神恍惚也。叮叮，市人聲也。以手理物爲揉。以手拔物爲㧕。從上擇取物爲扟。以刀解物爲剄剅。置風日中使之乾爲暩。手進物爲擩莝。賭博爲擻蒲。連手唱歌爲踏跆。長跪又拜謂之跫。躍上馬謂之騗。步渡水謂之蹚。躿艆，身長也。㧊姞、跁踦，短人也。砉，老

〔一〕偽，原訛「譌」，據《宋本廣韻·上聲·三十八梗》改。
〔二〕賻，原訛「賻」，據《宋本廣韻·去聲·五十三勘》改。

人年九十也。仯仯，小子也。人初産子曰顮。婦人孕病曰㤎。小兒歐乳曰哯。小兒留髮曰鬌。小兒兇惡曰㪗㰴[一]。老人不知曰㗃。老女謂之媌。嫠婦謂之嬼。婢，母也。齊人呼母曰嫛。楚人呼母曰嬭。江淮人呼母曰媞。羌人呼母曰姐。齊人呼姊曰㜷。㜫，後宮女官名也。嫂，女人惡稱也。女肥曰㛹㜻。女有容儀曰㜕。女作姿態曰㛪㜝。女妬男子曰㛂。罵女人之辭曰老㛖。呼他人曰㞑。秦人呼人曰伱。㾜㾜，病也。㾓㾬，惡病也。瘦㾵，疼痛也。𤺊𤸷，腰膝痛也。腲腇，手足曲病也。傄俩，不伸也。㰦，氣逆也。欶欮，氣逆病也。膙膞，腫欲潰也。聽聻，欲卧也。㝲，熟寐也。睡一覺曰㝯。睡覺曰㝱𧀍。睡初起曰𧀍𧀍。不脱冠帶而寐曰㝰。殗殜，死貌也。殨殀，欲死之貌也。死曰大踦。人户版籍曰簲簰。㤞，戎人，其人身有三角。㝔，野人，其人身有獸文。長鼓，國名，其人髮長於身。獛鉛，南夷之國，其人尾長數寸。餲，食也。㵳，飲也。饘謂之粻。餌謂之餎。餅謂之䴵，謂之麮麴。米粉餅謂之粄糊。糫餅謂之䴵䴵。乾麪餅謂之饐。酒母曰𨢭。酒氣曰酘。美酒曰酏。酒味苦曰醶，曰酐。酒味淫曰䤃。重釀酒曰酎。一宿酒曰𨠊。酒濁曰醔，曰醲醿。酒壞曰酮。酒巡帀曰啉。飲酒俱盡曰醓。能者飲不能者止曰醖。歠酒習之不醉曰漊。醉倒曰躒。醬曰醰，曰醽，曰醣醑。醬上白

[一] 㰴，原訛「頭」，據《宋本廣韻・去聲・五十候》改。

曰醭醂。魚醬曰鯅，曰䔲，曰䤋。肉醬曰脠。豕肉醬曰䐡。南人呼醬爲䤇。南夷呼鹽爲䴸。蜀人呼鹽爲䲡。䰤，鹽也。䤈，醋也。醶，醋別名也。臉臘，羹也。煮肉，腩。割肉，㓞。切熟肉，膹。切熟肉又煮，䏑。五味調肉菜曰䕩。煮魚肉曰䐨。肉半生半熟，䐤。飯半生半熟，䭚。煮米多水謂之䊍。米穀雜謂之䴱。食雜糅謂之䅳。餅堅柔相著謂之䭔。醎菹，䤑。乾菜，䒱。桃菹，醂。鹽漬果，漤。藏梨汁，涞。蜜藏木瓜，粖。䬸，無食味也。䤉䀋，無味也。凡味美者，膶。苦者，醶。甘者，𦎧。酢者，醶醆。薄者爲䤁䤋，爲澉。臭敗者，䭐。歠，䤋也。餡，小食也。餎食謂之餸。嗜食謂之餃。食新謂之嚛。食飽謂之饎。相飯謂之餘。秦人饋喪家食謂之餥孝。楚人相謁食麥謂之餰。食不喚自來謂之䬵䭆。飲食之屬。

衣領謂之䙃。衣袂謂之袘。衣袖謂之襦褠。被袖謂之襩。衿袖曲處謂之䙊。衣前襟謂之袪。衣背縫謂之䙓。短衣謂之䙅，謂之襡，謂之裾裈。長衣謂之袳，謂之衸。頭衣，褔。尻衣，䘸。面衣曰帹，曰䙔䙤。小褌，䘳。小袴，袨。小襦，䘴。小衫，䙊褕。小被，襀䙫。帍，巾也。頭巾，幧。枕巾，帊。布巾，幰。帳上覆曰幍。帛衣謂之幨。罽謂之氈毲，謂之毾㲪。細布謂之絟。衣好曰裒衺。衣破曰襤衫。寬者，裺。大者，𧝶。衣不展者，裝。衣至地者，䙣。衣無袂者，䘿。襌衣謂之袥，謂之䙕。複襦謂之褹。長襦謂之襹。汗襦謂之䙞。䙟䙟，衣動貌也。裻〔一〕，新衣聲也。裧，衣色鮮也。帶頭飾曰釘鈌。襱，袴也。襬，裙也。甃，獵之韋袴也。

裷，韤也。屐，履也。履頭曰韗。履有頸曰屦。索韡履曰韗鞢〔二〕。繩履曰褔。革皮曰鞾。屩

中絞繩曰緉。緣靴縫曰鐃。屧曰鞲鞵。胡履，鞢鞢。胡被，韐。補履謂之靪。補衣謂之紉縩。

婦人衣，䙰。奴人衣，襟。鬼衣，衸，又謂之魃。尼法衣，衹衼。小兒衣，裎衳；其涎衣，褔；

其履，鞔鞁；其皮屨，縶。萆，雨衣也。敗天公，破笠也。衣服之屬。

高屋曰㢈。深屋曰㕁。空屋曰窺。大屋曰廅㡋。地屋曰窨。地室曰㙍。瓦謂之甋。瓦

屋謂之瓴。半瓦謂之瓻。牡瓦謂之㼜，謂之戊。屋棟瓦謂之甗。屋閒謂之㡋。牖旁柱，槺。

門上關，閉。門上小窗，閤。門樓上屋，闔。門限，橉。門扇，閅。闌閬，高門也。㝵，小户也。

門聲曰閬，曰閪，曰闊，曰闐，曰閧。門閉曰闔，曰閘。無門户曰闞閿。窗扇曰篛。窗中網曰䍐。

飛梠，斜桷也。步欄，長廊也。屋壞爲皻㪇。屋破爲膗䐴。構木爲㢘曰㮙。編竹曰籭。宫室

之屬。

〔一〕裻，原訛「裻」，據《宋本廣韻·入聲·二沃》改。

〔二〕索，原訛「素」，據《宋本廣韻·入聲·十九鐸》改。

大鼎謂之鼐。大盂謂之盌盞。小盂謂之柍。小釜謂之銆鏻，謂之銼鑹，謂之鐭。土釜謂之𩰬。瓦盌謂之瓯。漉米竹器謂之匠，謂之籮箕，謂之箕筣。壓酒具謂之杔櫨，謂之醡。打油具謂之榨。炙具謂之弗𩟒。抄飯之具謂之稟。箸桶謂之篴。以籌爲酒律謂之拗攏〔一〕。檑，杯也。椷，杯也。鐳，瓶也、壺也。瓺，瓶也。受一升者，䍃。似瓶有耳者，𤭛。有耳之瓶爲瓶甋。似盤有隔者，檦。堈，甕也。大者爲甓，爲瓯甇。盆底孔爲甂。取水具曰揟。汲水器曰罐。抒水器曰盉。飯臿曰橧。酒器曰𤮿。瓷器，甂。竹器，篘。織蒲爲器，𦈢。筬筐，織具也。縣蠶之簿曰籢。漂絮之簣曰箈。收絲之具曰篗篙。梳絲使不亂者曰杓。桂，田器也。鍽棱，鐵齒杷也。磢礋，田中打草器也。卌，插糞杷也。鈐鏞，大犂也。鑼，耜屬也。凡農具謂之土穙。漁具曰籠簗，曰罶罶，曰罺。取魚之箔曰箱。捕鮹竹器曰箂。以竹笪沈水取魚曰箍。以笱捕魚，其門可入不可出，曰箙。鐵有距，施竹頭以擲魚，曰銛。連絲釣曰釟。海中取魚竹曰籅。䍡，絲網。罨，細網。罒罖，小網。䑷艔，釣船也。罝，罟也。鳥網謂之罨。雉網謂之罦。射鳥箭謂之䒀。弋鳥具謂之䉶。箄箻，所以捕鳥。竹等，所以射鳥。弋射收繳角謂之鱛。艖艃、艕艇、舸艞、艒艢，船也，亦謂之艬，亦謂之艕。船之大者謂之艦，謂之艨艟。兩槽大船謂之艙。

〔一〕《宋本廣韻·上聲·一董》「攏」：「拗攏，籌也。出《酒律》。」

江中大船謂之對艞。海中大船謂之艆，謂之艆艒。船之小者謂之舣，謂之欐。艇船謂之艜。長艇船謂之艕。短船謂之艟。水戰船謂之䑙艡。舟有屋曰艫艦。舟頭畫鷁首曰艗。帆索曰鉄。挽船繩曰絁，曰繂紋。挽船篾曰総。纜舟竹索曰筃。船中飲水之斗曰梔。候風之羽曰綄。船邊木曰樍。捍船木曰戢。船篙木曰椆。船具曰篇、曰艕艵。脩船具曰簷箬。船行曰艥。船不安曰舥。水入船曰淦。蜀人呼舟曰舿。輰䡵，車也。轒輐，兵車也。轙輊，喪車也。車聲，輣轞。車破聲，軎。車籃謂之筤、謂之笑。置板驢上以負物謂之枆。飼馬之籠，篼。刮馬之篦，刷。飤牛之筐，篆。秫䕭，矛也。殝，矛也。鉴錍，斧也。鞓，箭室。箭箙、弧韣，刀室。輸，刀鞁。曲刀曰鏑。鋌二尺曰鈐。以木爲刀柄曰鏑。韔，囊屬，以盛賊頭者也。髕腓，刀箭瘡藥也。角觿弓，李陵以遺蘇武者也。椎謂之柊楑，齊人語也。蘳蘳，鼓鳴也。鼛鼓，鼓初打也。鼖，鼓聲也。腰鼓大頭曰攴。樂器以土爲之相黏曰鉸。脩況，琴也。筊，笙管也。金精，鏽。玉光，璟。鐵文，鐃。銅生五色，鋻。治金曰釟。調色畫繒曰藍〔一〕。畫韋曰鞍。工人治木之器曰錫。屑瓦洗器曰甎甎。牀謂之跘。几謂之肜。榻謂之墹。大篋謂之箕。大櫃謂之櫱。小籠謂之笭箵。炭籠謂之笯。布袋謂之帄。縣物之鉤謂之鑯。鉤倒縣者謂之𥐰。射鼠斗謂

〔一〕藍，原訛「藍」，據《宋本廣韻·入聲·二七合》改。

之梱。帨幭，帷也。襮，棺覆也。輁軸，所以支棺者也。瓨，甀也，亦曰甂甌。大者曰甂坻。大釘曰鈄鏂。老人柱杖曰杘。整髪之釵曰㮇枝。鐍，鎖中鐍也。博欓子，投子也。火乾物曰焅，曰爋。油敗曰膱。器缺曰齾。未成器曰儱侗。器用之屬

釋物

草生曰蓛蕱。草生新達曰莌。草莖疏曰穮。蔓草有刺曰葎。鷄腸草謂之蔽。鼠耳草謂之蘋。狗脊草謂之萩菰。香草曰菩，曰䓍，曰蘿芀，曰樕支。瑞草曰萩菇。毒草曰葶藶。揠，拔心草也。蕕茵，水草也。藸莓、蘄芋、菶菓、蘢蕷，草也。芚，草聲也。菹荁，似韭。菫，似蒜。萩，似蓍。蕄，似芹。菄風菜，生陸地，其莖赤，味如酪，香如蘭。莕菜，生水中。楊枹、萺蕕，菜也。胡荾，香菜也，亦曰香荾。蕵蕪，酸而可食。扶檑，辛而可食。秲穲，稻也。禾盛謂之穊。穗熟謂之秢。禾重生謂之秭䅘。瓝瓞，瓜也。小瓜，瓠。大瓜，瓞。土瓜，芴。冬瓜，菰。青皮瓜，瓞。薵蕏，蒠也。菈遝，蘆菔也。蘈，蒠苡也。簡箐，竹也。篔，竹也。黑竹曰箖，曰筴。桃枝竹曰篙篙，曰篙簸。竹有文者，筡。實中者曰笴，曰篻。易根而死曰箹。笋冬生者，䈽。小

竹謂之笑。胡竹謂之簽。籚西竹，出會稽。太極竹亦曰篩〔一〕，長百丈，南方以爲船。柝，藤也，蜀人以爲布。蘱，菊花也。藕根小者曰葯。凡草木之華，其貌茞蒚。草屬。

樹種謂之豎。小樹謂之榫櫯。木四布謂之榑，其長條謂之楝，其枝相連引謂之婢媛，別生枝謂之岐。木盛貌，蓓。木轉貌，槥。木下交貌，楎。香木曰菜，曰楁。堅木曰槢。樍，樫木也。樍，平仲木也。赤羅子，陽檖木也。槝槦，可以爲箭笴。梂，可以爲笏。槐，可以爲弓。樻梧，可以爲杖。楲，可以爲車輮。枇，其皮可以爲索。椆，青木，其皮葉可以爲衣。皺，桑皮也。水榆子，果名也，出南中。樠，出蜀中，其穗可食。桸，其汁可食。樠欓，其實可食。櫟，其實如甘蕉，厥皮可食。榅桲，其實如樝。机，如榆。栣，如桂。椮，如橦。栯，服之不妬。不凋之木曰梱。芟除林木曰劉。木屬。

鶏謂之雈，又謂之雝。小鶏謂之鷇。鶏雛出殼，其聲䳄。山鶏謂之蝛蛦。野鵝謂之鴾鷞。鶴謂之鵟。鶚謂之鷲。鶌謂之鸛，又謂之鵖。子規謂之鶬。鸕鷀謂之鶦。戴勝謂之鵖鷗。鸊鶔，郭公也。鶆，蚊母也。鴉碼，鵻鶔也。鷉，鶬鸊也。鷉，青色，似鴉鳩。鸃鵟，蒼黑色，似魚虎。鷛鷞，似鴨，鷄足。鴃鴿，似烏，赤足。鵼鵑，似雉，青身白首。鵜，似雕，黑文赤頭。鶽，似

〔一〕太，原訛「大」，據《宋本廣韻·平聲·六脂》改。

鴶，白身赤尾，三目六足。鶪，似山鷄，長尾。鷚，似鵙，短頸。鷵鵲，似鵪鴿而黃。鸑，似雕而斑白。䳟，似鳩，有冠。鳨，似鳧而小。鷉，似鷹而小。鳪，似雉，厥名自呼。鶡，似梟，人面，四目，有耳，見則天下旱。鶿，似梟，人面，所在之國亡。橐𩇯，似梟，人面一足，冬見夏蟄，著其毛使人不畏雷。鵸鷵，似烏。䲰，似烏。鶩，似烏。鴾，似雉。鴲，似雉。鸓，飛生鳥也，飛且乳。飛生，鴺鴣。鶅，小鳥。鴝鵒，小鳥。鶆鴻，美形。鷖鶥，人面。鸏，比翼。鴒鶘，其毛五色。黃鳥，鶬鶊。白喙鳥，鴽。水鳥黑色，鴞。鵓鴿，自爲牝牡。鵁離，自爲牝牡。鸓，三首三足。鵸鵌，三首三翼，六目六足。鸏鷲，喙長尺餘，可爲酒器。鸛鷞，射之則銜矢射人。鳩鴿，鳥喙而蛇尾。鷔，不祥鳥也，白首而赤口。鴜，水鳥也。鴥鴥，越鳥也。鸀鳿、鶇鶅、鶤鵻、鷂鵃、鵖鵅、鵽鵌、鶹鷚、鷗鼠、鸐鵃、鸓鴞、鶘鷚，鳥也。鳥聲曰嘍唳，曰唂，曰唎唎。飛聲曰猸。雉聲曰嗃，曰吵，曰鸗。鳥輕毛曰毴。鳥盛毛曰毪。鳥理毛曰嘬。鳥易毛曰毹。群鳥弄翅曰翁。飛曰翍。初飛曰鷚鷚。小鳥飛曰翉。鳳六翮謂之翸。鳥屬。

猳狐，犬也。大犬，狟。守犬，獖。犬黃白色，獵。黃犬黑頭，狂。短頸，猈。短尾，㹱。遼東大犬，勠。群犬走謂之猋。相吠謂之㹜。獩猶，吠也。猣，吠不止也。獥，小犬吠也。吠聲，猎。齧物聲，獵。犬鬭，獾。鬭聲，猸。犬容頭進曰猣。犬走草曰獵。健者謂之獜獜。呼犬子炊炊。吳人呼犬嘍嘍。南越人呼犬獿獿。駿馬，騉驪。野馬，驨騶、驒騱。蕃馬，駮駞。蕃中大馬，駒駿。馬而兔走曰騅兔。旋毛在脊曰決驥。馬毛逆曰駹。馬色斑曰毦。馬馳謂之驪。馬奔謂之䮴。馬行謂之馮，又謂之騂騂。馬怒謂之驖騿。衆馬走曰驫。健者謂之騡良。乘馬又牽曰䮾。馬行不進曰驪騴。騁馬，似馬，牛尾而一角。牛無角曰牤。牛行遲曰犊，曰犑。牛病曰犒。牛馬病曰瘍〔一〕。豬謂之豨。小母豬謂之豨。小野豬謂之豨。小豚謂之豨。豕行曰彩。豕聲曰豧，曰豞。豕求食曰豩。其糞曰豬。梁之良豕曰豲。胡羊曰羺羖。蜀之石鼠曰鼨，其毛可爲筆。鼸鼣，鼠也。鼪鼠、鼣鼠、鼤鼠、鼱鼩，小鼠。小鼠相銜而行者，鼸鼠〔二〕。鼠一月三易其腸者，鼱鼬。咭，鼠鳴也。圄，駱駝鳴也。欶㰶、欧㰶，驢鳴也。鼣，似鼠。鼸，似鼠而斑頭。豨，似豕而白首。豎居，似猬而赤尾。犼，似牛而白首。犍，似羊而黑。㹢，似狐而黄。獑猢，似猿而白。犣，似牛而一目白首。犪，似牛而人目四角。羜，似羊而白耳九尾。猙，似豹而一角五尾。犵，似彘而黄身白尾。獨狢，如虎而豕鬣馬尾。朱獳，似狐而魚翼。豩，如豕，厥目在耳。羳羜，似羊，九尾四耳，厥目在背。狍，似羊，人面，厥目在腋。羬，似羊，一角一目，厥目在耳後。㹤，似狼。獵狚，似狼。鼸鼬，似猨。犨，似牛。曩，似鼠。虢，似虎而小。虎，似虎

〔一〕瘍，原訛「瘍」，據《宋本廣韻·去聲·四十禡》改。
〔二〕鼸，原訛「鼸」，據《宋本廣韻·上平·五支》改。

而有角，善行水。貒，似狐善睡。鸁，魚身鳥翼。蠪邪，象身鳥喙。飛虡，鹿頭龍身〔一〕，天上神獸也。山𤟤，似犬，見人則笑。犰狳，似魚，蛇尾豕目，遇人則眠。猦母，如猿，逢人則叩頭，小打輒死，遇風還活。驨，似馬而青，一走千里。獑猢，似猿，善超絶巖坂。狏，似狐，出則有兵。𤝞，似犬，其尾白，其目若喙赤，出則有大兵。蠪蛭，似狐，九尾而虎爪，音如小兒，是食人。𧳜獀，是食猛獸。石狪〔二〕，食猴。犽，食鼠。鹿一歲曰麛，二歲曰麈〔三〕。狢，雌者曰㺜，曰貀。麣，黑虎也。虎聲，虓。兩虎爭聲，虤。飛猵，獸也。跊踢，獸也，左右有首。踽，獸足。厹，獸迹。獸所食之餘曰齾。獸屬。

蟾蜍謂之蚥。螗蜋謂之蟈。蚯蚓謂之蟪。螻蛄謂之螜。守宮謂之蠦。鳴蟬謂之蠽。螘謂之蠪蟜。蚍蜉謂之蚼蛘。蜘蛛謂之蝥蠋。蜻蛉謂之蝀蛢。蜻蛚謂之蚻。蠨蛸謂之長蚑〔四〕。蟦蠐謂之蛒，謂之蟦。蟪蛄謂之蛥蚗，謂之螇螰。蚰蜒謂之蛝，謂之蛆蚭。螢火謂之蛢，謂之

〔一〕龍，原訛「鳥」，據《宋本廣韻·上聲·八語》改。
〔二〕狪，原訛「狗」，據《宋本廣韻·入聲·一屋》改。
〔三〕「鹿一歲」二句，原訛「鹿一歲曰麀，二歲曰麠」，據《宋本廣韻·上平·六止》改。
〔四〕蠨，原訛「蟰」，據《宋本廣韻·下平·三蕭》改。

蠦。瓜蟲，蝨。桑蟲，蝨。米蟲，䗪。米中黑蟲，蛆，小者蚌〔一〕。蠰，似鷄而小。蛪蚼，似蟬而小。蠶初生謂之蚡。幺蠶謂之蝹。蠶二眠謂之蠖。分蠶謂之蝝。移蠶就寬謂之蝝。小蜂，蟪。黑蜂，蚣。小蜂生牛馬皮中者，螉蜙。螗螂之卵曰螵蛸。蟬未蜕曰復蛸。朝生暮死之蟲曰蜏。蟹雄者曰蜋螘，其子謂之蟹。蛪，似蟹，四足。擁劍，似蟹，其螯赤，亦曰執火。螚〔二〕，似蟹，生海中。鲘虹，似蟹，生江中。蝬，蛇也。蜿蟤，蛇也。蛇大者曰蟒，是食小蛇，張口則蛇自入。蛇之神者蜃蟦，一身兩首，六足四翼，所見之國旱。鯈蠣，似蛇，色黄，有羽。螐，水蟲也，似蛇而四足，能害人。蜦，蝦蟆也，大如屨，能食蛇。螥，似蜥蜴。蝸蠕〔三〕，似蛙。蝐，似蝦，寄生鼅殼中，食之好顏色。蟞蝺，似蟬，味辛，可食，得其子，厥母飛來就之，亦曰青蚨。鼅鼄，似鼅，多膏，可食。蜛蝫，似鼅，一頭數尾，長二三尺，左右有脚，可食。蝹，似猿，在地下，食人腦。蝚聽，似蜥蜴，居樹上，既下齧人，復上樹，聞人哭乃去。鼁鼊，似鼅，其甲有黑文，可爲飾。蛰，亦曰猥犳，是知天雨，將雨，則於草木之下藏其身。蜌蠆，沙蝨也。三蝬，蛤屬也。螹蠬、螐蠻、蠌蝀、蠮螉、蝬螌、蝀蜆、蠼蝗，蟲也。蟲食草木葉曰蠓。蟲屬。

〔一〕蚌，原訛「蚌」，據《宋本廣韻·上聲·四紙》改。
〔二〕螚，原訛「節」，據《宋本廣韻·入聲·十六屑》改。
〔三〕蝸，原訛「蝙」，據《宋本廣韻·上聲·四十迥》改。

鰸，似蝦無足。鮢，似蝦無足。鮀，似鮎。鰈，似鮎。鮡，似鮎而大。鱄，似鮒而豕尾。鱳，似鯉而鷄足。鮹，似蛇而四足。鱄，似鯉而一目。大魚，魿。小魚，鱊。小鰌，鰓。鰷鮹謂之鮢。海魚曰鮲，曰鰵，曰鮥。海中大蝦曰蝖。馬鰍魚，生東海中。婢魱魚，青衣魚也。朱鱬，魚身而人面。鰧，蒼身赤尾。鮰，有兩乳。鱕，有横骨在鼻前，利如斧。鱀，鼻在額。鱝，口在腹之下尾之上，是有毒。鯖，有翼，出入有光，其聲如鴛鴦，所見之國旱。鮢鯕、鯸鮈、鰻鯠、魟鮹、鰪鰶、鮍魟、鯿�，魚也。魚盛謂之鱻。魚脂謂之䲆。魚不鮮謂之敗。魚游水謂之瀫。割治魚謂之劊。以竹貫魚而乾之謂之鮍。魚屬。

獐，土精，如狆。鵞，土精，如鴈，一足而色黄，犯之殺人。蝺，涸水之精，如蛇，一身而兩頭，呼之可取魚鼈。江婓，神女。褨，大黄負山之神，是能動天地之氣，有夏孔甲實遇之。羅魖，鬼也。殍，女鬼。娏，女神。魃，小兒鬼。鮎，小兒病鬼。魅，癘鬼。鬼火，熚熛。鬼聲，䰧魗。鬼貌，魖。鬼變，傀。嵱山之下，是有鬼市。涓水之中〔一〕，是有神人。善夢之神曰宜檛。竈上祭曰禈。物怪。

妖，小貌。尐，小貌。䚋，小貌。夵，上大下小之貌。𪉺𪉼，高也。窊窔，深也。鑕鑕，多

〔一〕涓，原訛「渭」，據《宋本廣韻·平聲·十虞》改。

也。夠辣、貔貗，多也。膓膓，長也。趹䟔、蹽蹻，長也。㔸跡，長而不勁也。㹃猭，短也。輻轤，不絕也。熑烿，火不絕也。郻郲、輆軩、頨頷、籃䆾，不平也。㪂欹，不齊也。仸僑，不申也。㪁䲀，不安也。厏厊，不合也。齰齖，不相得也。个个，參差也。仳傂，參差也。猗狔、掎抳，猶旖旎也。驃裹、㜸孃，猶便儇也。奊㚗，多節目也。㪙〔一〕敷，無文章也。䫉艶、䊔艶，無色也。䒮艳，色不深也。黵黰，色敗也。黖黷，大黑也。霴霼，不明也。刺㓼，不浄也。膠胗〔二〕，相黏也。縿綮，相著也。摺摍，相和也。攕搔，和雜也。撼㨃，搖動也。鞍韃、礋帞，垂也。軆軳，輭也。皺皴，皮瘦寬也。閜砢，欲傾也。蛆蛆，好也。醃䵘，香也。鯌鰇，臭也。事物之狀。

〔一〕㪙，原訛「㪙」，據《宋本廣韻·去聲·六翰》改。

〔二〕胗，原訛「膠」，據《宋本廣韻·去聲·四十禡》改。

小浮梅閒話　曲園雜纂第三十八

余曲園之中有曲池焉，曲池之中有小浮梅檻，僅容二人促膝。夏日，余與内子坐其中，因録其閒話稍有依據者爲一編云。

嘗論「天地開闢」事，云：有《開闢演義》一書，書中詳言布置日月星辰事，鄙俚可笑。余曰：此本之佛經也。按：《大集經》殊致羅婆菩薩告諸龍言：賢劫初有一天子，名大三摩多，其夫人與驢交而生人，委棄厠中。有羅刹婦收養之，及至長成，身體端正，福德莊嚴，惟脣是驢，故號爲「佉盧蝨吒大仙」，漢言驢脣也。驢脣仙人學於聖法，經六萬年翹於一脚，日夜不下。天見大仙受如是苦，時諸梵衆及帝釋天，并餘上方欲色界等，和合悉來禮拜。問：「大仙聖人欲求何等？」驢脣言：「我念宿命過去劫時，見虚空中有列宿日月五星，晝夜運行。此賢劫初無如是事，汝等憐我，願説日月星辰法用，置立安施，如我所願。」諸天皆悉歡喜，於是二十八宿及日月大小星宿皆次弟安置。據此，則日月星辰乃驢脣仙人爲之也。演義家敷衍此事，泰西人又屬之天主。

又論「武王伐紂」，壹戎衣，天下大定，而世俗有《封神傳》一書，費如許戰争，一切仙佛皆來助戰，究竟何所本？余曰：東晋人僞作《武成篇》，有云：「維爾有神，尚克相予，以濟兆民。」便有此意。《周書·克殷篇》：「武王遂征四方，凡憝國九十有九國，馘魔億有十萬七千七百七十有九，俘人三億萬有二百三十。」魔與人分别言之，不知所謂魔者何謂也。使易《封神傳》爲《馘魔傳》，不亦有典有則乎？至太公封神之説，相傳甚古。《史記·封禪書》：「始皇遂東游海上，行禮祠名山大川及八神，求仙人羡門之屬。八神將自古而有之，或曰太公以來作之。」此即太公封神之説所自來。《太公金匱》云：「武王伐紂，都洛邑。明年，陰寒雨雪十餘日。甲子平旦，五丈夫乘馬車，從兩騎止王門外。尚父曰：『四海之神與河伯、風伯、雨師耳。』使謁者各以其名召之，五神皆驚。武王曰：『天陰乃遠來，何以教之？』皆曰：『天伐殷立周，謹來受命。』」云云。此亦可附會爲太公封神之一證也。《漢書·藝文志》有《太公》二百三十七篇：《謀》八十一篇，《言》七十一篇，《兵》八十五篇，是太公之書甚多，其閒奇怪之事當必不少。《封神傳》所稱「太公射死趙公明」事，考《太公金匱》云：「武王伐紂，丁侯不朝。尚父乃畫丁侯於策，三旬射之。丁侯病大劇，問卜者，占云：『祟在周。』丁侯恐懼，乃遣使者詣武王，請舉國爲臣虜。

尚父乃以甲乙日拔其頭箭，丙丁日拔其目箭，戊己日拔其腹箭，庚辛日拔其股箭，壬癸日拔其足箭，丁侯病愈。四夷聞之皆懼，各以其職來貢。」趙公明事即本此敷衍也。他如元始天尊爲道教之祖，見《隋書·經籍志》；廣成子爲古仙人，見《莊子·在宥篇》；赤松子，見《史記·留侯世家》；赤精子，見《漢書·李尋傳》；九天玄女，見《史記·黄帝本紀》正義引《龍魚河圖》，《舊唐書·經籍志》兵書有《黄帝問玄女法》三卷，云玄女撰。《元史·輿服志》有「東南西北天王旗，並繪神人，右手執戟，左手奉塔」，然則托塔天王亦有本也。哪吒事疑亦出於佛書，按《夷堅志》「程法師」條云：「值黑物如鍾，從林閒直出，知爲石精。遂持那吒火球咒，俄而見火球自身出，與黑塊相擊。」然則哪吒風火輪亦必有本也。

「妲己」，見《尚書·牧誓》枚傳、《史記·殷本紀》，固經史明文也。《晋語》云：「殷辛伐有蘇，有蘇氏以妲己女焉。」韋注曰：「有蘇，己姓之國。妲己，其女也。」《史記》索隱亦云：「妲，字。己，姓也。」是妲己姓己。而袁子才小説乃妄云：「妲，婦官之號。己者，以十干爲次弟。」真無稽之言矣。《晋語》云：「黄帝之子青陽，與夷鼓同爲己姓。」然則妲己固亦貴族之女矣。《代醉篇》引《古今事物考》謂：「商妲己，狐精也。或曰雉精，猶未變足，以帛裹之，宫中效焉。」委巷之談，即今演義家所本。考《竹書紀年》云：「帝辛九祀，伐有蘇，獲妲己以婦。」《通鑑前編》則在「八祀」，《初學記》引《帝王世紀》云「紂二年，納妲己」，未知其究在何年。至其死也，《藝文類聚》及《御覽》等書引《帝王世紀》曰：「周公爲司徒，使以黄鉞斬紂頭，懸於大白之旗。召公爲司空，又使以玄鉞斬妲己頭，懸於小白旗。」是殺妲己者召公也。《古今注》云：「武王以黄鉞斬紂，故王者以爲戒；太公以玄鉞斬妲己，故婦人以爲戒。」則殺妲己者又太公也。《周書・克殷篇》云：「乃適二女之所，既縊，王又射之三發，乃右擊之以輕吕，斬之以玄鉞。」孔晁注云：「二女：妲己及嬖妾。」《史記》亦云：「已而至紂之二女，二女皆經自殺。」則妲己之外尚有一人也。《帝王世紀》云：「紂自燔於宣室而死，二嬖妾與妲己亦自殺。」則妲己之外更有二人也。此固不可考，演義謂妲己有同類姊妹三人，適與古事有合矣。

又論「伯邑考」事。余曰：《史記・管蔡世家》但云「伯邑考既已前卒矣」，不言其所以卒。而《殷本紀》正義引《帝王世紀》云：「紂既囚文王，文王之長子曰伯邑考，質於殷，爲紂御。紂烹以爲羹，賜文王曰：『聖人當不食其子羹。』文王得而食之。紂曰：『誰謂西伯聖者？食其子羹尚不知也。』」是伯邑考見烹於紂，其事乃真有之，非小説妄言也。然伯邑考事亦自有異同。蓋《史記》謂之「前卒」，固先武王而死者。乃《禮記・檀弓篇》：「文王舍伯邑考而立武王。」鄭注曰：「權也。」正義曰：「文王在殷之世，殷禮自得舍伯邑考而立武王。而言權者，殷禮，若適子死得立弟。今伯邑考見在而立武王，故云權也。」據此，又似文王之崩，伯邑考未死矣。

又論小説中多言「驪山老母」。余曰：驪山老母實有其人，非烏有也。《史記·秦本紀》：「申侯言於孝王曰：『昔我先酈山之女，爲戎胥軒妻，生中潏，以親故歸周，保西垂，西垂以其故和睦。」按：上文顓頊之苗裔孫曰女脩，女脩生大業，大業生大費，大費生二子：曰大廉、曰若木。大廉玄孫曰孟戲、中衍，中衍之後遂世有功，其玄孫曰中潏，生蜚廉，蜚廉生惡來。以是言之，戎胥軒爲中潏之父，則中衍之曾孫也。酈山女者，申國之女，故申侯曰「我先酈山女」；申國姜姓，則此女姜氏也。謂之「酈山女」者，申國之君娶於酈山而生此女，故以母名女。謂之「酈山女」，亦猶《左傳》「顔懿姬」「鬷聲姬」之例也。其後自蜚廉至造父五世，周穆王封之於趙城，春秋時趙氏其後也。自惡來至非子六世，周孝王封之秦，至始皇而遂有天下，酈山女之遺澤長矣。《漢書·律曆志》載張壽王言：「驪山女亦爲天子，在殷周閒。」考酈山女爲戎胥軒妻，正當商、周之閒，意其爲人，必有非常材藝，爲諸侯所推服，故後世傳聞有爲天子之事。而唐宋以後，遂以爲女仙，尊曰「老母」。《神仙感遇傳》載唐少室書生李筌，常游嵩山，得《黄帝陰符經》，遇驪山老母，指授祕要。宋鄭所南有《驪山老母磨鐵杵欲作繡鍼圖》詩。小説所稱，非無自矣。

又論「太上老君」。余曰：太上老君有二説：《舊唐書·經籍志》丙部有《太上老君玄元皇帝聖紀》十卷，唐尊老子爲玄元皇帝，則太上老君即老子也。《隋書·經籍志》曰：「有元始天尊生於太元之先，稟自然之氣，常存不滅。每至天地初開，或在玉京之上，或在窮桑之野，授以祕道，謂之開劫度人。然其開劫非一度矣，故有延康、赤明、龍漢、開皇，是其年號，其閒相去經四十一億萬載。所度皆諸天仙上品，有太上老君、太上丈人、天真皇人、五方天帝及諸仙官，轉共承受。」據此，則太上老君又非即老子矣。

古書言美人，多曰毛嬙、西施。毛嬙究何人也？余曰：《莊子·齊物論》篇釋文引司馬彪曰：「毛嬙，古美人。一云越王美姬也。」毛嬙無事蹟可考，固不足論。惟西施事蹟甚著，而亦有可疑者。《管子·小稱篇》曰：「毛嬙、西施，天下之美人也。」考《管子》在吴夫差前幾二百年，而其書已有西施，何歟？然猶可解曰：《管子》之書多後人附益，或非其本文也。乃《莊子·齊物篇》「厲與西施」，釋文出「西施」字，而引司馬曰：「夏姬也。」夫司馬彪乃晋祕書監，西施事昭然在載籍中已數百年，彪豈不知之，而顧以爲夏姬歟？必真不可解矣。或者司馬原文本云「吴王美姬也」，與毛嬙稱「越王美姬」一例，傳寫脱誤耳。至扁舟五湖，古今豔稱之，而《墨子·親士篇》云：「比干之殪，其抗也；孟賁之殺，其勇也；西施之沈，其美也。」西子又似不得其死者。《丹鉛總録》曰：「《修文御覽》引《吳越春秋》逸篇云：『吳亡後，越浮西施於江，令隨鴟夷以終。』且爲之説曰：『浮，沈也，反言耳。』隨鴟夷者，子胥之譖死，西施有力焉。胥死盛以鴟夷，今沈西施，所以報子胥之忠，故云『隨鴟夷以終』。范蠡去越，亦號鴟夷子，杜牧之遂以子胥之鴟夷爲范蠡之鴟夷，乃墮後人於疑網。」以上並升庵説，升庵多臆説，未知可據否。然范蠡事亦有異辭。《呂氏春秋・悔過篇》云：「箕子窮于商，范蠡流于江。」《離謂篇》云：「范蠡、子胥以此流。」是范蠡之死與子胥同。賈子《新書・耳痺篇》云：「范蠡負石而蹈五湖，大夫種繫領謝室，渠如處車裂回泉。自此之後，句踐不樂，憂悲薦至，内崩而死。」可知越之君臣皆不令終。疑吳亡之後，西子仍歸范蠡，及范蠡負石蹈湖，越人亦沈西施於江，使從范蠡，故曰「令隨鴟夷以終」，此「鴟夷」仍謂范蠡。若是子胥，當云「浮西施於江以謝鴟夷」，豈得云「從鴟夷以終」乎？「終」對「始」而言，西施始未嘗從子胥，又何「終」之有？升庵此解，殆失指矣。要之，范蠡、西施事，不妨兩説並存。如《吳越春秋》所云，乃乘扁舟出三江、入五湖，人莫知其所適，則西子亦從范蠡而去，杜牧之詩云「西子下姑蘇，一舸逐鴟夷」是也。如《呂覽》、賈誼所言，則西子亦從范蠡而死，《吳越春秋》逸篇云「越浮西施於江，令隨鴟夷以終」是也。二者孰是，固不可考矣。

因「毛嬙」論及「王嬙」。余曰：王嬙事具正史。《漢書·匈奴傳》：「竟寧元年，呼韓邪單于復入朝，自言願壻漢氏以自親。元帝以後宮良家子王牆字昭君賜單于，號寧胡閼氏，生一男伊屠智牙師，爲右日逐王。呼韓邪死，立雕陶莫臯爲復株絫若鞮單于，復妻王昭君，生二女。長女云爲須卜居次，小女爲當于居次。新都侯王莽秉政，乃風單于，令遣王昭君女須卜居次云入侍。」師古曰：「云者，其女名。」《後漢書·南匈奴傳》：「昭君，字嬙，南郡人也。初，元帝時以良家子選入掖庭，時呼韓邪來朝，帝敕以宮女五人賜之。昭君入宮數歲，不得見御，積悲怨，乃請掖庭令求行。呼韓邪臨辭大會，帝召五女以示之。昭君豐容靚飾，光明漢宮，顧影裴回，竦動左右。帝見大驚，意欲留之，而難於失信，遂與匈奴，生二子。及呼韓邪死，其前閼氏子代立，欲妻之。昭君上書求歸，成帝敕令從胡俗，遂復爲後單于閼氏。」前、後《漢書》所言止此。至《西京雜記》，乃有「誅畫工」之説，所誅畫工，毛延壽、陳敞、劉白、龔寬、陽望、樊育，不止一毛延壽也。至「馬上琵琶」，實非昭君事。《文選》有石季倫《王明君詞》一首，其序曰：「昔公主嫁烏孫，令琵琶馬上作樂，以慰其道路之思，其送明君亦必爾也。」然則琵琶作樂乃因烏孫公主而推之昭君，想當然耳。而至今流布丹青，傳之樂府，杜少陵亦有「千載琵琶」之句矣。《琴操》曰：「王昭君者，齊國王襄女，年十七，獻元帝。」此可補《漢書》所未及。《琴操》又云「昭君吞藥而死」，此殆如《長笛賦》所云「屈平適樂國，介推還受禄」，非事實也。元人馬致遠《漢宫秋》曲云：「明妃和親，行至黑龍江，投江而死。」良由惜其淪落，故創此説，爲美人一洒之事，雖失真，不必辨也。

俗傳秦築長城，有范郎之妻孟姜送寒衣至城下，聞夫死，一哭而長城爲之崩。范郎妻果何人歟？余曰：唐釋貫休《禪月集》有《杞梁妻》一首，云：「秦之無道兮四海枯，築長城兮遮北胡。築人築土一萬里，杞梁貞婦啼烏烏。」似乎哭長城而崩者，即杞梁妻矣。《日知録》謂其「并《左傳》《孟子》而未讀」，此固不足據。所謂范郎妻者，究不知爲何人。《漢書·匈奴傳》：「漢軍乘勝追北，至范夫人城。」應劭曰：「本漢將築此城，將亡，其妻率餘衆完保之，因以爲名。」然則范郎妻疑即范夫人，乃夫死而完保其城，非夫死而一哭崩城，且漢時人非秦時人也。傳者以此事牽合杞梁妻事，致失其實。

俗傳馬融附梁冀，及清河王即位，冀爲人所殺，融賴其女以免。此事有之乎？余曰：此流俗妄傳也。《後漢書·馬融傳》曰：「桓帝時爲南郡太守。先是，融有事忤大將軍梁冀旨，冀諷有司，奏融在郡貪濁，免官，髡徙朔方。自刺不死，得赦還，復拜議郎，重在東觀著述，以病去官。」又曰：「初，融懲於鄧氏，不敢復違忤勢家，遂爲梁冀草奏李固，又作《大將軍西第頌》，以此頗爲正直所羞。」是融生平以此二事得罪名教，至今蒙垢，士君子立身不可不慎也。考《梁冀傳》，順帝時已拜大將軍。帝崩，沖帝始在繦褓，太后臨朝，詔冀與太傅趙峻、太尉李固參録尚書事。沖帝又崩，冀立質帝，帝少而聰慧，嘗朝群臣，目冀曰：「此跋扈將軍也。」冀遂令左右進鴆加煮餅，帝即日崩。復立桓帝。至延熹二年，帝使光禄勳袁盱持節收冀大將軍印綬，徙封比景鄉侯，冀及妻壽即日皆自殺。是時桓帝立十三年矣。清河王蒜者，乃清河恭王延平之子。據本傳，沖帝崩，徵蒜詣京師，將議爲嗣。會大將軍梁冀與梁太后立質帝，罷歸國。蒜爲人嚴重，動止有度，朝臣太尉李固等莫不歸心焉。初，中常侍曹騰謁蒜，蒜不爲禮。及帝崩，公卿皆正議立蒜，而曹騰説梁冀，不聽，遂立桓帝。蒜由此得罪。建和元年，甘陵人劉文與南郡妖賊劉鮪交通，訛言清河王當統天下，欲共立蒜。事發覺，文等遂劫清河相謝暠，將至王宫司馬門，曰：「當立王爲天子，暠爲公。」暠不聽，罵之，文因刺殺暠。於是捕文、鮪誅之。有司因劾奏蒜，坐貶爵爲尉氏侯，徙桂陽，自殺。是清河王蒜在當日實有賢名，沖、質兩帝之崩，皆議立之，乃一時人望所歸，爲冀所阻，不得嗣統，并不得善終，而至今流傳，猶有清河王爲天子之説。直道在人，千載不泯，固如是。夫冀憚清河賢明，立質帝，而質帝有跋扈之疑，立桓帝，卒爲所誅。小人誤國，而仍無益于身家，何益哉！至馬融有女，則見《後漢書·列女傳》，曰：「汝南袁隗妻者，扶風馬融之女也，字倫，少有才辯。融家世豐豪，裝遣甚盛。及初成禮，隗問之曰：『婦奉箕帚而已，何乃過珍麗乎？』對曰：『慈親垂愛，不敢逆命。君若欲慕鮑宣、梁鴻之高者，妾亦請從少君、孟光之事矣。』」云云，與傳奇事實全無一合。又云：「倫妹芝，亦有才義。少喪親長而追感，乃作《申情賦》云。」是融不止一女也。

因馬融遂及蔡邕事。余曰：此則前人論之詳矣。元高則誠《琵琶記》，本爲王四而作，記以「琵琶」名，以其中有四「王」字也。托名蔡邕者，以王四少賤，嘗爲人種菜也。按唐李肇《國史補》載：「江西有驛官，以幹事自任，白刺史：『驛已理，請一視之。』初一室爲酒庫，其外畫神曰杜康。又一室曰茶庫，復有神曰陸羽。又一室曰葅庫，復有神曰蔡伯喈。」則「蔡」「菜」同音，沿訛已久。元曲以「菜傭」爲「蔡邕」，非無自矣。惟《後漢書》本傳云：「父棱，亦有清白行，謚曰貞定公。」注又引《祖攜碑》云：「攜字叔業，順帝時以司空高第遷新蔡長，年七十九卒。長子棱，字伯直，處俗孤黨，不協於時，垂翼華髮，人爵不升，年五十三卒。」則中郎家世犁然可考，不似俗所傳也。陸放翁詩云：「身後是非誰管得，沿邨聽唱蔡中郎。」然則中郎事之流傳失真，不始於元曲矣。長洲褚人穫《堅瓠集》引唐人小説云：「唐有蔡節度者，微時與牛相國僧孺之子繁同學，邂逅文字交，尋同舉進士。才蔡生，欲以女弟字蔡，蔡已有妻趙矣，力辭不得。既而牛能將順於趙，趙亦無妨於牛，東嘉感其事而作此書。」果有此事，則與《琵琶記》適合，惟「唐人小說」不知何書。考《玉泉子》無撰人名氏。云：「鄧敞以孤寒不中第，牛蔚兄弟，僧孺之子，謂敞曰：『吾有女弟未出門，子能婚乎？當爲君展力。』時敞已婚李氏，私利其言，許之。既登第，就牛氏親。不日挈牛氏而歸，牛氏至，知其買己也，請見李氏曰：『吾父爲宰相，兄弟皆在郎省，豈無一嫁處邪？其不幸，豈惟夫人？今願一切與夫人同之。』」云云。此事於牛丞相女頗符，而蔡、趙皆不合，未知《堅瓠》所引即此事否？恐亦不足據也。

又問貂蟬事，有其人乎？余曰：王允與呂布謀誅董卓，初無婦人與其事。惟《後漢書·呂布傳》曰：「卓以布爲騎都尉，誓爲父子，甚愛信之。嘗小失意，卓拔手戟擲之，布拳捷得免，布由是陰怨於卓。卓又使布守中閤，而私與傅婢情通，益不自安。」然則俗傳鳳儀擲戟事固出有因，而所謂貂蟬者即因婢事而附會成之也。《後漢書·董卓傳》：「卓朝服升車，既而馬驚墮泥，還入更衣，其少妻止之，卓不從。」此「少妻」當別一人，非即呂布所通之傅婢也。至呂布妻，不詳何人。《三國志·呂布傳》注引《英雄記》曰：「布見備，甚敬之，請備於帳中坐婦牀上，令婦向拜，酌酒飲食。」又云：「建安元年六月夜半時，布將河內郝萌反，將兵入布所治下邳府，詣廳事閤外，同聲大呼。布不知反者爲誰，直牽婦，科頭袒衣，相將從溷上排壁出，詣都督高順營。」又曰：「布欲令陳宫、高順守城，自將騎斷太祖糧道。布妻謂曰：『宫、順素不和，將軍一出，宫、順必不同心共守城也。如有蹉跌，將軍當於何自立乎？妾昔在長安，已爲將軍所棄，賴得龐舒私藏妾身耳。今不須顧妾也。』布得妻言，愁悶不能自決。」是布固惟婦言是用，然不知妻爲誰氏也。又《關雲長傳》注引《蜀記》曰：「曹公與劉備圍吕布於下邳，雲長啓公，布使秦宜禄行求救，乞娶其妻。公許之。臨破，又屢啓於公，公疑其有異色，先遣迎看，因自留之。雲長心不自安。」據此，則吕布妻必美，且又牽涉關公，雜劇有「關公月下斬貂蟬」事，即因此附會也。

俗傳關公善用刀，至今有「關刀」之名。考之正史，張益德之用矛，則信有之。本傳云：「先主奔江南，曹公追之一日一夜，及於當陽之長阪。飛據水斷橋，瞋目横矛曰：『身是張益德也，可來共決死！』」此張益德用矛之證也。關公本傳無一「刀」字。傳云：「紹遣大將軍顔良攻東郡太守劉延於白馬，曹公使張遼及羽爲先鋒擊之。羽望見良麾蓋，策馬刺良於萬衆之中。」按：《周禮・考工記》「刺兵欲無蜎」，鄭注云：「刺兵，矛屬。」古人用字精審，《關公傳》既用「刺」字，則其殺顔良疑亦用矛；若用刀，必不云「刺」也。《吴志・魯肅傳》：「肅住益陽，與羽相距。肅邀羽相見，各駐兵馬百步上，但諸將軍單刀俱會。」此卻有「刀」字，然恐是佩刀耳。明章潢《圖書編・軍器類》中列「鞭」「鐗」二圖，稱鞭爲尉遲敬德所用，鐗爲秦叔寶所用，識者譏之。世稱「關刀」，殆亦「秦鞭」「尉遲鐗」之類也。又考殺顔良事見本傳，至文醜，則非關公所殺。《魏志·武帝紀》云：「紹騎將文醜與劉備將五六千騎前後至，縱兵擊，大破之，斬醜。」世以顔良、文醜並關公所殺，非事實矣。又殺良、醜在建安五年；至六年，「紹使劉備略汝南，汝南賊共都等應之。遣蔡揚擊都，不利，爲都所破」。是蔡揚事與顔良、文醜事不在一年。世并以蔡揚爲關公所殺，更失之矣。演義事不勝辨，偶因顔良事而及此。

問：諸葛武侯六出祁山事，有否？余曰：此增飾之談也。考《蜀志·諸葛亮傳》：「建興五年，率諸軍北駐漢中。六年，身率諸軍攻祁山，馬謖爲張郃所破，亮拔西縣千餘家，還于漢中。」此一出也。「是年冬，亮復出散關，圍陳倉，曹真拒之，亮糧盡而還」，此再出也。「七年，亮遣陳式攻武都、陰平。魏雍州刺史郭淮率衆欲攻式，亮自出至建威，淮退還，遂平二郡」，此三出也。「九年，亮復出祁山，糧盡，退軍」，此四出也。「十二年春，亮悉大衆由斜谷出，據武功五丈原。其年八月，亮疾病，卒於軍」，此五出也。然則亮自出伐魏止有五次，且惟弟一次、弟四次至祁山，則「六出祁山」非事實矣。《後主傳》：「建興五年春，書丞相亮出屯漢中。六年春，又書亮出攻祁山。」以亮本傳考之，此實一役，蓋以五年出、六年還也。俗傳「六出」，或即因《後主傳》分書兩年而致誤耳。

因《三國演義》而及《西遊記》。余曰：取經之事，自古有之。《隋書·經籍志》云：「張騫使西域，蓋聞有浮屠之教。哀帝時，博士弟子秦景使伊存口授浮屠經，中土聞之，未之信也。後漢明帝夜夢金人飛行殿廷，以問於朝，而傅毅以佛對。帝遣郎中蔡愔及秦景使天竺求之，得佛經四十二章及釋迦立像，并與沙門攝摩騰、竺法蘭東還。」此中國遣使求經之始。又云：「甘露中，有朱仕行者往西域，至于闐國，得經九十章。元康中，至鄴譯之，題曰《放光般若經》。晋元熙中，新豐沙門智猛策杖西行，到華氏城，得《泥洹經》及《僧祇律》。義熙中，沙門支法領從于闐國得《華嚴經》三萬六千偈，至金陵宣譯。又有沙門法顯，自長安游天竺，經三十餘國，隨有經律之處，學其書語，譯而寫之。還至金陵，與天竺禪師跋羅參共辨定。後魏熙平中，遣沙門慧生使西域，采諸經律，得一百七十部。」此皆中國至西域求經故事。而法顯之役，至今尚有《佛國記》一卷，備載顛末。始於後秦姚興弘始二年，與慧景、道整、慧應、慧嵬等同發長安，度隴，至乾歸國、耨檀國，度養樓山，至張掖鎮。又遇智嚴、慧簡、僧紹、寶雲、僧景等諸人，或分、或合、或先還。慧景度小雪山道斃，道整留中天竺不還，獨法顯順恒水東下，乘商人大舶泛海至青州長廣郡畔。計自發長安，六年到中國，即中天竺。停六年，還三年，往返凡十五年，從陸路往，從海道返，其中事蹟頗亦詭異，使敷衍成書，亦一《西遊記》也。乃玄奘事至今婦豎皆知，而此等事湮没不著，事之顯晦，固亦有數邪？

《舊唐書·方伎傳》：「僧玄奘，姓陳氏，洛州偃師人。大業末出家，博涉經論，嘗謂翻譯者多有譌謬，故就西域廣求異本，以參驗之。貞觀初，隨商人往遊西域。玄奘既辨博出群，所在必爲講釋論難，蕃人遠近咸尊伏之。在西域十七年，經百餘國，悉解其國之語，仍采其山川謠俗、土地所有，撰《西域記》十二卷。貞觀十九年，歸至京師，太宗見之大悦，與之談論，於是詔將梵本六百五十七部於弘福寺翻譯。」是玄奘此行，並非奉敕而往，惟其還也，詔爲翻譯耳。所著《西域記》，惜不得見。太宗《三藏聖教序》云：「翹心浄土，往遊西域。乘危遠邁，杖策孤征。積雪晨飛，塗閒失地；驚砂夕起，空外迷天。萬里山川，撥烟霞而進影；百重寒暑，躡霜雨而前蹤。誠重勞輕，求深願達。」此數語亦足見其梗概矣。《太平御覽》引《獨異志》及《唐新語》云：「沙門玄奘，唐武德初往西域取經。行至罽賓國，道險虎豹不可過，奘不知爲計，乃鏁房門而坐。至夕開門，見一老僧頭面瘡痍，身體膿血，牀上獨坐，莫知來由。奘乃禮拜勤求。僧口授《多心經》一卷，令奘誦之，遂得山川平易，道路開闢，虎豹藏形，魔鬼潛跡。遂至佛國，取經六百餘部而歸。」此即小説家之濫觴。《歐陽文忠集·于役志》云：「壽寧寺本徐知誥故第，甚宏壯，畫壁尤妙。周世宗入揚州時以爲行宮，盡杇墁之，惟經藏院畫玄奘取經一壁獨在。」然則玄奘取經事，在五代時已流布丹青矣。

問：世傳《西遊記》是丘真人作，借以演金丹之旨，信乎？余曰：此妄傳也。按：錢大昕《補〈元史·藝文志〉》「地理類」有《長春真人西遊記》二卷，注云「李志常述丘處機事」。此别是一書。按：《元史·丘處機傳》：「太祖自奈曼命近臣持詔求之，乃發撫州，經數十國，爲地萬有餘里。蓋蹀血戰場，避寇叛域，絶糧沙漠，自崑崙歷四載而始達雪山。常馬行深雪中，馬上舉策試之，未及積雪之半。」此丘真人西遊故事，記中所載多及西域地理，故入「地理類」。俗人不知，乃以玄奘事屬之，大非其實矣。

《後漢·西域傳論》有曰：「梯山棧谷，繩行沙度之道；身熱首痛，風災鬼難之域。」注引《前書》杜欽曰：「罽賓悔過來順，使者送至縣度，歷大頭痛、小頭痛之山，赤土、身熱之阪，臨峥嶸不測之深。行者騎步相持，繩索相引。」又引釋法顯《游天竺記》云：「西度流沙，屢有熱風惡鬼，過之必死云云。」然則火燄之山、流沙之河乃真有之。又《述異記》云：「大食王國在西海中，有一方石，石上多樹，幹赤葉青，枝上總生小兒，長六七寸，見人皆笑，動其手足，頭著樹枝。使摘一枝，小兒便死。」亦見《舊唐書·西戎傳》，是所謂「人參果」者亦竟有也。

因論世閒小説亦有所依托，不盡無稽。梁紹壬《兩般秋雨庵隨筆》稱《隋唐演義》所載隋唐閒事，幾於無一事無來歷，信乎？余曰：所載煬帝事，皆本《海山記》《迷樓記》《開河記》三書。此三書並載明吴琯《古今逸史》中，無撰人名氏，本非實録，小説家據以敷衍，較之鑿空撰造者稍有據耳。惟「矮民王義實自宫，不畜妻子，帝未遇害，義先自刎死」，則小説所載又不無增益其詞也。至煬帝諸子，並無至突厥者。《隋書·煬三子傳》：「齊王暕遺腹子政道，與蕭后同入突厥，處羅可汗號爲隋王，中國人没入北蕃者，悉配之以爲部落，以定襄城處之。及突厥滅，歸于大唐，授員外散騎侍郎。」是入突厥者煬帝之孫，非趙王杲也。杲死江都之難，未嘗至突厥，而政道又與蕭后偕往，非如小説所云「王義夫婦奉之而去也」。

又此書托始於秦叔寶，而所載叔寶事多無稽。考《羅藝傳》：「曹州女子李氏爲五戒，自言通於鬼神。高祖聞之，詔赴京師。因往來藝家，謂藝妻孟氏曰：『妃骨相貴不可言，必當母儀天下。』孟篤信之，命密觀藝，又曰：『妃之貴者由於王，王貴色發矣，十日間當昇大位。』孟氏由是遽勸反，孟及李皆坐斬。」是藝妻孟氏非秦也，所傳秦叔寶事多非其實。

因秦叔寶事類及薛仁貴。余曰：據《舊唐書》本傳「仁貴自恃驍勇，欲立奇功，乃異其服色，著白衣，握戟，腰鞬張弓，大呼先入，所向無前。太宗遥望見之，遣馳問：『先鋒白衣者爲誰？』特引見，賜馬兩匹、絹四十匹。」則俗傳爲白袍小將，固有徵矣。高宗稱其「北伐九姓，東擊高麗，漢北、遼東咸遵聲教者，並卿之力也」，則其爲一朝名將，固不必言。其子訥自有傳：「始爲藍田令，其後突厥入寇，武后以訥將門，使攝左武威將軍、安東道經略。久當邊鎮之任，累有戰功。開元二年，討契丹，爲所覆，訥脱身走免，制削其官爵。吐蕃寇臨洮，以白衣攝左羽林將軍，爲隴右防禦使，大破賊衆。録功，拜左羽林軍大將軍，復封平陽郡公，卒謚昭定。」史稱其「沈勇寡言，臨大敵而益壯」，是訥固不愧將門之子。其弟楚玉，開元中爲幽州大都督府長史，以不稱見代而卒。訥子暢，拜朝散大夫。薛氏一門，可考者如此。世人附會云「薛家世爲名將」，則非也。

《舊唐書・高祖二十二子傳》：「衛王元霸，高祖第三子也，早薨，無子。武德元年，追贈衛王，謚曰懷。」是元霸一無事蹟，而小説家乃傳其神勇，不知其所自矣。

問：虬髯公事有否？余曰：此雖本唐人小説，亦不足據。《虬髯本傳》稱：「貞觀中，靖位至僕射。東南蠻奏曰：『有海賊以千艘，積甲十萬人，入扶餘國，殺其主自立，國内已定。』」考新、舊《唐書》並無扶餘國，惟高麗、百濟並云「扶餘之别種」也。高麗國中有扶餘城。武德七年，高麗王建武懼伐其國，乃築長城，東北自扶餘城，西南至海千有餘里。是高麗方據扶餘城以自固，豈他人得襲而有之也？又考《薛仁貴傳》云：「乾封初，高麗大將泉男生内附，遣將軍龐同善、高等迎接之。男生弟男建，率國人逆擊。仁貴領驍勇赴救，乘勝進攻扶餘城，遂拔扶餘城。扶餘川四十餘城，乘風震慴，一時送款。」使誠有虬髯事，亦不久殘破矣。

演義家所稱名將，在唐曰薛家，皆薛仁貴子孫也；在宋曰楊家，皆楊業子孫也。薛家事既考之矣，楊家事如何？余曰：楊業諸子，見於史者曰延朗、延浦、延訓、延環、延貴、延彬，而延昭最知名，即延朗改名也。史稱「延昭智勇善戰，所得奉賜悉犒軍，未嘗問家事。出入騎從如小校，號令嚴明，與士卒同甘苦。遇敵必身先行陳，克捷推功於下，故人樂爲用。在邊防二十餘年，契丹憚之，目爲楊六郎。」至今，「楊六郎」之名固猶在人口也。「延昭子文廣，以討賊張海，功授殿直。范仲淹宣撫陝西，置麾下，從狄青南征。後爲定州路副都總管，遷步軍都虞候。」蓋亦不墜其家風者，此楊家之大略也。

因論宋人之最著者曰包龍圖，幾於婦竪皆知，所傳事實固有徵乎？余曰：包孝肅之爲人，《宋史》本傳稱「其性峭直，惡吏苛刻，務敦厚，雖甚嫉惡，而未嘗不推以忠恕」，則與世所傳亦小異矣。惟史載其「知天長縣時，有盜割人牛舌者，主來訴，拯曰：『第歸，殺而鬻之。』尋復，有來告私殺牛者。拯曰：『何爲割牛舌而又告之？』盜驚服。」則亦頗有鉤距之術，世所演爲龍圖公案者，或即由此也。至元人百種曲有「斷立太后」事，此乃借李宸妃事爲之。考《宋史》：「李宸妃，杭州人。初，入宫爲章獻太后侍兒，真宗以爲司寢。已而生仁宗，章獻以爲己子。仁宗即位，妃默處先朝嬪御中。終太后世，仁宗不自知爲妃所出。明道元年，疾革，進位宸妃，薨，年四十六。後章獻太后崩，燕王爲仁宗言：『陛下乃李宸妃所生。』仁宗號慟，尊爲皇太后。」是李宸妃本末如是，安有如俗所傳者哉？直以爲章獻所抑，當時本有死於非命之説，故傳至後世，猶有此紛紜之論耳。按：王銍《默記》載：「有王氏女，自言得幸神宗，生子冷青，以繡抱肚爲驗。趙概、包拯鞫得其姦詐狀，並處死。」則與世所傳適相反也。而《默記》又載：「張茂實太尉，章聖之子，尚宫朱氏所生。章聖畏懼劉后，凡後宫生皇子、公主俱不留，以與内侍張景宗，令養視，遂冒姓張。」又云：「厚陵爲皇太子，茂實入朝，至東華門外，居民樊用者迎馬首連呼曰：『虧你太尉！』茂實惶恐，執詣有司，以爲狂人而黥之。」是當時此等異説甚多，宜流傳至今以爲口實也。

又論狄青事。余曰：狄青本傳但云：「臨敵被髮，帶銅面具，出入賊中，皆披靡莫敢當。」無他異也。然起家行伍，位至樞密使。史稱言者以青家狗生角，且數有光怪，請出青於外以保全之。《歐陽文忠集》有《論狄青劄子》，極言其「以武臣掌機密而得軍情，於國家不便」，且以朱泚事爲戒，則在當日已嘖有煩言，小説家神奇其説，固無怪矣。《清波雜志》云：「向於建康，於鄰人狄似處，見其五世祖武襄公收儂智高時所戴銅面具及所佩牌，上刻真武像。世言武襄乃真武神也。」此即小說家所本。

因問：宋時貝州王則之亂，如俗所傳否？余曰：王則之亂在宋仁宗慶曆七年冬，凡六十六日而平。其討平之者，文彥博、明鎬也。王則事詳《明鎬傳》，曰：「王則，本涿州人。歲饑，流至恩州，隸宣毅軍爲小校。恩、冀俗妖幻，相與習《五龍》《滴淚》等經及圖讖諸書，言釋迦佛衰謝，彌勒佛當持世。州吏張巒、卜吉主其謀，約以慶曆八年正旦，斷澶州浮梁，亂河北。會其黨潘方淨以書謁北京留守賈昌朝，事覺被執，故不待期，亟以七年冬至叛，僭號東平郡王。以張巒爲宰相，卜吉爲樞密使，建國曰安陽，改年曰得聖。」是張巒、卜吉皆實有其人，餘則烏有子虛也。《宋史·列女傳》云：「趙氏，貝州人。王吉反，聞趙氏有殊色，使人劫致之，欲納爲妻。趙日號哭慢罵求死，賊愛其色，不殺，多使人守之。乃紿曰：『必欲妻我，宜擇日以禮聘。』賊信之，使歸其家。家人懼其自隕，得禍於賊，益使人守視。賊具聘帛、盛輿從來迎。趙與家人訣曰：『吾不復歸此矣。』問其故，曰：『豈有爲賊污辱至此而尚有生理乎！』遂登輿，涕泣而去。至州廨，舉簾視之，已自縊輿中死矣。」今小說亦載此事，蓋真有之。

因問宋江、方臘事。余曰：宋江事見《張叔夜傳》：「叔夜再知海州，宋江起河朔，轉略十郡，官兵莫敢嬰其鋒，聲言將至。叔夜使間者覘所向，賊徑趨海瀕，劫鉅舟十餘，載鹵獲。於是募死士得千人，設伏近城，而出輕兵距海，誘之戰。先匿壯卒海旁，伺兵合，舉火焚其舟。賊聞之，皆無鬬志，伏兵乘之，擒其副賊，江乃降。」是宋江降後，無使討方臘事。方臘事見《童貫傳》云：「方臘者，睦州青谿人也。世居縣堨村，托左道以惑衆。初，唐永徽中，睦州女子陳碩真反，自稱文佳皇帝，故其地相傳有天子基、萬年樓，臘益得憑藉以自信。時吴中困於朱勔花石之擾，比屋致怨，臘因民不忍，宣和二年十月起爲亂，自號聖公，建元永樂。蘭谿靈山賊朱言、吴邦，剡縣讐道人，仙居吕師囊，方巖山陳十四，蘇州石生，歸安陸行兒皆合黨應之。徽宗始大驚，遣童貫、譚稹爲宣撫制置使，率禁旅以東。三年四月，生禽臘及妻邵、子亳二太子、僞相方肥等五十二人。」又《韓世忠傳》：「方臘反，世忠以偏將從王淵討之。時有詔：能得臘首者，授兩鎮節鉞。世忠窮追至睦州清谿峒，問野婦得徑，即挺身仗戈直前，度險數里，擣其穴，格殺數十人，禽臘以出。辛興宗領兵截峒口，掠其俘爲己功。」是禽方臘者，韓世忠也。乃生前既爲辛興宗冒功，而數百年後稗官演説又歸之於武松，抑何蕲王之不幸也！惟《侯蒙傳》：「宋江寇京東，蒙上書言：『宋江以三十六人横行齊魏。官軍數萬，無敢抗者，其才必過人。今清谿盜起，不若赦江，使討方臘以自贖。』帝曰：『蒙居外不忘君，忠臣也。』命知東平府，未至而卒。」是赦宋江以討方臘，侯蒙有此議，而實未之行，小説家即本此附會耳。又宋江原止三十六人，周公謹載其名於《癸辛雜志》，云：「宋江、晁蓋、吴用、盧俊義、關勝、史進、柴進、阮小二、阮小五、阮小七、劉唐、張青、燕青、孫立、張順、張横、呼延綽、李俊、花榮、秦明、李逵、雷横、戴宗、索超、楊志、楊雄、董平、解珍、解寶、朱仝、穆横、石秀、徐甯、李英、花和尚、武松。」今小説家以三十六人爲天罡，又增益地煞七十二人。而此三十六人中，晁蓋又不與焉，李英訛爲李應，皆非其真也。明郎仁寶《七修類稿》云：「《三國》《宋江》二書，乃杭人羅本貫中所編。昨於舊書肆中得鈔本《録鬼簿》，乃元人大梁鍾繼先作，載元、宋傳記之名，而於二書之事尤多。」據此，知原亦有本，因而增成之也。

嘗縱論傳奇，因及崔、張事。余曰：此本唐人《會真記》，夫人而知之矣。惟所謂鄭恒者，據《唐・宰相世系表》，鄭氏二房允伯後，實有名恒之人。今濬縣有一碑云《唐故滎陽鄭府君夫人博陵崔氏合祔墓誌銘》，給事郎試太常寺奉禮郎攝衛州司法參軍秦貫撰。碑稱「府君諱恒」，則即其人也。其云「高祖世斌」「曾祖元嘉」「祖有常」「烈考探賢」。按：《世系表》世斌、元嘉實有之，然恒則敬道之後，世斌、元嘉則敬德之後，與碑固不符也。據碑，恒享年六十，夫人以大中九年正月十七日病終，年七十有六。女一人，適范陽盧損之。嗣子六人：頊、珮、瑾、玘、瓚、琬。考金石者謂足辨《會真記》之誣，然此有二碑，一碑云「府君諱恒」，一碑云「府君諱遇」，文皆相同，疑好事者得鄭遇碑而易其名曰「恒」以欺世耳，未足據也。

又及王十朋事。余曰：此讕言不足據。褚人穫《堅瓠集》引《南窗閒筆》云：「錢玉蓮，宋名妓，從孫汝權。某寺殿梁上題『信士孫汝權同妻錢玉蓮喜捨』。」又引《聽雨增筆》云：「孫汝權乃宋朝名進士，有文集行世。玉蓮則王十朋之女也。十朋劾史浩八罪，乃汝權嗾之。史氏子姓怨兩人刺骨，遂作《荆釵記》，以玉蓮爲十朋妻，而汝權有奪配事。」此二書余皆未之見，未知足據否。要之，王十朋事與蔡中郎同一不根也。

又及《西樓記》。余曰：袁子才《隨園詩話》云：「龔端毅公《定山堂集》有《觀袁凫公水部演西樓傳奇》一首，蓋康熙初年事也。所云虞叔夜，即凫公之托名。王子堅先生曾親見凫公，短身赤鼻，長於詞曲〔一〕；莫素輝亦中人之姿，面微麻，貌不美，而性耽筆墨。故兩人交好，爲趙某所忌，故假趙伯將以刺之。」又紀文達《如是我聞》云：「《西樓記》稱穆素暉豔若神仙，吴林塘言其祖幼時及見之，短小而豐肌，一尋常女子耳。」以袁、紀兩公所言徵之，則穆素暉果實有其人也。

元人雜劇有「吕洞賓度城南柳」事，然則世所傳「柳仙」，其信有之乎？余曰：此傳訛也。

〔一〕　曲，原訛「典」，據蔡啓盛《校勘記》改。

據宋鄭景望《蒙齋筆談》云：「余記童子時，見大父魏公自湖外罷官還，道岳州，客有言洞賓事者，云：『近歲常過城南一古寺，題二詩壁閒而去。其一云：獨自行時獨自坐，無限時人不識我。惟有城南老樹精，分明知道神仙過。』説者云寺有大古松，吕始至時無能知者，有老人自松顛徐下致恭，故詩云然。」《四庫全書題要》云：「全録葉夢得《巖下放言》文。」然則老樹乃松也，非柳也。傳寫者誤「老樹精」爲「柳樹精」，遂訛傳爲「柳仙」，亦可笑矣。洪邁《夷堅志》云：「岳州城南有吕仙翁詩，所謂『惟有城南老樹精，分明知道神仙過』也。至建炎中，松猶存。紹興二十三年，大風拔樹無數，此松遂枯。有道人適至，折已仆一枝插于旁，咒曰：『彼處難安身，移來這裏活。』自是日以暢茂，即今穉松也。道人蓋翁云。」然則此松當日固在人耳目前，豈得改爲柳也？

坊閒有《今古奇觀》一書，雜取古事敷衍成書。如許武事，見《後漢書·許荆傳》，此固本之正史者。他如羊角哀事，出《烈士傳》；引見《文選》注。吴保義事，出《紀聞》；引見《太平廣記》。裴晉公事，出《玉堂閒話》；李汧公事，出《原化記》。但不云李汧公。其餘如《金玉奴》爲紹興閒士人事，《王嬌鸞》爲天順閒周廷璋事，《芙蓉屏》爲至正中崔英事，《鳳皇球》爲萬曆初吴江錢生事，《鴛鴦簿》爲嘉靖閒崑山民事、《百寶箱》爲萬曆閒浙東李生事，有《情史》一書羅列無遺，惜《情史》不注所出書，余亦不能言也。又蔡女忍辱報仇，見祝允明《野記》，蓋亦明代事。按：《七修類稿》云：「小説起宋仁宗時，太平盛久，國家閒暇，日欲進一奇怪之事以娱之，故小説得勝頭迴之後即云『話説趙宋某年』。」云云。然則此書固小説之正宗矣。惟以伯牙爲俞姓，則不可信。偏考古書，未有言伯牙之姓者，不得假借爲衰宗生色也。

《紅樓夢》一書膾炙人口，世傳爲明珠之子而作，明珠之子何人也？余曰：明珠子名成德，字容若。《通志堂經解》每一種有「納蘭成德容若序」，即其人也。恭讀乾隆五十一年二月二十九日上諭：「成德於康熙十一年壬子科中式舉人，十二年癸丑科中式進士，年甫十六歲。」然則其中舉人止十五歲，於書中所述頗合也。此書末卷自具作者姓名曰「曹雪芹」。袁子才《詩話》云：「曹練亭，康熙中爲江寧織造，其子雪芹，撰《紅樓夢》一書，備極風月繁華之盛。」則曹雪芹固有可考矣。又《船山詩草》有《贈高蘭墅鶚同年》一首云「豔情人自説《紅樓》」，注云：「傳奇《紅樓夢》八十回以後俱蘭墅所補。」然則此書非出一手。按：鄉、會試增五言八韻詩，始乾隆朝。而書中叙科場事已有詩，則其爲高君所補可證矣。納蘭容若《飲水詞集》有《滿江紅》詞「爲曹子清題其先人所構楝亭」，即曹雪芹也。

續《五九枝譚》　曲園雜纂第三十九

尤西堂有《五九枝譚》，余曾命精舍諸生續之，因亦作此。詞藻不及西堂，枝離繆葛殆有過之矣。

地實而有形，天空而無物。去地一尺如此，去地億萬里至於無算亦止如此。世俗謂天上有鬼神，誤矣。有人之處，方有鬼神；人所不能到，則鬼神亦無有。

鬼神依人而行。吉人爲善，自有吉神依之；凶人爲惡，自有凶神依之。吉神依吉人，無事左之右之，有事護持之。凶神依凶人，方其盛也，則助之爲惡；及其衰也，從而侮弄之，甚者殺其身。

《易》曰：「窮則變，變則通，通則久。」變也者，正所以爲久計也。然在未變之時，則固非人意計之所能及。且如春秋之時，設有告之者曰：「今而後將有所變革矣。」以大者言之，天下之諸侯，大而晉、楚、齊、秦，小而邾、滕、莒、杞，皆將蕩然無有。而以守令治之如今之邑宰者，然人必譁然不信也，曰：「自有天地，即有封建，此豈可變乎？」又以小者言之，席地而坐，列鼎而食，異日不復然也。坐則椅橙，食則槃椀，人又譁然不信也，曰：「凡事可變，飲食之事不可變。高坐而食，跪跪不安，尚能下咽乎？」乃數百年後竟如其説，此古人所不料也。天地無窮，耳目有限，遷流所至，固不能以管窺蠡測矣〔一〕。百世可知，亦是言其常理耳。

「天下雖安，忘戰必危」，此爲三代以上言之也。三代以上，兵農不分，兵即農也。於農事之暇，講習戎事，肄坐作進退之法，辨鼓鐸鐲鐃之用，有備無患，法至善也，故曰「忘戰必危」。至於後世，兵農分矣。所謂兵者，乃其桀驁不馴之人，好勇鬬狠〔二〕，愍不畏死之尤者也。聚此等人千百爲輩，置之一處，譬猶豢千百虎狼於欄檻之中，稍有疏虞，咆哮突出，攫市人而食之矣。自昔承平之世，兵額往往不足，其挂名於籍者，疲癃老弱無所不有，非不知其不足用也，雖不足用，固不爲患。若夫四郊無壘而好言兵旅，移軍容而入國，出利器以示人，聚彼好亂之徒，假以殺人之具，此豈可以久而不變邪？故三代以下不忘戰尤危。

〔一〕 窺，原訛「規」，據詞義改。
〔二〕 狠，原訛「狼」，據蔡啓盛《校勘記》改。

衛靈公問陳，孔子對以「未學」，然則孔子不知戰矣。而又曰「我戰則克」，何歟？子曰：「善人教民七年，亦可以即戎矣。以不教民戰，是謂棄之。」蓋「教」之一字，孔子之兵法也，是故人人言富强，而孔子言富教，教即所以爲强也。此意惟孟子得之，故曰：「壯者以暇日修其孝、弟、忠、信，入以事其父兄，出以事其長上，可使制梃以撻秦楚之堅甲利兵矣。」孝、弟、忠、信，即是兵法。孔、孟韜略，百倍孫、吴。

孟子言「夫志，氣之帥也」，此言即可悟養生之理。蓋人之所以運動而生者，皆氣爲之也。然用氣如用兵，必以心爲之帥，帥得其職，則可以用兵。而兵有捍禦之用，無譁潰之虞，心得其職，則可以用氣。而氣有運動之功，無潰決之患，苟氣不爲心用而自爲用，譬猶兵無紀律，其病百出，結而爲瘤贅，隔而爲癰疽，奔而爲喘欬，甚者以氣動心，或爲狂易，或爲癡騃，心且聽命乎氣而爲大亂之道矣。學者要使心得其職，不爲氣用，乃可以調服龍虎，和養鉛汞，而得水火既濟之道也。

醫者，仙聖之所作也。仙聖既没，醫遂失傳矣。世謂用藥如用兵，余謂用兵易、用藥難，何也？兵以禦敵，敵之所在，其來何從，其去何往，斥堠可憑，偵探可得。藥以治病，病藏於中而不可見也，診之於脈，脈又微妙而難言也。敵顯而病隱，其難一矣。以兵遇敵，則有戰而已矣。

譬猶大黄、芒硝，專事攻擊，無他事也。病則不然，有宜攻者，有宜補者，有攻補均不可而補爲攻、攻爲補者。譬猶兩軍相接，奔命不暇，而又欲使游夏之文學兼化以弦歌，卓魯之循良更敷其惠澤〔一〕。是用兵惟一道而用藥有多方，其難二矣。以是而言，醫豈易爲哉？有周公之才之美，而後《周禮》三百六十官可以治國；有黄帝、岐伯之聖之明〔二〕，而後本草三百六十種可以治病。不然，則惟有時其起居，節其飲食，庶幾無疾而已。不幸有疾，亦勿服藥，宜以養心者治氣，使氣血調和，疾當自去也。

《曲禮》「八十九十曰耄」，鄭注曰：「惛忘也。」可知老而善忘，理所宜然，即如曾子暮年，惛忘特甚。或問何以知之，余曰：孟子稱曾元養曾子必有酒肉。問「有餘」，曰「亡矣」，將以復進也。曾元既以亡對，何敢復進？不畏曾子詰問邪？可知曾子老耄善忘，移時之語不復記憶。曾元但求老父加餐，不欲分甘子婦，故「亡矣」之對，聊以應一時之問；既而復進，則曾子已不記有向者之言也。即此一事，而曾子老耄情形，千載下猶可想見矣。吾家太夫人年逾九十，精

〔一〕惠，原訛「患」，據蔡啓盛《校勘記》改。
〔二〕岐，原訛「歧」，據蔡啓盛《校勘記》改。

力未衰，而健忘則日甚，因書此語聊以自寬。

古之言經者，曰五經，曰六經，曰七經，曰九經，至於今而十三經列于學官。學者從事其中，已有莫殫莫究之歎。然經固止於十三，而不能益之至於十四也。史則不然：自漢以來才二千餘年，而號爲正史者二十有四；然則此後再二千餘年，不且爲四十八史乎？過此以往，又豈可以數限乎？且後之史必緐於前之史，宋之享國不如漢唐之久，而史則倍於漢唐；元之享國更短，而史亦與漢唐等。若以元爲率，大約一百年之國，可得二百卷之史。準此以推，河漢無極，不特不能讀，且亦非吾人畝宫堵室所能容也。隋劉臻精於兩《漢》，時稱「漢聖」。然兩《漢》本不甚多，研精乎此，譬猶專一經耳。後世之史，恐臻亦不能聖矣。故史日盛而史學日衰，亦不可如何者也。

《戴記》録衛孔悝鼎銘，此古人之陋也。夫論銘而止舉孔悝一銘爲證，亦淺之乎論銘矣。蓋漢時古鐘鼎彝器多未出土，人所罕見，偶得此銘，見其文詞古雅，異而録之，遂爲戴氏所掇取，至今列之於經文章傳後，有幸不幸，此亦其一也。若在趙宋以來，古器日出，歐、趙以後著録益多，銘之佳者不勝舉矣，孔悝之銘，其人其事皆不足言，又何足録？

古人之書直傳，後人之書横傳。何以言之？古人力量大、氣魄厚，其所著書生前往往深藏不出，其子若孫世世守之，其門弟子亦世世守之，積十數傳後乃始流布，而遂以大顯於世。如公、穀之於《春秋》皆口相傳受，至漢世始著竹帛，而至今列於學官，人人誦習，此所謂直傳者也。後世則不然，其力量、其氣魄固遠遜古人，而子孫又無弓冶、箕裘之學，門下弟子又無抱殘守缺之心，甚者文人相輕，俗流多忌，白香山之文封於塵篋，李長吉之詩投之糞厠，如此之類又豈少哉！故自五代和凝自刻其集，宋後士大夫踵而行之，要在及我生前手定詩文，傳之海内，先使海内多有其書，然後希冀百餘年後，有一二本之倖存者以傳之永遠，此所謂横傳者也。古人不横傳而能直傳，後人欲直傳必先横傳，此亦古今之異矣。

生前有二事，人人歸之於命：科名，一也；官職，二也。死後有二事，我亦歸之於命：文章傳世，一也；没而爲神，二也。唐宋人著述，湮没不傳者豈少？而流傳至今者，往往亦不甚佳。文章之傳不傳，豈非命乎？蔣子文，秣陵一尉耳，六朝時尊之爲帝，至以配天，鍾山之廟至今猶在。夫古來奇偉非常之士高出於蔣者，不知凡幾，何彼之没没、此之赫赫也！且亦非獨蔣也，張惡子似非令名，劉猛將軍、金龍大王，羌無故實，如此之流蓋亦多矣，没而爲神，豈非命乎！

仁義者，先王之蘧廬，可一宿而不可久處也。仕宦亦然，人若終身不入仕途，未免氣象酸寒，儀容草野；然久於其中，則又適人之適，而不能自適、共適矣。嘗謂人生不過數十寒暑，仕宦當以十年爲限，過此便少味也。若如唐之裴晋公、宋之司馬温公，以身繫社稷安危者，則固不以此論。

余自河南學政罷官歸，年三十七歲，凡挾星相之術者，皆謂是歲也。於法不宜失官，疑其術之不中。余謂此非術之不中也，凡事初無一定，大小、輕重各依其心爲之。人之視官甚重，其視官之得失甚大，則其得之也運必極旺，其失之也運必極衰，執星相之説者乃得而測之。若余之視官也初不甚重，視官之得失也初不甚大，則亦何關乎運之衰旺哉？星命家之所得而推測者，衰旺耳；既無關乎衰旺，又烏得而測之？

文章必自出機杼，雖摹倣六經，可恥也。孔子之《周易》，所謂「不可無一，不可有二」者，楊子《太玄》可不作矣。《玄包》《潛虚》，陳陳相因，何爲者？乃讀樓鑰《攻媿集》，則又有《蘊書》，余橦撰，以八起數，擬《太玄》《潛虚》以爲書，今無知其書者，亦可歎也。余以新意爲《五行占》，初亦思各繫以辭以備占驗，鑒乎此，遂不作。

余甚喜漢人之字，甚不喜漢人之畫。凡漢人之字，雖至拙者，亦覺其可愛；至漢畫之流傳於石刻者，不知其佳處安在。《西京雜記》稱：「杜陵毛延壽爲人形，醜好老少必得其真。安陵陳敞，新豐劉白、龔寬，並工爲牛馬飛鳥衆勢。」恐諸君所畫，必非如今所傳武梁畫像等類也。

殆由漢時名蹟久已無存，石刻所傳則皆拙工爲之，如今世朽者畫官府照壁、石工於牌坊墓碣雕刻人物耳。世人以其久也，從而寶貴之，是亦好古者之癖也。

或曰：古人之字，何以古拙乃爾？後人百計摹仿，卒不能肖，其故何也？余謂古人用筆次第便與今人不同。今人自童稚時學書，一點一畫必有一定之序。古人則不然，任意爲之，意到筆隨，初無成見。《廣韻・十二齊》「桂」字下注云：「《後漢太尉陳球碑》有城陽炅横，漢末被誅。有四子：一守墳墓，姓炅；一子避難居徐州，姓昋；一子居幽州，姓桂；一子居華陽，姓炔。此四字皆九畫。」今數之，「炅」「昋」「炔」皆八畫，「桂」十畫，無九畫者。可知漢人作字，「日」字作五筆，竟是中作三畫，旁作二竪也；「圭」字作五筆，竟是先作四畫，後作一竪也。今人作「日」字，先作丨，再作𠃍，再作二。即此，便有天趣、人工之別，安得如古耶？

古人以策算，後人以珠算。今人或以筆算，不以策、不以珠，而惟操管城子，從事至簡易矣。然併、減、乘、除算法之始事，而自來筆算家於併法但曰「若干數併得若干數」，則口算而非筆算矣。余偶得一法：先列萬、千、百、十、單之位，幾萬、幾千、幾百、幾十，各就本位作「、」記之，一一記訖，乃從末位併起，滿十點則以筆抹去之而於上位加一點，至最上一位而止，乃視各位抹去之餘數，即知幾萬、幾千、幾百、幾十之數。此法雖多而不亂，頗可用也。

十寸爲尺，十尺爲丈，十升爲斗，十斗爲石，皆易布算。十六兩爲斤，則其數不同，於是有「斤求兩」「兩求斤」之法，蓋亦家人日用之最切者。余創一法，不以策、不以珠、不以筆，惟於袖中屈指計之，即得其數。如以兩價求斤價，則屈大指曰「每兩如干錢」，乃加一倍屈二指，又加一倍屈三指，又加一倍屈四指，又加一倍屈五指，則即每斤之價矣。如以斤價求兩價，則屈大指曰「每斤如干錢」，乃減一半屈二指，又減一半屈三指，又減一半屈四指，又減一半屈五指，則即每兩之價矣。其法雖似繁重，然行之既熟，亦俄頃可得也。嗟乎！二十年來，海内士大夫爭言算法，余愚拙之性難從時尚，所言算者止此二者而已。其他精微之論、神奇之法，非余所敢知也。

余初至詁經精舍，游靈隱寺、飛來峰，歸而歎其勝。有肄業生，台州人也，謂余曰：「公特未至温、台耳。若至温、台，觀天台、雁蕩之勝，則處處皆飛來峰也。」余聞而不勝豔羨。後見孫渠田學士，以此告之，且曰：「公家瑞安，天台、雁蕩咫尺即是，何修而得此！」學士曰：「此亦何足道！吾從前視學粤西，行部所至，處處皆天台、雁蕩也。」余聞之，爽然若失。

海内佳山水亦自不乏，而西湖獨著名者，蓋有由矣。其地即在杭州城外，士大夫游讌者，冠蓋輿馬，出城即是。雖爲山水之遊，不廢衣冠之會。既有登臨之適，仍無跋涉之勞。藩鎮重臣，簿領餘暇，皇華使者，輶軒暫停，往往偷半日之閒，尋六橋之勝，此名之所以特著也。其外非無佳山水，而距大都會或數十里，或數百里。橋低不可度巨艦，徑仄不足容高軒。軒冕之所不臨，裙屐之所不集，惟有樵夫牧子聯袂其閒，黄冠野衲結茅其内，則其名湮没不著矣。以人譬之，世有風流名士，衣冠都雅，翰墨高華，而又情性沖和，語言醖藉，自然所到之處王公倒屣，所過之地後進執鞭，名動公卿，聲流蠻貊矣。亦有褊衷絶物，盛氣凌人，一語不合，灌夫之罵便作；四坐相看，阮籍之眼不青〔一〕。人雖愛其才而惡其耿介，世雖重其品而嫉其孤高，此所以老死巖阿，名譽不著也。觀於山水，可以觀人焉。

世人多喜食筍，輒引東坡「渭川千畝在胸中」之句以爲美談。余則謂南方之筍，殊不及北方之菜。菜甘而腴，筍則清有餘而甘腴不足，一也。菜煮易爛，筍則筤竿之質，本非蔬菜，雖烹之翠釜，終覺張八魏三、生熟參半，二也。菜得土膏之味，食之宜人；筍則醫家所謂「刮腸篦」也，吾輩素非腸肥腦滿者，不堪再供爬剔，三也。菜本人之所食，筍則干霄直上，會稽竹箭與金錫同珍，厥利甚宏，爲用尤廣。乃於其嶄然頭角之初，遽加翦伐，供我下箸之需，損彼凌雲之

〔一〕籍，原作「藉」，據人名改。

美，方長不折之戒，正爲此君，四也。昔鍾岏議去䱇䱜、糖蟹，竊援此例，赦彼籜龍，但世之喜參玉版者，當不謂然耳。

折花插瓶，越一宿而瓶水臭矣。雖牡丹、芍藥，世所稱國色天香者，亦復如是，其他無論也。惟梅、菊則不然，隔宿之後，水轉清冽，兼有微馨。

世有極雅之事，相沿既久，而成極俗者。如淵明之菊、和靖之梅，豈非千古雅人韻事？然至今日，傖父市兒，逢菊必稱淵明，遇梅必道和靖，遂使二公頓成俗物。

園林之勝，布置極難。世人每謂須得人家舊園，從而修葺之，事半功倍。孟子所謂「爲高必因丘陵，爲下必因川澤」，理固然也。然余謂平地爲山，亦自佳耳。文章當自出機杼，園林中泉、石、花、木，何獨不然？余於蘇州馬醫巷買得潘氏廢地，除瓦礫、榛莽外一無所有，惟老穀數株、枯桑兩樹耳。余於其中治爲曲園，雖狹小無足觀，而卷石勺水，皆手自布置。園成，徘徊其中，便有佉盧大仙於賢劫中位置日月星辰光景，傲然自忘其小也。

浮屠氏不三宿桑下，斯言大有理。余每乘舟有所適，舟中筆墨書籍位置得宜，或作字，或著書，如是數日，及登岸舍舟，便有徘徊之意。

曲園雜纂第四十　閩行日記

余舊時所作日記都已遺失，偶於敝簏中檢得一册，則同治十一年春間自杭至閩省視太夫人[一]，起居事頗完具，因録存之，豈足比歐公《于役志》乎？

正月丙戌朔，二十六日辛亥，余在杭州詁經精舍，門下士蘭溪令吴煥卿以余將至福寧，具舟來迎。

壬子，吴引之廉訪來，飯後坐小舟度西湖，至湧金門，易肩輿至江干登舟。道經敷文書院，駐輿遊焉。登存誠閣，其地在萬松嶺，表裏江湖，一覽在目。望詁經精舍寓樓，若在咫尺矣。沈蘭舫、汪芙青送至舟而還。

〔一〕一，原訛「二」，據《春在堂日記》《曲園自述詩》《壬申春日自杭州至福寧雜詩》改。

癸丑，發江干。余從前客授新安，每歲必溯錢唐江而上。今二十餘年，風景小殊矣。泊湯家步〔一〕。

甲寅，過桐廬十里而泊。

二月乙卯，微雨即止，過七里瀧嚴先生祠。余往來祠下一十七次，未一登岸，今始游焉。祠毁於粤賊之亂，亂後重建，前人題詠都無一存。其南有客星樓，登樓眺望，頗足俯視一切，覺帆檣皆在舄下矣。是日，出瀧而泊。其夜雨。

丙辰，有甚雨，日暫見。泊三河。

丁巳，日加午，至蘭溪。吴焕卿大令來迎，遂至其署，飯焉而歸。

戊午，吴焕卿來送，遂易小舟而行，過金華八里泊。

己未，雨。泊武義縣城外，距城五里。

庚申，至永康。

辛酉，乘籃輿發永康，宿于王碧家，或曰王寶街。

〔一〕湯，原訛「楊」，據《春在堂日記》改。

壬戌，飯于縉雲縣，遂登桃花嶺，宿于隘頭。桃花嶺極高峻，輿丁頗以登陟爲勞。然山徑曲折，蒼翠萬狀，溪流滮滮有聲，視七里瀧更幽秀矣。

癸亥，微雨。至處州之厦河登舟。

甲子，雨。過石門洞，入觀瀑布，并瞻禮劉伯温先生像。泊峙川渡。

乙丑，日加午，至温州，見方子穎觀察、裕昭甫太守、陳友三大令。其夕，飯於觀察署中之且園。

丙寅，子穎觀察、昭甫太守、友三大令觴余於曾氏之怡園。園有泉石花木之勝，以叢桂蟠曲爲杝，亦頗有致。其暮，登夜航船遂發，有陳君仲珊來送，追及之於船步，立談而别。

丁卯，遲明至瑞安，見孫渠田前輩。乘籃輿出城，渡飛雲渡。又坐小舟至平陽，飯而行。又坐小舟至錢倉，又過蕭家渡而宿。是日四易舟，忽水忽陸，行頗不易。然自平陽以南，山色甚佳，層巒疊障，蓋即所謂南雁蕩矣。其夜雷雨。

戊辰，有微雨。坐小舟至琳溪，壬甫兄使人以書來迎，復乘肩輿行，自此不舟矣。至橋墩門而飯，飯後踰嶺，度分水關，乃閩、浙分畍處也。宿於半嶺塘。

己巳，飯於巖前，至白琳而宿。福鼎縣黄星楂大令使人候於白琳，饋酒食。

庚午，飯於蔣洋，宿於楊家溪。是日所行皆山嶺，而大王嶺尤危峻，輿行至此，頗覺勞勩。初登輿時，四山雲氣迷濛，不可辨識。及登五蒲嶺，已有微雨。余默禱於神，旋即開霽，晴日杲杲，蓋神佛之佑也。

辛未，度觀音嶺，於觀音閣瞻禮，小坐啜茗。遂行，飯於棗坑。日加未，至福寧府，兄子祖福、祖綬來迎，霞浦令劉夙寅同年及府經歷宋君俱候於郭外。即入城，至郡署，謁見太恭人暨壬甫兄。

壬申，羅景山總戎來。出至柏翠庵，致祭於嫂孫恭人之靈。遂拜客，見羅總戎、劉大令及張小舫太守。

癸酉，駱景山游府來，上官幹臣廣文來。是日，與壬甫兄散步郡署之後圃，見大鐵錨二，或云官軍征蔡牽時所得，或云郡城象船形，以此鎮之也。又於三堂宅門外見二石鼓，其一有文，云「至正五年，歲在乙酉，常住造」，亦未審其所自來。

甲戌。

丙子，孫萊山學使來，學使適按臨福寧。是日，試事畢也，余即報謁至試院，小坐而還。

丁丑，雨。

戊寅，羅景山總戎來。

己卯。

庚辰。

辛巳。

壬午，同鄉王君友梅餽酒食，即招之共飯。

癸未，羅景山總戎招飲於其署齋。

甲申。

三月，乙酉朔。

丙戌。

丁亥，壬甫兄招同羅景山總戎、張小舫太守讌集於望海樓。樓在龍首山之麓，雖不甚高，而四山環抱，東南隅獨缺，於其缺處見海，若在檐霤之下，因有「望海」之名矣。凭欄下視，郡城橢圓而曲，如一衣帶然，亦頗極登臨之勝。

戊子，張小舫太守仍招集望海樓，述及湘鄉相國有騎箕之信，爲之泫然。其夕雷雨。

己丑，雷雨，旋霽。

庚寅。

辛卯，雨。

壬辰。

癸巳。

甲午。

己未，得同年王補帆中丞書，知湘鄉薨逝，其説塙矣。

丙申，出拜客，見羅景山總戎、張小舫太守、劉夙寅大令，告將行也，已而皆來送。

丁酉，叩辭太恭人，還浙。壬甫兄及兄子祖福、祖綏送於城外。新舊霞浦令劉夙寅、程九希兩君皆送於郊。是日，飯於棗坑，宿於楊家溪。

戊戌，飯於蔣洋，宿於白琳。

己亥，於倪家地舟行三十里，復輿行至福鼎縣，見黄星槎大令。遣福寧之送者歸。是日有小雨。宿於半里塘。

庚子，飯於橋斗門，自琳溪舟行，至蕭家渡而宿。

辛丑，過蕭家渡，自錢倉舟行至平陽，飯焉。又舟行至飛雲渡，渡飛雲至於瑞安，見孫渠田前輩、羅雨樵明府，飯於渠田所，遂登夜航船，羅明府來送，遂發。

壬寅，至温州，見方子穎觀察、裕昭甫太守、陳友三大令。遣福寧之輿者還。

癸卯，既登舟，孫渠田前輩使人以書來，并歸所遺扇囊及扇，又以楹帖屬書，乃即舟中書付之。是日泊青田。

甲辰，過石門洞，因再游焉。有林君宋齋讀書其中，遂導觀石壁所刻謝公詩。老僧餽新茶，受之。乃行至五里亭，遇暴風，不可帆，危欲觸於石，遂泊舟，摇摇竟夕。

乙巳，至厦河，於逆旅小憩。遂易肩輿行，宿於巖泉〔一〕。其夜雷雨。

丙午，飯於卻金館。大風雨。踰桃花嶺，至隘頭而宿。雨竟夕不休。

丁未，霽。飯於縉雲縣，遂至城隍廟，觀李陽冰碑。前縉雲令徐君熾烈字赤木，築室三楹以庋碑，即署曰「藏碣軒」。碑頗完好，惟每行末一字泐矣。是日宿於王碧家。

戊申，雨。至永康縣，於牙行小坐。即登舟行，未至武義縣五里而泊。

己酉，至蘭溪縣，見吴焕卿大令，飯於其署齋，遂易舟而泊。

〔一〕泉，原訛「前」，據《春在堂日記》改。

庚戌，焕卿來送，坐談良久而去。遂發，泊桐廬縣，夜將半矣。

辛亥，至杭州，泊江干。

壬子，還詁經精舍。

余生平舟車所至，都不記憶。惟此役也，往返得絶句五十八首，山川風物，至今歷歷在目。而此日記一編又幸而未佚，遂使此行時日皆可覆按。事之顯晦類如是也。光緒三年三月，曲園居士書。

吳中唱和詩　曲園雜纂第四十一

余性不喜疊韻，故集中疊韻之詩蓋寡。恩竹樵方伯開藩吴會，好以詩與人往復。余偶出「腴」字韻詩，更唱迭和，遂至十餘疊。余始覺東坡喜次人韻，亦自有味也。積之既久，詩亦遂多，不存於集，亦不忍竟棄，別爲一編，存之《雜纂》。

竹樵方伯恩錫以所著《南游草》見示，因次集中《常州雨泊》詩韻題贈

吟懷清絶味偏腴，古錦囊中有是無。袖裏岱宗雲氣濕，枕邊瓜步浪花麤。一編紀勝憑誰和，十載穿經笑我迂。偶作小詩酬雅唱，聊堪尊酒侑菖蒲。時端五前一日。

方伯次韻見示，因疊前韻報之

詩味還如道味腴，纔貽杜若又文無。官高原不風情減，才大何曾格律麤。南國騷壇資管領，北來宦轍話縈迂。一編冰雪分明在，坐對奚煩扇捉蒲。

方伯又次韻見示，因再疊前韻

山澤癯儒本不腴，聊堪孫輩課之無。偶窺豹管一斑小，遂積牛腰百卷麤。忽向詞場參島佛，更聞畫苑軼倪迂。方伯工畫。始知自有光明錦，慙媿寒機學織蒲。

方伯又次韻見示，因三疊前韻

吴會東南壇上腴，鶯花佳麗四方無。欣逢詩老聯翩至，兼謂子青中丞。一洗軍興氣象麤。巾扇自饒名士氣，衣冠未厭腐儒迂。只愁老去才將盡，敢向詞壇執穀蒲。

納涼口占，四疊前韻

晚涼偶試碧琳腴，且喜門前俗客無。竹几展書簾影細，藤牀攤飯簟紋麤。風來屋角支分易，月度牆陰取道迂。領取閒中真味好，不須蹙額更嘗蒲。

枕上述懷，五疊前韻

病餘瘦骨又垂腴，胸次蕭然一念無。静養心君猶覺動，細調胎息尚嫌麤。鉛刀不試何妨鈍，方枘難施自笑迂。爲道從今須日損，漫勞緝柳又編蒲。

刻《第一樓叢書》已成十一卷，校勘餘墨，六疊前韻

空將破硯當膏腴，自笑書倉一粟無。衰病精神殊少壯，叢殘著述半精麤。瑣言敢擬孫光憲，客語聊同晁景迂。敝帚千金私自賞，何心更羨兩輪蒲。

竹樵方伯效無題體，疊韻見示，亦疊韻奉酬

記飲瓊漿一勺腴，藍橋消息至今無。早知蓬島萬重遠，枉費明珠一斛麤。作賦陳思空綣繾，論《詩》周姥太拘迂。東皇不管韶華好，零落秋風等柳蒲。

玉容原不鬬華腴，空谷幽居絶代無。密意未教蠶妾曉，微詞翻笑鴆媒麤。三生舊恨窺牆苦，十載癡情抱柱迂。他日蘼蕪山下路，傷心怕賦澤陂蒲。

疊前韻成小遊仙二章，索方伯和

九轉丹成絳雪腴，居然修到俗緣無。遨遊碧海三山外，指點紅塵一髮麤。金柱銀河天縹緲，雲車羽斾路逶迂。穆王正啓瑶池宴，傳語堯厨借箑蒲。

蕙圃芝田土本腴，琪花瑶草世間無。紅羊劫後風光異，青鳥傳來信息麤。玉笈偷窺何所見，金丹苦鍊豈非迂。三千弱水茫茫甚，莫問漂流一束蒲。

雨後驟涼，十一疊前韻

朝來柱礎倍加腴，雨後炎歊一掃無。客到每愁苔徑滑，睡餘便怯葛衣麤。暫抛紈扇休嫌早，仍對韋編未覺迂。恰好山厨供脱粟，盤中鮭菜筍兼蒲。

詠珠蘭，十二疊前韻

分得靈根九畹腴，牟尼一串得如無。須知燕姞胚胎小，不比鮫宫淚點麤。仙露明珠通佛性，美人香草破書迂。只愁魚目尋常混，莫更移栽近藻蒲。

「腴」字韻疊至十餘，殊有鼓衰力竭之患，輒作小詩告之方伯，請更發高唱也

筆底非秋露便腴，狂搜險覓古人無。睡鄉聊破黑甜嬾，詩律休嫌白戰麤。堇父登城争詑勇，壽陵學步自知迂。交綏甘避中原舍，未敢重抽董澤蒲。

將疊韻之詩總録一通付方伯，因以小詩媵之，十四疊前韻

食魚猶必辨鰭腴，敢謂詩成點竄無。韻較北臺差覺險，服非西子不容麤。狂來唱和何辭倦，閒處推敲未算迂。尚有墨池餘瀋在，還同盡利到萑蒲。

前作小詩請方伯更發高唱，遲久不至，以詩速之，十五疊前韻

倚詩作活本非腴，能博尊前一笑無。將酒勸人原不惡，抛磚引玉豈嫌麤。定知冰雪襟懷淡，未厭虀鹽面目迂。蘇海韓潮憑領取，漫勞藪澤比弦蒲。

竹樵方伯以唱和諸詩刻成一集，因用東坡《和劉貢父李公擇見寄》詩韻，率題其後

甘棠南國有詩人，頓使鶯花一律新。君自風流追小宋，我慙旗鼓鬬强秦。休言出處塗難合，但論文章意自親。見説題襟已成集，媿無麗句可爲鄰。

竹翁見示和章，因疊韻答之

坡公原是不羈人，舊韻拈來又一新。但博談鋒清似晉，渾忘暑氣酷於秦。傳箋未礙寒暄略，得句還如笑語親。莫向蘇家奪行市，傚顰應許有東鄰。

再疊前韻

我本江湖一散人，偶將詩句鬭清新。狂來歌鳳誰憐楚，醉後呼烏且學秦。世味愈嘗真愈淡，賞音相遇自相親。不辭更和東坡句，講舍西泠舊結鄰。詁經精舍在蘇公祠右。

方伯和章，有「我欲移家依講舍」之句，殆開府吾浙之兆乎？三疊前韻，以爲之券

蒼生霖雨待斯人，已見三吳德政新。忽念浣紗溪在越，更傳繫纜石留秦。迎將玉節金符至，便與湖光山色親。我願從君受廛一，定容祭竈請比鄰。

自笑一首，四疊前韻[一]

臣之壯也不如人，況復桑榆暮色新。霄漢雁行慙魯衛，江湖牛耳媿齊秦。坐看白日堂堂去，惟有青編故故親。自笑生平成底事，耦耕虚負舊鄉鄰。

自笑，五疊前韻

生平事事不如人，坐看烟雲眼底新。鼠璞尚愁能誤鄭，羊皮何苦更干秦。明知身世交相棄，未厭形神兩共親。自笑飄飖無所著，海山兜率孰爲鄰。

自笑，六疊前韻

自笑麤疏潦倒人，敢將花樣更翻新。笥中裘有卅年晏，篋内書無十上秦。捧檄迢遥憐弱

[一] 疊，原訛「韻」，據蔡啓盛《校勘記》改。

息，倚閭辛苦累衰親。一椽仍向吴中寄，病樹蕭條盧照鄰。

苦熱，七疊前韻

本來面目是寒人，偏值炎官號令新。安得四禪天學佛，佛經説第四禪中有天，名無熱。生憎三伏日逢秦。六月中三伏，始秦德公二年。衣冠竟擬全相棄，燈火緣知未可親。只合棲心水精域，無何有處是吾鄰。

酷暑日甚，杜門不出，惟與竹樵方伯唱和爲樂，疊前韻奉贈一首

星緐晝熱正愁人，傳到花箋字字新。伏閉固宜追法漢，伏閉乃漢制，言伏日不治事也。夏聲且與共歌秦。炎炎赤日真堪畏，習習清風大可親。更有幕中諸子在，詩家門户自成鄰。

河朔遨遊半酒人，不如吾輩鬭詩新。艶妝各自争邢尹，合隊真難辨號秦。但以性靈相贈答，莫將形迹論疏親。只愁搜索枯腸盡，未免微生要乞鄰。

小遊仙，疊前韻二首

玉版徵書第一人，春風瓊液幾番新。園公本擬常留漢，李叟俄聞遠入秦。袖裏青蛇豪未減，雲中白鶴杳難親。蒼梧北海都無定，見説天涯若比鄰。

翠島銀宮大有人，碧城十二露華新。瑶姬貴寵初游楚，蕭史風流舊贅秦。五鳳八鸞常並出，左雲右鶴自相親。誰知毛女空山裏，歲歲年年木石鄰。

方伯生日，往祝未見，戲作小詩貽之，十二疊韻

曉涼來作款門人，喜見門前氣象新。益壽延年文仿漢，鼓簧並坐句歌秦。誰知雪藕冰桃晏，未許雲衫玉帶親。一笑偏逢賈耘老，籃輿小駐暫相鄰。於門外遇賈耘樵廉訪。

自笑詩意有未盡，再疊前韻二首

推排已分作陳人，豈望推陳更出新。舊物削斤存宋魯，故交摯缺散齊秦。早知望實難相

副，試問身名孰與親。自笑一瓢無可挂，惟應長共許由鄰。

問訊東華幾故人，回黄轉緑一番新。芥鷄自分終輸郈，蕉鹿何心更逐秦。長短鶴鳧殊未定，東西勞燕不相親。煙波西塞山邊路，自笑閒鷗莫與鄰。

聞蟬，次竹樵方伯韻

絲竹不如肉，古人貴自然。何來煙外韻，妙契静中天。疏柳幾行老，斜陽一笛圓。殘聲摇曳處，玉宇正澄鮮。

南伯風流甚，新從榆塞來。榆林關外無蟬。忽聞清籟發，頓使旅懷開。水閣披襟坐，風簾入聽纔。遥知官燭底，静對碧筒杯。

方伯疊韻見招，亦疊韻謝之

雅有相招意，知君興勃然。擬將故人酒，同醉夕陽天。花下籃輿小，風前紈扇圓。如逢擊銅鉢，更鬭彩豪鮮。

笑我怯殘暑，相思未果來。虚勞青眼待，孤負白蓮開。寂寞閒居慣，衰闌小病纔。異時秋色好，再醉竹根杯。

日久不雨，當事者於玄妙觀求雨，方伯詩來及之，再疊前韻

三日請甘雨，何時得沛然。已過中伏節，愁對晚霞天。福地仙壇浄，晴空火繖圓。書成羊莫换，小市斷肥鮮。

憐我疏慵甚，新詩絡繹來。從無三日隔，頻有一箋開。院落秋光早，房櫳午夢纔。欲吟吟未就，清意在茶杯。

「彼美」二首，三疊前韻

彼美誰家子，人稱謝自然。偶逢青鳥使，直到碧羅天。仙骨姗姗秀，靈丹顆顆圓。笑他日南女，惟戴野花鮮。

彼美誰家子，人稱薛夜來。蛾眉六宫少，雉尾五雲開。秋月吹簫共，春泉賜浴纔。笑他上

陽女，孤對合歡杯。

聞當事者步行禱雨甚虔，枕上聞雨，喜而有作，四疊前韻

始信誠能動，真如桴鼓然。民情方待澤，人力竟回天。聖水從龍乞，神功仗佛圓。即看庭際草，青翠已爭鮮。

迢遞東城路，群公雅步來。衣冠一行肅，廛壒百廛開。酷暑連朝劇，甘霖此夕纔。歡呼諸父老，村社酒盈杯。

七夕，疊前韻，和竹樵方伯

年年與歲歲，良會總歡然。清淺銀河水，高寒碧落天。但教人不老，何必月長圓。每到秋風夕，雲裳一度鮮。

殷勤問靈鵲，曾否度河來。槎客何時返，鍼樓幾處開。露華深夜重，涼信早秋纔。好借長星例，臨風勸一杯。

竹樵方伯用東坡韻見贈，次韻二首

一自輕車載鶴來，三吴千里浄無埃。已看甘雨同沾足，更許閒雲共往回。紅旆晨開雖似市，青燈夜對尚如孩。偶然拈得東坡句，險韻尖叉鬬北臺。

花箋甫劈便傳來，筆下曾無一點埃。朝望已齊顔有道，詩才更軼賀方回。閉門覓句官忘貴，擲米成珠老尚孩。幾日西風公事暇，過從應許有澹臺。

疊前韻

多謝吟箋次第來，免教筆墨久生埃。火雲成嶽纔三伏，新月磨鐮又一回。塹媿詩壇逢健將，商量丹鼎鍊嬰孩。壯心早已銷除盡，羞問千金市駿臺。

「人間」二首，疊前韻

閲盡人間世態來，無非野馬與塵埃。蜣丸辛苦摶還散，驢磨匆忙去復回。西臉南眉争衆嫭，泥龍瓦狗戲群孩。何如領略蕭閒意，認取心如明鏡臺。

嘗盡人間世味來，十年京洛飽風埃。難將癖嗜菖蒲奪，安得餘甘橄欖回。轢釜戛羹憐乞相，牽衣索乳笑盲孩。何如領略心齋樂，七日優游住厄臺。

竹樵方伯招飲，先以詩謝，仍疊前韻

籃輿準擬早涼來，想見高齋不染埃。雅集何須陳角觝，狂言直欲走康回。羽觴醉月斟雲母，紈扇搖風動玉孩。自是吾儕文字飲，勝聽絃管奏三臺。

聞方伯將刻《唱和續集》，疊韻奉贈

紙勞墨瘁十年來，安得靈犀與辟埃。何幸蘇臺逢白傅，肯從陋巷訪顏回。行藏已是忘機叟，詩句還如學語孩。得附驥旄真自幸，勝於圖畫到雲臺。

蘇州府學儀門有宋紹熙閒賡唱詩石刻，首倡者爲提刑袁説友，和者爲提舉常平張體仁，同作者數人，詳見錢竹汀先生《養新録》。國朝道光間，陶雲汀制軍爲蘇撫，梁茝林中丞爲蘇藩，時吾師卓海帆相國及朱蘭坡前輩主講蘇州、松江兩書院，而吳棣華前輩亦適家居，相與唱和，因有《吳中唱和集》之刻，皆胥臺故事也。今得竹樵方伯提唱風雅，鼎足前賢，乃作此詩紀之，以爲金閶佳話

韻事騷壇絡繹來，百年弱草寄輕埃。紹熙賡唱有諸老，文毅風流又幾回。試問梨鮐今日叟，定存竹馬舊時孩。吾儕莫被前賢笑，雅詠猶堪繼玉臺。

竹樵方伯次宋人同年賡唱詩韻四首見贈，亦次韻四首奉賡

搜求石墨訂從違，六百年來識者稀。試向雲仙披雜記，宜偕島佛共皈依。添將笠澤書中料，分得芙蓉鏡裏暉。一樣唱賡皆可樂，何須五鳳舊齊飛。

閉門久與世相違，三徑苔痕屐齒稀。何幸吟翁來坐嘯，遂教旅客得攀依。翠濤夜醉故人酒，紅旆朝迎君子暉。縱不同年也同調，不妨鷗鷺且同飛。

籬鷃雲鵾兩不違，唱妍酬麗近來稀。使車遠自燕齊至，詩國長爲虞虢依。憶共連翩争速藻，真堪荏苒送馳暉。無端振觸春明夢，記得看花馬似飛。

長安舊雨十年違，一别東華芳訊稀。昔日蓬萊空悵望，此時蒲藻暫因依。吾儕觴詠尋秋思，幾輩觚棱候曙暉。日下故人應妒我，狂歌未已興遄飛。

宋人同年醻唱詩刻於紹熙建元之歲，是年，歲在庚戌，至國朝道光三十年庚戌，凡十二庚戌矣。余忝於是年成進士，以其年之偶同也。雖不得與宋人爲同年，或可與宋詩爲同年乎？再賦此詩，以成一笑

古思今情兩不違，摩挲老物見應稀。四朝歲月憑推衍，一夢春明足據依。石上銀鉤存舊蹟，人間鐵樹换韶暉。悤悤十二回庚戌，太息流光去似飛。

壬申春，自閩還浙，聞竹翁奉命權蘇撫，小詩寄賀

入閩盼斷故人書，喜聽新恩下鳳除。淮北春風將轉漕，先有署漕督之命。江南甘雨又隨車。官如雙睦無停勢，我幸三吴久卜居。便擬來看庾開府，清新詩句近何如。時余即擬回蘇。

竹樵中丞見示和章，仍疊前韻二章奉贈

傳到飛奴一紙書，重重吟債未句除。新詩有味如崖蜜，芳草無情笑揭車。雅集西園知幾度，詞壇南國問誰居。羨君旌節花開後，筆下天葩倍燦如。

寂寞虞卿數卷書，風言華語久删除。狂奴吴下陳驚坐，敗將詩中李左車。爲愛清談聽娓娓，不辭强韻疊居居。只慙禿盡江郎筆，麗藻安能鬬洛如。

竹樵中丞見訪，仍疊前韻

玉節金符拜璽書，書生積習未全除。威名早樹軍中范，佳客仍招坐上車。萬本流傳開府

集，八翳臨况故人居。中興李郭都相識，爲政風流總不如。

余於道光庚戌入詞垣，稽蓬萊之籍，十有一科矣。而太恭人年八十七，康强無恙。今春自閩中省視還，以隨園詩「已煩海内推前輩，尚有慈親喚小名」二語爲楹帖，屬竹翁書之，仍疊前韻

手奉雲箋敬乞書，不辭薄福此消除。蓬山舊隸仙曹籍，花徑新扶慈母車。偶借隨園居士句，增光吴下寄奴居。只憐憔悴巾山客，比較倉山總不如。

從閩中攜還先祖南莊贈公手批四書一部，蠅頭小字，朱墨雜糅，乃於吴下廌廬手自寫定，敬題一律，仍疊前韻

吾祖空山老著書，百年歲月幾乘除。空存柏櫝傳家集，未駕蒲輪赴闕車。此日手箋先鄭説，當時頭白子雲居。珍藏范硯殊堪寶，七尺珊瑚未必如。

竹翁再示和章，因亦疊韻酬之，并以舅氏平泉先生《瓶山集》相贈

雨後空齋坐讀書，更無屐齒到庭除。忽驚好句投瓊玖，頓覺清芬滿頰車。敢以測蠡窺海水，愁教讀蜆誤郊居。渭陽一集聊持贈，無忌難言與舅如。

竹樵中丞繼何小宋前輩而撫三吴，余去歲贈詩，有「君自風流追小宋」之句，亦詩讖也。疊韻紀之，爲三吴佳話

五色雲中下玉書，三吴節鉞慶新除。豈知小宋先成讖，尚在前張甫下車。去歲贈詩時，撫蘇者猶張子青前輩也，故借用《宋史・楊泰之傳》「前張」語。按：《泰之傳》「前張後楊，惠我無疆」，「張」謂張義實也。他日秣陵仍繼踵，此時茂苑好移居。請看詩句分明在，不與饒甜任調如。

枕上疊前韻，即書似竹翁

枕邊得句曉來書，癖性耽佳未滌除。人笑愚夫珍鼠璞，我同孺子戲鳩車。千秋寥落名山

業，半畝蕭閒陋巷居。莫信凌雲詞賦在，文園久已病相如。

少日初窺中秘書，衰来舊學盡蠲除。空餘袖裏生毛刺，不羡人閒舐痔車。日下懷人金馬闥，山中招我白雲居。吴門市卒頭銜好，千户侯封恐不如。

矻矻窮年百卷書，文人習氣老難除。消磨白日長心筆，遊戲紅塵下澤車。何意清新遇開府，肯將詩句訪幽居。效颦自愧東家女，持問西鄰如不如。

竹翁又疊韻見示，如數和之

少日蹉跎劍共書，百年荏苒歲云除。衰容早已羞明鏡，病齒時看落上車。豈向山中營捷徑，且來吴下賦《閒居》。謀生秃盡毛錐子，悔不農如與圃如。

祗此叢殘一袟書，旂常鍾鼎盡開除。馮煖作客愁彈鋏，衛綰爲郎笑戲車。自歎浮生同水母，敢誇博識到爰居。虚名浪竊真堪笑，只與兒童畫餅如。

莫將咄咄向空書，薄福虚名兩折除。老去消磨仗文字，亂餘蹤跡半舟車。且依子美滄浪宅，敢擬歐陽潁上居。偶向黄公鑪下過，每懷舊雨總漣如。湯敏齋太常、惲次山撫部均同寓吴下者，今先後下世。

縱横一室半圖書，且博胸中俗慮除。聊可覆從楊子瓿，不甘獻傍隱侯車。文章草草傳難久，歲月悤悤去不居。幸有素心同調在，試拈夙學問何如。

梅雨不止，再疊前韻

屋漏沾濡插架書，杜陵老屋欠脩除。但聞草際喧蛙鼓，不見花前舞鳳車。梅子黄黏沾酒屐，苔痕青到讀書居。長空雲氣濃於墨，一幅倪迂畫不如。

試啓農家占候書，沈沈雨脚待驅除。要煩鬱律鳴雷鼓，方見羲和駕日車。三徑幾時聞鵲語，一鐙且共話蝸居。出黴又怕逢庚伏，杲杲驕陽火繖如。

恩竹樵中丞議用上下平全韻作詩，以消長夏。先出東、冬韻二首索和，走筆答之

爲政貴知要，何須與俗同。略存名士氣，饒有古人風。雅集追河朔，炎威避祝融。争傳壇坫盛，唱和到蝯翁。謂何子貞前輩。

自來銷夏法，吟社最從容。但有生花筆，勝扶臨水笻。光陰一野馬，角逐兩雲龍。卅首清吟就，知君興更濃。

荷花生日詩，用江、支韻，索竹翁和

菡萏花生日，殷勤酹玉缸。清波共鷗鷺，小草異蘭茳。天與開香國，人争泛畫艭。鴛鴦三十六，來往總成雙。

六郎原絶代，玉貌鬬三姨。自被濂溪賞，風流遜昔時。所期常夏健，未礙補春嬉。歲歲逢初度，花前誦此詩。

竹翁以京華社友相訪，唱酬累日，用微、魚韻作詩紀事，亦依韻和之

見説銅駝陌，吟朋屢款扉。菊花猶省識，君在京師有菊花吟社。萍水久睽違。燕市懷前夢，吴門話夕暉。清新庾開府，逸興又遄飛。

我亦京華客，歸乘下澤車。故人天上滿，消息近來疏。棋局頻更换，巢痕久掃除。獨憐謝

仁祖，一紙日邊書。時適得謝夢漁同年都門來書。

吳下舊有桃花仙館，祀唐六如居士，而附以文待詔、祝京兆稱三才子，亂後重脩，又奉于尚金公栗主於其中。公名絅明，初爲蘇郡守，請減賦得罪而死者也。事迹稍晦，故爲詩張之。用虞、齊韻，索竹翁和

賢哉金太守，遺愛在姑蘇。没配三才子，生原一丈夫。欲除無藝稅，翻擲不貲軀。重賦今蠲盡，魂歸知也無。同治初，詔減江浙重賦，前代苛政至是始一清矣。

仙客桃花館，風流邁子西。盲翁猶競唱[一]，盲詞中多唱唐解元者。詞客每留題。今得斯賢配，重將軼事稽。黎園演新曲，好與況公齊。

〔一〕競，原訛「兢」，據蔡啓盛《校勘記》改。

雨夜聞笛，和竹樵中丞，同用佳、灰韻

何處吹長笛，難爲秋士懷。哀音殊未已，涼意與之偕。静夜角三弄，美人天一涯。所思不可見，鐙火黯空齋。

況復瀟瀟雨，又從窗外來。秋聲一夕起，壯志十年灰。小滴芭蕉碎，微吟蟋蟀纔。平生飛動意，合付掌中杯。

余擬於西湖之濱，或虎阜之麓，卜擇吉地，仿唐劉復愚「文冢」之例，裒聚所著書稿而瘞之，題曰「書冢」。有志未逮，先爲之銘。即用真、文韻作二詩，索竹翁和

平生文字内，無益費精神。書卷積如許，草堂何處春。余所居曰春在堂。虚名聊易餅，舊稿半凝塵。敝帚千金意，區區妄自珍。

昔賢有劉蜕，用意頗殷勤。特闢一抔土，收藏平日文。我今援舊例，亦與築新墳。只恐仍

銷歇，千秋冥漠君。

竹樵中丞以《擬漁洋山人雞鳴寺眺後湖》詩見示，鄙人因念丁卯歲客游金陵，將還，曾文正公餞之於妙相庵，即作後湖之游，各坐小舟行荷花中，幾及十里，極一日之樂。偶吟新句，重憶舊游，不禁爲之泫然，因作此述懷。同用元、寒韻，不擬漁洋也

偶話後湖事，情懷不可論。記曾陪上相，來此駐輕軒。一葉舟離岸，萬荷花繞墩。而今更回首，無復舊龍門。

一自大星隕，花前怕倚欄。欲酬新句易，待續舊游難。麟趾洲邊景，雞鳴寺裏看。平生知己淚，不覺爲汍瀾。

閩人以檳榔葉作扇，殊有別致。前歲至閩，得一柄，用删、先韻題詩，索竹翁和

妙絶仁頻葉，蒲葵視等閑。舊游曾識庾，新製略依班。價重齊紈外，風來閩嶠間。問誰書畫好，隨意刻斕斑。

記得無柯實，金盤進綺筵。青葱餘一葉，懷袖已三年。人以錦郎重，我懷涼友賢。清談偕麈尾，秋至未容捐。

和竹樵中丞《題虢國夜遊圖》，同用蕭、肴韻

虢國春遊日，蛾眉淡不描。風流六宫少，鞍馬五家驕。禍水由來酷，冰山容易消。如何圖畫内，猶自鬬嬌嬈。

開元與天寶，一代盛衰交。姊妹争狐媚，君臣穩燕巢。即今重展卷，還似對垂髫。何怪杜陵老，江頭淚暗拋。

楊石泉中丞以《沈端恪年譜》屬爲編次。公名近思，字位山，仁和五杭村人。本農家子，少日曾爲僧靈隱寺，後得平湖陸清獻之書，始有志於學，成進士。後官臨潁縣知縣，有惠政。臺灣用兵，公亦從焉，著《深慮論》五篇，當時頗采用之。雍正初，由同知起於家，不數年至左都御史。殁，贈尚書，亦本朝一理學名臣也。因用豪、歌韻題後，索竹翁和

吾鄉沈端恪，卓犖起蓬蒿。僧臘山中小，官聲潁上高。平湖傳學派，淡水展戎韜。何物寄巢叟，風塵識俊豪。寄巢老人即靈隱老僧也。

先生《天鑒集》，零落費搜羅。公有《天鑒堂集》。止此一編在，於今百歲多。遺文憑纂輯，軼事半銷磨。欲訪菰城墓，崇碑掩薜蘿。

竹樵中丞以《詠波羅密芭蕉果》詩見示，蕉實舊曾食之，波羅密未之嘗也。既非知味，何以奉酬，姑作二詩以存。麻、陽韻不蹈實而翻空，庶異不知而作乎

平生專爲口，珍果意尤嘉。生脆青忓㾴，鮮甜白枇杷。蜜桃黄浦好，檇李秀州誇。何況日南物，來從桂海賒。

偶讀君詩句，真教齒頰香。不須占碩果，已覺飽瓊漿。所惜波羅蜜，虚聞閩粤鄉。昔時粗領略，丹荔配蕉黄。

余出新意，製五禽箋：曰鳳箋、曰鶴箋、曰雁箋、曰燕箋、曰鵲箋，各以一篆字題之，而引唐人詩一句爲證。人間書札，輒用此箋。因用庚、青韻作詩，索竹翁和

不翅而飛者，翩然一紙輕。書非雙鯉寄，箋以五禽名。刻鵠原無謂，塗鴉覺有情。鸚哥秦吉了，筆陣媿難精。

海内論車笠，渾忘彼我形。鳳鸞起霄漢，鷗鷺在煙汀。憑仗鴿傳信，非同鵝换經。雲泥相憶意，珍重付修翎。

周瑜墓，和竹樵中丞，同用蒸、尤韻

三國名臣贊，無如公瑾能。老瞞驚巨敵，子敬結良朋。威望留南郡，雄圖起秣陵。只憐黄武後，宿將賸甘凌。

太息巴丘道，當年志未酬。空閨餘少婦，愛子失通侯。天意鼎三足，英雄土一抔。周郎如不死，何地著曹劉。

久雨不止，閨中人翦紙作婦人持帚向天，名「掃晴孃」。偶用侵、覃韻詠之，索竹翁和

婷婷復嫋嫋，屋角與牆陰。大有臨風態，從無行雨心。執箕原爾職，擁篲爲誰臨。仙袂飄

飆處，疑聞環佩音。

卻笑癡兒女，庭前祝再三。陰霾期盡掃，瓜果願分甘。急雨仍跳白，長空未蔚藍。千金珍敝帚，與我有同慙。

竹翁以《七夕乞巧》詩索和，同用鹽、咸韻

癡絶蘭閨意，惟求巧思兼。麻姑誇擲米，謝女恥吟鹽。鸚舌隨人轉，鴛鍼信手拈。殷勤拜河鼓，慧性要平添。

笑我如鳩拙，都將綺意芟。癡騃無可賣，混沌不容劖。每讀清新句，欣看跗萼銜。蟬聯三十首，巧語滿瑤函。

梅影，和竹翁

漫嫌無色又無香，已是娉婷壓衆芳。簾幙盈盈半遮面，闌干曲曲九迴腸。不勞紅袖争來拂，只向青燈略借光。最是羅浮春夢醒，霜華滿地月微茫。

綺語何須賦《洛神》，玲瓏仙骨總無塵。請看楚楚風前態，便是真真畫裏人。好伴湘君臨北渚，莫窺宋玉傍東鄰。幾回索笑來花下，添得先生烏角巾。

苔徑潛移鶴未知，霜風遮莫五更吹。輕盈倩女離魂後，枯槁山僧面壁時。最好瑶臺明月滿，不愁紙帳�寒欺。疏疏落落誰描得，便是唐宫十樣眉。

寫入詩中倍覺妍，從來好語總如仙。偶描疏影黄昏後，直軼新詞白石前。未礙嶙峋冰作骨，長疑縹緲玉生煙。和君緑意紅情句，已是江城五月天。

秋蘭，用漁洋《秋柳》韻，和竹翁

靈均猶有未招魂，移到西風白板門。空谷素心誰是伴，美人香夢不留痕。好尋陶令新開徑，莫問明妃舊住村。緑葉素枝殊可愛，《九歌》一曲試重論。

昨夜秋風昨夜霜，蘭橈幾度過横塘。迷離瘦影連書幌，狼藉餘芬到履箱。莫笑天涯同作客，無妨花國尚稱王。斜陽認取亭亭態，妖豔羞看碎錦坊。

珊珊仙骨五銖衣，越豔荆姝比總非。見説國香天上少，本來秋士世間稀。長疑畫檻留春住，安得吟魂化蝶飛。歲晏孤根期共保，風瀟雨晦莫相違。

秋容到此亦堪憐，真覺輕盈欲化煙。老去羅含庭寂寂，瘦來燕姞恨緜緜。風流漢殿披香客，憔悴文園卧病年。幸有故人青眼對，不辭狂到彩毫邊。

再疊前韻

古詩云：「傷彼蕙蘭花，含英揚光暉。過時而不采，將隨秋草萎。」唐張九齡《賦秋蘭》二章，其首章云：「場藿已成歲，園葵亦向陽。蘭時獨不偶，露節漸無芳。」旨異菁爲蓄，甘非蔗有漿。人多利一飽，誰復惜馨香。」蓋皆美人遲暮之思，天涯零落之歎也。雖然宣尼有言「芝蘭生於深谷，不以無人而不芳」，若與場藿、園葵供人一飽，則幽客不幽矣。再疊前韻，以申未盡之旨。

秋風秋雨毅消魂，領略幽香鎮掩門。楚楚自饒名士態，青青如對遠山痕。文君獨處臨邛市〔一〕，西子窮居越國村。卻笑九齡詩意淺，園葵場藿與同論。

幽居原不避風霜，小小庭除曲曲塘。分得餘香歸翠袖，擷將殘豔入青箱。三春花事輸金

〔一〕邛，原訛「叩」，據蔡啓盛《校堪記》改。

谷，一曲琴心感素王。莫向纖兒弄顏色，還愁狼藉到雞坊。

歲歲淒風賦緑衣，投時花樣本來非。豈惟置酒豪家少，并覺留題詩客稀。無賴寒蛩偏絮絮，多情蛺蝶故飛飛。芳心不怨儕群草，一入朱門願轉違。

絶代風神亦自憐，未容移傍鴨爐煙。山人骨相渾無肉，天女衣裳不著緜。且保芳香全晚節，休誇韶秀羨髫年。寄言裘馬五陵客，莫漫尋芳到者邊。

滬上寓園芍藥花盛開，偶作一律

暫與名園作主人，可與綺語謝花神。杭州正喫毛頭筍，海上來看婪尾春。醉蝶癡蜂游戲慣，嬌紅膩紫翦裁勻。須知樸學齋中客，也喜風光到眼新。園中舊有「湛華堂」，余易名「樸學齋」，示黜華崇樸也。然對此名花，亦不能無詩。

王補帆同年見示和章，因疊韻贈之

暫拋節鉞作詩人，不費推敲妙入神。海上乍回千里駕，江南已領一年春。攜來書卷牀頭滿，君自言所居偪仄，閩中攜歸書數十箱，已充滿其中矣。分得勳名鼎足勻。庚戌同年開府者，樞元、汴生與君而三。自笑吟腸枯澀久，難同開府鬭清新。

訪補帆，因游其所廌園，再疊前韻

如此園林便可人，何須海外訪三神。儘容吾輩來充隱，園名「洽隱」。莫惜清游未及春。巖洞淺深相掩映，樓臺高下總停勻。最宜畫檻臨流坐，看取垂楊幾樹新。

補帆因將往京口，疊前韻爲別，亦疊韻奉酬

我本西湖一散人，剛從龍井拜茶神。浮家偶傍天隨子，經義原非井大春。君詩有云「吳門何幸拜經神」。何幸吟箋同唱和，不辭枯管暫調勻。只愁鐵甕城邊路，又惹離懷兩地新。

前年與恩竹樵漕帥唱和甚樂，刻有《吴中唱和》三集。今得補帆更唱迭和，其樂不減往年，疊韻紀之

詩筆須如韞藉人，不矜牛鬼與蛇神。回思覓句陳無已，曾遇移情方子春。旗鼓兩家同角逐，珠璣萬顆走圓匀。《吴中唱和》編猶在，壁壘逢君又一新。

和補帆同年《感事抒懷》兩首

且將忖度付他人，清夜焚香可告神。海上颶風將及夏，江南香雪早探春。安危似弈看難定，出處如輪轉自匀。尚有當時磨盾手，莫教又費墨花新。

平生持論不猶人，勝巧無如拙最神。越女效顰難奪寵，唐宫翦彩豈成春。但教柱石堅牢在，莫鬬盤珠轉折匀。願與講求根本計，魚龍曼衍任翻新。

和補帆舟泊惠山，重瞻湘淮忠節祠

河岳精靈出偉人，長留正氣作明神。表彰大節程千里，附祀偏裨雷萬春。戰血碧埋三尺冷，史才青削一編勻。知君感念艱難際，喜見承平氣象新。

和補帆重游焦山

便是尋雲問水人，鷗盟一再證江神。又停楊子江中棹，來認焦仙閣上春。只我煙波難遠訪，與君風月未分勻。止堪七里山塘上，看取崇碑葛墓新。應敏齋同年訪求山塘葛賢墓，擬重葺之。

和補帆同年瓦甸感舊乃君侍其先德戟門先生讀書處

抱書我亦侍先人，每聽啼烏總愴神。樂數軒中一燈火，毘陵城外五年春。余侍先君讀書常州汪氏樂數軒中五年。誦君詩句沈吟久，同此情懷感慨勻。賸有遺編重展對，不辭剞劂又從新。時以先君《印雪軒詩鈔》寄金陵重刻。

補帆同年奉命還閩，疊韻留别，亦疊韻送之

知君未是卧雲人，驅鱷文章定有神。好去重持閩嶠節，不妨遲領故園春。山中茅屋苔痕滿，海上蒲帆風力匀。此去三山重攬勝，冰盤剛進荔支新。

余偶出「人」字韻詩，補帆已十二疊韻矣，而余詩止得十一首，檢尋匧中，知尚有《村居》一首未和也。因補作一首寄閩中，則余轉多一疊矣

入山纔作白雲人，渡海仍煩青鳥神。君來時禱於天后，有神鳥護送。門是還珠先有兆，「還珠」乃閩垣城門之名，君詩云「還珠倘有再來緣」。園非補竹不成春。君自號玉堂補竹生，閩署有園亦以「補」名。重洋烽燧紅應滅，故里桑麻緑未匀。莫怪村居猶有待，經綸雷雨一番新。

我本餘不亭畔人，鄉山欲買少錢神。偶從皮陸諸賢後，竊占蘇杭兩地春。選勝湖山芒屩健，傳詩閩嶠竹筒匀。一幾補和村居句，正擬經營燕壘新。時吴門所賃屋期限將及，因買潘氏廢地，擬築屋居之。

金眉生廉訪游西溪，得詩甚多。今年春，相遇於吴門，次韻二首

莫惜清游未得偕，但吟新句便知佳。白雲紅樹三秋暮，流水高山一曲諧。曠奥勝情兼領略，尖叉險韻費安排。幽燕老將誰能敵，漫出奇兵效曳柴。

何必蘭觴佐蕙肴，且將猿鶴共論交。林間迷路雲來迓，窗外催詩雨亂敲。導我終須煩笠屐，從君準擬酌陶匏。何當同攬西溪勝，吟徧山坳與水坳。

眉生又極言花隖之勝，再疊前韻

曩泛西溪客與偕，今聞花隖景尤佳。吟情愧我猶虚寄，游事輸君得早諧。湍急支笻當略彴，雨來借笠作彭排。略嫌秋色非春色，山骨嶙峋瘦似柴。

此時桃實未堪肴，節候剛逢二月交。舊夢杭州空約略，新詩吴下細推敲。描摹山色蒼嫌翠，想像泉聲竹與匏。且向滄浪寄游覽，是日，張少渠招集滄浪亭。不辭苔蘚上韡坳。

正月晦日，會於滄浪亭。眉老席間言欲至滬瀆創設同倫館，余甚偉之，三疊前韻以堅其意

春游喜與秺侯偕，揮麈清談聽轉佳。小集僧廬聊避俗，獨抒莊論轉如諧。要從幽谷遷岑蔚，苦向中流任決排。舉世悠悠誰見及，較量瑣屑米鹽柴。

世事飛潛等卦肴，漢《孔靈碑》借「肴」爲「爻」。笑他學語鳥交交。劍鋩未肯泥中老，棋子須從局外敲。能以冠裳化鱗介，行看聾俗奏笙匏。慙余十載皐比坐，辛苦區區水覆坳。

彭雪琴侍郎六十生日，賦生輓詩八章，即次韻爲壽

退省原無可省愆，侍郎所居曰「退省庵」。勳名久著中興年。身如砥柱安危繫，迹似閒雲去住便。西子湖邊同作客，南豐門下信多賢。南豐，借謂曾文正公。風流儒雅兼英武，海内人人願執鞭。

第一樓頭笑語同，每聽偉論見英風。名高李郭諸賢上，人是衡湘間氣鍾。江上情波千里

碧，壺中心血十年紅。侍郎有咯血疾。平生從不營家事，肯學昌黎送五窮。

乍卸兜鍪便珥貂，江湖猶得聖恩邀。胸兼兒女英雄氣，侍郎有小印曰「兒女心腸英雄肝膽」。功在咸豐同治朝。昔日青旗群屬望，侍郎在軍中張青幟。此時緑鬢未全凋。老來尚握兵符重，檢點軍書每至宵。

時事艱難蒿目看，但求江海不波瀾。鐵衣未厭生蟣蝨，玉佩曾經接鳳鸞。大典雍雍天富貴，侍郎有《大婚盛典恭紀》詩。本兵嶽嶽氣高寒。到兵部侍郎任二十日。朝廷正倚長城重，未許山中鶴夢安。

蕭然襆被度關津，歲歲長江酒一巡。猿鶴林中黄鉞使，貔貅帳内白雲身。情懷旨酒清彌永，意氣精鋼鍊更純。自笑褊衷惟嫉惡，每逢鼠輩總眉顰。

微疴無恙不須愁，莫向彤廷遽乞休。玉帳牙旗今重寄，輕裘緩帶古名流。但教長守英公法，自可潛消杞國憂。誰與三潭同玩月，可知煙水有閒鷗。

清游湖上憶春時，更指秋山與我期。畫就梅花蟠鐵幹，采將蒓菜膾銀絲。都忘功業兼褒鄂，常有詩篇和陸皮。見説六橋三竺路，一雙不借一軍持。

論古常懷天下才，得親風度更低徊。正深蕭艾三秋感，忽有瓊瑶一紙來。游戲文章原曠達，尋常箏笛謝誼虺。輓歌自唱陶元亮，未覺東籬暮色催。

三潭印月舊有美人石，久沈水内，雪琴侍郎督健兒架木縣絙，扶而起之，戲調以詩

一方已占水中天，又拜奇峰學米顛。架木縣絙齊用力，美人扶起上鞦韆。

布韈青鞵立水濱，彭郎老去更精神。小姑奪得還如昨，又看西湖石美人。「十萬大軍齊唱凱，彭郎奪得小姑還」，侍郎舊句也。

侍郎詩來，言石美人扶而不起，殆爲小姑所妒，然余翼日往觀，則已扶起矣。疊韻賀之

美人扶起嫩寒天，想見彭郎喜欲顛。寄語尹邢休避面，小姑遠隔路三千。「韆」字韻實難再用，因見前人有書「鞦韆」作「秋千」者，故借用「千」字，公勿笑其舍難就易也。

居然羅韈步瑶濱，霧鬢風鬟妙入神。前日原非嬌不起，美人怕作犯齋人。前兩日侍郎正持齋也。

前詩借「千」爲「韆」，意究未安，再疊前韻解嘲，聊代催妝

休嫌詩膽大於天，坐對娉婷興更顛。欲倩美人寫唐韻，一先千作二仙韆。浮石何須羡泗濱，吾儕詩筆總通神。定知此後三潭夜，添箇臨風拜月人。

無題二首，和孫子瀟天真閣集韻 一隱廿四意，一隱十六意

撫罷離弦褪指環，二十四弦琴曰離，見朱長文《琴史》。又將痕韻寫窗閒。《唐韻·二十四痕》。三春花國風光好，二十四花信風。一歲蘭閨氣候閑。二十四氣。品定新詩臺琢玉，《二十四詩品》。修成豔史管拈斑。二十四史。翩翩夫壻中書令，二十四考。雁蕩常雲爲駐顏。雁蕩第二十四峯曰常雲。

玉磬聲中聽佩環，古編磬每簴十六。李娘青髮見花閒。温庭筠詩「李娘十六青絲髮」。晋宫歌舞多佳麗，《左傳》「女樂二八」。隋苑樓台異等閑。隋西苑十六院。元夕已過燈寂寞，十六夜。天魔猶逞袖斕斑。元薩都剌詩「十六天魔舞袖長」。辛陽不櫛多才子，十六族。小令新填一啓顏。十六字令。

再疊前韻禁用二十四、十六實典

錦屏數徧又迴環，畫出巫峯反正閒。迎到花神雙蒂並，添來松徑六時閑。湘鬟綰結齊臨鏡，淇竹知時對染斑。六六魚書終歲杳，重三重九暫聞顔。

玲瓏七寶九連環，八面宫棋相對閒。月殿光華初欠缺，瀛洲伴侣兩清閑。洛神添補三行玉，晋帖銷磨一紙斑。十二層樓窗四面，再分眉月照紅顔。

孟夏之朔，訪趙展如中丞於節署，適汪郎亭侍郎繼至。中丞出示《大閱述懷》詩，郎亭次韻四首，并邀同作，因如其數賦贈中丞

浙水曾霑膏雨多，蘇臺又拜福星過。農桑本計籌三足，茶火軍容肅兩和。民愛邊公似菩薩，人傳包老是閻羅。自從節鉞吴中駐，掃盡黄龍與白波。

光陰一月豈云多，江北江南次第過。去日律將應姑洗，歸來候未届清和。於二月二十五日出省，三月二十三日還省，神速之至。甲兵胸次包韓范，糗糒懷中仰畢羅。不受供應，以胡餅自隨。惟喜桃源

風景好，繽紛紅雨不隨波。過桃源縣，桃花盛開，風景極好，詩即作於此地。

江濆海澨紀程多，戲馬臺前又一過。會見妖氛消格澤，豈惟聖德頌元和。泥中鐵騎馳騤褭，遇雨亦行不輟。席上金樽謝叵羅。聞漕帥置酒待之，不赴。只恐材官還竊笑，笑公終日太波波。楊萬里詩「老去波波有底忙」。

我朝震疊武功多，已比前明百倍過。雖有黑風吹渤澥，依然赤日駕羲和。但修舊制臨淮法，莫眩新聞吐火羅。保障東南有公等，鄙人只擬老煙波。

汪郎亭侍郎疊前韻二首見贈，因亦如數奉酬

人患無才君思多，報章數已七襄過。聞君已七疊韻矣。不愁寫禿毛錐子，未肯閒憑木養和。夢境何須尋古莽，詩名且博到新羅。遥知出處關時局，豈係江干窣堵波。花農謂錢唐江干六和塔關君出處，此不足信。

憐我積唐去日多，泮池今已兩番過。余丙申入學，去歲又丙申矣。歸真久擬師顔歜，抱璞何嘗泣卞和。自覺茂宏常憒憒，敢云阿大尚羅羅。故人幸有汪倫在，潭水桃花千尺波。

吴廣庵廉訪饋鰣魚，七疊前韻爲謝

入市銀鱗尚未多，計時却已楝花過。生魚來饋鄭子産，釣叟應憐張志和。不費谿童帶笭箵，且教竈妾洗廝羅。一家婦豎都歡喜，争向筵前捲白波。

錢怡甫觀察饋鰣魚，八疊前韻爲謝

自笑連朝口福多，維魚貫柳又來過。盛情已感吴安道，《宋史》吴遵路，字安道。嘉惠重叨錢處和。《宋史》錢端禮，字處和。碩腹蒸來肥似瓠，纖鱗剔去薄於羅。小詩聊當尖團换，不惜吟箋劈衍波。

汪郎亭侍郎饋鰣魚，九疊前韻爲謝

肥鱻莫悵骨偏多，論價真堪鱣鮪過。楊升庵贊云「價百鱠鮪」。未洗文鱗製花勝，鰣鱗可製花鈿。且酬高唱鼓雲和。坐中雋味生樽俎，江上腥風入網羅。聞自虞山傳送到，來書云然。昆湖湖畔泛清波。

郇亭又疊韻見贈，聞已十三疊矣，因又疊韻三首贈之，成十二疊，讓君一疊，發君一笑

詩清豈爲飲茶多，數已闌干十二過。陣法何堪鬬魚麗，宫聲且喜應鸞和。屢投絢爛囊中錦，暫撤蕭閑門外羅。搜索枯腸邀一笑，爲君再起墨池波。

交紀交群卌載多，吴中今幸又重過。舊官莫誤司空曙，君官至少宰，因久官工部，故人猶以水部稱。高蹈真同共伯和。君子不以得失縈懷〔一〕，莊子云「許由娱於潁陽，而共伯得於共首」，顧亭林謂其得全神養性之術，君亦有焉。詩陣還堪馳露布，宦情久已淡雲羅。祇應食指當筵動，猶憶春風太液波。即用君來詩意，兼指罐兒山雞事。

才不如君卅里多，涓涓小澗豈皇過。經神虚拜鄭高密，居士聊充陸法和。老去麤疏還潦到，朝來阿耨又多羅。余每日誦《金剛經》一過。十三弦上甘相讓，三折書成欠一波。

〔一〕子，原訛「了」，據詞義改。

劉少峯司馬饋鱒魚，十三疊前韻爲謝

旅枕安眠拜賜多，君命扞掫者於敝廬左右，每夜加意巡緝。承筐使者曉來過。登盤争詫百金值，百金之魚，見《公羊傳》。洗釜先調五味和。集議門生争鉏蟹，分甘兒輩到黿羅。漁人見説宵猶肅，不患褰裳有李波。君任捕務，能舉其職，宵小畏之。

郎亭侍郎以小魚俗名靠子者來饋，潘譜琴庶常據《字書》名之曰「鮳」，音「靠」，未知然否，郎亭疊前韻以賸之，因十七疊韻爲謝

品類無如魚最多，此魚新自五湖過。云出太湖。徵名竟未登《倉》《雅》，辨性何從問緩和。故紙生涯曾領略，市中以此魚炙乾，用紙包裹，每包二魚。調羹手段欠婁羅。此魚宜炙食，不中爲羹。呼之曰鮳音同靠，隊隊相依在緑波。《説文》：「靠，相違也。」而俗有依靠之説，魚名或取此義。

爲賦嘉魚旨且多，屠門雖近不思過。幺麿眇小偏遺直，骨鯁生成未失和。大可登盤充膾炙，更欣懷子似蛪羅。莫蟗縹緲雙峯下，定與針工共戲波。針工亦魚名，出太湖。

此魚吴市歷年多，市上欣逢水部過。仍以水部呼君，於魚事較切也。不與莊生争大小，豈煩晏子辨同和。文王昌歜珍逾肉，謝傅蒲葵軟勝羅。物以人傳以人重，長教水族誌恩波。

老夫處處感懷多，早又消磨一日過。咫尺江湖難物色，從前未知此魚。尋常鼎鼐欠調和。始而煮食之，不甚得法。蚳蝝應舍誰投箸，煙水無垠尚觸羅。三嗅馨香三歎息，鯨鯢海外正興波。

連日辨論鮚魚未決，因向市中購取乾者餉郎亭，十八疊前韻

包有包無辨論多，漁莊蟹舍究誰過。紛如堅白争同異，細似句弦算較和。下問殷勤到臧獲，巨家諮訪徧程羅。不如覓取乾魚薧，未減銀刀初出波。

郎亭詩注，言魚出太湖。問之市人，又云海魚也。未知孰是，十九疊前韻

傳聞笠澤此魚多，罛叟偏從島嶼過。若向坊州求杜若，何如畫譜按宣和。行當博問知魚客，切勿虚張無鳥羅。究竟是湖還是海，元龍未必肯隨波。

章式之孝廉云：此魚以子多見美，故名靠子。或亦一説，二十疊前韻

見説兹魚恃子多，故於初夏始來過。若非挾有子師僕，誰復尊爲父義和。晉代文章雄二陸，唐時詩句重三羅。人閒一例皆如此，看取淪瀾大小波。

送包纘甫茂才北上應京兆試，二十一疊前韻

磊落如君英最多，論交四世卌年過。余曾與君曾祖蓉舫孝廉有舊。尚期一舉登京兆，好與群仙試保和。御試皆於保和殿。海道平安如衽席，五月間海道最平。客衣輕便試紗羅。飈輪直達蘆溝路，不必沿洄潞水波。

賀于香草茂才登丁酉拔萃科，二十三疊前韻

卅載名場閲歷多，青雲坐看幾人過。陳經禮拜臧榮緒，執器隨行劉彦和。君志在扶持正學。畢竟珠光難掩抑，喜看鐵網爲搜羅。會當再折蟾宫桂，細認金輪穆穆波。

少時忝竊愧余多，六十年重丁酉過。敢謂遺音存正始，幾難古碣辨光和。行年今又逢强圉，仙侶仍看集大羅。願與君修同歲誼，異瀾何必不同波。余於道光丁酉中式副榜，故云。

朱修亭觀察袖詩見訪，二十四疊前韻酬之

雲酬雪唱不嫌多，又有新詩袖裏過。愧我力將窮魯縞，知君來爲訪秦和。君求診於鮑君竹生，鮑與余對門居，故乘便過我。十年老手朱泙漫，五畝名園賓度羅。賓度羅乃十六羅漢之一，黄山谷有贊。君新葺小園，名曰賓園，故借用其名。最愛數椽臨水屋，楹閒自署定風波。賓園中有定風波舫。

汪郎亭侍郎以其伯外祖韓桂舲尚書《泛湘圖》索題，即題一律

昌黎衡嶽開雲後，千百年來又一韓。湘水煙波長浩渺，尚書風骨自高寒。丹青遺像傳留在，嘉道名臣及見難。幸有彌甥能繼起，世家喬木總丸丸。

越日，郈亭次韻賦謝。余與郈亭用「多」字韻倡和，已至二十四疊矣，得詩笑曰：豈又有二十四番風信乎？因四疊韻酬之

攙奪蘇家行市後，蘇潮纔過又逢韓。世傳「韓潮蘇海」語，李耆卿《文章精義》則云「韓海蘇潮」，是韓、蘇皆潮也。若將覓句消長夏，殊勝謀官到大寒。旗鼓問誰推戰勝，山林頗不歎才難。袖中轉日回天手，閒弄宣僚市上丸。

自來唱和推元白，較勝聯吟孟與韓。借此南皮堪避暑，須知東野不嫌寒。粗疏稾秸兼蒲越，燦爛珊瑚又木難。笑指奔騰三峽水，可能止得一泥丸。

來尋水部詩人宅，誰識先生吏部韓。君官至少宰，人多誤呼君前官水部。新戲魚龍何足看，舊盟鷗鷺不教寒。尚存帝所鈞天樂，莫唱人閒行路難。三萬六千方過半，東西跳擲任雙丸。

我本前生一行者，如何後學誤呼韓。性情且喜萱逢杜，格律差堪拾和寒。書法王家稱逸老，詩名黄氏字居難。裁箋聊復悤悤寫，脱手居然似彈丸。

郋亭侍郎八疊前韻見贈，云此降書也。實則敵勢方盛，未可遽與議和，因又四疊前韻酬之，以此納降，其許我乎

險韻還宜拈競病，常談未可溷暄寒。莫嫌嚼蠟味無味，不怕吹笳難又難。我比陳思尤好事，暑天擊劍更跳丸。

一杯已醉蒲觴酒，五月仍餘草閣寒。小小園林非獨樂，空空瓶鉢是阿難。客來偶一陳牢九，説與坡公本是丸。

須知我輩謀銷暑，不比豪家戲潑寒。回溯初丁何足道，余丁酉中副榜，今又丁酉矣。預防後甲頗愁難。鬼元過盡天元到，細數牟尼百八丸。

辛苦已同蟲負版，咿唔竟似鳥號寒。居然鳴到九皋遠，倍覺鋒圓八面難。詩得九首，韻至八疊。此後聞聲如欲應，借君妙句作雷丸。雷丸能治應聲之疾。

越日，郇亭又四疊韻見示，其餘勇尚可賈也。因三疊韻報之，仍用前議，讓君一疊

墨池餘瀋行將竭，再汲新泉向井韓。敢冀衰年復丁壯，翻教暑日祭司寒。連日寒甚。文章聊復從三易，談笑還欣聚二難。卻爲耽吟成積習，朝朝辛苦弄蜣丸。

詩成餖飣殊堪笑，韓兔韓羊雞亦韓。若使律如工部細，翻愁食似太原寒。一編聊附《吳中稿》，明黃衷《矩州集》有《吳中稿》。萬事安知蜀道難。几净窗明無客過，寫殘紫距與烏丸。

自從一月排詩陣，三敗憐余已及韓。蛙遇車來猶積怒，蟬因鳴久竟成寒。神山有鶴書傳易，戎幕無烏敵遁難。約束英雄三十六，「多」字韻二十四疊，「韓」字韻十二疊，故爲此戲語。分貽螢火避兵丸。來書云「犒雄師」「圖潛遁」，故以此復之。

曲園雜纂第四十二

梵珠

余生平未窺釋典，丙子季秋，自吴下至西湖精舍，偶從竹樵方伯借得《法苑珠林》，於舟中讀之，剌取其事，成連珠一百八首。意雖止於捃華，義亦資乎勸善。因皆取材梵典，故名曰《梵珠》。

蓋聞氤氳之始，人物未殊；造化之初，聖神接踵。是以佉盧大仙，實出驢根；賢劫千佛，皆是鹿種。

蓋聞物至斯感，雖異體而能通；道在則尊，雖微物而勿狎。是以衆鹿會合，能使梵志動心；野干登坐，便爲天帝説法。

蓋聞聖凡分而去取各異，道俗判而愛惡自殊。是以婆羅門兩女並好，而佛言皆醜；旃陀利七男得道，而王怒行誅。

蓋聞微妙之言，非愚頑能識；悲憫之意，雖微細不遺。是以飼溷豬者，不必有甘露之味；

惜井蟲者，必須以漉袋自隨。

蓋聞昏闇之性，非可提撕；墮落之軀，無從解脱。是以利劍割臭屍，雖痛不知；醉人落糞坑，無髮可拔。

蓋聞累世苦修，自然獲報；前生福果，終不成空。是以拘留沙王土中，銅盆隨掘便得；阿育王女手内，金錢任用不窮。

蓋聞機械之巧，無益而有損；附和之衆，是禍而非福。是以野干鬬二獸，適以自殺其軀；師子生諸蟲，還以自食其肉。

蓋聞物性癡貪，徒爲可笑；生命勞苦，豈得自休。是以狗至他家，謂是我家，反瞋後來之狗；牛破前車，續有後車，仍爲梔項之牛。

蓋聞無窮功行，有待圓成；第一身心，先須檢束。是以受三依歸者，護衛自有善神；犯四放逸者，墮落終歸地獄。

蓋聞衆生自作之孽，必有天刑；地府變形之城，仍由心造。是以喜殺生者，他生爲蜉蝣之蟲；好兩舌者，轉世作鵂鶹之鳥。

蓋聞人獸之途，隨感而入；貪嗔之念，至死不休。是以毒蛇瞋目怒眼，前身是賢面長者；

惡牛翹尾低角，夙世則三藏比丘。

蓋聞積而不散，是謂鄙夫；有而不用，何異窮子。是以難陀七重門閤，終作盲兒；盧至五錢鹽麨，還成慳鬼。

蓋聞學道之士，不可有貪吝之心；出世之人，豈復存留戀之意。是以舍利弗之一眼，施與乞人；須大拏之兩兒，舍爲奴婢。

蓋聞罪孽無邊，慳貪爲最；福德無量，施舍爲先。是以舍主之一兒一婦，皆成餓鬼；織師之一奴一婢，並得生天。

蓋聞盲聾之俗，示之而不知；卑下之人，勝之而不武。是以癡犬逐瓦石，不知尋人；臭豬落厠溷，可以鬬虎。

蓋聞過去未來，還如一瞬；天堂地獄〔一〕，各有由來。是以均提呵一僧，便得餓狗報；忉利歸三寶，免墮癩豬胎。

蓋聞纖翳不除，終虧性體；微塵未滌，亦污心源。是以拔毒箭者，須觀其鏃；伐毒樹者，

〔一〕　天，原訛「大」，據文意改。

必盡其根。

蓋聞具宏量者，非小惠所能結；貞内體者，非外物所能妨。是以波提金氍一端，奉佛而佛不受；中日火坑六丈，陷佛而佛不傷。

蓋聞人世罪愆，有輕重之各異；鬼神報應，準銖兩而必均。是以妬女化遮吒迦鳥，俾仰給於一雨；贓吏作鳩盤荼鬼，使游戲於五塵。

蓋聞善本於心，貴賤皆宜自盡；物惟其意，多寡固所不論。是以盧至白氎，不足奉帝釋；德勝土麨，可以供世尊。

蓋聞心性一定，譬猶堅城；形骸非真，謂之假館。是以持禁戒者，手縛青草不敢動摇；修忍辱者，臂如藕根任從斬斷。

蓋聞百歲流連，無非幻境；六親恩愛，總是寃愆。是以金女配金男，未能常好；鐵杵打鐵臼，那得完全。

蓋聞物之潔污，有定者形；世無貴賤，所重者我。是以澡盤中水，雖自飲而不堪；糞掃中錢，以供佛而亦可。

蓋聞入道之要，首重乎勿欺；作聖之功，尤嚴乎所見。是以戒妄語者，願以利劍截舌；懲淫視者，甘以鐵錐燒眼。

蓋聞先迷後得，無損善根；殊途同歸，斯稱大造。是以蛇皮醜女，仍返王宮；鹿頭梵志，亦歸正道。

蓋聞塵壒之中，各甘其味；泥塗之內，莫潔其身。是以群豬飽大糞，誇言美食；餓狗銜璅骨，瞋視行人。

蓋聞修聖行者，不外乎理欲；化下愚者，先定其從違。是以惡病四種，便有四良藥；打賊三下，即是三歸依。

蓋聞知足者不足而常足，善取者有取而無取。是以得寶物而用之無度，無破天帝之得瓶；欲美果而求之無方，截斷國王之高樹。

蓋聞精進若登天之難，墮落如轉丸之速。是以清信士未忘愛戀，便成婦鼻內之蟲；佛弟子偶涉淫邪，幾爲鬼瓮中之肉。

蓋聞取法者貴從其上，問塗者無迷其方。是以商人捐八牛而贖龍女，比丘舍群豬而學獅王。

蓋聞不得真傳，無從入道；欲求美報，務在信心。是以龍王爲八關齋經文，奉金盤美果；

提婆以五百錢供養，得銅甕真金。

蓋聞性體堅剛，以静制動；道力貞固，雖屈能伸。是以阿利那毒龍，避持戒之士；沙吒盧惡鬼，畏精進之人。

蓋聞大道無外，豈問靈頑；成功非難，但計勤惰。是以鴈聞佛法，亦得生天；雉有宏願，便能滅火。

蓋聞微妙之至，自具神通；定静之功，即徵法力。是以俱胝魔軍三十六，不能使菩薩動摇；婆羅門衆五百人，正可供沙彌噉食。

蓋聞應得之物，不待營求；非分之財，無庸希望。是以土窖中之穀賊，招致金精；石室内之藥叉，護守寶藏。

蓋聞一氣所感，不隔胡越；四海之内，皆成弟兄。是以小夫人乳汁分流，偏及千子；大自在人根長偉，斯有衆生。

蓋聞含生之屬，各有所能；蠕動之微，詎無所覺。是以龜負護命之鎧，而水狗不能傷；蝨知節食之方，而土蚤不能學。

蓋聞同居萬類，何判蠢靈；並列五蟲，詎分毛倮。是以墮驢胎者，非無帝釋之身；生鶴卵者，或成羅漢之果。

蓋聞緣所不屬，無可因依；志所不存，終歸虚誕。是以羅甸之鉢，所至皆空；難陀之瓶，無時得滿。

蓋聞不證無上，詎知俗眼之非真；未悟真如，安得世情之盡斷。是以戀美婦者，如從瞎猴於山中；得藏金者，猶拾毒蛇於田畔。

蓋聞道在虚空，盡人可見；力本自具，何事不任。是以小比丘打老比丘，亦能證果；五由旬改三由旬，只在信心。

蓋聞專精之至，久則通於神明；見異而遷，終必歸於廢棄。是以得帚忘掃，得掃忘帚，可期一旦貫通；捕鳥爲鼠，捕鼠爲鳥，不過終身游戲。

蓋聞稱人之惡，慘於矛戟；成人之美，藹如陽春。是以逢人駡詈者，必有臭蟲在口；遇物補治者，常得金象隨身。

蓋聞入世之道，首在乎謙；處己之方，莫妙於嗇。是以愚而自大者，猶蛇之頭尾爭雄；貪而無饜者，譬馬之口尻並食。

蓋聞俗子以造作爲工，淺夫以空虚爲有。是以壓甘蔗汁而種甘蔗，終不能甜；著師子皮而爲師子，徒形其醜。

蓋聞勇於精進者，見善而必爲；喜於捨財者，當仁而不讓。是以老婢臭瀋，可施佛鉢之中；丏女金珠，可裝佛面之上。

蓋聞一種業根，便難振拔；既墮惡趣，豈免沈淪。是以落地獄者，仰臥俯臥皆九百萬億歲；游鬼國者，已食未食各二百五十人。

蓋問彼此不可以齊觀，大小難歸以一致。是以狗鳥各有樂，所樂不同；鴿鹿自言苦，所苦亦異。

蓋聞邪正之辨，不可不明；取舍之閒，所宜早定。是以甘露貿毒藥，謂之大愚；猛火戰乾薪，必無不勝。

蓋聞宿世善根，能與春荄並茁；前生福報，不隨朝露同晞。是以耶奢密多，口中自有功德水；伽尸陀利，胎内即著袈裟衣。

蓋聞修性體者，以疏密爲成虧；課功行者，以精粗爲生熟。是以貧窮老母，五合之膏亦自光明；難陁國王，一瓶之酥詎云滿足。

蓋聞靈奇之迹，似異而實常；拘墟之人，少見而多怪。是以阿那律之天眼，一覽皆周；目犍連之神足，八荒悉届。

蓋聞願不必宏，有定者貴；力不在大，自貢者真。是以放牛兒持齋，必無四沙門正果；牧羊人覆佛，自有七寶蓋隨身。

蓋聞人同一念，大判其精粗；世有兩途，須觀其去就。是以采好華以獻佛，仍留滿篋之香；負燆糞以養豬，適染一身之臭。

蓋聞見美斯惡，老氏之至言；即色是空，我佛非妄語。是以臭爛死屍，乃金色之妹；傴僂老母，是青蓮之女。

蓋聞聖種非凡夫所能畜，靈迹非濁世所能知。是以蓮華之胎，易以馬肺；金色之子，變作豬兒。

蓋聞百念易滅，惟貪難除；諸障可消，惟癡難悟。是以寺主施糞，而奪摩尼之珠；夫人澆乳，而殺菩提之樹。

蓋聞厚薄之數，不繫乎外物；有無之故，非可以言詮。是以閻浮提王，敬施半果；薄拘羅塔，不須一錢。

蓋聞見淺見深，各隨分量；求人求己，迥判津途。是以如佛如比丘，三小兒心願自别；依業依王活，兩内官道理懸殊。

蓋聞具善知識，人物何殊；作大功德，天人各足。是以禮塔者，五百獼猴、五百羅漢，並得生天；布施者，一分如來、一分乞人，皆能獲福。

蓋聞不歷一切苦，難言苦行；欲享無量福，須有福胎。是以持戒之僧，金牀銀牀不坐；夙根之子，寶珠寶蓋俱來。

蓋聞妙義既敷，自無不傾之聽；誠心既發，豈有不捨之財。是以長者子以六十萬金錢買香而塗寶塔，大家主以三十里銀衣布地而奉如來。

蓋聞舉大木者，有待乎衆擎；涉遠塗者，無嫌乎並駕。是以大梵天王經絲、堅牢地王緯絲，共作法衣；須達長者園地、祇陀太子樹木，合成精舍。

蓋聞力不能制者，有理以勝之；理不能喻者，無術以處此。是以八王争舍利，尚可平分；二鬼奪死人，難言孰是。

蓋聞神明所契，不患無徒；道德既高，豈憂無侶。是以鴿鳥蛇鹿，依比丘以爲安；獺兔狐猴，與道人而共處。

蓋聞感通者天道之常，報施者造物之巧。是以淚吒捕兔而得金，燈指擔屍而成寶。

蓋聞起居有一定之度，飲食有不易之時。是以仰臥脩羅臥，伏臥餓鬼臥，四體不可不謹；暮食畜生食，夜食鬼神食，一飽而有非宜。

蓋聞天於衆生，各付以靈性；聖於萬類，悉鑒其誠心。是以黎耆闍河畔獼猴〔二〕，佛受其蜜；摩竭提城外鸜鵒，佛宿其林。

蓋聞游化城者，各予以安全；餐勝果者，無虞乎墮落。是以瞿曇入舍，滅尸利仇之火坑；比丘騰空，出阿育王之油鑊。

蓋聞遠而百世有隆汚之殊，近而一生有盛衰之異。是以彌勒佛出世後，統御四洲，自金輪、銀輪、銅輪，而至鐵輪；阿育王數終時，布施三寶，自金器、銀器、鐵器，而至瓦器。

蓋聞在我者止有一心，在物者原無定質。是以老母賣白髓餅，從灘瘡得來；比丘入鐵油鑊，有蓮華生出。

蓋聞一念之誤，轉展而無窮；終身之愆，迷惘而不復。是以愚人殺一子以葬一子，謂可取兩頭之平；暴王割百兩而補千兩，謂已償十倍之肉。

〔二〕 闍，原訛「闇」，據文意改。

蓋聞作惡者徒失本來之善，縱樂者易生事後之悲。是以戒體不可虧，勿以金易鍮石、銀易白鑞；世情無足戀，當知味如芥子、苦如須彌。

蓋聞危莫危於理欲之畛，捷莫捷於操舍之機。是以頂生王徧遊四域三十三天，而終歸墮落；嗷人王已取四百九十九人，而仍許歸依。

蓋聞人無自作之孽，雖至險而必全；人有未昧之良，雖極頑而可牖。是以凶惡如羅刹之國，終度脱以馬王；殘暴如迦尸之王，竟化導以鸜母。

蓋聞善與惡遇，善長而惡消；仁與暴逢，仁行而暴止。是以尼乾子能化嚴熾王，阿育王終殺耆梨子。

蓋聞愛網相纏，紛紜難理；情絲自縛，解脱爲宜。是以梵志壺内，兼有女男，牽連不已；阿難身中，但有屎尿，愛戀何爲。

蓋聞良懦之人，必食報於其後；剛愎之性，必速戾於其躬。是以師子善心，卒得金棺之報；野干狼戾，終遭木罐之凶。

蓋聞執紛紜之説，敵有可乘；存專一之心，物無能賊。是以二鬼争一篋，畢竟成空；大意失四珠，依然復得。

蓋聞惑於利者，易昏其心志；鶩於名者，虛費其聰明。是以愛好華而不知有毒蛇，終歸有害；磨大石而但以爲小牛，不如無成。

蓋聞善惡未形，根株早具；愆尤既積，補救無功。是以三人繞塔而意則異，六人在釜而罪則同。

蓋聞物之爲物，原質異而性同；心猶此心，匪物賤而人貴。是以狗聽經而皆得人生，鴿依佛而全消怖畏。

蓋聞碧落雖高，止憑善果；黄泉既近，無可潛藏。是以長者兩夫妻，因功德而同生忉利；仙人五兄弟，具神通而莫避無常。

蓋聞飲冰雪者，豈待湔除；墮泥塗者，無從薰祓。是以鴛鴦不住溷厠之中，鶘胡惟食糞穢之物。

蓋聞愚蠢之徒，取其一端之善；精修之士，責其片念之荒。是以嬾婿鑊湯中尚堪念佛，比丘蓮池畔不許偷香。

蓋聞戒行宜持，要期堅忍；凡心難浄，首戒貪嗔。是以比丘不取鵝腹之珠，雖見血而不死；太子務奪鳥巢之果，終遇毒而亡身。

蓋聞好勇好色，乃性命之累；戒淫戒殺，是入道之關。是以婆藪仙人，以殺羊而没地；扇陀婬女，能騎鹿而出山。

蓋聞禍不虚生，由語言之喋喋；災非无妄[一]，因口舌之喃喃。是以鼈多問而鶴不能拯，龜有言而鴈不能銜。

蓋聞無恒之士，不可以成功；有定之人，斯可以奏績。是以波羅奈太子，十三年不肎出聲；薄矩羅尊者，八十年未嘗倚壁。

蓋聞好施者，遏之而不能；見小者，喻之而不省。是以薩和達王，見婆羅門而甘捨其身；難陀老母，遇賓頭盧而猶吝其餅。

蓋聞孝弟之誠，固可感通於天地；忠信之至，亦或疑謗於君親。是以迦尸國象以養親而化其俗，那俱羅蟲以救弟而殺其身。

蓋聞誘以巽言，雖頑能化；迎以善氣，雖暴猶親。是以報恩之牛，聞毁呰則怯，聞讚歎則勇；敗態之驢，言娶婦則喜，言截尾則嗔。

[一] 无，原訛「旡」，據蔡啓盛《校勘記》改。

蓋聞游移之見，徒失師資；化導之功，要歸浹洽。是以學烏學鷄，終不成聲；調象調馬，初無異法。

蓋聞人非木石，不能無聲色之移；心似菩提，未必絶塵埃之累。是以大樹王彈琴，而一切凡聖不能自持；緊陀羅歌曲，而五百仙人爲之皆醉。

蓋聞順天者必降之祥，逆理者不可以活。是以睒子中毒箭，仍許復生；童女戴火輪，無時可脱。

蓋聞倫常之理，無閒群生；慈孝之心，不分異類。是以鶴裂肉以食鶴子，勿笑其愚；烏竊食以奉烏王，亦謂之義。

蓋聞課功於密，惟力是程；擇友不精，亦躬之疚。是以阿闍國王之象，有時而重，有時而輕；難陀長老之手，無端而香，無端而臭。

蓋聞得道者，道在終不滅；恃術者，術盡斯不神。是以如來皁衣，可以周徧世畍；龍樹青丸，不能翳隱一身。

蓋聞修途無盡，難判速遲；聖域可登，詎分小大。是以脇尊者八十，方始出家；舍利弗八歲，已登高坐。

蓋聞物懲逾分，廉固可以勝貪；事在當機，愚終不能敵智。是以猫吞鼠而轉貽内藏之災，狙分魚而反成野干之利。

蓋聞昏昧之人，求多而反失；貪冒之士，躐等而無功。是以比丘分衣，舍二聚而得一聚；愚人造屋，無下重而作上重。

蓋聞疑團莫釋，以妄爲真；因果不虚，似非實是。是以甕中人影，翻成兩對夫妻；案上鷄肥，誰識前生父子。

蓋聞物無蠢而無靈，道有伸而有詘。是以阿育王之鐵網，不足縛龍；佉達羅之木槍，竟能刺佛。

蓋聞一念之間，可分凡聖；三歸之旨，不論人禽。是以十二獸能修聲聞之果，五百馬皆發菩提之心。

蓋聞尊雖無上，頑梗不能消；道雖至高，宿孽無可遯。是以脩羅時時與天帝争雄，調達世世共如來結怨。

蓋聞至人微妙，不聲色而威；大德尊嚴，不垣墉而固。是以須摩提女奉佛，六千梵志皆逃；祇陀太子在宫，五百天兵共護。

蓋聞因微知著，不外精研；遇物能名，非由陳迹。是以善悟者觀象跡而已知其雄雌，勤學者遇夜叉而猶問其黑白。

蓋聞參妙諦者，乃能結最勝之緣；獵浮詞者，詎足語甚深之義。是以沙彌持金沙，不能飛行；山羗偷寶衣，都無次弟。

百空曲　曲園雜纂第四十三

昔尤西堂作《十空曲》，膾炙人口。余謂一空則無不空矣，何十之有？既十矣，獨不可衍之至百乎？因即用「駐雲飛」調作《百空曲》。

開闢洪濛，上有穹蒼億萬重。烏兔隨之動，列宿環而拱。嗏，老了碧翁翁，圜樞無用。再起媧皇，難補些兒縫。君不見，頭上蒼天總是空。

南朔西東，畫畛分疆路路通。鰲足神山重，鯨背雲濤涌。嗏，水火與天風，地輪摇動。海水燒乾，桑也愁難種。君不見，大地茫茫總是空。

運會無窮，上下千秋數未終。正朔隨人奉，文質因時用。嗏，十二萬年中，希夷一夢。蒼莽丘墟，難辨何王隴。君不見，往古來今總是空。

萬物爲銅，一入洪鑪任化工。庶類何其衆，百族紛難總。嗏，一樣寄居蟲，蠉飛蠕動。地老天荒，斷了蜉蝣種。君不見，色色形形總是空。

隆準重瞳，虎鬬龍争一代中。掘透驪山洞，劃斷鴻溝縫。嗏，豎子與英雄，都歸春夢。廣武登臨，空惹窮途慟。君不見，楚漢雌雄總是空。

六國争鋒，策士縱横各建功。東帝齊增重，西帝秦争奉。嗏，舌劍與脣鋒，暫時播弄。肖立傳訛，遺策無人誦。君不見，才辯蘇張總是空。

水火交攻，黨禍千秋不可窮。臺閣相争訟，朝野俄喧閧。嗏，今古一丘同，誰鴟誰鳳？傀儡登場，辛苦機關弄。君不見，牛李紛紜總是空。

講學家風，辨别豪釐一字中。主静嫌遺動，有體譏無用。嗏，門户異而同，徒勞虚哄。畢竟何人，襲了尼山統。君不見，朱陸相争總是空。

元祐熙豐，朝論喧譁大不同。變法何其勇，紹述何其懵。嗏，國步已籠東，金風將動。夢夢君臣，各把蜣丸弄。君不見，宋季更張總是空。

大禮移宫，楊左諸賢苦効忠。國本愁揺動，廷杖甘心痛。嗏，抵死奉光宗，不堪戴擁。委鬼當頭，已把茄花種。君不見，明季紛争總是空。

爵秩尊崇，身到鸞臺鳳閣中。出入承天寵，中外推隆棟。嗏，榮瘁太悤悤，盛衰轉軑。范蠡知幾，生怕爲文種。君不見，貴極人臣總是空。

聯騎鳴鐘，不是王戎便石崇。食則肥甘奉，坐則笙歌擁。嗏，辛苦看財僮，牙籌摩弄。金穴銀山，難向黄泉用。君不見，富比陶朱總是空。

天府夔龍，台輔尊嚴莫與同。名字金甌寵，聲望黄扉重。嗏，調鼎最難工，幾人梁棟？伴食中書，老了池邊鳳。君不見，拜相當朝總是空。

玉帳元戎，斗大黄金印篆紅。推轂君恩重，仗鉞威風動。嗏，麟閣畫英雄，鬢毛種種。鼓角悲涼，送入祁連冢。君不見，拜將登壇總是空。

茅土酬功，蒲穀躬桓異樣崇。身席公侯寵，世食天家俸。嗏，帶礪故侯封，青門抱甕。鐵券銷磨，翻作文房供。君不見，萬户封侯總是空。

紫陌春風，得意長安一日中。杏苑看花共，雁塔題名衆。嗏，仙榜蘂珠宫，幾人晁董？小録登科，誰識前鄉貢？君不見，科第浮名總是空。

偉績豐功，鐵券丹書紀始終。銅柱南蠻悚，楛矢西戎動。嗏，櫛沐雨兼風，吏胥舞弄。漢代甘陳，翻被深文中。君不見，汗馬功勞總是空。

芸署清崇，翰苑聲華徹九重。人望蓬萊重，帝撤金蓮送。嗏，海外問坡公，一場春夢。杞菊山厨，不是芸香俸。君不見，著作承明總是空。

旌節花紅，萬里山河掌握中。華夏都兼控，文武還全統。嗏，幕府鼓鼛鼛，新迎舊送。一笑渠伊，便算甘棠頌。君不見，節鉞威名總是空。

文望優隆，玉尺掄才秉大公。來與仙槎共，望似仙曹重。嗏，使節去悤悤，瓣香孰奉？官錦行家，花樣翻千種。君不見，歷掌文衡總是空。

召父文翁，綽有西京循吏風。教化儒林動，生聚閭閻衆。嗏，宦轍逐西東，鶴琴誰共？後賈前張，換了輿人誦。君不見，治譜循聲總是空。

騰躍環中，莊列申韓迴不同。道德應推重，名法還兼綜。嗏，衆説苦難通，六家三統。濂洛關閩，道統收歸宋。君不見，諸子争鳴總是空。

撰述叢叢，仰屋研求苦用功。采輯無時空，編纂還能總。嗏，玄草付飄蓬，誰家醬瓿？一卷《離騷》，只换端陽糉。君不見，著作諸家總是空。

文陣稱雄，公鼎侯碑百樣工。下水船何勇，萬斛泉争湧。嗏，心力耗雕蟲，虚車何用？《文選》樓頭，夭了梁蕭統。君不見，從古文人總是空。

扢雅揚風，蘇李以來各體工。一句吴江重，五字長城擁。嗏，心血錦囊中，玉樓斷送。杜費推敲，走入王維甕。君不見，從古詩人總是空。

嗏，秦火六經紅，搜殘汲冢。墨守博雅淹通，重席談經戴侍中。箋注研球珙，訓詁窮翔𤨏。嗏，百戰老英雄，太平無用。猿臂膏肓，枉聚千秋訟。君不見，獨抱遺經總是空。

束髮從戎，醉臥沙場膽氣雄。謀勇常兼用，甘苦還能共。嗏，松柏起悲風，平陵一慟。趙放將軍，不是封侯種。君不見，將略邊材總是空。

劍氣成虹，郭解朱家蓋代雄。揮手千金共，杯酒頭顱送。嗏，傀儡散悤悤，盛衰旋踵。羅雀張回，名姓無人誦。君不見，游俠之雄總是空。

冠蓋場中，聯袂齊鑣結納工。縞紵爭投送，眉宇多承奉。嗏，老死灌園翁，一生抱甕。夷跖門庭，舊日車聯軿。君不見，酬應官場總是空。

巢許高風，謝絶紅塵不與通。杞菊叨清俸，泉石尋幽夢。嗏，黃散舊家風，墳頭翁仲。燕子同歸，誰識於陵仲？君不見，隱逸虛名總是空。

四世三公，右族名門世所宗。家襲朱輪寵，巷以烏衣重。嗏，換了主人公，舊阡新隴。田地飛來，難認王家棟。君不見，門第高華總是空。

野老村翁，大好生涯圃與農。禾黍青浮動，桑柘陰無縫。嗏，……千年，八百人家種。君不見，問舍求田總是空。

甲第重重，巨桷高甍結構工。巧匠雕梁棟，名手堆巖洞。嗏，華屋未完功，丘山又慟。深鎖朱門，蔓草啼秋蛬。君不見，第宅連雲總是空。

琴瑟和同，舉案齊眉梁孟風。悲喜常同夢，疾病甘分痛。嗏，其命一雙蟲，死生難共。蔓草荒煙，築箇鴛鴦冢。君不見，恩愛夫妻總是空。

良冶良弓，苦爲兒孫作計工。牛馬甘嘲諷，豚犬仍珍重。嗏，瓜葛偶然同，賢愚無用。神禹功成，不救黃熊痛。君不見，令子賢孫總是空。

休戚相通，誼屬葭莩運自同。中表情原重，姻婭推尤衆。嗏，秦晉馬牛風，偶然摶控。湛貢登科，驚落彭郎鞚。君不見，三黨姻親總是空。

聲氣相通，報李投桃意最濃。膠漆常隨從，玉石資磨礱。嗏，幾輩九霄中，幾人丘隴？宿草荒蕪，誰拜徐君冢？君不見，交滿人間總是空。

奉檄從公，仕版初登意氣雄。冠帶何昂聳，童僕多豪縱。嗏，宦海黑濛濛，一生斷送。衙鼓頻敲，老了衙官宋。君不見，仕宦勞勞總是空。

商旅流通，善賈爭推販寶翁。積貯能兼綜，心計多奇中。嗏，湖海一飄蓬，命輕利重。不是陶朱，未許千金擁。君不見，商販經營總是空。

戴笠扶節，山水清娛興未窮。衡嶽昌黎慟，赤壁坡仙夢。嗏，五嶽倦游蹤，歸依丘隴。老去劉郎，迷了桃源洞。君不見，游徧名山總是空。

銀鳳金龍，鼻息虹霓顧盼雄。酒坐群花擁，博簺千金捧。嗏，裘馬少年叢，勝游如夢。臺圮池平，誰爲田文慟？君不見，豪舉驚人總是空。

奇氣蟠胸，不在尋行數墨中。畸行人争聳，高論天爲動。嗏，流俗半盲聾，豆兒眼孔。下里巴人，反博知音衆。君不見，立異矜奇總是空。

山斗推崇，翕集聲香遠邇同。蠻貊聲名動，尸祝儒林重。嗏，金石尚銷鎔，空名何用？牛馬隨呼，不要人歌鳳。君不見，藉甚聲名總是空。

公案重重，跖蹻隨夷迴不同。顛倒難隨衆，没世猶争訟。嗏，天眼尚矇眬，何論醉夢？聽唱中郎，只作參軍弄。君不見，是是非非總是空。

世事無窮，禍福相隨塞上翁。入手憑操縱，脱手難摶控。嗏，瑣屑等鷄蟲，徒勞蝨訟。一鹿區區，付與隍中夢。君不見，得失無常總是空。

狹路相逢，報怨酬恩各在胸。一飯情何重，睚眦心尤痛。嗏，分手兩西東，乾坤澒洞。好把東風，解了心頭凍。君不見，人世恩讐總是空。

慕義無窮，博得千秋拜下風。民以馨香奉，士以謳歌誦。嗏，百世論原公，九京何用？頑石無知，刻了賢臣頌。君不見，萬古流芳總是空。

古有奸雄，竟使人人欲殺同。怒罵兼嘲諷，慈孝難移動。嗏，義憤在心胸，聊堪警衆。未必曹瞞，鐵杖今猶痛。君不見，遺臭千年總是空。

貶佞褒忠，史筆由來秉至公。體例分而總，衮鉞權而用。嗏，列傳失韓通，歐公懵懂。有了南軒，魏國勳名重。君不見，青史流傳總是空。

入境觀風，衆口爲碑不待礱。聽取輿人誦，子曰吾從衆。嗏，歌詠徧兒童，原非南董。一曲龐裘，罵倒尼山孔。君不見，輿論無憑總是空。

報德酬功，博得巍巍廟貌崇。祠宇河山重，俎豆春秋奉。嗏，啤嗻列西東，靈旗虛擁。何處游魂，來代神迎送？君不見，廟祀千秋總是空。

神與天通，靈爽儼然霄漢中。宮掖先隆重，海宇同尊奉。嗏，祧了楚重瞳，蔣侯繼統。遺廟鍾山，又斷香花供。君不見，赫赫神靈總是空。

洙泗儒宗，從祀諸賢西復東。漢代傳經重，宋後傳心衆。嗏，俎豆忒通融，宏開道統。寮也登堂，來享蒸豚奉。君不見，兩廡尊嚴總是空。

服象降龍，大覺金仙法力雄。香火緣常種，貝葉經争唪。嗏，老入涅槃中，八王聚訟。佛炭燒殘，高築浮圖聳。君不見，我佛如來總是空。

鼎鍊芙蓉，玉帶雲衫翠髪翁。瑶笈搜巖洞，丹訣調鉛汞。嗏，何處問喬松，難尋鶴夢。曹佾韓湘，不是神仙種。君不見，八洞真仙總是空。

聽唱玲瓏，透管穿絲調最工。學就黄鶯哢，引得丹霄鳳。嗏，新曲廣寒宫，鈞天一夢。江上峯青，何處歌羅嗊？君不見，一切音聲總是空。

慘黛妖紅，雙頰臙脂旋欲融。一盼秋眸送，一笑黎渦動。嗏，巫峽雨雲中，陽臺是夢。老媪龍鍾，舊日青蓮寵。君不見，美色嬌姿總是空。

甘脆肥醲，郇國厨中品最豐。翠釜駝峯送，綺食雕盤供。嗏，一飽只從同，八珍何用？玉膾金虀，併入醯鷄瓮。君不見，盛席華筵總是空。

新様裁縫，麟帶蟬衫製造工。鳳尾羅飄動，青兕裘珍重。嗏，寒暖百年中，綺羅虚擁。摺疊空箱，綰了天衣縫。君不見，美服華衣總是空。

柔緑嫣紅，花木扶疏地幾弓。梅柳春光動，蓉菊秋風弄。嗏，李艷與桃穠，繁華如夢。又見畦丁，來抱蔬園甕。君不見，闢地栽花總是空。

萬卷樓中，插架牙籤白間紅。買得珍如珙，積處高連棟。嗏，老作蠹魚蟲，朝吟暮諷。辛苦偏排，未必兒孫誦。君不見，書籍收藏總是空。

米老船中，玉躞金題各樣工。舊搨猶存宋，畫苑兼堆董。嗏，過眼總飄風，雲烟浮動。賺得蘭亭，送入昭陵冢。君不見，書畫收藏總是空。

集古歐公，羅列周秦舊鼎鐘。文字能吟諷，苔蘚常摩弄。嗏，頑鐵與青銅，收來骨董。贋鼎欺齊，大有臧文仲。君不見，金石收藏總是空。

河洛精通，太一叢辰事事工。算得流年中，運得靈棊動。嗏，北叟與南翁，陰陽懞懂。九卷青囊，偷了仍無用。君不見，問卜占星總是空。

布算無窮，不止方田粟米功。面綫分而總，弧矢操而縱。嗏，九九見桓公，乘除足用。海鏡成書，細草無人誦。君不見，算學研求總是空。

妙手玲瓏，高出秦斤魯削中。木雁真能動，楮葉疑堪種。嗏，造化本無工，何煩播弄。辛苦工倕，攦指徒餘痛。君不見，技巧成名總是空。

喚雨呼風，道術真疑造化通。巧把玄虚弄，争以神明奉。嗏，滴淚五龍紅，妖書無用。漢印陽平，見説銷從宋。君不見，幻術相傳總是空。

草澤英雄，聚黨横行亂似蓬。號召東陵衆，拜禱蚩尤冢。嗏，高據緑林中，頭顱斷送。幾見黄巢，襲了金天統。君不見，盜賊山林總是空。

裂土争鋒，豆剖瓜分各逞雄。位竊皇王重，勢挾兵戎衆。嗏，黄屋太尊崇，觸蠻蠢動。北漢南唐，轉瞬無遺種。君不見，割據河山總是空。

險健成風，更有思賢刀筆工。膚受真能動，浸潤何難中？嗏，異日鐵鞭紅，鬼臀應痛。豆粟分明，判斷争鷄訟。君不見，嚚訟紛争總是空。

草草興戎，細故鷄豚便鬭攻。禍自争桑種，勢欲崑岡動。嗏，蟻陣角雌雄，魯鄒亂鬨。寃死魚牛，應悔潢池弄。君不見，梃刃尋讎總是空。

錦帳芙蓉，學得唐宫祕戲工。媱咒摩登誦，老佛身根動。嗏，妙意女難容，滿身皆痛。金色佳人，化作尸骸重。君不見，枕席歡娱總是空。

宋玉牆東，密約幽期宛轉通。折疊花箋送，書柬青衣奉。嗏，月老太癡聾，赤繩錯用。池上輕雷，驚破鴛鴦夢。君不見，兒女癡情總是空。

脂虎偏雄，妬女津邊一陣風。枉把鶬羹用，斫斷桃花種。嗏，邢尹避西東，何曾分寵？渴死相如，白首徒悲諷。君不見，競寵争妍總是空。

嬌女詩工，絶妙吟情柳絮風。解進椒花頌，巧學黄鶯弄。嗏，心孔忒玲瓏，慧難福共。午夢堂前，空惹衰翁痛。君不見，女子多才總是空。

裙屐雍容，雅坫騷壇處處逢。文酒常陪從，風月能嘲弄。嗏，一叟老龍鍾，少時潘宋。每過黄罏，衰淚如泉湧。君不見，名士風流總是空。

感歎重重，阮籍猖狂哭路窮。項廟能無慟，卞璞真堪痛。嗏，世事蝘嘲龍，鸞囚鷄籠。欲著緋衣，何不胡孫弄？君不見，滿腹牢騷總是空。

長此安窮，煞費深心慮始終。天破愁成洞，地裂愁成縫。嗏，燕雀滿堂中，庸庸醉夢。抔土區區，空向龍門捧。君不見，滿腹憂愁總是空。

機械相攻，語穽心兵不可窮。莫恃形骸共，各把戈矛弄。嗏，柳老笑殷翁，同歸懜懂。争似先生，抱箇忘機甕。君不見，萬種機謀總是空。

巧弄神通，各學商鞅鑽孝公。帚向門前擁，金向懷中奉。嗏，望火馬悤悤，仍歸無用。三日看山，枉企侯門踵。君不見，萬種營求總是空。

耳目明聰，未卜先知始與終。射覆多能中，料事還能洞。嗏，最好是癡聾，何勞賣弄？答記楊修，翻被曹瞞送。君不見，絶世聰明總是空。

丹篆吞胸，吐出珠璣迴不同。妙悟如抽蛹，麗藻常争鳳。嗏，初日艷芙蓉，池塘一夢。零落殘編，何處尋文冢？君不見，蓋世才華總是空。

處事從容〔一〕，雄略恢恢談笑中。粗細皆能總，常變何能動？嗏，胡廣只庸庸，不求異衆。出匣龍淵，只作鉛刀用。君不見，絶代才能總是空。

絳帳春風，博得師儒體貌崇。聲望龍門重，壇坫皋比擁。嗏，山長不堪充，鵝湖鹿洞。苜蓿闌干，聊比祠官俸。君不見，講席虚名總是空。

詔起申公，束帛玄纁出漢宮。車許蒲輪擁，官有裝錢送。嗏，壇席大尊崇，樊英惶悚。羔雁成群，不是來儀鳳。君不見，七辟三徵總是空。

表孝旌忠，綸綍煌煌下九重。祭有祠官奉，臺更懷清聳。嗏，苦節百年中，豈矜榮寵？綽楔門前，止博途人誦。君不見，宅里風聲總是空。

望重登龍，執贄而來禮鞠躬。衣鉢流傳衆，文字因緣重。嗏，一瓣奉南豐，門牆接踵。幾箇侯芭，來拜楊雄冢？君不見，胥漢門生總是空。

〔一〕 容，原訛「客」，據蔡啓盛《校勘記》改。

舊隸帡幪，名在梁公夾袋中。鞭鐙常隨從，縞紵爭投送。嗏，感與二天同，炎涼旋踵。薦禰猶新，射羿弓先控。君不見，故吏懷恩總是空。

返老還童，鶴骨松筋百歲翁。細字還能誦，大嚼猶堪共。嗏，漏盡聽鳴鐘，羲輪難控。安得移居，八百仙人洞？君不見，服食長生總是空。

花誥榮封，盛世推恩典最崇。頒到芝泥寵，博得金章擁。嗏，金紫降重重，白楊風動。何處焚黃，難認羲皇冢。君不見，封贈恩榮總是空。

馬鬣崇封，或樹槐欒或樹松。抔土祁連重，下馬蝦蟆衆。嗏，一閉夜臺中，終成荒塚。處處愁煙，寒鎖黃茅壠。君不見，丙舍佳城總是空。

青石磨礱，韓柳文章紀述工。德業皆周孔，政術皆姚宋。嗏，贔屓夕陽中，荒涼廢隴。剥落龜頭，牛角來摩弄。君不見，碑碣如林總是空。

瓶鉢家風，偏詡開山願力雄。募化爭輕重，貴顯工迎送。嗏，七祖各開宗，機鋒虛弄。碧殿頹廊，賸有頹垣聳。君不見，方外禪鑽總是空。

重譯來同，梯險航深處處通。海艘東溟送，烽火南天湧。嗏，禹蹟九州中，奇肱無用。銀鐵銅輪，世盼須分統。君不見，化外鴟張總是空。

狐鼠神通，城社憑依作計工。斑特南山隴，夜怪東陽衆。嗏，辛苦事猿公，龍泉欲凍。巖四空山，詩句徒悲諷。君不見，鳥獸精靈總是空。

鬱鬱神叢，不與尋常草木同。李核神君奉，梓樹旎頭聳。嗏，枯死大夫松，霜根擁腫。老樹精銷，斷了城南種。君不見，花木精靈總是空。

舊夢重重，歷歷前情在目中。幾度歡場縱，幾處窮途慟。嗏，花落水流東，雙丸催送。頭白歸來，誰識梁江總？君不見，已往悲歡總是空。

曾讀《中庸》，素位而行理最通。不管明朝穴，且博今朝空。嗏，一樣蜃樓中，眼前皆夢。團得沙成，瀉地俄成汞。君不見，現在光陰總是空。

日暮途窮，偏爲他年作計工。櫝待墳前用，橘更山中種。嗏，黑漆一燈籠，前途懵懂。秦築長城，爲了唐和宋。君不見，逆計將來總是空。

一曲園中，有箇江湖穴長翁。曾喫芸香俸，曾獻長楊頌。嗏，爪印久無蹤，不堪搏弄。百首新詞，叫破黃粱夢。君不見，我這人兒也是空。

十二月花神議　曲園雜纂第四十四

議之上

夫霏紅沓翠，大塊之文章也；翦露裁烟，化工之能事也。隋帝苑中，尚有司花之女郎；唐皇宫内，亦有惜春之御史。而謂香國繁華，都無管領乎？乃世俗所傳十二月花神，鄙俚不經，悠謬已甚。吳下養閒翁乃議更定十二月花神，屬草藁未定，辱以示余。余適將有西湖之行，笑而諾之，未遑暇也。已而舟窗獨坐，苦無聊俚，乃就養閒翁原議，以意參酌之。雖無青帝司規之權，聊附昌黎薦士之義。

正月梅花

何遜

按：梅花爲林處士所專久矣，原議以處士爲梅花之神，允符公議。然考梁何遜作揚州法曹，廨舍有梅一株，遜常吟詠其下，後居洛思之，再請其任。抵揚州，花方盛開，遜對樹彷徨，終日不能去。然則愛梅成癖，首推此公。杜詩云：「東閣官梅動詩興，還如何遜在揚州。」唐以前言梅花事，所豔稱者，固無如何水部矣。宋趙蕃詩云「梅從何遜驟知名」，孤山處士尚其後輩，以俎豆讓之，或亦首肎。

二月蘭花

屈平

原議二月爲杏花，然蘭爲香祖，未敢從祧，易杏而蘭，重國香也。夫蘭之爲花，得春最早。其後花者蕙，而非蘭也。世俗重閩蘭，則其花尤後，又蕙之别種矣。祀蘭春仲，以副「春蘭」之名，不敢混蕙爲蘭也。然奉屈子爲神，則固滋蘭而又樹蕙者，接芬錯芳，又豈徒九畹已乎？

三月桃花

劉晨、阮肇

原議以東方朔爲三月桃花之神，然此兒饞涎止在桃實，非愛其花也。改奉劉、阮，則洞口桃花爲有主矣。

四月牡丹花

李白

原議四月芍藥花，而以韓魏公主之。按：古無牡丹之名，統謂之芍藥。魏公詩云「鄭詩已取相酬贈，不見諸經載牡丹」，乃自唐以來分爲二種，且有「牡丹花王、芍藥花相」之説矣。故改四月爲牡丹花，而以謫仙爲之神，《清平》三章，何減金帶一圍也？

五月榴花

孔紹安

原議以博望侯爲五月榴花之神，蓋以其使西域始得此種也。然考《博物志》，張騫西域所得，尚有胡桃、蒲桃諸種，非止石榴，未可專之。按：《舊唐書·孔紹安傳》：「因侍宴，應詔《詠石榴》詩曰：『只爲時來晚，開花不及春。』時人稱之。」此事見正史，且是榴花而非榴實；又其詩意蓋以自喻，非泛賦一花一果者比也。然則榴花之神，似宜移祀孔君。

六月蓮花

王儉

原議以周茂叔爲蓮花神，然茂叔從祀尼山，未可以花神事之。《南史·庾杲之傳》：「王儉用杲之爲衛將軍長史。安樂侯蕭緬與儉書曰：『盛府元僚，實難其選。庾景行汎緑水，依芙蓉，何其麗也！』時人以入儉府爲蓮花池，故緬書美之。」韓偓《寄河南從事》詩云「蓮花幕下風流客」，趙嘏《寄桂府楊中丞》詩云「一從開署芙蓉幕」，並稱述此事，以爲美談。然則蓮花之神，無以踰儉矣。他若謝靈運有「初日芙蓉」之目，然是論詩，非事實也。至於六郎狐媚，遠公緇流，雖有涉於蓮花，亮無關於祀典。

七月鷄冠花

陳後主

原議七月秋葵花，而以鮑明遠爲之神，因明遠嘗賦此耳。按：謝靈運有《園葵》詩[一]，亦秋葵花也，則鮑、謝似宜並祀，然於鄙意皆未甚協。考《楓窗小牘》云「鷄冠花，汴中謂之洗手花。中元節前，兒童唱賣以供祖先」，則鷄冠花古人所重。世傳鷄冠即玉樹後庭花，蘇黄門《鷄冠花詩》云「後庭花草盛，憐汝繫興亡」。《碧雞漫志》非之，然其云「吴蜀鷄冠花，有一種小者，高不過五六寸，目爲後庭花」，則仍與黄門詩合。今擬七月改用鷄冠花，而以陳後主爲之神。後主以風流亡國，詞客憐之，奉爲花神，或鷄口猶勝牛後乎？

八月桂花

郤詵

九月菊花

陶淵明

[一] 謝靈運，疑當爲「陸機」。

十月芙蓉花

石曼卿

三者均如原議。

十一月山茶花

湯若士

原議以石季倫爲山茶花之神，未爲允協。擬改用湯臨川，雖名輩較晚，然玉茗風流，固勝金谷繇華也。

十二月蠟梅花

蘇東坡、黄山谷

原議允協。蠟梅本名黄梅，其改今名，由蘇、黄始也。

總領群花之神

迦葉尊者

原議無之。按：既有群花，宜有總領之者。昔迦葉尊者於靈山會上百萬衆前，因世尊拈花，迦葉獨破顔微笑，世尊遂付以正法眼藏。今以總領群花，色空、空色，一以貫之矣。

議之下

嘗讀《淮南子》書稱有女夷之神，司天和，以長百穀、草木。草木有神，其説古矣。然其神必曰「女夷」，意者瓊苗玉樹固女子之祥乎？夫驕花寵柳，雖吾輩之閒情；而訪紫尋紅，實閨人之本色。設有東都麗娟，南國佳人，椒糈蘭香，以時致祭，則迎神送神之曲，當易陽律而爲陰吕矣。因亦就養閒翁原議，參酌之，以唐宫十眉圖當羅虬九錫文焉。

正月梅花

壽陽公主

原議以梅妃爲之，允符公論。考《海録碎事》：「宋武帝女壽陽公主，人日臥含章殿簷下，梅花落額上，成五出之花，拂之不去。自後有梅花妝。」其事甚艷，然則移祀壽陽，亦公論也。

二月杏花

阮文姬

原議二月梨花，而以謝道韞爲花神，未爲允協。擬改用杏花。《釵小志》云「阮文姬插鬢喜用杏花」，今以爲杏花之神，紅輕粉薄，占斷風流矣。

三月桃花

息夫人

原議允協。

四月薔薇花

麗娟

原議允協。麗娟事見《賈氏説林》。黄金買笑，誠韻事也。

五月榴花

魏安德王妃李氏

原議以石醋醋爲之，事出《博異志》，所謂處士崔玄徽春夜獨處，忽有青衣引入楊氏、李氏、陶氏，又一緋衣小女，姓石名醋醋者也。然石醋醋止是寓名，並無其人，亦猶楊氏、李氏、陶氏，止是楊柳及桃、李耳。今以石爲榴花之神，然則李氏可以爲李花神，陶氏可以爲桃花神矣，此議之未協者也。考《北齊書·魏收傳》：「安德王延宗納趙郡李氏女爲妃，妃母宋氏薦二石榴於帝，諸人莫知其意。收曰：『石榴房中多子，王新婚，妃母欲子孫衆多。』帝大喜。」今以安德王妃爲榴花之神，洵吉祥善事矣。

六月蓮花

晁采

原議以西子爲蓮花之神，以吴下錦帆涇有西子采蓮故迹也。然自梨園傳唱其事，久化雅而爲俗矣。考唐大曆中有女子晁采，小字試鶯，少與鄰生文茂約爲伉儷。及長，茂寄詩通情。采以蓮子達意，墜一於盆，開花並蒂。母聞之，歎曰：「才子佳人，自應有此。」遂以采歸茂。此事絶艷。《欽定全唐詩》載之，而世罕知者。今奉作花神，不特爲蓮花添一佳話，且亦搜賢采逸之盛心也。

七月玉簪花

漢武帝李夫人

原議允協。玉簪得名，由夫人始也。又按原議以鳳仙爲六月花，然六月既有蓮花，無庸兼及鳳仙。或移祀於七月。宋光宗李后諱鳳，宮中呼鳳仙爲好女兒花，若七月改用鳳仙，而從原議以李后爲之神，於理亦協。又考《花史》云：「李玉英秋日采鳳仙花染指甲，於月中調絃，或比之落花流水。」亦韻人韻事也。附登薦章，用備采菲。

八月桂花

唐太宗賢妃徐氏

原議以嫦娥爲桂花神，然「嫦娥」乃「常儀」之轉音，實無其人；即如俗説嫦娥爲月中仙人，則亦不得即以爲花神也。考《唐書·太宗徐賢妃傳》：「八歲曉屬文，父孝德使擬《離騷》爲《小山篇》，曰：『仰幽巖而流盼〔一〕，撫桂枝以凝想。』」然則小山叢桂，不得專屬淮南矣。以妃爲桂花神，無忝焉。

九月菊花

晉武帝左貴嬪

〔一〕盼，原訛「盻」，據蔡啓盛《校勘記》改。

原議九月茱萸，以賈佩蘭爲花神，用《西京雜記》事也。然九月不及菊花，終有遺憾。擬改用菊花，而以左貴嬪爲花神，菊花一頌，允宜俎豆九秋也。

十月芙蓉花

飛鸞、輕鳳

原議允協。事見《杜陽雜編》，所謂「寶帳香重重，一雙紅芙蓉」也。

十一月山茶花

楊太真

原議允協。山茶有一種名楊妃山茶，不嫌牽合也。

十二月水仙花

梁玉清

原議以洛妃爲之，稍嫌附會。按《瓶史》云「水仙神骨清絶，織女之梁玉清也」，宜即以梁玉清主之。

總領群花之神

魏夫人

原議無之，今補焉。南岳魏夫人爲女仙中最貴者。《南史·鄧郁傳》稱「神仙魏夫人忽來臨降」，則事見正史矣。《庶物異名疏》曰：「花神名女夷，乃魏夫人之弟子。」今故以魏夫人爲總領群花之神，萬紫千紅歸其統攝，何懼封家十八姨乎？

曲園雜纂第四十五

銀瓶徵

銀瓶者，岳忠武之女。相傳忠武之死，女抱銀瓶投井以殉者也。在宋時即見紀載，當非子虛。而杭人輒以張憲爲其夫，建張烈文侯祠，即塑銀瓶像以配之。余同年生永康應敏齋廉訪廌杭州，深以此事爲疚，屢爲余言之。余貽書楊石泉中丞及此事，又命詁經精舍諸生爲《岳王小女銀瓶考》，冀徵實事以塞虛誣。因刺取諸生所考，粗加次第成此篇，存《雜纂》中云。

《岳忠武行實》末載楚國夫人遺事及諸子，云：「先臣女安娘，適高祚。隆興元年，詔補祚承信郎。」

按：《忠武行實》二卷，乃嘉泰四年承務郎岳珂所上，即王之孫也。卷末備載忠武家屬，云：先臣妻李氏，歷授楚國夫人。臣雲，先臣長子也，子二人：甫、申；女一：大娘。臣雷，子四人：經、緯、綱、紀；女三。臣霖，子三人：琛、珂、璞。臣震、臣霆，均不言子女。而先臣女安娘，附諸子後，獨無所謂銀瓶者。是以來集之《樵書》云：「孝宗時，訪求岳氏子孫，襁褓以上皆官之；女少者，候嫁則官其夫。武穆有女安娘，其夫高祚補承信郎；即岳雲女大娘〔一〕、岳雷女三娘，候出嫁日，各補其夫進武校尉。據《行實》：岳雷「女三」，非名三娘。蓋「三」者，其行第也。若雷止一女，不得稱「三娘」。並載《金陀粹編》。銀瓶既殉孝，豈不經御旨追贈？且岳珂爲武穆孫，而編中曾不一及之，此是一大疑案。全謝山《鮚埼亭外集・答陳時夏論鄂王從祀書》亦引來書，謂：「歷代以來，有其舉之，誰敢廢焉？然其疑不敢不存。」

宋周密《癸辛雜識》云：「大學宗文廟，相傳爲岳武穆，并祀銀瓶娘子，其籤文與上天竺同。」

按：周密生於紹定四年，距紹興十一年忠武之薨九十一年，爲時尚近，而銀瓶業已從祀，則可以釋來、謝諸人之疑矣〔二〕。

〔一〕即，疑涉上「郎」字而衍。

〔二〕謝，疑當爲「全」。

元鄭元祐《重建精忠廟記》：「隴西李君全，初以承事郎來杭，興復精忠廟，立王像，及王之五子、部曲諸將像，并立王之女號銀瓶娘子者，皆肖像以祀事焉。」

按：《錢唐縣志》：何年所修未考。「紹興三十二年，即廢智果寺爲廟，以奉祠祀。廟有王像，後作寢室，像王及夫人與其女。」是宋時已祀王女，而女不名。萬曆《杭州府志》云：「至元間，杭州經歷李全重興王廟，後作寢堂，像王夫人與其女。」女亦不名。以鄭元祐《記》證之，女即銀瓶也。然則宋時所祀王之女，亦即銀瓶可知。若是安娘，則隆興元年方補其夫爲承信郎，紹興末安娘當尚在也。宋時初建岳廟即祀銀瓶，銀瓶事實固宜昭著。而《萃編》不登，《行實》不載，竟若無其人者，何歟？惟據《行實》「昭雪廟祀」一條但云「以鄂州軍民請詔建廟於鄂，賜號忠烈」，不言杭州立廟之事，疑所云即智果寺爲廟者。事尚在後，不在紹興末也。

明彰德府推官張應登修《湯陰縣志》，於《岳王本傳》後載：「有孝娥者，王幼女，痛父兄死非命，抱銀瓶赴井死。」

溧陽《岳氏家譜》何年何人所修未考。載〔一〕：「王長女安娘適高祚，幼女娥殉父難。」

按：此兩條竟以「孝娥」爲名，恐非是。「孝娥」者，後人所表之名也。詳見後。

明田汝成《西湖志餘》云：「宋銀瓶女，武穆季女也。聞王下獄，哀憤欲叩闕，不能，抱銀瓶投井死。」

明沈儀懋《兩湖麈談》云：「江浙憲臺乃岳王故第，至今祠公爲土神。其庭前井，相傳王遇禍時，其少女抱銀瓶墜此井死。正德中，梁公材爲臺長，表其井曰『孝娥』。五清劉先生爲之銘。」

按：志書「五清劉先生」，乃副使劉瑞也。「孝娥」之名，至今循之，蓋始於此。而《湯陰志》及《岳氏家譜》竟以爲名，則失之矣。

國朝陸次雲《湖壖雜記》云：「銀瓶小姐者，武穆王季女也。武穆被難，女欲叩闕上書，邏

〔一〕 溧，原作「漂」，形近而誤。

卒攔止，遂抱銀瓶墜井而死。」

按：「銀瓶小姐」之名，至爲不典。趙翼《陔除叢考》曰：「宋時閨閤女稱『小娘子』，而『小姐』乃賤者之稱。錢惟演《玉堂逢辰録》記營王宮火『起於茶酒宮人韓小姐』，是宮婢稱『小姐』也。《夷堅志》：『傅九者好狎遊，常與散樂林小姐綢繆。』又：『建康女娼楊氏死，現形與蔡五爲妻。一道士仗劍逐去，謂蔡曰：「此建康倡女楊小姐也。」』此妓女稱『小姐』也。」余謂趙説良是。宋時又有「小藉」之名。《孏真子》云：「文樞密所居私第名東田。有小姬四人，謂之東田小籍。」疑「籍」即籍録之「籍」，蓋官妓、家妓必有薄籍載之，因即呼其稚者爲「小籍」，謂其載在小簿籍也。「小籍」之爲「小姐」，蓋聲之轉，且以稱女，故變其字爲「姐」也。余從前因「銀瓶小姐」之稱，頗疑銀瓶非岳王女，蓋亦岳氏之小籍。後考元明以前固皆謂之「銀瓶娘子」，不云「銀瓶小姐」，則又不敢妄疑矣。

《湖壖雜記》又云：「宋帝悟王冤，就其第立廟以祀。井在廟中，範銀瓶像於廡右。廟在按察使廳事之左。凡廉憲莅任，必祀岳廟。明時有宋觀察祀岳王，謂：『武穆精忠，固當拜；銀瓶，女流耳，非所宜。』障之以屏。後升公坐，覩一玉貌錦衣神女，持弓矢當簷而立，觀察驚顧，矢發中背，成疽而死。後之祀岳王者，舉無敢忽銀瓶。」

按：此事近誕，然忠孝之氣，久而不泯，則亦理之所有也。

國朝楊雪湖《瑣談》：「岳王女小字銀瓶，以王夫人夢抱銀瓶而生，故字之。後王死難，女亦投井殉。《易·井卦》有云『羸其瓶，凶』，豈其兆先伏於受生之初乎？」

按：諸書皆以女抱銀瓶投井死，故以「銀瓶」目之。此云生初以夢得名，未知所本，亦異聞也。

《嘉興府志》：何年何人所修未考。「銀瓶孝女者，王季女也，有至性。王入棘寺獄，哀憤，欲叩闕訟寃，邏卒守門不得達。洎被難，日夕悲慟，抱王所賜銀瓶投井死，時年十三。鄴侯《經進詩》『覽奏念緹縈』，指此也。後於故第旁詔肖女像祀之，封『正烈節女』。」

按：諸書但言抱瓶而死，其何以抱瓶則未詳也。此云「王賜」，或亦一說。

《宜興縣志》：何年何人所修未考。「隆興元年奉旨，安娘夫高祚，特與承信郎。銀瓶女封『至一正烈節女清源妙行仙官通靈顯聖銀瓶小姐』。」

按：封號不足據。

曲園居士曰：銀瓶之名，自宋以迄于今，歷有紀載，則固不得以爲無其人也。然諸書但言其以幼女死孝，無一語謂其爲張憲妻。而張憲本傳，亦止云「飛愛將也」，不言爲其壻。乃以數百年後强爲作合，使偶坐於張侯之旁，不亦傎乎！考岳雲爲王長子，而死時止二十三，則銀瓶幼女，必未及笄。張憲在紹興二年已從王討曹成，而銀瓶娘子據《嘉興志》死年十三，則生於建炎三年，至紹興二年止四齡也。年齒懸殊，豈可以爲配乎？翟氏灝《湖山便覽》載：「張烈文侯祠在仙姑山下。侯名憲，蜀人，岳鄂王部將。或曰其壻也。」此流俗沿訛之所自起，考古者宜辭而闢之也。

附《致楊石泉中丞書》

杭城有張烈文侯祠，即岳忠武之將張憲也。不知何時强以忠武幼女銀瓶爲之配，塑像其旁，并題名氏焉。考《宋史·張憲傳》但云「飛愛將也」，不言爲其壻。嘉泰中，忠武之孫名珂者著《忠武行實》二卷，末言「先臣女安娘適高祚」，亦不及憲。然則憲非王壻明矣。「銀瓶」之名，《行實》不載。據杭州志書及諸書所載，皆言是王幼女。而紹興二年，張憲已從王討曹成，據《行實》王是年三十歲，距王之薨尚十年，則銀瓶此時當在襁褓也，與憲年齒懸殊，豈可以爲配乎？杭人多知此事非實，而流俗相沿，竟難釐正。群思得公一言以發聾振聵，庶不至誣古而瀆神。輒布陳之，惟裁察焉。

吴絳雪年譜　曲園雜纂第四十六

吴絳雪，以國色天才從容赴義，以全永康一邑民命，亦昭代一奇女子也。而事越百五六十年，志乘無考。道光二十三年，桐城吴康甫大令廷康爲永康丞，始諮訪故老，得其本末，屬海寧許辛木農部楣爲之傳，兼屬海鹽黄君憲清韻珊製《桃溪雪傳奇》以行於世，於是絳雪始不泯矣。傳奇中事實多以意爲之，蓋院本體裁固如是。農部之傳，頗足徵信，而其年則弗詳。海鹽陳君其泰又考之絳雪遺詩，論定其年。表章之意，亦云至矣。然亦有不能無誤者，如謂絳雪「卒於康熙十三年甲寅，年二十有四」，則當生於順治八年辛卯，而顧謂「生於順治九年壬辰」，其誤一矣。其在秀水《和春閨》詩爲壬寅四月，有詩序可考。其從秀水至嵊縣，渡錢唐江在三月，有詩句可證，而謂《和春閨》詩之歲即移剡之歲，其誤二矣。其《歸永康》詩云「六年浪迹浙西東」，自注云：「寓居秀水凡三載，居剡邑又二年。」則是五年而非六年，與詩不合。陳君云：「注紀其積實之歲月，詩舉其歷年也。」然則何必作此參差之筆乎？余疑注中「三載」是「四載」之誤，蓋其居秀水甚久，故曰「凡四載」。其居嵊縣則不久，故曰「又二年」，合成六年，正與詩合。依此推排，則絳雪死年實二十有五。

嗟乎！百年者壽之大齊，絳雪僅得其四之一，天既促之，人不宜更奪之也。故作《吴絳雪年譜》。

順治七年，庚寅。**吴絳雪生。**

許農部傳云：「名宗愛，永康人，教諭士騏之女。」

黄韻珊《桃谿雪傳奇》云：「父驥良公。」

吴康甫云：「絳雪之父娶於應氏。」

按：集中《招素聞》詩自注：「余姊妹三人。」又《歸家有感》詩自注：「時二姊已適人。」則絳雪行第三也。然詩中屢及翠香二姊而不及伯姊，疑遠嫁或前死矣。

又按：集中《同心歌》云：「妾身少坎壈，襁抱失家慈。」不詳殁於何歲。然其《送次姊》詩自注云：「先慈辭世已二十年。」而其詩首云：「定省思姑舅，艱難别老親。」「老親」謂其父，則其父猶在。至《聞琵琶》詩云：「憶九歲從先君之秀水。」又云：「今十二年矣。」十二加九爲二十一，是絳雪二十一歲，父殁矣。《送次姊》詩蓋作於二十歲，然則母殁即絳雪生年也。

八年，辛卯。**年二歲。**

九年，壬辰。**年三歲。**

十年，癸巳。**年四歲。**

十一年，甲午。**年五歲。**

十二年，乙未。**年六歲。**

十三年，丙申。**年七歲。**

十四年，丁酉。**年八歲。**

十五年，戊戌。**年九歲。**

《傳》云：「九歲通音律。」

集中《聞琵琶》詩自注云：「九歲從先君之秀水，於江上聞此曲。」

又按：集中多與素聞唱和之作，有《將從秀水至嵊縣别素聞》詩，則素聞乃秀水人矣。其與訂交，當即在是年。素聞者，其族妹也。其《招素聞以詩代柬》云「族有文姬重綺琴」，知是同族；又《報素聞書》稱「賢妹」，知是妹矣。

十六年，己亥。**年十歲。**

集中有《題家嚴課女圖》詩，自注云：「家嚴作圖時，宗愛年尚十齡。」按：絳雪從父學詩，當自此年始。

十七年，庚子，**年十一歲。**

按：集中詩當從此年始，今開卷第一首題《晴湖春泛圖》，疑即此年春也。

十八年，辛丑，**年十二歲。**

集中《題雪意圖》詩序云：「辛丑雪夜，與素聞圍爐，偶舉古今人詠雪句可記誦者，凡十餘首。次日，因取其詩句可入畫者，各寫其意，以呈潘夫人。有不愜意者，輒命改作。數日成此册。」按：潘夫人當是素聞之母。

康熙元年，壬寅。**年十三歲。**

集中《寄和祁修嫣女史春閨》詩序云：「唐時有光、威、裒姊妹三人聯句，成七排十二韻。女冠魚玄機和之。山陰祁修嫣女史偕其二妹，依唐人體韻共成《春閨》一首，遥寄素聞。夏初無事，與素聞依韻和之。時康熙壬寅四月己酉日。」

二年，癸卯。**年十四歲。**

是歲至嵊縣。集中有《將從秀水至嵊縣别素聞》詩，又有《渡江》詩云「春江三月浪浮天」，又有《越州途中》詩云「暮春天氣束輕裝」，知其去秀水在是年三月也。其《渡江》詩云「只惜西湖違咫尺，清流偏阻雨纏緜」，是所渡即錢唐江，故與西湖咫尺，而惜以雨阻未游。又有《答西泠女史周瓊》詩云：「記得三春正落花，鳳山門外唤輕艖。可憐咫尺西湖路，不見仙人萼緑華。」雖非此時詩，然所云「鳳山門外唤輕艖」，則正此年渡江事。首云「三春」，與「春江三月」相符。陳君謂「至嵊縣，即和《春閨》詩之年」，則三月已渡錢唐至越州矣，安得四月己酉尚在秀水與素聞共賦詩也？集中《送外兄》詩題云：「先君秉鐸剡邑，時外兄曾從學彼地。」《桃溪雪傳奇》云：「驥良公歷任仙居、嘉善、嵊縣校官。」則其至嵊疑是宧游。然集中《代家大人送戴文學》詩自注云：「家嚴僑居剡溪，地主三人，其一文學。」若果秉鐸是邦，則自有官舍，何云「僑居」？又何以屢易居停？疑作校官尚在其前，兹則以宧游，舊地重來作寓公也。

三年，甲辰。**年十五歲。**

集中有《剡溪雪夜》詩，自注云：「家嚴滿擬今歲歸永，遷延不果，竟至歲暮。」當是此年詩也。

四年，乙巳。 **年十六歲。**

是歲歸永康。集中《别剡邑》詩云「秋色留人無限好」，《舟泊蘭溪》詩云「歸家剛值黄花節〔一〕」，則知歸永康在九月也。《歸家有感》云「六年浪迹浙西東」，自注云：「從家嚴寓居秀水，凡三載。居剡邑，又二年。」夫注，所以注明詩意，斷無詩言「六年」、注只「五年」之理。注中「三載」必「四載」之誤。寓秀水四載者：己亥、庚子、辛丑、壬寅也；居剡邑二年者：癸卯、甲辰也。絳雪以九歲從父之秀水，十六歲始歸永康，而云「六年浪迹」者，實舉其在外之年耳。

又按：《同心歌》即次《歸家有感》之後，則其歸徐君孟華爲室，疑即在此年冬或明年春也。

五年，丙午。 **年十七歲。**

六年，丁未。 **年十八歲。**

按：《報素聞書》在壬子年三月，而云「一别五載」，則是年復與素聞相見，然於詩無徵也。

〔一〕 剛，原訛「删」，據蔡啓盛《校勘記》改。

七年，戊申。**年十九歲。**

八年，己酉。**年二十歲。**

有《送次姊》詩，説見前。

九年，庚戌。**年二十一歲。**

父驤良公當卒於是年，説見前。然己酉《送次姊》詩「孤墳草自春」，則尚是春日。驤良之殁，或即在己酉夏秋以後，亦未可知也。

十年，辛亥。**年二十二歲。**

是歲，婢慶雲生一女。按：集中《抱二姊子爲嗣》詩自注云：「前年，小婢慶雲生一女。」其抱子爲嗣當在癸丑年之秋，則慶雲生女在是年矣。

十一年，壬子。**年二十三歲。**

是歲有《報素聞書》，并以《同心梔子圖》寄贈〔一〕，自署年月云「康熙壬子年辰月己酉日」。

〔一〕梔，原訛「栀」，據俞樾《梔子同心圖讀法序》改。

十二年，癸丑。年二十四歲。

按：徐君之卒當在是年之春。據壬子年《報素聞書》，止言結褵以後，靡室焦勞，不言抱未亡之痛，則其夫猶在也，故知歿於是年矣。其《翠香二姊將以次子爲余嗣詩以誌感》云「湯餅清歡會九秋」，則是九月也；而末云「添丁欲向先夫告，好慰蒼涼土一抔」，則夫死已葬，距徐君之卒少亦數月，故知在此年春矣。

又按：集中有《憶外》詩，云「妯娌同居猶寂寞」，是徐君未始無兄弟，不知何以抱翠香之子爲嗣，豈徐君兄弟皆無子邪？《桃溪雪傳奇》云「與族中妯娌，乞得一子，立爲夫嗣」，不知别有所本，抑或姑以理言之。

十三年，甲寅。年二十五歲。

是歲，耿精忠叛於閩中，僞總兵徐尚朝寇浙東，六月至永康。宣言曰：「以絳雪獻者免。」邑人聚謀，欲以絳雪紓難。絳雪遂行，至三十里坑，投崖死。蓋捐一身以全一邑，非尋常節烈比也。事詳農部所爲傳。

又按：集中《悼杏》詩即作於是年春，蓋絶筆也。

五行占　曲園雜纂第四十七

先列五行生數：

一水　二火　三木　四金　五土

次列五行成數：

六水　七火　八木　九金　十土

因而重之：

一一　一二　一三　一四　一五

二二　二三　二四　二五　二一〔一〕

三三　三四　三五　三一　三二

〔一〕 二一，原作「三二」，據次序改。

四四　四五　四一　四二　四三

五五　五一　五二　五三　五四

右生數。

六六　六七　六八　六九　六十

七七　七八　七九　七十　七六

八八　八九　八十　八六　八七

九九　九十　九六　九七　九八

十十　十六　十七　十八　十九

右成數。

又因而重之：

一一六六　一一六七　一一六八　一一六九　一一六十

一一七七　一一七八　一一七九　一一七十　一一七六

一一八八　一一八九　一一八十　一一八六　一一八七

一一九九　一一九十　一一九六　一一九七　一一九八

一一十十　一一十六　一一十七　一一十八　一一十九
一二六六　一二六七　一二六八　一二六九　一二六十
一二七七　一二七八　一二七九　一二七十　一二七六
一二八八　一二八九　一二八十　一二八六　一二八七
一二九九　一二九十　一二九六　一二九七　一二九八
一二十十　一二十六　一二十七　一二十八　一二十九
一三六六　一三六七　一三六八　一三六九　一三六十
一三七七　一三七八　一三七九　一三七十　一三七六
一三八八　一三八九　一三八十　一三八六　一三八七
一三九九　一三九十　一三九六　一三九七　一三九八
一三十十　一三十六　一三十七　一三十八　一三十九
一四六六　一四六七　一四六八　一四六九　一四六十
一四七七　一四七八　一四七九　一四七十　一四七六
一四八八　一四八九　一四八十　一四八六　一四八七

一四九九　一四九十　一四九六　一四九七　一四九八
一四十十　一四十六　一四十七　一四十八　一四十九
一五六六　一五六七　一五六八　一五六九　一五六十
一五七七　一五七八　一五七九　一五七十　一五七六
一五八八　一五八九　一五八十　一五八六　一五八七
一五九九　一五九十　一五九六　一五九七　一五九八
一五十十　一五十六　一五十七　一五十八　一五十九
二二六六　二二六七　二二六八　二二六九　二二六十
二二七七　二二七八　二二七九　二二七十　二二七六
二二八八　二二八九　二二八十　二二八六　二二八七
二二九九　二二九十　二二九六　二二九七　二二九八
二二十十　二二十六　二二十七　二二十八　二二十九
二三六六　二三六七　二三六八　二三六九　二三六十
二三七七　二三七八　二三七九　二三七十　二三七六

二三八八　二三八九　二三八十　二三八六　二三八七
二三九九　二三九十　二三九六　二三九七　二三九八
二三十十　二三十六　二三十七　二三十八　二三十九
二四六六　二四六七　二四六八　二四六九　二四六十
二四七七　二四七八　二四七九　二四七十　二四七六
二四八八　二四八九　二四八十　二四八六　二四八七
二四九九　二四九十　二四九六　二四九七　二四九八
二四十十　二四十六　二四十七　二四十八　二四十九
二五六六　二五六七　二五六八　二五六九　二五六十
二五七七　二五七八　二五七九　二五七十　二五七六
二五八八　二五八九　二五八十　二五八六　二五八七
二五九九　二五九十　二五九六　二五九七　二五九八
二五十十　二五十六　二五十七　二五十八　二五十九
二一六六　二一六七　二一六八　二一六九　二一六十

二一七七　二一七八　二一七九　二一七十　二一七六
二一八八　二一八九　二一八十　二一八六　二一八七
二一九九　二一九十　二一九六　二一九七　二一九八
二一十十　二一十六　二一十七　二一十八　二一十九
三三六六　三三六七　三三六八　三三六九　三三六十
三三七七　三三七八　三三七九　三三七十　三三七六
三三八八　三三八九　三三八十　三三八六　三三八七
三三九九　三三九十　三三九六　三三九七　三三九八
三三十十　三三十六　三三十七　三三十八　三三十九
三四六六　三四六七　三四六八　三四六九　三四六十
三四七七　三四七八　三四七九　三四七十　三四七六
三四八八　三四八九　三四八十　三四八六　三四八七
三四九九　三四九十　三四九六　三四九七　三四九八
三四十十　三四十六　三四十七　三四十八　三四十九

三五六六　三五七七　三五八八　三五九九　三五十十　三一六六　三一七七　三一八八　三一九九　三一十十　三二六六　三二七七　三二八八　三二九九

三五六七　三五七八　三五八九　三五九十　三五十六　三一六七　三一七八　三一八九　三一九十　三一十六　三二六七　三二七八　三二八九　三二九十

三五六八　三五七九　三五八十　三五九六　三五十七　三一六八　三一七九　三一八十　三一九六　三一十七　三二六八　三二七九　三二八十　三二九六

三五六九　三五七十　三五八六　三五九七　三五十八　三一六九　三一七十　三一八六　三一九七　三一十八　三二六九　三二七十　三二八六　三二九七

三五六十　三五七六　三五八七　三五九八　三五十九　三一六十　三一七六　三一八七　三一九八　三一十九　三二六十　三二七六　三二八七　三二九八

三二十十　三二十六　三二十七　三二十八　三二十九
四四六六　四四六七　四四六八　四四六九　四四六十
四四七七　四四七八　四四七九　四四七十　四四七六
四四八八　四四八九　四四八十　四四八六　四四八七
四四九九　四四九十　四四九六　四四九七　四四九八
四四十十　四四十六　四四十七　四四十八　四四十九
四五六六　四五六七　四五六八　四五六九　四五六十
四五七七　四五七八　四五七九　四五七十　四五七六
四五八八　四五八九　四五八十　四五八六　四五八七
四五九九　四五九十　四五九六　四五九七　四五九八
四五十十　四五十六　四五十七　四五十八　四五十九
四一六六　四一六七　四一六八　四一六九　四一六十
四一七七　四一七八　四一七九　四一七十　四一七六
四一八八　四一八九　四一八十　四一八六　四一八七

四一九九 四一九十 四一九六 四一九七 四一九八
四一十十 四一十六 四一十七 四一十八 四一十九
四二六六 四二六七 四二六八 四二六九 四二六十
四二七七 四二七八 四二七九 四二七十 四二七六
四二八八 四二八九 四二八十 四二八六 四二八七
四二九九 四二九十 四二九六 四二九七 四二九八
四二十十 四二十六 四二十七 四二十八 四二十九
四三六六 四三六七 四三六八 四三六九 四三六十
四三七七 四三七八 四三七九 四三七十 四三七六
四三八八 四三八九 四三八十 四三八六 四三八七
四三九九 四三九十 四三九六 四三九七 四三九八
四三十十 四三十六 四三十七 四三十八 四三十九
五五六六 五五六七 五五六八 五五六九 五五六十
五五七七 五五七八 五五七九 五五七十 五五七六

五五八八　五五八九　五五八十　五五八六　五五八七
五五九九　五五九十　五五九六　五五九七　五五九八
五五十十　五五十六　五五十七　五五十八　五五十九
五一六六　五一六七　五一六八　五一六九　五一六十
五一七七　五一七八　五一七九　五一七十　五一七六
五一八八　五一八九　五一八十　五一八六　五一八七
五一九九　五一九十　五一九六　五一九七　五一九八
五一十十　五一十六　五一十七　五一十八　五一十九
五二六六　五二六七　五二六八　五二六九　五二六十
五二七七　五二七八　五二七九　五二七十　五二七六
五二八八　五二八九　五二八十　五二八六　五二八七
五二九九　五二九十　五二九六　五二九七　五二九八
五二十十　五二十六　五二十七　五二十八　五二十九
五三六六　五三六七　五三六八　五三六九　五三六十

五三七七　五三七八　五三七九　五三七十　五三七六

五三八八　五三八九　五三八十　五三八六　五三八七

五三九九　五三九十　五三九六　五三九七　五三九八

五三十十　五三十六　五三十七　五三十八　五三十九

五四六六　五四六七　五四六八　五四六九　五四六十

五四七七　五四七八　五四七九　五四七十　五四七六

五四八八　五四八九　五四八十　五四八六　五四八七

五四九九　五四九十　五四九六　五四九七　五四九八

五四十十　五四十六　五四十七　五四十八　五四十九

乃以二十五蓍隨手三分之以象三才，乃以五數揲其左蓍，餘一爲一、餘二爲二、餘三爲三、餘四爲四、餘五爲五；又以五數揲其右蓍，餘一爲一、餘二爲二、餘三爲三、餘四爲四、餘五爲五。一、二、三、四、五，生數也，是爲内象二位。

又以二十五蓍隨手三分之，而以五數揲其左蓍，餘一爲六、餘二爲七、餘三爲八、餘四爲

九、餘五爲十；又以五數揲其右蓍，餘一爲六、餘二爲七、餘三爲八、餘四爲九、餘五爲十。六、七、八、九、十，成數也，是謂外象二位。

內象二位，外象二位，四位定矣。書之於策，自上而下，如前所列。

乃以二十蓍隨手三分之，而以四數揲其中蓍，餘一爲一、餘二爲二、餘三爲三、餘四爲四，以定所主之位。自上而下數之，得一以第一位爲主，得二以第二位爲主，得三以第三位爲主，得四以第四位爲主。主在內，事未成，其占遠；主在外，事已定，其占近。有主斯有客：一位與三爲主客，二位與四位爲主客。有主有客斯有介：一位與三位，則二爲介；二位與四位，則三爲介。

乃以五行之生克觀主客之位。客生主，吉；客克主，凶；介助主，吉；介助客，凶。一位二位相輔也，三位四位相輔也。生則吉，克則凶。

乃以是日之榦定五行之强弱。榦所生者强，榦所克者弱。榦與我同，大吉。

集《千字文》詩　曲園雜纂第四十八

秋盡南中草不凋，微雲淡淡雨飄飄。永辭水火兵戎累，如處成康文景朝。金鑒無疲容自照，玉琴有律曲皆調。飛潛動静都如意，龍在深淵鳳九霄。

九霄宫闕建都京，萬户弦歌滿市城。金友玉昆家積慶，珠連璧合世升平。時康士解棠谿劍，俗美人吹華黍笙。自幸寬閒無所累，好將觴詠遣浮生。

萬英千俊盡相親，玉色珠光四坐賓。野處衣冠宜布素，仙家宫闕自金銀。西園公子皆能詠，南國佳人最善嚬。口有珠璣筆有綺，隨時流露是天真。

天姿人力兩俱優，才氣横秋蓋九州。名重欲歸青史載，功成願與赤松游。精華羅列五都市，意興飛騰百尺樓。垂老思量惟一笑，布衣草履更何求。

群公劍履集巖廊，同上天門拜玉皇。四海名流晋王謝，百年家世漢金張。本無書可陳封禪，豈意身嘗侍建章。幾載承明閒歲月，不才何以答恩光。

不勞高爵列躬桓，不慕仙家内外丹。且幸四時調玉燭，任從二曜轉金丸。濟人有願腸常熟[一]，隨俗無能面自寒。莫感升沈身世事，此心安即此生安。

珠林玉府敢輕收，不有長才史不修。功令常遵漢金布，表章别具晋陽秋。勉將言語從齊傅，恥以衣冠學楚優。鳳起龍驤容易甚，書生珍重筆難投。

文通武達漢公卿，藉藉英名舉世傾。席上詩人孟東野，帳中宿將李西平。慶雲似綺張成蓋，仙露如珠散滿城。惟有静觀時運者，天陰晝晦一鷄鳴。

坐觀赤日起虞淵，寸念能周世大千。不願百年長富貴，惟求四海少顛連。春朝玉勒馳華轂，冬夜金尊列綺筵。我即囊空殊不惡，鳥飛魚躍盡陶然。

自在優游物外身，松雲梧月四時新。家傳古器周秦物，坐集名流漢魏人。每夕舉杯讓銀魄，有時垂釣出金鱗。本來景色從吾好，恥學西施一笑嚬。

茂林修竹足盤桓，老去悲秋且自寬。子弟庭中環玉筍，交游海外結金蘭。閑居頗足容歌嘯，獨處何煩列綺紈。莫笑語言都草率，白衣卿相本非官。

[一] 熟，疑當爲「熱」。

皇華一駕使臣車，歲晚寒谿獨釣魚。入世幾能開口笑，傳家惟有等身書。陶潛失職甘潛處，羅隱無名願隱居。自顧身心皆潔白，不煩明水取方諸。

水流華謝孰非禪，守静惟憑一念堅。極樂國中無盜賊，大羅天上有神仙。明珠翠羽皆恒品，績女黄姑亦俗緣。大率是情都是累〔二〕，豈惟兒女意緜緜。

巖巖手製切雲冠，地老天荒氣不寒。願駕飛車游息慎，更磨利劍斬樓蘭。短衣李廣相從易，長嘯嵇康自遣難。嘗在南陽岡下過，草堂何處可盤桓。

少日縱横落雁都，而今收束得歸途。休談富貴九州牧，自寫神仙五岳圖。鍾吕周旋容問道，儀秦馳逐柰非夫。天君常覺從容甚，虚譽浮名任有無。

美景無分夏與冬，在天明月每相從。海雲朝起化爲鳳，岡樹夜號聲似龍。荷亦能成君子德，松宜不受大夫封。神游如在羲農世，笑謝人間禄萬鍾。

朗然孤月此心明，俗累都無身始輕。游醼不陪金谷友，歌行且學玉谿生。酒資貴似相如璧，詩國堅於即墨城。老我春來眠正熟，鼓樓厭聽短長更。

〔二〕「大率是情都是累」至「笑人美酒更羊羔」，底本混亂，據上海古籍出版社《清代詩文集彙編》第六八五册補。

道家所寶是精神，百歲千秋自在身。不以文章駭流俗，惟將詩酒養天真。古來修士張公藝，世外仙人呂洞賓。

何處金人感漢皇，我聞如是出西方。方寸之中有園綺，閒居何必華陽巾。法門啓自達摩祖，神力歸諸阿育王。觀世音身不盡白，給孤獨地土皆黃。豈知空洞都無物，不必莊嚴即是莊。

高士移居入翠微，舉家都不慕輕肥。淵明造物鞠華酒，正則翦成荷葉衣。惟取舊聞箋《廣雅》，更將妙筆寫《靈飛》。路人若問來何處，道自林皋深處歸。

赤壁之游亦樂乎，歸來山鳥效前驅。因修野史亭名野，爲隱愚公谷號愚。自問行藏安木鴈，豈將歌唱學緜駒。無端虛譽歸何處，敬爲時流謝不虞。

神物天生能幾家，隨常品類不爲嘉。玉樓才子李長吉，金殿美人陰麗華。自合珍藏同拱璧，豈宜易視等河沙。閒居歷歷觀諸史，引我飛來逸興遐。

朝秦莫楚事無端，造道能深居自安。幸勿浮沈作蘭子，敢辭閒散似枝官。書來存問常忘答，賓過言談且盡歡。莫道衣冠都不具，也能草草具杯盤。

心驚歲月去堂堂，作意求歡得歲場。何必招尋青鳥使，但知珍重白駒光。大烹野老惟宜菜，常膳寒家不厭薑。世路馳驅何所得，園公谿友好商量。

莫將時事感新亭，宇宙之中一委形。夕與子瞻游赤壁，朝隨逸少寫《黄庭》。莊周爲説《逍遥》意，李耳親傳《道德經》。陋室幽居殊自得，階無蘭草亦能馨。

終年伏處在東皋，隨意長歌不和陶。尚有虚懷容御李，幸無俗字敢箋毛。城中墨妙亭長在，海内靈光殿獨高。隨分杯盤隨意坐，笑人美酒更羊羔。

真樂當從静處尋，浮名虚利勿存心。幾時李白能忘酒，無夕嵇康不鼓琴。行見空同通紫氣，不勞大地布黄金。高歌一曲群仙聽，門外何嘗有賞音。

静觀無物不恒沙，隨意登臨共孟嘉。小坐水亭借荷葉，閒來雲谷翦蘭華。琴書自得皆真樂，名利都空能幾家。惟與丁男商穡事，年來躬稼手操杷。

獨坐空林自樂饑，俗緣淡盡世情微。巖阿寂處小蘭若，碑碣書名大布衣。勿笑囊中少羅綺，可知筆下富珠璣。人生隨在宜行樂，莫道光陰近夕暉。

門庭寂静可張羅，敢厭光陰被墨磨。恥作庸夫老亡賴，願爲居士病維摩。詩歌效法唐長慶，筆法流傳晋永和。致力書帷何所得，會心在遠不求多。

出岫輕雲有若無，談禪長笑老浮圖。仙人自藝藍田玉，罔象能求赤水珠。堅白異同持論别，老黄莊列立言殊。誰言學問無分寸，執一終虞所見孤。

老去心情百不宜，尋常景物最相思。絲桐合是陶情物，筆墨無非適性資。每旦鞠躬惟拜石，終年杜口止談詩。優游物外真難得，雲淡風輕大好時。

不勞寶瑟與銀笙，玩月南樓最有情。酒以合歡宜號伯，石能持固合稱兄。長松旦旦疑龍嘯，修竹時時學鳳鳴。富貴浮雲非所慕，一生俯首謝宣城。

雨過園林青翠多，無何夕照滿松阿。高談常秉玉如意，雅坐端宜木養和。秋老陶公來賞鞠，夏涼周子去觀荷。良辰美景都無盡，容我空庭嘯也歌。

舍旁老樹翠雲垂，家在南岡事事宜。溪上静觀釣魚者，林中閒逐牧羊兒。鳥鳴始識雲歸樹，魚躍方知水滿池。芥子能容天地大，馳心化外竟何爲。

爲田爲海幾回經，競説鍾靈本歲星。時過光華晦東壁，運來飛躍出南冥。敢云我亦能高詠，其柰斯人不可聽。試一登樓望秋月，超然如見謝將軍。

幽谿不必竟名磻，盤谷優游亦足歡。父老常充勸農使，門生新攝寫書官。黄庭堅集言言切，白樂天詩字字安。輕薄文人勿相笑，百年士論早歸韓。

生來心地本空空，霄漢相懸路不通。游士侈談星宿海，仙人自在廣寒宫。虚名恥效何平叔，老病甘爲吕阿蒙。可笑昔賢殊不類，如何林下有王戎。

自營溪上新居後，老樹扶疏被舍南。天外傳書無雁字，坐中對坐有鷄談。主持詩國真經濟，典領書城小子男。薄酒醉餘疏食飽，美於操枇厭肥甘。

莫矜富貴韓和魏，勿恃交游吕與嵇。帝釋能令龍伏象，天公常遣鳳隨鷄。物情紛若千章木，世路深於九曲谿。比目王餘非一類，兩都賓主自東西。

紛紛冠蓋任登門，且與高人共坐論。爲問秦碑無字讀，何如孔壁有書存。雲生空谷琴孤奏，月照華堂酒滿尊。傳得首陽高節在，千秋猶使薄夫敦。

造物能容物外身，相期少息此勞新。荷華池謝無君子，竹葉杯浮有聖人。集古成圖家即富，游仙製曲筆如神。收藏不及隋唐下，高者商周下漢秦。

草莽衣冠亦自妍，世人幸勿笑張顛。閒來眠坐惟求適，老去言談易近禪。農畝中藏天下士，市兒内隱地行仙。手操野史一枝筆，歲歲常書大有年。

馳逐何如静坐高，終年伏處在東皋。笑嵇叔夜無龍性，喜謝超宗有鳳毛。舉筆成文皆妙妙，引杯在手每陶陶。如何冠帶紛營者，俯仰隨人不厭勞。

蘭爲子弟石爲兄，松可爲公竹可卿。貴賤豈真因趙孟，升沈何必問君平。幽人素履終身吉，宰相白衣異等榮。歲歲門庭羞雁滿，道塗車蓋不勞傾。

臨淵取水藉軍持，扶策重煩竹一枝。弱女驅鷄能作主，老農愛犢甚憐兒。惟傳叔夜《養生論》，不詠休文侍讌詩。《歸去來辭》一言結，樂夫天命又何疑。

莫將身世感華顛，最妙惟宜一覺眠。小坐且和琴作友，高歌更與酒爲緣。營求不事真天爵，寵辱無憂即地仙。物阜民康都是福，休論誰聖復誰賢。

非才何敢比淵雲，盜得虛名海外聞。酒郡不容充守令，詩城猶可拜將軍。市兒止重千金子，朝士惟推萬石君。右史左圖容我老，目中青白任紛紛。

飛鳥投林樂有餘，休將物我比何如。經生老守公羊學，藝士珍藏皇象書。天上仙人新紫府，漢家使者舊黃車。素絲但願長無染，莫作高唐華子魚。

利名本不入高懷，席地帷天大是佳。垂老幾忘有冠帶，長生豈在此形骸。自知入道非無路，猶慮登仙遠莫階。竟作飛騰雲外想，慼欣豈與世情皆。

老夫游戲且當場，恥逐時流問短長。東漢自來多節義，南華初不厭荒唐。韓非老子常同傳，王莽周公竟一堂。欲爲《人閒》《齊物論》，請將此理質蒙莊。

詩情酒興每平分，野鳥林禽盡入群。雅集不論新舊雨，閒游惟逐往來雲。古琴得自嵇中散，妙筆傳來王右軍。惟願名流時過我，本來菜飯孟嘗君。

不信天高聽轉卑，寸心止善即爲師。能存赤子如傷念，似在黄虞以上時。欲與詩人尋杜若，且從野老飽來其。春秋華木庭階滿，問有素心蘭幾枝。

道義文章兩有神，桐魚石鼓一無因。青雲得路思前日，白首論交得幾人。黄耳不傳天外信，素心賴有坐中賓。尋常嵇阮通聲氣，貌合神離不是親。

行止從來不自知，條條華髮竟成絲。青年曾與華林醼，白首虚存魏闕思。大漠蘇卿牧羊日，小谿嚴子釣魚時。人生勞逸非天定，鱗羽飛潛自取之。

閒身自坐讀書堂，流水行雲歲月長。海鳥何嘗知禮樂，野鷄頗亦愛文章。但求家食能安樂，豈必朝衣拜悚惶。黄石赤松都大笑，笑談韓信與張良。

惠施莊子兩非魚，彼我皆空樂有餘。岡阜迴環如白下，人才會聚等黄初。家惟四壁足容我，坐對百城常讀書。何必思量千載事，此相如慕彼相如。

平生持論必從謙，初晚中唐勿過嚴。賦手能操古風雅，詩家自具小堂廉。江東名士推羅隱，海外文章有子瞻。若舍新奇取平淡，天生妙處是陶潛。

天容陶謝以詩鳴，巖野何殊公與卿。書法人皆推逸少，經神士盡拜康成。朝中金紫是何物，世上素青無定名。餘不亭空黎老盡，白雲常白月常明。

尋常物力即神通，世事都歸一笑中。古老衣冠安本分，斬新華木感天功。夕陪游醼西池母，早共朝真東海公。厭聽人間紫雲曲，自將《流水》奏孤桐。

一任黄鷄白日催，松巖菊谷足徘徊。願從驢背詩人去，不逐羊腸世路來。月夜池中魚躍出，霜天塞外雁飛回。可知景物年年好，不是神仙不得陪。

草舍流連無主賓，野王二老最相親。不論魏晋以來事，且作羲皇更上人。道重布衣真是大，身康菜飯亦爲珍。天將閒地養閒散，榮辱升沈不足陳。

傷今弔古氣悲涼，垂老方將積習忘。每對孤松思解帶，若臨曲水即流觴。入雲我笑松猶短，出土人驚笋即長。新得種魚經幾策，密行手寫在巾箱。

閒居最愛此空庭，階下長存草色青。爲問遠尋星宿海，何如近坐水心亭。秋高梧葉能生子，雨過松根自出丁。我笑淵明亦多事，歸來猶讀大荒經。

最難恃者此流光，一曲悲涼感孟嘗。安得家傳千日酒，不勞人奉萬年觴。歸根結果竟何似，大笑高歌能幾場。愚甚秦皇和漢武，遥遥海外索仙方。

伏處林閒樂事增，晚年意興轉飛騰。禽聲似道家家好，史筆常書歲歲登。老我霜毛難再染，幾人雲路更同升。兵戎歷盡重康樂，世運欣欣慶中興。

終

隱書　曲園雜纂第四十九

《漢·藝文志》有《隱書》十八篇。隱語之有書，由來久矣。余雖無齊贅滑稽之辯，頗有秦客廋辭之意。文人游戲，賢於博弈，録爲一編，以《千字文》爲次，先隱後解，貽好事者。

日　君臣上下同聽之，父子兄弟同聽之。古書名二

月　蘇秦始説秦惠王。古書名一

盈　魯閔公、僖公。古書名一

昃　長兄爲父，長嫂爲母。周初及春秋時人名各一

辰　荀子言性惡。春秋時人名一

宿　即從巴峽穿巫峽，便下襄陽向洛陽。春秋時人名一

列　《南齊書》《梁書》。春秋時人名一

張　厥考翼。春秋時人名一

寒　虎不循曲徑。春秋時人名一

來　東家之西，西家之東。四書人名一

暑　向。《史記》人名二

往　一十一。《史記》人名一

秋　盡東其畝。《史記》人名一

收　隋文帝定江南。漢人名一

冬　瞻彼淇奥，緑竹猗猗。漢人名一

藏　魯欲使樂正子爲政。漢人名一

閏　祀典。漢人名一

餘　《爾雅》《莊子》。漢人名一

成　赤也爲之小，孰能爲之大？漢人名一

歲　輕薄桃花逐水流。漢人名一

律　東晋。漢人名一

吕　私覿。晋人名一

調　君使臣、臣事君，如之何？唐人名一

陽　不愁明月盡，自有夜珠來。唐人名一

雲　此章重出。宋人名一

騰　戊辰。《易經》二句

致　辰則伏。《易經》一類

雨　蜚子。《書經》一句

露　《甫田》四章。《詩經》一句

結　巧言令色足恭，左丘明恥之；匿怨而友其人，左丘明恥之。《詩經》一句

爲　來朝走馬，率西水滸。《詩經》一句

霜　魚米。《詩經》一句

金　有羽之蟲三百六十，而鳳皇爲之長。有甲之蟲三百六十，而神龜爲之長。有鱗之蟲三百六十，而蛟龍爲之長。《詩經》一句

生　支子不祭。《詩經》一句

麗　及階，子曰：「階也。」及席，子曰：「席也。」皆坐，子告之曰：「某在斯！某在斯！」

《詩經》一句

水　分明。《詩經》二句

玉　一。《曲禮》一句、《鄉黨》一句、《國風》一句

出　妙二。《周禮》一句

崑　人。《禮記》一句

岡　意。《禮記》二句

劍　夏后氏以松，殷人以柏，周人以栗。《禮記》一句

號　不失人，亦不失言。《禮記》一句

巨　巨屨小屨。《中庸》一句

闕　仰。《中庸》一句

珠　罒。《論語》一句

稱　紅瘦。《論語》一句

夜　嫁得金龜壻。《論語》一句

光　啓行。《論語》一句

果　顔路。《論語》二句

珍　比紅。《論語》一句

李　好仇。《論語》二句

柰　曰。《論語》二句，不連

菜　四代同堂。《論語》二句

重　福壽。《論語》一句

芥　什一。《孟子》二句

薑　僞臨朝武氏者。《孟子》一句

海　憑君傳語報平安。《孟子》一句

鹹　户外有二屨，言不聞。《孟子》一句

河　銅。《孟子》二句，不連

淡　伯禽。《孟子》一句

鱗　伯牙。《孟子》一句

潛　凡帝王者之將興也，天必先見祥乎下民。黄帝之時，天先見大螾、大螻。及禹之時，

天先見草木秋冬不殺。及湯之時，天先見金刃生於水。及文王之時，天先見火赤烏銜書集於周社。字四

羽　隱、桓、莊、閔、僖、文。字一

翔　宣、成、襄、昭、定、哀。字一

龍　其民三男二女。字一

師　其民二男五女，其民一男二女，其民二男三女。字一

火　良馬四之，良馬五之，良馬六之。字一

帝　三夫人，九嬪，二十七世婦，八十一御妻。字一

鳥　九十九。字一

官　白羽之白，猶白玉之白；白玉之白，猶白雪之白。字一

人　申正三刻。字一

皇　至於寢門外。字一

始　蛇行。字一

制　虞美人。字一

文　三畫連中。字一

按：《説文》「王」篆説解云：「三畫而連其中。」兹借用其語，又删「而」「其」字，語意有别，勿猜「王」字。

字　三人同行，其一我也。字一

按：舊有此謎，隱「徐」字。然「徐」氏左旁實非二人也。兹用其語，别隱一字，勿猜「徐」字。

乃　廿。古年號一

服　一。古年號三

衣　以鼀爲前列。古地名一

裳　擘橙剥蟹。古地名二

坐　得過且過。藥名一

朝　約從散横，以抑强秦。藥名一

問　夫執輿者爲誰？曰：爲孔丘。藥名一

道　非禮勿視，非禮勿聽，非禮勿言，非禮勿動。藥名一

垂　金絡索。藥名一

拱　土生金。藥名一

平　某水某山，吾童子時所釣游也。藥名一

章　合十。藥名一

愛　東方未明，東方未晞。藥名二

育　有虞氏官五十。藥名一

黎　紐。星名一，又藥名一

首　斗。果名一

臣　鑫。詞調名一

伏　赤也惑，敢問。詞調名一

戎　使真仙游其中，亦當自迷也。詞調名一

羌　曰肅時雨若，曰乂時暘若，曰哲時燠若，曰謀時寒若，曰聖時風若。曲調名一

遐　狄仁傑。《千字文》一句

邇　非車不東。元曲《西廂記》一句

壹　周公旦、召公奭、太公望、畢公、榮公、太顛、閎夭、散宜生、南宫适，其一人謂文母。《聊齋志異》篇目一。

體　曾子曰：「唯」。《水滸傳》人名一。

隱書解

日《國語》。《家語》。　月《論衡》。　盈《莊子》。　昃管仲、管叔。

辰孟之反。　宿杜回。　列蕭史。　張羽父。

寒中行寅。　來屋廬連。　暑白起、吴起。　往王離。

秋田横。　收陳平。　冬衛青。　藏孟喜。

閏祭遵。　餘郭解。　成朱博。　歲朱浮。

律司馬遷。　吕孔愉。　調宋之問。　陽沈亞之。

雲文同。　騰天數五，地數五。　致龍德而隱者也。　雨厥考翼。

露在南山之下。　結亦孔之醜。　爲非車不東。　霜鮮可以飽。

金不屬于毛。　生籧豆大房。　麗有相之道。　水我日斯邁，爾月斯征。

玉車上。車中。亦在車下。　出其民五男三女。　崑先立春三日。　岡凡音之起，由人心生也。

劍宜乎社。　號以成其信。　巨足以有别也。　闕不言而信。

珠欲罷不能。　稱赤也爲之小。　夜適蔡。　光微子去之。

果子曰：「回也。」
菜父父子子。
海言不必信。
鱗齒一。
龍妙。
鳥白。
始起。
乃黄初。
坐忍冬。
垂黄連。
愛白前、白微。
臣重疊金。
遐垂拱平章。

珍赤也何如。
重禄在其中矣。
鹹是奚足哉！
潛垗、桃、銚、烑。
師姼。
官皆。
制翜。
服元始、更始、正始。
朝蘇合。
拱地黄。
育半夏。
伏解紅。
邇馬兒向西。

李有婦人焉，九人而已。
芥萬取千焉，千取百焉。
河去其金。是則同。
羽秦。
火駕。
人醬。
文車。
衣上蔡。
問車前子。
平熟地。
黎牽牛。牽牛。
戎樓上曲。
壹仇大娘。

柰若由也。直在其中矣。
薑則天也。
淡爵一。
翔炅。
帝娶。
皇閶。
字息。
裳外黄、内黄。
道防己。
章三七。
首百合。
羌五般宜。
體魯達。

老圓　曲園雜纂第五十

余不通音律，而頗喜讀曲。有每聞清歌輒唤柰何之意。偶讀清容居士《四絃秋》曲，因譜此，以寫未盡之意，且爲更進一解焉。所惜於律未諧，聱牙不免，紅氍毹上未必便可排當，聊存諸《雜纂》，亦猶《船山先生全書》之後附《龍舟會》雜劇而已。

仙吕〔北點絳唇〕外老僧上大地茫茫，都無依傍，真空曠。死便埋藏，活著閒游蕩。

老僧無相，行脚九千里，面壁三十年。看盡了花花世界許多興廢存亡，纔曉得草草浮生有甚榮枯得失。一部二十零四史，糊糊塗塗，只算斷爛朝報；百年三萬六千日，忙忙碌碌，大家交過排場。是曰是，非曰非，畢竟何人在天平上秤過？恩報恩，怨報怨，終究有日在帳簿上勾銷。敲起鑼鼓，生旦丑浄，都會做齣戲文；打破虚空，仙佛聖賢，一概付之劫數。頂著這軀殼兒，不得不支撑些忠孝節廉的招牌門面；踢倒了空架子，何處更搬演那趙錢孫李的脚色花名？逆旅中朝朝暮暮之人，前一人未去，後一人又來，偶爾同居，便成眷屬，因生無限牽纏；篇韻中萬萬千千之字，那一字爲姓，這一字爲名，無端硬派，有甚膠黏，切莫爲他辛苦。咳！哭一場，笑一場，傀儡登場，大都如是；看得破，打不破，老僧説破，亦是枉然。今日由定生慧，以慧觀空，覺有幽憤之氣相逼而來，必有一二畸人聚集於此，又費老僧一番饒舌也。正是：翻覆雨雲成世界，掃除荊棘在靈臺。下

〔南桂枝香〕淨老將上頭顱無恙，通侯甘讓。夢魂留無定河邊，名姓欠凌烟閣上。俺李不侯，萬里從戎，十年轉戰。壯懷投筆，何減班超？末路論功，翻輸李蔡。歸從塞外，伏處田間。昔年志氣凌雲，常作封侯之夢；此日頭顱壓雪，頻遭醉尉之嗔。想起來好不積喪人也！

歎顛毛半蒼，歎顛毛半蒼，浪説老懷猶壯，已覺舊游都忘。漫悲涼。只憐那戰馬摇騣尾，也隨了犂牛走夕陽。下

〔北油葫蘆〕旦老奴上昔日紅樓蔓草荒，問門前車幾兩。羞更理舞衫歌袖鏤金箱，又誰信妝成尚不秋娘讓。

奴家花退紅，幼嫺歌舞，名重平康。舊推北里之尤，曾冠東田之籍。只知香車寶馬，排日清游；誰料秋月春花，逐年減色。昔日紅樓翠館，争停貴介之車；他年白髮青裙，老作踏摇之

婦。想起來好不悽惶人也！

舊雕梁，餘蛛網，歎春風久斷箏琶響。莽天涯賸幾箇劉郎阮郎，便丹青寄付，渾不是崔徽像，是蕭蕭暮雨一吳娘。下。

〔南劍器令〕外上傳舍此皮囊，休執定楚存凡喪。笑人間一微塵裏，紛紛虎鬭龍驤。菩提明鏡中，本來無一物。捉住鏡中花，放去水中月。老僧枯坐蒲團，萬緣俱絕。一切善男子善女人，不知本來是空，錯認此身爲我。比較新故，分別有無，種種煩惱由此而生，并老僧耳根亦不得清淨，甚可憐也。淨上腰間猶插北平箭。旦上眉膴還存南曲妝。淨見旦科洛浦仙姿，何處降游龍之度。旦見淨科陰山飛將，令人驚射虎之威。淨旦合彼此閒遊，萍蹤偶合。此間有一蘭若，且同往隨喜。見外科好一位尊嚴宿聽也！

〔北寄生草〕外莽莽風雲氣，盈盈粉黛妝。歎無端一例見衰羸相，將軍絕了黃龍望，美人改了青蛾樣。再休提玉關金谷舊風光，只索踏空山落葉來相訪。

英雄兒女，事異情同。老僧靜觀，已知其略，請再試說一番。

〔南八聲甘州〕淨處處陣雲黃，記填平雪窖，手縛賢王。旦清歌妙舞，朝朝蝶版鶯簧。淨干戈隊裏腥飛血，旦羅綺叢中膩帶香。合思量是美人名將行藏。

〔北天下樂〕君不見終古華胥夢幾場，飄也莫揚，飄揚石火光。任憑是功業郭汾陽，只落得古巷疏槐冷夕陽。便漢寢唐陵也逐段荒，直看到東海乾枯種了桑，希罕你老都知與故李將軍廣。

淨旦承吾師指示，我輩傀儡頓消矣。淨煩惱斬除成慧劍，旦鉛華洗淨即優曇。分下

〔南尾聲〕外老僧枯坐蒲團上，看不完曼衍魚龍百戲忙，直要到戲罷臺空自散場。下

外今日如何？

〔北混江龍〕净霜毛盈丈，算隨身只有緑沈槍。旦歎昔時章臺柳色，到如今總染秋霜。净看幾輩童年身襲冠軍侯，旦聽幾家新聲别唱杜韋娘。净畫麒麟自有人，旦棲玳瑁又豈無梁？合偏教我天涯白首同惆悵，一樣是窮途涕淚，何嘗有兩種淒涼？

外汝二人何不達也？

〔南桂枝香〕龍城飛將，今猶無恙。幾人遭鍾室誅夷，幾輩向祁連高葬。且歸來舊鄉！且歸來舊鄉！脱卻箭衣弓韔，睡到日高三丈，學耕桑。好安排緑樹新村舍，不勝似黄沙古戰場。

净吾師之言是也。

〔北油葫蘆〕外趙袂燕裙巧樣妝，鬬新聲彈又唱。且試問朝雲暮雨爲誰忙，終不免才人末路歸厮養。到不如舊衣裳，粗綿纊，把蚊幬換去，銷金帳，閉簾櫳，再不惹鶯狂燕狂。縱施紅貼翠，都改了家常樣，這光陰冷淡味偏長。

旦吾師之言是也。